KB001180

집의 정신적 가치, 정주

집에서 실존을 확보하다

이 도서의 국립중앙도서관 출판예정도서목록(CIP)은 서지정보유통지원시스템 홈페이지(http://seoji.nl.go.kr)와
국가자료공동목록시스템(http://www.nl.go.kr/kolisnet)에서 이용하실 수 있습니다.
CIP제어번호: CIP2019040797(양장), CIP2019040804(무선)

定住

집에서 실존을 확보하다

집의 정신적 가치,
정주

임석재 지음

한울
아카데미

차 례

나는 왜 이 책을 쓰게 되었는가

 이 책은 집의 가치, 특히 정신적 가치를 '정주(定住) 조건'이라는 개념에 맞춰 정의한 책이다. 이 주제를 잡은 이유는 크게 두 가지다. 하나는 순수한 건축적 목적이다. 집은 건축의 핵심을 이루는 유형이다. 집은 다양한 건축적 주제를 담고 있다. 집을 해석하는 건축적 시각은 여러 가지일 텐데 집의 정신적 가치를 찾아 정의하는 것은 그 중심에 있다.

 다른 하나는 사회적 목적이다. 방황하는 한국 사회에 집을 통해 하나의 방향을 제안하고 싶었다. 집은 단순한 물리적 구조물이 아니며 다양한 정신적 가치를 갖는다. 이런 가치들은 우리가 이 땅에 뿌리 내리고 안정적인 삶을 사는 데 꼭 필요하다. 한국 사회는 이것을 잃었고 정신적으로 병들어 고통받고 있다. 집이 갖는 정신적 가치를 제시함으로써 정신적 고통에서 벗어나 안정된 삶을 누리길 바라는 마음으로 이 책을 썼다.

 이 두 가지 목적은 '건축'이다 '사회'다 해서 이름만 달리한 것일 뿐, 사실 크게 보면 같은 것이다. '의식주'라는 말에서 알 수 있듯이 집은 사회를 구성하는 주축이다. 집의 가치는 그대로 사회의 가치가 된다. 사회가 힘들다는 것은 집이 잘못되었다는 뜻이다. 반대로 집의 가치를 바로 세우면 사회의 가치도 바로 서게 된다.

한국 사회가 힘든 원인은 다양하지만 그 해결책 또한 무척 많다. 사회학, 심리학, 경제학, 종교 등 분야별로 원인을 진단하고 해결책을 제시할 수 있다. 사회를 구성하고 이끌어가는 거의 모든 분야가 현대 한국 사회의 병리적 상황에 대해 원인을 분석하고 해결책을 제시하고 있다. 나 역시 건축학자의 관점에서 이 문제에 대해 오랜 기간 생각해 오고 있다. 더 근본적으로 말하자면, 건축을 바라보는 나의 시각 가운데 하나는 사회 현상을 문명 비판의 관점에서 접근하는 것이다. 나는 오래 전부터 한국 사회의 이런저런 현상에 관심이 많았고 그것을 건축과 연관지어 분석하고 비판하고 대안을 제시하는 책들을 써왔다.

이제 한국 사회는 비판의 시대를 지나 대안을 찾는 단계로 진입하고 있다. '집'도 마찬가지다. 집은 사람이 사는 환경이기 때문에 대안 찾기에서 앞자리를 차지하는 중요한 문제다. 요즘 한국 사회는 소득수준에 맞는 품격 있고 세련된 집을 원한다. 그러면서 재산 가치도 보장해 주길 바란다. 이런 현상은 일면 당연하다. 사람이라면 누구나 아름답고 깨끗한 새 집에 살고 싶어 한다. 그런 집이 재산까지 증식시켜 준다니, 이걸 마다할 사람은 많지 않을 것이다.

하지만 이런 현상이 나의 눈에는 불안해 보인다. 혼돈이 계속되는 과도기로 보일 뿐이다. 정신적 가치에 대한 고민이 빠져 있기 때문이다. 진정한 대안은 정신적 가치가 되어야 한다. 집은 여러 가지 정신적 가치를 지니고 있다. 집에 대한 대안을 찾는 작업에서는 이런 정신적 가치가 중심이 되어야 한다. 이국풍의 전원주택도 좋고, 재건축되어 새로 분양받은 아파트도 좋고, 한옥도 좋다. 한 가지 확실한 것은 집의 궁극적인 목적은 정신적 안정이라는 점이다. 집은 원래 다양한 방식으로 정신적 안정을 줄 수 있다. 하지만 지금 한국 현실에서는 집이 주는 정신적 안정 자체가 실종되어 있다.

그렇다고 정신적 안정을 얻기가 원천적으로 불가능한 집이 따로 있는 것은 아니다. 최소한의 물리적 조건을 만족시킨 다음부터는 집주인이 하기 나름이다. 나의 집을 어떤 가치로 정의하고 집에서 어떻게 생활하는가에 따라 집은 나그네가 머물다 가는 여인숙이 되기도 하고 포근한 어머니 품이 되기도 한다. 한국 사회가 애타게 찾고 있는 새로운 대안은 정신적 안정을 확보해 주는 집이 되어야 한다. 그러기 위해서는 집이 어떤 정신적 가치를 지니고 있는지, 집에서 어떤 정신적 가치를 찾을수 있고 구축할 수 있는지부터 알아야 한다.

이런 배경 아래 집이 지닌 정신적 가치를 찾아 정리했다. 집과 관련한원인 진단과 해결책 가운데 해결책에 치중한 책이다. 두 내용을 한 권에담으려 했는데 지면 관계상 급한 것부터 쓰게 되었다. 원인 진단에 대해서는 기회가 되는 대로 쓸 준비가 되어 있다.

이 책은 집의 구체적인 디자인을 제시하기보다는 집의 정신적 가치에 대해 지식과 담론 위주로 서술했다. 어떤 점에서는 이상적인 주거환경에 대한 정신적 담론을 다룬 글일 수도 있다.

정신적 담론은 집에서 정신적 가치를 찾는 사람들에게 이론적 토대를 제공할 수 있다. 전국이 부동산 문제로 들썩일 때마다 소수이긴 하지만 집을 투기 대상으로 보는 세태를 비판하는 의견도 함께 등장한다. 그러나 이런 비판은 물질만능주의 앞에 힘을 잃고 사라져버린다. 이런 주장을 펴는 사람들 스스로도 자신들의 주장에 대해 확신을 갖지 못한다. 이 책은 이런 주장의 정당성을 뒷받침하는 이론을 제공할 것이다. 이런 주장이 잘못된 것이 아니고 매우 정당하다는 확신을 갖게 해줄 것이다. 궁극적으로는 '집'을 기준으로 나와 우리 사회가 사는 방식과 생활을 되돌아보고 집의 가치를 새롭게 세우는 계기가 되기를 희망해 본다.

정주와 실존, 집에 마음 붙이기, 결국 사는 사람의 문제다

집에서 정신적 가치를 찾은 이유는 크게 두 가지다. 하나는 '정주'를 확보하기 위해서다. 정주는 한마디로 요약하면 '한곳에 정착해서 오래 산다'는 뜻이다(정확한 뜻은 본문에서 자세하게 설명한다). 달리 말하면 '집에 마음 붙이기'라 할 수 있다. 이 모든 것은 집의 정신적 가치와 직결된다. 집의 정신적 가치가 구현된 궁극의 상태를 '정주'라는 개념으로 정의할 수 있다. 정주는 집에서 가장 필요한 것이자 지금 한국 사회에 꼭 필요한 것이다.

다른 하나는 '실존'을 찾기 위해서다. 실존은 한마디로 요약하면 '진짜 삶을 사는 것'이다(이 뜻 역시 본문에서 자세하게 설명한다). 정신적으로 방황하지 않으면서 세상 속에 뿌리박아 건강하고 행복하게 사는 것이다. 집에서 정신적 안정을 얻는 것은 이런 실존의 첫 출발점이다. 사는 곳이 불안정하면 인생 전체가 흔들린다. 반대로 사는 곳이 정신적으로 안정되면 그것만으로도 인생은 살 만한 것이 되고 '실존'이 가능해진다.

이 책에서는 프롤로그와 에필로그까지 포함해 10개 장의 큰 주제 아래 111개의 유닛으로 구성된 여러 가지 정주 조건을 제시하고 있다. 이런 조건이 다 만족될 수는 없을 것이다. 그런 집은 이상 속에서나 가능할 것이다. 일부는 이론적으로만 가능할 수도 있고 또 일부는 매우 이상적일 수도 있다. 지금의 한국 현실에서는 더욱 실현되기 어려운 조건도 있을 것이다. 사람마다 성향과 가치관이 다르기 때문에 중요하게 여기는 조건이 모두 다를 것이다. 특정 조건 한두 개만 집중해서 만족되면 행복을 느끼는 사람이 있는가 하면, 가능한 한 여러 요소가 골고루 균형을 이루어야 하는 사람도 있을 것이다.

그런데 이 조건들이 모두 충족되지 않을 수도 있다. 지금 한국 사회가 그렇다. 이것이 한국 사회가 힘든 원인을 '집'의 관점에서 본 이유다. 따라서 이 책에서 제시한 조건 가운데 각자가 처한 상황에서 실현 가능한 것부터 한두 가지씩 실천하는 것이 가장 현실적인 방향일 것이다. 이런 배경 아래 적어도 집의 가치에 대해서 이 정도는 생각해 봐야 한다는 뜻에서 이 책을 쓰게 되었다.

이런 정주 조건들을 잘 구현하는 집의 형태나 구성이 특별히 있는 것은 아니다. 집의 정신적 가치는 집의 형태나 구성보다는 사람, 즉 가족 구성원이 자신의 집을 어떻게 바라보고 집에 어떤 가치를 부여하고 어떻게 사용하는가에 달려 있다. 물론 이 책에서 제시한 실존 조건을 잘 구현하는 데 유리한 주거 형식이 있긴 할 것이다. 그러나 지금 갑자기 그런 집을 짓고 살 수 있는 사람은 거의 없을 것이다. 또 사람마다 필요한 실존 조건이 다를 수 있다. 한 가지 답이 정해져 있지 않다는 뜻이다. 따라서 지금 사는 집에서 실현 가능한 조건부터 차근차근 구현해 나가는 것이 현실적일 것이다.

실존 조건은 집의 형태와 구조인 물리적 영역과 그 속에서 살아가는 사람의 가치관과 생활방식인 인문적 영역이라는 양 축으로 구성된다. 이 가운데 비중이 더 크고 더 중요한 것은 인문적 영역이다. 인문적 영역이 구축되어 있지 않으면 대궐 같은 집에 산다 한들 아무 소용이 없을 것이다.

집의 실존 가치를 확보하는 것은 결국 사는 사람의 몫이다. 어디에 살든 내가 마음을 작동해서 집에 가치를 실어주어야 한다. 집을 한 번이라도 더 쓰다듬어주고, 가능한 한 오래 머물면서 집에서 다양한 생활을 즐기며, 이런 생활에 정신적 가치를 부여하는 훈련을 해야 한다. 이것이 집에 마음을 붙이는 과정이다. 마음을 붙이면 실존 가치는 저절로 얻어질 것이다.

독자들이 이 책을 단순히 이론을 모아놓은 것으로 보기보다는 실천을 위한 가이드로 이해해 주었으면 하는 바람이다. 이론과 현실 사이의 간극은 있을 것이다. 그러나 그냥 읽지만 말고 이 책에서 제시한 조건들 가운데 각자의 형편에 따라 실천 가능한 한두 가지부터 시도하다 보면 정주 조건이 조금씩 좋아지는 것을 느낄 것이다. 이렇게 조금이라도 변화를 직접 체험하는 것이 중요하다. 실마리를 찾아 잡는 것이다. 이를 토대로 집의 정신적 가치를 조금씩 키워나가다 보면 어느 순간 집에서 편안한 행복감을 느끼게 될 것이다. 이때부터 정주 조건이 확보되는 것이며 실존은 탄탄한 안정화의 단계에 접어들 것이다.

다섯 사람의 관점: 생활인, 건축학자, 인문사회학자, 역사학자, 에세이스트

집은 보편적인 건축 주제이기 때문에 집과 관련된 책은 이미 많이 나와 있다. 그 내용과 성격도 다양하다. 내 서재의 '집 코너'에도 제목에 '집'이라는 단어가 직접 들어간 서적이 수십 권이다. 집과 간접적으로 연관된 분야까지 합하면 정확한 수를 세기 어려울 정도로 많다. 대부분 외국 책이지만 이제 우리나라에서도 많이 출간되어 그중 일부도 꽂혀 있다.

기존에 출간된 집 관련 도서는 크게 두 분야로 나눌 수 있다. 하나는 건축 분야의 책으로, '건물로서의 집', 즉 실제 잘 지어진 예쁜 집이나 유명 건축가가 설계한 작품으로서의 집을 소개하는 책이 주를 이룬다. 다른 하나는 인문사회학 분야의 책으로, 좀 더 대중적인 관점에서 사람 사는 얘기를 중심으로 집을 다루는 편이다.

이 책은 이런 선례를 남긴 작업에 정신적 가치라는 중요한 내용을 추가한다는 의미를 갖는다. 나는 집에서 정주 조건이나 실존 조건을 정의한 책은 아직 보지 못했다. 사람 사는 세상의 일은 정신적 가치를 먼저 정의하고 시작해야 한다. 가장 기본이 되는 가치를 정의한다는 것에 이 책의 의미를 부여하고 싶다. 이런 배경 아래 나는 이 책을 다섯 사람의 관점에서 썼다. 이 관점들은 이 책을 구성하는 대표적인 내용이 된다.

첫째, 21세기를 살아가는 한국의 생활인이다. 나는 1961년생으로 서울 출신의 화이트칼라 남성 중산층이다. 나 역시 집과 관련해서 50년 넘는 경험과 기억을 가지고 있다. 그 내용도 대다수의 일반 생활인과 전혀 다르지 않다. 집값에 연연해하고 어떻게 하면 조금이라도 좋은 곳에 살 것인지 고민하며 살아왔다. 요즘을 기준으로 하면 인터넷을 비롯한 언론 기사나 댓글 수준의 얘기라 할 수 있다.

둘째, 건축학자다. 건축학자의 관점에서 집에 꼭 필요한 가치를 이론화했으며 이를 실생활에 접목했다. 지금 우리가 사는 집의 모델이 서양 주택이기 때문에 사례는 서양을 중심으로 들었다. 기왕 서양 주택을 모델로 삼으려면 그 속에 담긴 정신적 가치도 함께 가져오자는 취지다. 아파트, 연립주택, 빌라, 타운 하우스, 다세대주택, 개인주택, 전원주택 등 지금 우리의 주택 모델은 서양 주택의 골조와 외형만 가져온 것이다. 이들 주택은 우리의 삶에 들어오는 과정에서 물질적 부분만 공고히 뿌리를 내렸다. 정작 서양 사람들이 집에 대해 어떤 정신적 고민을 했는지는 전혀 생각하지 않는다. 이 책은 이에 대해 제시하고자 한다.

셋째, 인문사회학자다. 하드웨어로서의 집은 건축 분야에 속하지만 그 속에 담긴 소프트웨어로서의 정신적 가치는 인문사회학과도 연관이 깊다. 인문사회학에도 집의 정신적 가치를 정의한 이론들이 많다. 건축학은 집을 '디자인 – 축조 – 생활'의 관점에서 본다. 인문학은 집을 인간의 가치와 존재라는 더 근원적인 관점에서 본다. 사회학은 집을 둘러싼 사회 환경과의 관계 속에서 집을 본다. 건축과는 다른 각도이지만 이 셋을 합해야 비로소 집의 정신적 가치에 대한 이론이 완성될 수 있다.

구체적으로는 하이데거의 실존주의 철학, 기독교와 불교의 종교적 시각, 몸 이론, 상징 이론, 영국 경험주의 철학, 사회사, 페미니즘, 생태학, 심리학 등을 주로 다루었으며 이 외에도 집을 정신체와 사회체로 보는 여러 가지 인문사회학의 이론과 사상을 더했다. 지면 관계상 연구한 내용에서 일부를 빼기는 했지만 전체적으로 보아 집의 정신적 가치, 즉 '정주'를 정리한 연구로서 중요한 내용을 담았다고 자부한다.

넷째, 역사학자다. 이상의 내용들을 한 번 더 역사적 관점에서 정리했다. 연대기 순은 아니며 주로 지금 이 시점에 필요한 교훈을 과거의 사례로부터 찾아내는 데 역사적 관점을 활용했다. 시간과 나라를 뛰어넘어 이론과 사례를 주제별로 정리했다. 정리의 기준은 우리가 집을 인식하는 순서로 잡았다. 요약하면 다음과 같다.

사람은 집을 축조해서 물질성을 확보한 뒤 여러 가지 정신적 가치를 집에 싣는다. 물질과 정신의 기본 요소를 갖춘 뒤 집에 살기 시작하면서 집과 정서적 교감을 나눈다. 집은 점차 나의 정체성을 상징하는 단계로까지 발전한다. 집에 사는 시간이 길어지고 나이를 먹어가면서 집은 고향과 연관되기 시작한다. 최종적으로 집은 사람 사는 문제의 전반, 즉 생활 전체의 문제라는 걸 깨닫게 되면서 나의 생활을 돌아보는 단계에 이른다.

과거의 사례를 이론과 접목해서 주제별로 정리하는 방식은 역사학자인 내가 즐겨 쓰는 방법론이다. 이 방식의 장점 가운데 하나는 전통에서 얻을 수 있는 교훈을 현대에 적용하는 데 도움을 준다는 것이다. 현재의 관점에서 전통은 자칫 낡고 쓸모없는 것으로 보고 통째로 버려버리기 쉽다. 하지만 전통의 내용을 주제어로 환산해 보면 지금과 연속되는 것들이 대부분이다. 이렇게 현재와의 연결고리를 확보한 뒤 차분히 전통의 내용을 들여다보면 현재에 도움이 되는 것이 많다는 사실을 발견하게 된다.

집과 관련된 한국의 현실이 좋은 예다. 오늘날 우리는 집과 관련된 문제에서 현 시점의 이익에만 너무 집중하고 있다. 그 결과는 정신적 불안으로 나타난다. 이를 해결할 지혜는 전통에 숨어 있다. 다양한 정신적 가치를 기반으로 운용되던 전통시대에는 집에도 정신적 가치를 실으면서 살아왔다. 이것을 캐내어 '사람 사는 실생활'의 관점에서 주제별로 정리하면 지금 이 시점에 도움이 되는 내용이 넘쳐난다. 이 책은 그런 시도를 한 책이다.

다섯째, 에세이스트다. 주로 책의 후반부에 집에 관해 쓴 나의 에세이를 삽입했다. 한때 문학청년이었던 기억을 되살려 여러 종류의 에세이를 추가했다. 집과 관련된 나의 개인적 경험부터 서정성을 가미한 이상적인 얘기까지 다양하게 시도했다. 여러 곳에 인용한 대중가요 가사도 이 범위에 들어갈 수 있다. 대중가요 가사는 의외로 잠재력이 크다. 국민 다수의 정서를 압축적으로 대변하는 점, 서정성과 사회성 등 다양한 레토릭을 구사하는 점, 일정 시기의 시대상을 담는 점, 음악과 합해져서 정서적 전달력이 높은 점, 그러면서도 쉽게 읽히는 점, 많은 사람들이 공유하는 점 등이다. 이런 여러 가지 문학적 장치를 추가해서 딱딱한 이론서가 되는 것을 피했다.

새로운 융합: 현실과 이상을 하나로 합하다

이상의 다섯 가지 관점을 하나로 묶으려는 시도가 이 책의 숨은 특징이자 새로운 점이다. 하이데거의 철학과 대중가요 가사, 성경이나 불경과 에세이는 서로 편차가 크다고 느낄 수 있다. 이렇게 편차가 큰 내용을 연결하는 것 자체가 일단 중요한 의미를 갖는다. 나는 고상한 학술적 이론과 시정(市井)에서 통용되는 일상어가 다르지 않다는 생각을 바탕에 가지고 있다. 결국 같은 주제를 얘기하는데도 생각을 정리하는 논리와 사용하는 단어에 차이가 있는 것이다. 이 차이가 결코 작은 것은 아니다. 그러나 동시에 이 차이를 뛰어넘어 이쪽 끝과 저쪽 끝을 하나로 잇는 작업도 필요하다. 이를 통해 사고의 확장이라는 긍정적인 결과를 얻을 수 있다.

'집'은 이런 방법론을 적용하기에 좋은 주제다. 누구나 집에 대해서 자신만의 생각을 가지고 있고 몇 마디씩은 할 수 있다. 사람들은 각자의 위치에서 다양한 언어로 집에 대해서 얘기한다. 그 내용은 같다고도 할 수 있고 편차가 크다고도 할 수 있다. 어쨌든 이 모든 것이 집의 의미와 가치가 될 수 있다. 철학자, 종교인, 건축가, 문학가, 일반인 등 각자의 시각에서 다르게 얘기하는 것일 뿐이다. 이런 내용을 하나로 연결하는 것은 보람 있는 일이라는 확신을 가지고 있다. 이런 작업을 통해 단순히 보람을 얻는 것을 넘어 집의 의미와 가치에 대해서 풍성한 내용을 확보할 수 있다. '집'은 모든 사람과 관련되어서 이런 작업을 하기에 좋은 주제다.

이는 새로운 융합을 위한 하나의 시도일 수 있다. 중산층 한국인이 집 문제에 대해서 평범한 일상어로 바라고 걱정하고 비판하는 것을 한쪽의 출발점으로 삼았다. 다른 한쪽은 집의 정신적 가치에 관한 건축학과 인문사회학 등 다양한 학문적 내용을 출발점으로 삼았다. 이 두 출발점은 양 극단에 포진한다. 전자는 하루 동안 인터넷 기사만으로도 수십 건을 접할 수 있는 일상적인 주제다. 후자는 식자들이 연구하고 다루는 학문적 주제다.

이 둘을 하나로 합하려 했다. 이 둘의 접점에 우리의 병든 주거환경을 개선하는 해결책이 있다고 생각했다. 일상적 주제는 가장 현실적인 출발점이지만 대중적 수준에 머물고 마는 한계가 있다. 누구나 쉽게 말을 하지만 그것으로 끝나버리고 만다. 학문적 주제는 어렵긴 하지만 사람 사는 문제를 근본부터 생각하게 해주는 장점이 있다. 일상 주제에 꼭 필요한 내용이다.

지금까지는 이런 내용들이 분리되어 단독으로 연구되었다. 전공 분야에 따라 분리되었고 그 사이에 있는 칸막이가 높은 편이었다. 이 책에서는 이 칸막이를 허물고 하나로 묶어 함께 보려 했다. 분야별 거리를 최소화하기 위해 중간에 완충재도 집어넣고 나름대로 열심히 봉합 바느질도 했다. 이런 시도가 필요한 근거는 '현실'과 '집' 두 가지다.

개인의 인간사와 사회의 문화 활동으로 이루어지는 현실은 분야별로 분리되어 진행되지 않는다. 사람들이 연구를 위해 편의상 분리한 것일 뿐이다. 현실에서는 일상적 논의, 추상적 사변 이론, 공간 환경에 대한 고찰과 담론, 문학적 감수성 등이 구별 없이 한 몸으로 섞여 공존한다. 여기에 맞춰 '집'이라는 주제를 한 그릇 안에 융합해 냈다. 이런 현실을 담아내는 가장 기본적이면서 모든 사람에게 해당되는 그릇이 '집'이다.

이런 특징을 포괄성이라 부를 수 있다. 쉬운 일상 얘기부터 사변적인 내용까지 넓은 스펙트럼을 포괄했다. 이 둘을 양쪽 끝으로 잡고 그 중간에 다양한 주제를 배치해서 설명했다. 대한민국에 태어나서 58년을 살면서 집에 대해서 경험하고 느꼈던 것들을 사변적 주제로 환원해서 같이 보려고 했다. 이는 일상적 언어와 학문적 개념을 연계시키는 것인데, 나의 평소 학문관이기도 하다. 일상에서 벌어지는 건축 현상 가운데 비판과 해석과 대안이 필요한 중요한 내용을 골라 학문적으로 설명하고 이를 통해 궁극적으로 나 개인의 정신 도덕을 함양하고 사회적으로는 미약하나마 개선 방향을 제시하고자 한다.

111개의 유닛으로 정리한 집의 가치

포괄성의 특징을 살리기 위해서 유닛별로 정리하는 나만의 저술 방법론을 사용했다. 이 책은 프롤로그와 에필로그까지 포함하면 총 10장으로 구성된다. 프롤로그에서 집의 중요성을 정리하고 정주 조건에 관해서 운을 뗀 뒤, 1장과 2장에서 정주 개념의 종교적·철학적 배경을 설명했다. 이후 3장부터 8장까지는 여섯 가지 정주 조건을 16개의 대제목으로 세분해서 설명했다. 이는 다시 111개의 소제목으로 분류했다. 이소제목이 바로 '유닛'이다.

'유닛'이라는 말은 책 전체를 이루는 부분인 동시에 독립된 정보 단위라는 뜻이다. 특히 뒤쪽의 '독립된 단위'에 비중을 두고 싶다. 이는 책의 활용도를 높이기 위한 편제다. 이 책을 이해하는 가장 좋은 방법은 물론 전체 내용을 다 읽고 숙지하는 것이다. 그러나 이것이 힘들 경우에 대비해서 111개의 유닛 단위로 세분했다. 이를 위해 각 유닛의 분량을 비슷하게 맞췄다. 개인별로 관심 있는 주제를 취해서 독립된 정보 단위로 활용할 수 있게 했다.

유닛별 분류는 최근에 유행하는 경향이기도 하다. 디지털 시대에 정보가 유통되는 방식이다. 이 방법은 장점이 많다. 첫째, 주제어별로 분류, 정리가 되면서 분야를 뛰어넘어 공통적으로 연결되는 보편성을 갖는다. 둘째, 다양한 주제가 만들어진다. 셋째, 이 주제를 일목요연하게 정리한다. 넷째, 사용자 쪽에서 압축적으로 정리된 지식 정보를 취할 수 있다. 다섯째, 역시 사용자 쪽에서 세부 주제끼리 다양하게 조합해서 각자의 목적에 맞게 활용할 수 있다.

유닛 구성은 사전 편제를 겸한 것으로 이해할 수 있다. 책 내용을 전달하는 통로는 보통 '제목'과 '찾아보기' 두 가지다. 정보의 세밀함을 기준으로 볼 때 이 둘은 양 극단에 존재하면서 편차가 크다. 제목은 너무 성글성글하고 찾아보기는 너무 촘촘하다. 물론 가장 좋은 방법은 찾아보기를 꼼꼼히 활용하는 것이다. 그런데 이 방법은 너무 많은 항목에서 필요한 것을 골라내야 하는 어려움이 있다. 유닛별 정리는 제목과 찾아

보기의 중간에 한 단계를 더 넣은 것이다. 대제목과 소제목으로 이원화해서 각자의 관심사를 대제목에서 먼저 분류하고 소제목에서 한 번 더 세분할 수 있게 했다.

유닛 정보를 활용하는 좋은 방법으로 '조합'을 제안한다. 책의 순서에 상관없이 적당한 유닛끼리 묶어서 길이와 내용 모두에서 다양한 조합을 만들어내는 것이다. 조합은 일차적으로 같은 챕터 내에서 가능하고, 챕터 사이를 오가며 창의적으로 다양한 조합을 만들 수도 있다. 개수도 다양하게 응용될 수 있다. 조합의 가지 수는 무한대로 다양하다. 여기서부터는 사실 독자의 몫이다.

'집'이라는 주제와 연관해서 보면 조합의 중요성은 더 확실해진다. '집'은 주관성이 강한 주제로 사람마다 처한 환경과 상황이 모두 다르다. 단순한 객관적 지식이 아니라 우리의 현실 및 실생활과 직결되는 주제다. 실제 우리가 집에서 살 때에는 다양한 요소가 동시에 유기적으로 작동한다. 따라서 어느 한 가지만을 모범 답안으로 제시하는 것은 좋지도 않으려니와 불가능하다. 일종의 사전 같은 체제를 만들고 독자들이 각자 상황에 따라 필요한 내용을 선별하고 조합해서 자신에게 맞는 문장을 스스로 만드는 것이 가장 좋다. 유닛별 편제는 이런 방향을 생각하고 잡은 것이다.

집필 과정에서도 최대한 조합이 가능토록 하기 위해 유닛 단위를 유기적으로 연관시키려 했다. 각 유닛 내에서 다른 유닛과 연관이 있는 내용은 가능한 한 주제어 중심으로 간단히 언급했다. 이 과정에서 일부 내용이 중복되는 것처럼 보일 수도 있다. 이는 책의 활용도를 높이기 위해서 어쩔 수 없는 것이었다. 전체 구성을 기준으로 보면 중복되는 부분이 없는 것이 좋다. 하지만 유닛별 분리를 기준으로 보면 각 항목당 자체 완결성이 중요하기 때문에 내용에 따라 약간씩 다른 항목의 내용이 물리는 것을 피하지 않았다. 중복의 문제는 나도 충분히 인식하고 있다. 중복되는 내용을 지우는 것은 기계적으로 쉬운 일이다. 다만 유닛별 분리라는 기준에서 책의 완성도를 높이기 위해서 최소한의 범위에서 허용했다.

유닛 단위는 요소주의 시각을 바탕으로 한다. 요소주의는 지식을 정리하는 한 가지 방법이다. 이 책의 주제인 집의 가치와 관련해서는 이전 시대의 사례, 즉 전통을 활용하는 데 유리하다. 이는 앞에서 소개한 다섯 가지 시각 가운데 특히 역사학의 방법론과 연관이 있다. 우리는 전통을 싸잡아서 현재와 대비시킨다. 이렇게 되면 전통적인 것은 통틀어 쓸모없는 것이 되고 만다. 이는 지금 한국 사회가 전통을 바라보는 시각이다. 전통을 요소주의로 보면 얘기가 달라진다. '전통'이라는 전체를 해체해서 요소로 나눠서 보는 것이다. 요소에 따른 다양한 해석이 가능하다. 모든 요소가 다 쓸모없지는 않다는 것을 알게 된다. 이는 이 책에서 제시한 여섯 가지 정주 조건에 대한 매우 유용한 선례가 될 수 있다. 중요한 교훈도 들어 있다.

이 책은 내가 지금까지 집필, 출간한 57권의 책 가운데 처음으로 사진 자료 없이 글로만 구성된 책이다. 우리 모두 집에 대해서 각자의 철학이 있고 늘 집에 대해 생각하면서 살기 때문에 글만으로도 나의 생각을 설명하고 논의를 끌어갈 수 있다고 생각했다. 지면의 문제도 있었다. 책이 지나치게 두꺼워지는 것을 피하기 위해서다. 사진이 들어가면 글 부분을 조절해야 하는데 이는 논의의 집중도를 약화시킬 수 있다. 글만으로 내용의 집중도를 높였다.

용어 문제를 간단히 언급하면, 집을 의미하는 단어에는 집, 주택, 주거, 가정, 가족, 식구 등 여러 가지가 있다. 엄밀한 구별은 학술적으로도 불가능할 정도로 이 단어들은 섞여 사용되고 있다. 이 책도 이런 흐름에 맞춰 문맥에 따라 자연스럽게 느껴지는 단어를 사용했다. 단어 하나하나에 집중해서 따지기보다 큰 흐름으로 읽어주기를 부탁드린다.

아파트 키드인 나, 이상적 정주를 그리다

나는 한국에서 가장 먼저, 그러니까 가장 오랫동안 아파트에서 산 사람일 것이다. 물론 젊은 세대는 아파트에서 태어나서 지금까지 아파트에서 사는 사람들이 대부분이다. 나이 든 세대는 그렇지 않다. 우리나라에 아파트가 처음 등장한 것이 1968년경이기 때문에 그 이전에는 좋건싫건 개인주택에서 살았다. 나는 1970년부터 아파트에서 살았으니 우리나라에서 거의 최초로 아파트에서 산 사람일 것이다. 그 후 개인주택에는 한 번도 살지 않았기 때문에 2019년 기준 49년이라는 긴 세월 동안아파트 생활을 하고 있는 것이다.

아파트에서 사는 생활은 앞으로도 변하지 않을 것 같다. 물론 개인주택에 대한 나의 감성은 양면적이다. 건축 전공자와 생활인 모두의 관점에서 개인주택에 대한 환상은 분명 남아 있다. 어릴 때 살던 개인주택에대한 기억을 떠올리면 더욱 그렇다. 가끔 한옥 스테이를 하거나 펜션에서 숙박을 할 때, 또는 개인주택을 방문해서 지낼 때면 아파트와는 다른무엇인가를 경험하곤 한다. 그래서일까, 최근까지도 은퇴 후에 개인주택을 짓고 살 계획을 세워보곤 했다. 경제력이 충분하지 않기 때문에 먼시골부터 춘천이나 원주 같은 좀 더 가까운 곳까지 땅도 보러 다니곤 했다. 그러나 한 살 두 살 나이가 들어갈수록 어릴 때 개인주택에 살던 기억은 비례해서 조금씩 옅어져 간다. 현재의 결론은 '은퇴 후에도 지금사는 아파트에 계속 살 확률이 99%이다'라는 것이다.

내가 직접 개인주택을 설계해서 지을 수 있을지 어떨지는 그때 가봐야 아는 일이다. 다만 나는 건축 공부를 시작하고부터 틈틈이 이상적인정주가 무엇일까에 대한 고민을 계속 해왔기에 그 내용을 한 권의 책으로 정리해서 내놓게 되었다. 이런 점에서 이 책은 학문적 연구인 동시에 마음 붙일 집을 찾아 헤맨 나의 경험을 기록한 '집 일기장' 같은 것이기도 하고 글로 지은 나의 이상적 주택이기도 하다.

'집'은 일차적으로는 건축 주제이지만 궁극적으로는 사람 사는 문제로 귀결된다. 이런 점에서 이 책에서 제시하는 정신적 가치들은 삶과 인생의 지혜를 구하는 내용으로 해석해도 좋다. 집 얘기는 인생 얘기로 모아지게 된다. 결국 인생을 잘 사는 길에 대한 고민을 담은 것이다. 예순을 바라보는 나이에 그동안 살아오면서 가져왔던 인생에 관한 생각들을 집의 가치와 연관지어 정주 조건이라는 학술적 주제로 풀어보았다.

프롤로그에 적었듯이 그 밑바탕에는 힘든 사회에 조금이라도 도움이 될 지식을 제안하려는 의도도 깔려 있다. 모든 사람은 집에 대해서 자신만의 생각을 갖고 있다. 적지 않은 사람들이 현재 우리의 주거 문화에 대해서 걱정한다. 대안도 얘기한다. 하지만 왜곡된 주거 문화는 조금도 변하지 않고 오히려 강화되고 있다. 대안에 정신적 가치를 부여하지 못했기 때문이다. 이 책은 이런 상황에 도움이 되길 바라면서 쓴 것이다.

건축은 단순히 물리적 구조물만 다루는 분야가 아니다. 건물은 생활을 담는 공간 그릇이며 건축은 사람 사는 문제와 밀접하게 연관된, 인문사회학의 중요한 부분이다. 사람 사는 문제와 인생의 문제를 물리적 구조물과 공간으로 해석하는 인문사회학이다. 이는 나의 주요 관심사이기도 해서 나는 건축을 연구하면서 늘 건축을 사람 사는 문제로 해석한다. 집은 아주 좋은 주제다. 이 책에서는 집에서 나올 수 있는 다양한 건축 주제를 사람 사는 얘기와 연관지어 썼다.

이 책은 나의 집 시리즈 가운데 다섯 번째 책이다. 나는 한옥에 관한 책 세 권과 유럽의 주택에 관한 책 한 권을 썼다. 그 뒤를 이어 집의 가치와 정주 조건이라는 뜻깊은 주제로 이번 책을 내놓게 되었다. 집에 대한 나의 관심과 연구와 집필은 계속될 것이다. 우선 '집의 사회학'쯤으로 통칭될 수 있는 주제가 첫째 후보다. 그 외에 한국 사회의 힘든 상황을 왜곡된 집의 가치와 연관짓는 주제, 한옥이 갖는 실존 조건, 주요 건축가들의 주택 작품 등도 나의 중요한 관심사다.

　마지막으로 감사의 말로 맺고자 한다. 무엇보다 온 국민이 어려운 상황에서 고생을 하는데 편하게 책만 쓸 수 있는 여건을 허락해 준 사회에 큰 감사의 마음을 전한다. 졸고를 출간해 준 한울엠플러스에도 감사의 마음을 전한다. 언제나처럼 나의 가족, 두 딸과 아내에게 온 마음으로 소중한 감사와 사랑을 전한다.

2019년 10월 심재헌(心齋軒)에서

임석재

집의 불행에서 정주와 실존으로

우리의 집은 행복한가: 집에 대한 철학의 부재

한국 사회가 힘들다. 각 분야마다 원인과 진단이 가능할 것이다. '집'
도 그중 하나다. 집이 보금자리 기능을 잃었기 때문이다. 가족이 해체된
것에 대응하는 현상이다. 가정의 하드웨어가 집이고 소프트웨어가 가
족인데 둘 모두 해체되었다. 이런 해체 현상을 '집의 불행'이라 부르고자
한다. 사람들은 집에 마음을 붙이지 못하고 밖으로 떠돈다. 아버지는 아
버지들끼리, 어머니는 어머니들끼리, 자녀는 자녀들끼리 각자 집 밖에
서 따로 모여 논다. 집 안은 텅 비어 있는데 야간 유흥 문화는 세대별로
성업 중이다.
　집의 불행은 어디에서 시작되었을까. 두 가지 원인을 생각할 수 있
다. 우선 집의 물리적 형식이 중요할 것이다. 한국은 아파트 비율이 압
도적으로 높다. 아파트는 편리한 점이 많지만 인류 역사나 세계 전체를
기준으로 보면 평균적인 주거 형식은 아니다. 과밀한 대도시에만 필요
한 비상한 유형이다. 아파트라고 무조건 나쁜 것은 아닐 테지만 아파트
가 집의 불행을 초래한 중요한 원인 가운데 하나인 것은 확실하다.

이보다 더 중요한 것은 집 철학의 부재다. 집의 의미와 정체, 가치와 역할 등에 대한 우리의 철학 문제다. 집에 대한 철학이 잘못되어 있다. 아예 없다고 해도 좋을 정도다. 물질만 좇다 한계점에 온 상황이다. 한국 사회를 뒤덮고 있는 정신적 불안 상태는 여기에서 기인하는 측면이 크다. 사람들은 개인의 심리 상태만 주로 들여다보지만 인간은 주변과 교류하는 환경적 존재이기 때문에 공간 환경도 심리 형성에 빠질 수 없는 요소다. 물리적 골격과 함께 그 속에서 벌어지는 콘텐츠도 함께 고려하면 공간 환경은 인간의 심리에 절대적인 영향을 끼친다.

집은 그 중심에 있다. 철학이 부재한 상태에서 물질만 좇으니 정신이 붕괴되고 심리가 불안해지는 것이다. 이 땅에 근대화가 시작된 이래 집은 점점 부동산 투기의 대상으로 옮겨가고 있다. 기계가 가세했다. 2000년 이후 IT 시대가 열리면서 스마트 장치가 집으로 침투하고 있다. 기계는 향후 집에 대한 인식에 적지 않은 영향을 끼칠 것으로 보인다. 물질과 기계 모두 사람 사는 데 꼭 필요한 것이지만 문제는 이것이 철학을 밀어내고 없앤다는 데 있다.

고층 아파트가 넘쳐나고 사람들은 집에서 돈도 벌고 집안에 편리한 기계도 들였다. 광고에서는 낙원이 온다고 선전하는데 그 반대다. 사람들은 집에 지쳐 있다. 집에서 휴식을 취하지 못하고 위로를 받지 못한다. 집도 사람들에게 지쳐 있다. 사람들은 집을 돈으로만 취급한다. 서로 쓰다듬고 위해주면서 힘을 주고받아야 하는데 그 반대로 서로 힘을 소진하면서 양측이 함께 지쳐간다. 온통 유리로 치장한 평당 1억짜리 최고급 초고층 아파트가 속속 등장하지만 정작 정신으로서의 집은 산산이 해체되었다. 유명 브랜드의 아파트는 넘쳐나지만 국민의 행복지수는 나아지지 않고 있다.

집과 사람과 사회는 같이 간다. 집은 사람과 사회를 닮는다. 건물은 원래 사람을 닮는데 그 가운데에서도 집은 사람과 가장 닮았다. 집을 의인화해 보자. 집은 당신의 몸과 동격일 수도 있고 가정이라는 사회적 단위일 수도 있고 인간의 주거 안착이라는 정신적 가치일 수도 있다. 어느 기준으로 보더라도 현재 한국 사회에서 집은 불행하다. 먹을거리는 넘쳐나는데 몸은 병들 듯 아파트는 넘쳐나는데 가정은 붕괴되어 간다. 주거 생활은 불안해지고 집에서 정서적 안정을 기대하기 힘들어진다.

집과 인간과 사회는 서로를 비추는 삼각 거울이다. 집은 사회의 거울이다. 집이 불행하니 사회가 불행하고 사회가 불행하니 집이 불행하다. 그 중간에 사람이 있다. 사람이 불행하니 집이 불행하고 집이 불행하니 사람이 불행하다. 결국 '집 - 인간 - 사회'는 하나로 돌아간다. 집에는 사람 사는 모습과 그 상태가 고스란히 투영된다. 아주 잘 닦은 거울처럼 서로를 비춘다. 안타깝게도 현대 한국 사회에서 '집 - 인간 - 사회'를 하나로 묶어주는 매개는 '불행'이다. 셋은 불행을 매개로 단단히 묶여 있다. 어디에서 먼저 불행이 시작되었는지를 따지는 것은 달걀이 먼저냐 닭이 먼저냐를 따지는 것처럼 공허해 보인다. 그저 '불행'을 주거니 받거니 하면서 악순환의 고리만 키워간다는 것이 정확한 사실일 것이다. 집은 불행의 원인이자 결과가 되어버렸다.

집은 현재진행형이다. 지금 이 순간에도 어디선가 열심히 집을 짓고 있고 어디로 이사 갈지 핸드폰을 검색하며 고민한다. 부동산 중개업소에서는 부지런히 계약서를 쓰고 이삿짐센터의 전화벨도 쉴 새 없이 울린다. 사람들이 살아가는 한 그러하다. 인간들이 땅 위에 조영을 시작하며 삶을 영위한 이래 집은 항상 현재진행형이었다. 언제 집이 사라진 적이 있었던가. 대포알이 날아다녀도, 천막을 치는 한이 있어도 집은 늘 있어 왔다. 발가벗고는 살아도 집 없이는 못 산다. 노병은 죽지 않고 다만 사라질 뿐이라지만 집은 사라지지도 않는다. 다만 변할 뿐이다.

사회가 안정되어 있을 때 집은 조금씩 천천히 변한다. 그 방향은 긍정적이다. 변화 속도는 완만하며 변화 양상은 차분하다. 사람살이가 스며들고 동네는 보존된다. 셈 단위는 돈이 아니고 가족이 된다. 생활이 되며 세월이 된다. 집은 시대를 기록하고 대물림된다. 흔적이 아니라 현실로 남는다. 기억에 담을 필요도, 기억을 뒤질 필요도 없다. 생활 속 현실로 늘 우리를 감싸며 백년을 이어준다. 가장 위대한 현실이 된다. 이런 집을 위해 꼭 필요한 집의 정신적 가치를 찾아 떠나보자.

집이 사라져 가는 한국 사회: 불행의 원인 가운데 하나

집이 사라지고 있다. 보기에 따라서 거의 사라졌다고 할 수도 있다. 무슨 말인가. 우리가 집이 없단 말인가. 오늘도 전국에 셀 수 없이 많은 분양광고가 범람하고 남아도는 집이 수십 수백만 채인데 집이 없다니. 하지만 나는 집이 사라졌다고 말하고 싶다. 개인주택으로서의 집일 수도 있고 이상적인 가정으로서의 집일 수도 있다. 철학이 깃든 진짜 집일 수도 있다. 한마디로 건강한 집이다. 사라져 가는 것들 품목에 집이 들어 있다. 집은 세월의 흔적을 되짚는 대상이 되었다. 분명 기억 속에는 남아 있는데 다시 보고 싶어도 쉽게 찾을 수 없는 풍경이 되었다. 집은 현실 그 자체인데, 그런 집이 풍경이 되었다. 그것도 모자라 이미 사라져버렸다. 푸근한 기록으로밖에 남지 않게 되었다.

집이 사라져가고 있다는 것은 우리 스스로 너무나도 잘 알고 있으리라. 아무리 사회가 변했다고 하지만 온 식구가 오순도순 모여 저녁밥을 먹으며 정이 넘치는 대화를 나누는 가정이 몇 퍼센트나 될까. 집은 이제 박물관에라도 집어넣어야 할 판이다. 그러나 이것은 결국 박제 아닌가.

시간이 더 흐르면 화석이 될 것이다. 박제 호랑이를 보자. 그게 호랑이인가. 호랑이 껍질일 뿐이다. 세상에 가장 허탈하고 시시한 것이 박제 호랑이를 보는 일이다. 산을 뒤흔드는 울음소리, 심장을 꿰뚫는 눈빛, 바람보다 빠르다는 몸짓, 호연지기라는 교훈을 인간에게 줄 수 있는 그 기품은 없지 않은가.

우리의 집이 이렇게 되어가고 있다. 집을 박제로 만들 궁리를 하고 있다. 대량생산된 상품으로서의 집이 그것이다. 그러나 그 박제에는 집의 기품은 없을 것이다. 철학과 정신적 가치를 지닌 집의 기품, 스스로 살아서 꿈틀거리며 우리와 한 몸이 되어 뒹굴며 실존을 주고받는 기품, 이런 것들이 깨끗이 사라졌다. 이제 집은 박제를 넘어 화석의 단계에 들어서고 있다.

집이 사라진다는 것은 단순히 건물이 없어진다는 말이 아니다. 지금 한국 사회를 뒤덮고 있는 병리적 현상과 동의어다. 집의 불행은 지금 우리가 겪는 불행과 동의어다. 현대 한국 사회는 가정 해체가 심각한 수준이다. 급속히 늘어나는 일인 가구도 그중 하나의 현상이다. 문제는 이런 현상을 바라보는 우리의 시각이다. 더 이상 실존의 문제로 보려 하지 않고 실존 조건이 붕괴된 결과로 보려 하지 않는다. 이것을 당연한 사회 현상으로 받아들이는 것이 우리의 일반적인 시각이다. 사회가 변했으며 다양성을 존중해야 한다는 것이다. 가정의 붕괴와 변형된 가정의 등장을 다양화된 현대 사회의 현상 가운데 하나로 본다는 뜻이다.

걱정을 하기도 하지만 경제적 관점에 국한될 뿐이다. 가정 해체 문제를 가장 진지하게 받아들이는 분야는 아마도 경제 분야일 것이다. 가정이 해체되는 현상을 돈을 벌 기회로 본다. 주로 일인 가구가 늘어나는 현상을 기업의 상품 판매 전략과 연계시키는 쪽이 그러하다. 건설업계에서는 소형 아파트를 늘려 짓는다. 일반 생활용품을 생산하거나 판매

하는 기업들은 일인 가구에 맞는 소비 상품을 개발한다.

하지만 이 문제는 실존의 문제다. 마당을 갖고 정원이라도 가꾸면서 집에 마음 붙이는 일은 이제 철부지 이상주의가 되어버렸다. 머지않아 희소한 주거 형식이 될 것 같다. 선진국에서는 개인주택이 가장 보편적인 집의 형태인데 우리만 희망사항에 불과한 것인 양 한쪽 구석으로 몰아넣고 있다. 선진국 국민들은 다 하는 일인데 우리만 비현실적이라며 고개를 젓는다. 한국인의 다수가 사는 지금의 아파트는 신진국에서는 특이한 주거 형태다. 우리만 자발적으로 한쪽으로 쏠려 불안감 속에 초조하고 조급하게 살고 있다.

드라마를 보자. 집안에서 벌어지는 일들을 그리곤 하는데 어느 한 곳 좋은 장면이 없다. 집안에서 벌어지는 일은 늘 시기와 질투와 갈등뿐이다. 서로 격하게 째려보며 고성이 오가고 암투와 모략과 싸움이 판을 친다. 그래서 나는 드라마를 절대 보지 않는다. 몇 해 전 집에 대한 강연을 하던 자리에서 "드라마 보지 말라"라고 했더니 즉각 억센 경상도 사투리로 "그 얘기에 동의할 사람이 누가 있을까요?"라는 반문이 돌아왔다. 이른바 '막장 드라마'를 보는 것이 삶의 유일한 낙인 사람이 점점 늘 정도로 우리의 생활지수는 형편없이 되어버렸다.

주거 행복도를 나타내는 BLI 지수라는 것이 있다. 'Better Life Index'의 준말이다. 직역하면 '더 나은 삶 지수'다. 주거, 소득, 공동체, 환경, 삶의 만족, 안전 등 11개 부문을 평가해서 매년 국가별로 삶의 질을 평가하는 지표다. 한국의 BLI 지수는 21로 OECD 국가 중 거의 꼴찌 수준이다. 우리의 경제력과 기술력이 공허하고 창피할 뿐이다. 물질적 풍요를 위한 노력은 궁극적으로 행복을 얻기 위한 것인데 그 반대가 되었다. 행복을 훼손하면서 물질을 얻었다는 뜻이다. 행복과 물질을 맞바꾸었다는 뜻이다.

집은 간단한 문제가 아니다. 집과 관련한 질문은 더 근원적인 문제로 이어진다. 지금 우리는 어디에 와 있고 어디로 가는가, 우리는 무엇을 위해서 근대화를 했고 산업화를 했는가, 가정을 버리면서까지 야근과 철야를 하며 미친 듯이 일만 해댄 목적이 무엇인가 같은 질문으로 이어지는 것이다. 사회 경제 전반에 만연한 근대화의 폐해 현상인 '물질 풍요 – 사회 갈등 – 정신 불안'의 3대 축이 집에도 똑같이 나타나고 있다. 개인소득 3만 달러 시대에 우리의 자화상은 어떤 모습일까. 철학과 사상과 종교와 예술과 사색은 사라지고, 먹고 마시고 웃고 떠들고 쾌락에 빠지고 싸우고 증오하고 성형하고 속이고……. 주거 문화가 병든 것과 똑같지 않은가.

집의 가치: '물질 – 기술'에서 '정신 – 철학'으로

언제부터인가 사람들은 아파트 외의 다른 주거 형식에 대해서 생각하는 변화를 보이기 시작했다. 단순히 주택 시장의 다변화나 개인 취향의 문제일 수도 있다. 보기에 따라서는 '아파트 다음 단계의 주택 모델을 찾기 시작한 변화' 같은 시대적·사회적 의미를 부여할 수도 있다. 이런 여러 변화는 아파트로 획일화된 우리의 주택 현실을 문제점으로 보았다는 것에서 출발점이 동일하다. 이런저런 집을 지으려는 모의들이 진행된다. 다양한 종류의 주거 형식을 모색한다. 일부는 직접 집을 짓는 일을 감행한다. 교외 전원주택, 현대 한옥, 땅콩주택, 도심 소형 주택, 셰어링 하우스(sharing house) 등 많은 사례들이 등장하고 있다. 새로운 유형이 잠시 언론을 타고 유행하지만 곧 사건이 터지고 문제가 생기면 썰물처럼 빠져나간다.

주거 형식이 다양해지는 것은 바람직한 일이다. 이미 한국 사회의 가구 형태 자체가 너무 다양해졌기 때문이다. 가구 형태와 주거 형식은 가능한 한 일치하는 것이 좋다. 그런데 더 중요한 것을 놓치고 있다. 새로운 형식을 모색하기에 앞서 '집'에 대한 철학을 먼저 세워야 한다는 것이다. 집의 가치와 의미가 무엇인지를 정의해야 한다. 집의 본질과 정체는 무엇인지, 집에서 무엇을 할 수 있는지, 집이 우리에게 주는 것이 무엇인지 정의해야 한다. 집은 어떤 곳이고 집이 갖는 가치는 무엇인지 정의해야 한다.

'집'은 개인과 사회가 가진 가치관의 총집합체다. 지금 우리가 집에 대해서 가지고 있는 가치관은 무엇인가. 물질과 기술 두 가지다. 아파트는 '물질'이라는 가치관의 집약판이다. 가장 많은 수의 국민을 옭아맬 수 있는 매개이며 당연성이라는 엄청난 무기를 지니고 있다. 주식처럼 따로 돈을 마련하고 시간을 투자할 필요가 없다. 집은 누구나 가지고 있고 일상을 영위하는 당연한 것인데 이런 당연한 것이 돈까지 벌어주니 여기에 얽혀들지 않을 수 없다. 집은 가장 일반적이고 휘발성이 강한 투자 수단이다. 요즘 아파트를 구매하면서 나중에 아파트값이 오르기를 기대하지 않는 사람이 있을까. 아파트에 사는 동안 지금 내 아파트값이 얼마일까 단 한 번이라도 확인해 보지 않은 사람이 있을까. 하지만 결과는 어떠한가. 아파트가 만들어주는 돈이 우리에게 행복을 가져다줄 것이라고 믿었지만 결과는 반대로 나타나고 있다.

기술도 마찬가지다. 건설사나 전자제품 회사에서는 새로운 기술이 집에 들어오면 지상낙원이 열릴 것처럼 선전한다. 기술이 이전에 있던 모든 문제를 해결해 줄 것처럼 광고를 해댄다. 하지만 기술과 기계는 절대 구세주가 될 수 없다. 집에 기계 장치가 늘어난다고 해서 달라질 것은 하나도 없다. 약간의 편의성이 인간 실존에 어떤 도움을 주는가. 오히려 집 안에서 몸을 움직이고 집의 구석구석과 대화하는 건강한 리듬을 끊어놓을 수 있다.

물질과 기술은 꼭 필요하다. 사는 데에도 꼭 필요하고 인간의 행복에도 꼭 필요하다. 문제는 '정도'다. 우선순위에서 중간쯤 위치해야 한다. 정신과 철학을 그 위에 두고 물질과 기술을 컨트롤할 수 있어야 행복과 건강이 유지된다. 물질과 기술이 사람 머리꼭대기에 올라 앉아 가치관을 지배하고 생활을 좌지우지할 때 인간은 병들고 행복은 깨진다. 물질과 기계보다 정신이 먼저이고 철학이 먼저다. 집에 대한 철학을 정립하는 것이 먼저다. '물질 – 기술'의 강력한 동맹에 맞서 실존을 지켜줄 '정신 – 철학'의 연합군을 공고히 세워야 한다.

아파트 이외의 집을 찾는다면 자신이 집에 대해 어떤 가치관을 담아 내려는 것인지를 먼저 정해야 한다. 조심스럽게 개인주택과 아파트를 비교해 보자. 이런 비교가 형식적 이분법일 수 있지만 이해를 돕기 위해 상식적인 선에서 두 가지 주거 형식을 비교해 보자. 아파트 이전의 개인 주택 시대에는 사람들이 비록 철학자처럼 집의 정신적 가치를 이론으로 정리해 내지는 못했지만 집에 대해서 통용되는 사회적 동의가 있었다. 쉼터나 보금자리 같은 것이 집을 평가하는 기준이었다.

아파트로 바뀌면서 그 기준도 바뀌었다. 로열 층, 평당 얼마, 건설사 브랜드, 방은 몇 개, 화장실은 몇 개 등이 집을 평가하는 기준이 되었다. 아파트는 1960~2000년 사이 압축 성장기 때 급격히 늘어나는 인구를 감당하기 위한 특별한 주거 형식이었다. 인구가 폭증하고 경제가 고도 성장하면서 고소득자의 수가 갑자기 늘어났다. 이들이 도시에 집중되면서 짧은 시간에 다량의 주택을 공급하는 일이 국가의 운명을 결정할 정도로 중요해졌다. 이런 요구에 부응해서 등장한 주거 형식이 아파트였다. 그러면서 집의 기준도 바뀌었다.

이제 그런 시대가 완전히 끝나고 상황은 정반대가 되었다. 선진국 문턱에 진입한 대신 인구는 줄기 시작했다. 따라서 아파트 다음의 주거 형식을 모색하는 것은 어쩌면 당연한 현상이다. 이런 변화는 분명히 긍정적이며 발상의 전환을 가져올 좋은 기회다. 아파트 이후의 주택 모델을 모색하는 사람들은 좀 더 포근하고 아늑한 쉼터를 원한다. 보금자리를 회복하려는 것이다. 이런 사람들이 아직 다수는 아니지만 하나의 흐름을 형성할 정도는 되었다. 그럼에도 아직 집 철학을 논하고 세울 단계까지는 가지 못한 것 같다. 좋게 말하면 모색기이고 나쁘게 말하면 혼란기라고나 할까.

이런 변화를 보여주는 통계 자료가 있다. 2016년 주택산업연구원 조사 자료다. 서울과 수도권에 사는 만 25~64세 1020명을 대상으로 집을 고를 때 고려하는 요소를 조사했다. 1위 쾌적성(35%), 2위 교통(24%), 3위 교육(11%) 등으로 나타났다. 중요하게 생각하는 입지 조건이 바뀐 것이다. 이전에는 역세권이나 도심 간선도로변 같은 교통이 편리한 곳이 선호되었다. 이제 이런 곳은 번잡해서 피하고 싶은 곳으로 변한 것이다. 이른바 '숲세권'은 가장 선호하는 입지가 되었다. 개인주택에서 살겠다는 응답은 20대 16%, 30대 20%, 40대 28%, 50대 38%였다. 앞의 항목에 이 항목을 더하면 숲이 있는 한적한 곳에 개인주택을 짓고 사는 것이 미래 주택 시장의 유행이 될 것임을 말해준다. 여기까지는 아파트에 지친 사람들의 바람을 반영하는 상식적인 결과다.

반면 이 기사에 달린 댓글은 대개 부정적인 반응이었다. '숲세권'이나 단독주택에서 겪는 불편함과 출퇴근의 어려움 등을 지적하면서 잘못된 통계이거나 최소한 뭘 모르는 이상적인 생각이라고 비판하는 댓글이 대부분이었다. 결국 실제로는 이 통계의 비율대로 실현되지 않을 가능성이 크다. 아마도 실현 가능성보다는 사람들의 희망과 바람을 보여주는 통계일 것이다. 그럼에도 사람들이 최소한 지금의 주택 상황과 주거 현실에 지쳐 있다는 것은 알 수 있다. 그 대안은 우리가 상식적으로 알고 있는 편안하고 안정된 주거 형식이다. 그럼에도 우리의 현실에서는 이것을 실제 실행하기가 무척 어렵다. 물질과 기술의 가치관에 길들여진 관성 때문이다. 이것을 누를 수 있는 것이 정신적 힘이다. 정신적 힘은 철학에서 나온다.

인간은 왜 집을 짓는가: 정주 조건과 실존의 확보

그렇다면 집의 철학이란 무엇인가. '철학'이라는 말이 어렵다면 '인간은 왜 집을 짓는가'라는 질문으로 바꿔보자. 집의 의미, 가치, 역할 등에 관한 질문이다. 결론부터 말하면 인간은 실존적 안정을 확보하기 위해 집을 짓는다. 집을 짓고 집에 가서 쉬는 것은 실존적 안정을 얻기 위해서다. 육체적 피로를 푸는 것은 물론이고 심리적으로 안정을 얻어야 하고 정신적으로도 회복해야 한다. 핵심은 '실존'이다. 집은 '실존'을 확보해 주어야 한다는 것이 이 책에서 말하는 궁극의 목적이다. 실존을 확보해 주는 집의 기능은 다섯 가지다. '실존'의 정밀한 의미와 다섯 가지 기능에 대해서는 다음 장부터 본격적으로 살펴볼 것이다. 여기서는 두괄식의 개념으로 다섯 가지 기능을 나열해 보자.

첫째, 비바람을 막아주는 물리적 보호처다. 둘째, 삶과 죽음을 담당하는 정신적 장소다. 셋째, 가족들의 일상생활을 담는 심리적 휴식처다. 안정된 쉼터이자 보금자리로서 편안한 일상을 보장한다. 넷째, 주인과 가족의 정체성을 반영해서 표현하는 곳이다. 삶의 방향을 드러내고 삶의 가치관을 실어 자신을 상징적으로 표현한다. 다섯째, 땅에 뿌리 내린 소속감을 느끼게 해주고 기억을 쌓아가는 고향이다.

이 다섯 가지가 집에서 실존을 확보할 수 있게 해주는 요소다. 이를 정주 조건이라 부르고자 한다. 정주 조건은 집에 마음을 붙이게 해주며 행복으로 이끄는 힘을 갖는다. 경쟁과 갈등과 충돌이 난무하는 위험한 사회 속에서 집을 안전한 자궁 같은 곳으로 만들어 존재적 안정을 돕는다. 집에서 '실존-정주-마음-행복'은 함께 작동한다. 물질과 기술 이전에 먼저 확보해야 할 집의 정신적 가치다. 이것을 알고 실천하는 것이 집 철학이다.

정주 조건을 확보하는 것은 병든 한국 사회를 고치는 하나의 길이 될 수 있다. 오늘날 한국인의 건강 지표는 정신과 육체 모두 악화일로다. 집이 사람과 같다고 볼 때 이는 집 역시 정신과 육체 모두 병들었다는 것과 같은 말이다. 집에 무슨 정신과 육체가 있느냐고 반문할 수도 있다. 집이 가진 정주 조건이 바로 정신이고 집의 물리적 구조가 육체다. 사람과 같다. 정주 조건은 가치관이고 물리적 구조는 주거 형식이다. 집에서도 이 둘은 같이 간다. 사람이 그렇듯이.

사람에게 '영육 간에 강건하라'라는 말을 쓴다. 정신과 육체의 건강이 함께 간다는 뜻이다. 집은 '영'까지는 없지만 집도 엄연히 정신적 가치를 지니고 있다. 물론 이것을 집에 부여하고 생활에 적용해서 작동하도록 하는 것은 사람의 몫이다. 그렇지 못하면 집은 영원히 콘크리트 덩어리로만 남는다. 집을 지을 때부터 가치관을 표현할 수 있으면 좋을 것이다. 더 중요한 것은 살아가면서 집에 가치관을 싣는 것이다. 가치관을 굳히고 성숙시켜 생활에 반영되도록 해야 한다. 이것이 모이면 사회의 건강한 가치관, 정신적 가치관이 된다. 사람들은 집에서 영육의 건강을 얻을 수 있게 된다. 사람이 집을 건강하게 지어서 건강하게 살아가니 집이 사람과 사회의 건강을 지켜준다. 이것이 정주 조건이다.

지금 한국 사회에는 소모적인 요소들이 너무 많다. 집도 그중 하나다. 아니, 가장 소모적일 수 있다. 집은 존재와 물질 모두에서 가장 큰 덩어리이기 때문이다. 집을 둘러싼 소모전을 막아야 한다. 환경 분야에서 주로 사용하는 '지속가능성'이라는 말이 좋을 것 같다. 집과 생활 모두 지속가능성을 지녀야 한다. 집은 자생 능력을 가지면서 오래 유지되어야 한다. 그 시간 동안 집에서 건강하고 안정된 일상생활을 유지해야 한다. 사람은 집을 아끼고 집과 함께 '지속가능'하게 간다. 집에서 정서적 안정과 정신적 가치를 얻는다. 정주 조건이 확보되어야 가능한 일이다. 정주 조건이 확보되면 집으로 향하는 발걸음이 즐겁다. 집으로 돌아가는 길이 낮에 올랐던 혈압을 안정시킨다. 입가에 미소가 번진다. 집이 행복을 주고 집에서 행복을 느끼게 된다. 집에 마음을 붙일 수 있게 된다.

한때 '치유', 즉 '힐링(healing)'이 유행했었다. 하지만 한계가 있다. '해독', 즉 '디톡스(detox)'로 가야 한다. 몸에만 디톡스가 필요한 것이 아니다. 생활 전반과 집에도 디톡스가 필요하다. 부정적 요인을 놔둔 채 위안만 받는 것으로는 부족하다. 정신적 가치를 확실히 세우지 않으면 부정적 요인은 다시 반복된다. 생활과 집에서의 디톡스란 물질과 기술의 가치를 지우고 정신적 가치를 세워 정주 조건을 확보하는 것이다. 우리는 집에서 실존을 보장받아야 한다. 하루하루 사는 일상 공간에서 실존을 정립해야 한다.

이것은 집에 희망을 싣는 일이다. 이상적인 집을 가정해 보자. 무엇이 이상적인 집인가. 실존을 보장받을 수 있는 집이어야 한다. 어떻게 해야 집에서 실존을 보장받는가. 대단한 무언가가 있는 것이 아니다. 앞에 언급한 것처럼 즐겁고 행복한 집이 그 답이다. 매우 평범하고 당연한 것들이다. 이것이 가장 힘든 현실이 되었고 가장 이상적인 꿈이 되었다. 이것을 되살려야 한다.

지금 한국 사회에서 집이 처한 현실은 걱정스러운 단계까지 악화되었다. 많은 사람들이 그리는 이상적인 집은 '부자 동네의 고급 아파트 한 채'가 되어버렸다. 이상은 한 시대를 살아가는 사람들의 희망과 걱정을 반영한다. '부자 동네의 고급 아파트 한 채'는 물질 희망과 물질 걱정을 반영한다. 물질 이상과 다름없다. 이상은 불안을 극복하는 도피처인데 물질 이상은 아무런 불안도 극복해 주지 못한다. 희망은 정신적인 것이어야 하고 불안은 심리적인 것이어야 한다.

이상은 정신적 희망을 주어야 하고 심리적 불안을 극복해야 한다. 힘든 일상을 참고 노력하는 목적도 이런 이상이어야 한다. 집은 그 전진기지이자 집합처가 되어야 한다. 이런 집만이 실존을 보장해 줄 수 있다. 실존을 보장해 주는 집만이 이상적인 집이 될 수 있다. 정신적 가치와 심리적 안정을 주는 집을 실현 가능한 범위 내에서 그려보는 것이 진정한 희망이다. 이상은 이런 희망을 향해야 한다. 이렇게 설정한 이상을 희망으로 품고 하루하루의 생활을 구현해야 한다. 이것이 모이면 한 시대의 주거문화가 된다.

쉽지 않을 것이다. 물질과 기술이 지배하는 세상의 가치가 너무 공고하다. '예외자'의 용기가 필요하다. 물질과 기술은 너무 강력한 가치로 자리 잡았다. 이것에 휩쓸리지 않기 위해서는 '예외자'가 되어야 한다. 집을 돈으로 보는 세태에 휘둘리지 않을 용기를 지녀야 한다. 집의 기본 가치관을 생활의 질 쪽에 두어야 한다는 원론을 지키는 용기다. 이런 원론이 붕괴된 현실에서 세상 가치를 따르다 보면 생활의 질이라는 실존 조건을 잃어버린다. 햇빛이 안 드는 30억짜리 청담동 빌라나 고속도로에 코를 맞대고 '미세먼지 - 초미세먼지 - 나노먼지'의 삼종 세트에 범벅이 된 40억짜리 서초동 아파트가 무슨 가치가 있단 말인가. 햇빛과 공기는 인간 생존의 일차 조건인데 이것을 버리고 그 자리를 30억, 40억의 물질과 청담동, 서초동의 동네 이름값으로 채웠다. 생활의 질은 최악이지만 많은 사람이 선망하는 집이다. 세상 가치는 이런 곳에 살아야 출세한 인생이라고 부추긴다.

집은 물질과 기술이라는 세상 가치가 지닌 폐해를 회복하는 장소가 되어야 한다. 물질을 축적하고 기계를 불러들이는 상품이 되어서는 안 된다. 돈과 편리함이라는 이 시대의 집의 가치 기준을 상당 부분 포기해야 한다는 전제가 필요하다. 그래야만 여기에 결여된 정서적 안정과 정신적 확신을 얻을 수 있다.

산업자본주의 시대인 오늘날의 정주 개념은 철학 가치를 바탕으로 '예외자'의 삶을 통해 보금자리 기능을 되찾는 것이어야 한다. 집은 산업자본이 인간에게 가하는 폭력과 폐해를 막아주고 영육의 건강을 회복해서 유지시키는 곳이어야 한다. 이러면 비로소 집에서 실존을 거머쥘 수 있을 것이다.

제
1
부

정주의 이론적 정의

제1장

인생은 나그네 길

종교적 노숙, 인간 근원의 문제

이동하는 인간: 이생은 영원한 나그네 길

프롤로그에서 다소 선언적으로 집의 정신적 가치, 심리적 안정, 정주 조건, 실존 등을 주장했다. 두괄식 개념의 프롤로그여서 세세한 설명 대신 세상 가치가 지닌 문제를 먼저 제기했고 이를 대체할 핵심 개념을 제시했다. 이제 정주와 실존의 뜻이 무엇이며 이것이 인간의 삶에서 왜 필요한지 살펴보자.

가장 원론적인 얘기부터 시작해 보자. 집이란 이 땅에서의 안식처이기 때문에 이 땅에서의 삶이 무엇인지부터 생각해 보자. 다소 뜬금없겠지만 한국과 미국의 대중가요를 하나씩 살펴보자. 「하숙생」과 「Any Place I Hang My Hat Is Home」이다. 영어 제목은 직역하면 '내가 모자를 거는 아무 곳이나 내 고향'이라는 뜻이다. 두 곡 모두 인생을 나그네 길에 비유하고 있다. 이런 시각은 한국이 특히 강하며 보기에 따라서는 한국적 허무주의라 생각할 수도 있다. 하지만 미국에서까지 저렇게 노래했으니 인생을 나그네 길로 보는 것은 동서양이 공통적이라 할 수도 있을 것 같다.

「하숙생」은 고 최희준의 노래다. "인생은 나그네 길 어디서 왔다가 어디로 가는가 …… 구름이 흘러가듯 떠돌다 가는 길에 정일랑 두지 말자 미련일랑 두지 말자"라고 노래한다. 불교의 무상 개념이 짙게 배어 있다. '정', '미련' 등의 단어가 나오는 것으로 보아 나그네 길을 불교의 연기론(緣起論, 모든 존재는 원인에 따른 결과라는 불교 교리)으로 본 것 같다. 인간 관계, 즉 인연의 덧없음을 노래한다. 인생은 인연을 붙들고 한곳에 정착하는 것이 아니고 덧없이 흘러가고 떠도는 것이라 노래한다.

미국 노래를 보자. 제목부터 재미있다. 어릴 때 태어나 자란 곳이 고향이 아니고 이곳저곳 떠돌다 모자를 걸면 그곳이 고향이라는 뜻이다. 가사도 이와 비슷하다. 추려서 보면, "자유롭고 편하게, 이것이 내 스타일. 잠시 뒤에 이별, 나는 떠돌아야 하니까. 나뭇가지에 앉은 새는 날아올라 떠나네. 이럴 수밖에 없어. 나도 영혼이 부르면 날아오르리. 안녕 낯선 사람, 오래 못 볼 거야 친구. 외로운 바람은 떠돌라 유혹하네. 나를 반기는 이불만 있으면 나는 어디든지 가네"라고 노래한다. 「하숙생」과 마찬가지로 인생을 한곳에 머물지 않는 나그네 길로 보았다. 그 의미는 조금 다르다. 유목민의 후예답게 나그네 길을 머물지 않음, 즉 끊임없이 이동하는 개념으로 보았다. 원래 유럽은 유목 문명이었고 그 후예의 땅인 미국도 이 개념이 강하다.

유별난 얘기가 아니다. 우리가 살아가면서 자주 듣는 얘기다. 이 땅에서의 삶은 한곳에 머물지 않는 나그네 길 같다는 것이다. 한 개인의 인생에서나 인간이라는 종 전체의 본성에서나 모두 맞는 말이다. 동물 중에는 나무늘보처럼 좀처럼 움직이지 않는 종이 있는가 하면 하루에 수백 킬로미터를 이동하는 돌고래도 있다. 인간은 대체로 이동 본능이 강한 편이다. 인류가 탄생한 후 대이동이 있었다. 아무리 춥거나 더워도, 중간에 사망자가 속출해도 인류는 끊임없이 이동하면서 문명을 일구었다. 이런 이동 본성을 이르는 'exodus'나 'diaspora' 같은 영어 단어도 있다. 두 단어 모두 우리말로 '대이동'을 뜻하며 'diaspora'는 특히 유대인의 대이동을 말하기도 한다.

한 개인을 보더라도 인간은 한곳에 머무르지 못하는 습성을 지니고 있다. 고향을 떠나 자주 옮겨 다닌다. 어쩔 수 없는 경우도 있겠지만 꼭 그렇지 않은데도 옮겨 다닌다. 역마살, 방랑벽, 보헤미안, 집시, 유목주의 등 언어권마다 떠돌이 습성을 이르는 말도 여러 가지다. 부동산 투기를 대입하면 더 말할 필요가 없어진다. 고향은커녕 지금 사는 집도 사고 팔기를 반복하면서 옮겨 다닌다. 이사를 다니면 돈이 나온다는데 이를 마다하기는 쉽지 않다. 그러나 마음 붙일 집을 잃게 되는 대가를 치러야 한다. 부동산 투기야 대체로 근대화 이후에 생긴 개념이지만 인간의 이사 습성은 인류가 탄생하고 문명을 이루기 시작하면서 나타난 본능 같은 것이다.

인간의 이동 본능 속에 담긴 뜻은 매우 크다. 이 책의 주제인 정주의 문제와 관련해서도 그렇다. 인간은 동물이 아니고 정서와 정신을 가진 영장(靈長)이다. 인간은 어머니 품 같은 고향에 정착해야 정서적·정신적 안정을 얻을 수 있다. 그런데 이동 본능 때문에 이것이 근원적으로 불가능하다. 따라서 인간은 정서적·정신적으로 불안할 수밖에 없는 운명을 타고난다. 지구라는 이 땅에 인간이라는 존재로 태어나서 살기 시작하는 순간부터 근원적인 불안을 갖게 된다. 인생은 그야말로 '나그네 길'일 뿐이다. 이런 운명적 불안을 조금이라도 줄여줄 수 있는 것이 정주다. 집에서 정서적·정신적 안정을 얻으면 이 땅에서의 불안은 견딜 만한 것이 된다. 그렇지 못하면 그 불안은 견디기 힘든 고통이 될 것이다.

정주를 어렵게 생각할 필요는 없다. 이동이 인간의 본능이라면 정주도 또 다른 본능이기 때문이다. 인간이 이동하는 목적은 더 나은 정착 환경을 갖기 위해서다. 먼저 정착한 집단과 나중에 이동해 온 집단은 오랜 기간 전쟁도 벌이고 융화도 하면서 지금의 문화권과 국경을 형성했다. 이동은 위험이 따르고 힘들며 불안한 것이기 때문에 안정된 정착을 통해 이것을 극복하게 되는데 이것이 '정주'다.

인간의 삶이란 결국 이동과 정주의 양면적인 본능 사이에서 밀고 당기는 놀이 같은 것이다. 이 놀이는 피곤하면서도 자못 흥미진진하다. 인간은 끝없이 이사를 다니면서도 늘 마음 붙일 정주를 꿈꾼다. 더 좋은 곳으로 이사를 가는 날, 이삿짐 트럭과 함께 살던 곳을 떠날 때의 흥분은 정말 짜릿한 것이다. 인류학 책과 역사 책 맨 앞에 나오는 현생인류의 대이동 때 사람들이 느꼈던 흥분과 다르지 않으리라. 하지만 새로 이사한 곳에서도 여전히 마음의 불안이 가시지 않을 때의 걱정 또한 결코 작지 않다. 이렇게 인간은 평생을 더 좋은 곳을 찾아 이동하며 나그네 인생을 살다 간다. 더 나은 곳의 기준을 물질과 기계로 삼는 이상 이동의 피곤함과 불안감을 끊지 못할 것이다. 정신적 가치와 심리적 안정이 주는 실존을 기준으로 삼을 때 비로소 마음 붙일 곳을 찾아 정주하게 될 것이다.

이동 본능에 담긴 근원적 불안은 종교적으로도 중요한 주제다. 인생은 나그네 길이라는 등식은 인생을 살다 보면 저절로 갖게 되는 생각이거나 세월의 지혜일 수 있는데 종교적 뿌리가 깊은 개념이다. '종교적 노숙'이라는 개념이다. 종교 역시 머물지 못하는 인간의 본능을 심각하게 보면서 이 땅에서의 삶을 집 잃은 '노숙'이라고 부르는 것이다. 기독교가 가장 대표적이며 불교에도 해당된다. 기독교부터 보자.

'종교적 노숙'에 대한 기독교적 개념: 죄로 물든 이생은 나그네 길

종교적 노숙은 성경에 직접 나오는 말은 아니지만 기독교를 구성하는 핵심 개념 가운데 하나다. 기독교의 기본 교리인 '죄'에서 파생된다. 인간의 원죄로 인해 이생은 항상 불안에 시달리는 떠돌이 삶이 된다. 기

독교에서는 이것을 피할 수 없는 인간의 운명으로 본다. 인간을 '불완전한 죄인'으로 보는 시각을 정착 문제에 적용한 것이 기독교의 종교적 노숙 개념이다.

성경에서는 '나그네'라는 용어를 쓴다. 성경에는 나그네라는 말이 자주 나오는 편이다. 성경적 뜻은 크게 두 가지로 요약할 수 있다. 하나는 고향을 떠나온 사람이나 여행 중인 사람 등 일상어로 사용하는 나그네의 의미와 다르지 않다. 나그네가 되는 상황은 전쟁이 많던 고대 아라비아반도에서 자주 발생했으며 외롭고 소외된 힘든 상황에 놓이는 경우가 대부분이었다. 여기까지는 종교적 노숙 개념과는 거리가 있다.

다른 하나는 좀 더 기독교적인 의미다. 유목민이라는 이스라엘 백성의 처지의 표상이자 이를 벗어나기 위해 형성된 신앙의 표상으로 '국적이 하늘에 있는 신자'라는 뜻이다. 핵심은 '유목'과 '국적이 하늘' 두 가지다. 둘은 모두 원죄와 연관된다. 유목은 한곳에 머물지 않고 초목이 좋은 곳을 찾아 이동하는 삶인데 성경에서는 이를 에덴동산의 낙원을 실낙원으로 만든 원죄의 산물로 본다. 따라서 이 땅에서는 영원한 안식을 얻지 못한다. 영원한 안식을 '국적'으로 표현하면서 이것이 하늘에만 있다고 한 것이다.

성경에서는 나그네와 같은 뜻으로 '외국인', '거류민' 같은 용어도 사용한다. 이 세 단어는 여러 곳에 등장한다. 대표적인 것만 살펴보자. 창세기부터 시작된다. 창세기에만도 여러 곳에 나오는데 47장 9절이 대표적이다. "야곱이 바로에게 아뢰되 내 나그네 길의 세월이 백삼십 년이니이다. 내 나이가 얼마 못 되니 우리 조상의 나그네 길의 연조에 미치지 못하나 험악한 세월을 보내었나이다"라고 했다.

이 구절은 요셉과 관련된 부분이다. 야곱의 아들인 요셉은 성경 역사에서 고난을 상징하는 인물인 동시에 하나님만 바라보며 그 고난을 이겨내 믿음을 대표하는 인물이기도 하다. 요셉은 형들에 의해 애굽 땅에 노예로 팔려갔다가 바로(파라오) 왕의 눈에 들어 총리대신이 되었다. 이 구절은 요셉의 가족들이 가나안 땅의 기근을 피해 애굽으로 건너오자 왕에게서 고센 땅을 받는 장면이다. 이 대화에서 야곱이 자신과 자기 조상의 삶을 나그네 길이라 말하고 있다. 요셉과 그의 가족이 겪은 일은 비유에 의해 이 땅에서의 인생사로 일반화할 수 있다.

성경 전체에서 세 단어, 특히 '니그네'를 대표하는 책은 히브리서로 11장에 잘 나타나 있다. 히브리서 11장은 성경에서 매우 뛰어난 부분으로, 내용은 '믿음의 조상 열전'이라 부를 수 있다. 믿음의 모범이 되는 조상들이 행한 믿음의 업적을 열거하면서 기독교 신앙의 핵심인 믿음의 종류를 잘 정리한 책이다. 이 가운데에 하나님을 향한 믿음의 완전함과 이 땅의 불완전함을 대비하는 내용이 포함되어 있다.

나그네에 대한 내용은 11장 5절의 "믿음으로 에녹은 죽음을 보지 않고 옮겨졌으니"라는 구절부터 시작된다. 나그네라는 단어를 직접 사용하지는 않았지만 '에녹'과 '죽음'이 나그네의 뜻을 담고 있다. '에녹'은 가인의 아들 이름인 동시에 가인이 살인죄를 저지른 뒤 하나님을 피해 스스로를 보호하기 위해 지은 성 이름이기도 하다. 성경에서는 살인에 이은 불순종과 불신앙과 자기 고집을 상징하는 부정적 의미를 갖는다. 기독교적으로 보면(특히 구약) 이런 부정적 의미는 하나님의 심판을 받아 파멸, 즉 '죽음'을 맞는다. 가인과 에녹에 담긴 죽음의 의미를 합하면 이 땅의 인생을 나그네 길로 만든 원죄의 다른 이름이 된다. 에녹으로 대표되는 이 땅은 죽어야 할 운명이지만 하나님에 대한 믿음만이 이런 죽음에서 구원된다고 말한다.

11장 8~10절은 아브라함의 대이동을 설명한 부분이다. "믿음으로 아브라함은 부르심을 받았을 때에 순종하여 장래의 유업으로 받을 땅에 나아갈새 갈 바를 알지 못하고 나아갔으며 믿음으로 그가 이방의 땅에 있는 것같이 약속의 땅에 거류하여 동일한 약속을 유업으로 함께 받은 이삭 및 야곱과 더불어 장막에 거하였으니 이는 그가 하나님이 계획하시고 지으실 터가 있는 성을 바랐음이라"라고 했다. 이번에도 '나그네'라는 단어는 직접 나오지 않는다. 그러나 다른 단어들로 그 뜻을 전하고 있다. '갈 바를 알지 못하고', '이방의 땅', '거류', '장막' 등이다. 이 모든 일이 하나님이 계획하시고 지으실 터를 받으러 가는 과정에 일어난 일이다. 하나님이 주신 성이라는 영원한 안식처에 들기 전 이 땅의 상태를 정의한 말들이다.

이어서 11~12절에서는 아벨, 노아, 사라 등 믿음의 조상에 대한 얘기가 나온다. 이런 내용을 종합해서 13~16절에서는 이 땅의 불완전함과 하늘의 완전함을 대비시킨다. 이때 이 땅의 불완전함을 '외국인'과 '나그네'로 표현한다. '나그네'라는 단어가 직접 나온 것이다. "이 사람들은 다 믿음을 따라 죽었으며 약속을 받지 못하였으되 그것들을 멀리서 보고 환영하며 또 땅에서는 외국인과 나그네임을 증언하였으니 그들이 이같이 말하는 것은 자기들이 본향 찾는 자임을 나타냄이라. (중략) 그들이 이제는 더 나은 본향을 사모하니 곧 하늘에 있는 것이라. 이러므로 하나님이 그들의 하나님이라 일컬음 받으심을 부끄러워하지 아니하시고 그들을 위하여 한 성을 예비하셨느니라"라고 했다. 이 땅은 나그네라 했고 하늘은 본향이라 했다. 이생은 절대 본향과 같을 수 없다. 본향은 하나님이 하늘에 마련해 주는 성에만 있다. 여기에 드는 길은 믿음에 의해서만 가능하다.

히브리서 11장의 맺음 부분인 37~40절에는 광야 얘기가 나온다. 성경에서 광야는 여러 의미가 있는데 이 부분에서는 세 가지 뜻을 갖는다. 첫째, 이 세상에 대한 비유로, 하나님의 나라 백성이 영원히 거할 곳은 되지 못한다고 했다. 둘째, 하나님의 나라 백성이 하나님의 말씀을 받들어 행할 때 임시로 거쳐 가는 곳으로 불완전한 이 땅을 상징한다. 셋째, 각도를 조금 바꿔서 보면 하나님이 주시는 영원한 성에 들기 위해 하나님의 말씀을 받들고 실천하면서 머무르고 대기하는 곳이다. 이 셋을 합하면 종교적 노숙과 나그네 개념이 된다.

시편에도 여러 곳에 이생의 삶이 나그네임을 고백하는 구절이 나온다. 39장 12절이 대표적인데, "여호와어 니의 기도를 들으시며 나의 부르짖음에 귀를 기울이소서. (중략) 나는 주와 함께 있는 나그네이며 나의 모든 조상들처럼 떠도나이다"라고 했다. 15장 1절과 61장 4절에서는 '장막'이라는 말로 그 뜻을 대신했다. 15장 1절은 말한다. "여호와여 주의 장막에 머무를 자 누구오며 주의 성산에 사는 자 누구오니이까." 시편의 세 곳 모두 앞 히브리서와 같은 구도다. 이 땅의 삶은 임시로 떠도는 것이며 하나님의 나라에 들어야 비로소 제대로 된 정착이 가능하다.

'나그네'라는 단어는 찬송가에도 등장한다. 376장 「나그네와 같은 내가」와 508장 「우리가 지금은 나그네 되어도」다(제목에 '나그네'가 들어간 좋은 예다). 508장을 보자. "우리가 지금은 나그네 되어도 화려한 천국에 머잖아 가리니 이 세상 있을 때 주예수 위하여 끝까지 힘써 일하세"라는 1절 가사다. '나그네'와 '천국'을 대비시키면서 천국에 드는 조건으로 전도의 삶을 든다. 2~3절과 후렴에서는 "흉악한 죄에서 떠나라", "영생의 복락과 천국에 갈 길", "새 생명 얻으라"라고 하면서 주예수의 말씀을 "이 기쁜 소식 전하세", "나가서 전하세"라고 한다. 어떤 시인은 이생을 잠시 소풍 나온 것이라 했지만 이 찬송가는 "흉악한 죄"로 물든 위험한 곳이라 한다.

성경에 등장하는 나그네 개념의 확장

성경에서 '나그네'가 등장하는 대표적인 부분과 나그네의 뜻에 대해 살펴보았다. 여기에서 또 다른 중요한 기독교 교리와 개념이 파생된다. 이런 개념에 의해 '나그네'의 뜻도 확장된다. 모두 다섯 가지를 소개하고 자 한다.

본향

첫째, '본향'이다. 본향은 죄로 물은 이생의 나그네 길에 대비되는 성 경적 의미를 갖는다. '아버지에게 속한 하늘나라'로서 '아버지와 조상이 함께 살던 곳'이다. 이 땅에서는 결코 얻을 수도 도달할 수 없는 인류의 진정한 고향이자 영혼의 참된 안주의 장소다. 성경에서 '본향'이라는 단 어 자체는 앞의 히브리서 11장 14~16절에서 나온 것이 대표적이다. 성 경 전체로 보면 자주 나오지 않지만 여러 가지 다른 뜻으로 표현된다. 예를 들어 히브리서 12장 22절에서는 '하나님의 도성'으로, 13장 14절에 서는 '영구한 도성'으로, 마태복음 13장 54절, 57절과 요한복음 4장 44절 에서는 '고향'으로 각각 표현했다. 이 외에도 하늘에 있는 것, 하나님이 주시는 영원한 성, 하나님이 예비하신 하늘의 도성, 주의 성산, 화려한 천국, 영생의 복락 등으로 표현된다.

'본향'이라는 단어는 찬송가에 많이 등장한다. 239장 「저 뵈는 본향 집」, 241장 「아름다운 본향」, 607장 「내 본향 가는 길」 등이 대표적이 다. 찬송가는 총 645장인데 열다섯 가지 주제로 분류한다. 239장과 241 장은 여덟째 주제인 '천국'에, 607장은 열셋째 주제인 '예식' 중 장례에 속한다. 이런 분류는 본향의 의미를 잘 말해준다. 이 세상에서는 결코 도달할 수 없으며 죽어서 구원을 받아야 드는 곳이다. 현대복음성가

(CCM) 중에는 「저 본향을 향하여」와 「본향을 향하네」가 있다. 이 다섯 곡을 묶어서 함께 보자. 공통적으로 두 가지 내용으로 구성된다.

하나는 이생의 나그네 삶에 대한 것이다. '내 갈 길 멀지 않으니, 내 삶의 끝 날을 분명히 모르니'(「저 뵈는 본향 집」), '무궁한 세월이 거기 흘러 갈 때 고난과 풍파, 모든 슬픔 고통'(「아름다운 본향」), '인생의 갈 길, 땅 위 의 수고, 평생에 행한 일 돌아보니 못 다한 일 많아 부끄럽네'(「내 본향 가는 길」), '하룻밤 지새울 때 비바람 길을 막고 이 한 몸 다 적셔도'(「저 본향을 향 하여」), '인생의 거친 들에서 하룻밤 머물 때 환난의 밤은 비바람, 이 세상 지나는 동안에 괴로움 심하나'(「본향을 향하네」) 등이다.

다른 하나는 본향의 내용과 이를 향해 간다는 것이다. '내 주의 집에 는 거할 곳 많도다, 그 보좌 있는 곳, 내 생명 끝 날에 십자가 벗고서, 면 류관 쓸 때'(「저 뵈는 본향 집」), '천국 바라보며 새 노래 함께 부르세, 고난 풍 파가 일지 않네, 수정 같은 아름다운 본향, 찬란한 그 모습, 왕 되신 주 우리 쓸 면류관 손에 들고서'(「아름다운 본향」), '성도들 즐거운 노래로 사랑 의 구주를 길이 찬송, 아버지 사랑이 날 용납하시고, 생명의 면류관 주시 리라'(「내 본향 가는 길」), '내 아버지 집 쉴 만한 물가, 저 본향을 향하여 우린 지금 가고 있네'(「저 본향을 향하여」), '천국의 순례자 본향을 향하네, 기쁜 찬 송 주 예수님 은혜로 이끄시네, 생명강 맑은 물가에 백화 피고 흰 옷을 입은 천사 찬송가 부르실 때 영광스런 면류관을 받아 쓰겠네'(「본향을 향하 네」) 등이다.

실낙원

'본향'이 정의되면 여기에서 '낙원', '타향', '실낙원' 등이 파생된다. '낙 원'은 '본향'과 같은 뜻으로 둘은 짝을 이룬다. 여기에 대비되는 '나그네' 의 또 다른 의미로 '타향 – 실낙원'이라는 대비 짝이 성립된다. 이로써

'본향-낙원' vs. '타향-실낙원'이라는 두 가지 이항요소가 완성된다. 이 이항요소가 뜻하는 바는 어렵지 않다. 하나님이 인간에게 아무런 근심 걱정 없이 살 수 있는 지상낙원인 에덴동산을 본향으로 주셨는데 인간이 죄로 인해 이것을 실낙원으로 망쳤고 그 결과 이생은 영원히 타향을 떠도는 나그네 길이 되었다는 것이다. 종교적 노숙과 같은 뜻이다.

죄를 지은 이 땅에서는 고향이 더 이상 의미를 지니지 못한다. 고향은 타향이 될 뿐이다. 어디를 가더라도, 심지어 떠돌지 않고 태어난 고향에서 계속 산다고 해도 기독교적으로는 타향일 뿐이다. 어디에 있든지 근원적 불안과 근심 걱정에서 벗어나지 못하는 영적 갈등을 겪게 된다. 여기에서 벗어나 영원한 안식처를 얻는 것은 '본향'에 들 때뿐이다. 본향은 구원에 의해서만 들어갈 수 있는 하나님의 품 혹은 하나님의 나라라는 뜻이다.

아브라함의 대이동과 가나안의 진정한 뜻

셋째, 아브라함과 가나안이다. 이 땅에서의 삶이 불완전해서일까. 믿음의 조상을 대표하는 아브라함부터 대이동을 시작한다. 하나님이 아브라함에게 대이동을 명령한 창세기 12장 1~2절이다. "여호와께서 아브람에게 이르시되 너는 너의 고향과 친척과 아버지의 집을 떠나 내가 네게 보여줄 땅으로 가라. 내가 너로 큰 민족을 이루고 네게 복을 주어 네 이름을 창대하게 하리니 너는 복이 될지라. 너를 축복하는 자에게는 내가 복을 내리고 너를 저주하는 자에게는 내가 저주하리니 땅의 모든 족속이 너로 말미암아 복을 얻을 것이라 하신지라."

눈여겨볼 만한 부분이 나온다. "고향과 친척과 아버지의 집을 떠나"와 "내가 네게 보여줄 땅으로 가라"다. 아버지에게 물려받아 친척들과 살고 있는 고향을 떠나라고 명령한다. 이것이 믿음의 상징이다. 고향을 떠나는 것이 믿음의 상징이라니, 선뜻 이해가 되지 않는다. 사람들은 타향살이를 하면서 고향이 그리워 명절만 되면 열 시간씩 걸려 고향에 내려가는데 하나님은 왜 고향을 떠나라시면서 이것으로 믿음의 기준을 삼은 것일까. 앞에서 얘기한 바와 같이 이 땅에서의 고향은 타향이 될 수밖에 없기 때문이다.

아브라함이 고향에서 잘 살고 있었는지는 확실하지 않다. 조카 롯과 함께 목장을 이루고 살았으니 물질적으로는 궁핍하지 않았을 것으로 추정해 볼 수 있다. 그러나 기독교는 물질을 초월한, 하늘나라의 영원한 안식처를 지향하는 종교다. 이를 상징하는 말이 나온다. "내가 네게 보여줄 땅"이다. 이 땅은 '젖과 꿀이 흐르는 땅 가나안'이다. 성경에서 '가나안'이 갖는 의미를 대입하면 대이동을 하는 두 가지 목적을 알 수 있다.

하나는 물질적으로 더 윤택한 땅을 차지하기 위해서다. 아브라함이 살고 있던 우르라는 지역은 척박한 곳이었다. 아브라함은 이곳에서 힘든 유목생활을 하고 있었다. 아브라함의 대이동은 비옥한 가나안 땅으로 이동하는 긴 여정의 첫걸음이었다. 여기까지는 인류의 대이동이라는 상식적인 범위에 들어온다. 더 나은 땅을 향해 이동해서 싸워 빼앗는 것이 인류 역사인 것이다. 성경에서도 가나안을 빼앗기 위한 이스라엘 민족의 긴 싸움 얘기가 구약의 전반부에 중요한 부분을 차지한다. 가나안에 대한 약속은 구약의 기본 구도를 이룬다. 구약은 말 그대로 이스라엘 백성을 향해서 했던 하나님의 오래된 약속이다. 그 약속 가운데 비옥한 땅으로의 이주가 들어 있다. 이스라엘 백성이 여호와를 유일신으로 섬기고 여호와는 그에 대한 대가로 젖과 꿀이 흐르는 가나안 땅을 준다는 약속이다.

다른 하나는 가나안을 개종해서 타락에서 구하라는 명령이다. 성경에서 말하는 '가나안'의 진정한 뜻이다. 자칫 가나안 땅을 차지하는 것이 기독교 신앙의 궁극인 것으로 오해하기 쉽다. 기독교의 세속화도 이런 오해에서 비롯된 측면이 크다. 하나님의 뜻은 이것이 아니다. 당시 가나안은 농업 신 바알을 섬기며 물욕과 쾌락에 젖은 타락한 땅이었다. 물질적으로는 풍요했지만 영적으로는 병든 땅이었다. 여기에 들어가서 기독교 정신으로 구원하라는 뜻이었다.

척박한 광야건 농사가 잘 되는 옥토건 기독교적으로는 차이가 없다. 어떤 신앙을 가지고 사느냐가 차이의 기준이다. 좋은 인생과 척박한 인생의 판단 기준은 내가 사는 땅에서 농사 소출이 얼마나 나오느냐가 아니라 사는 동안의 영적 안정이다. 이는 오로지 성령에 의해 이끌리는 신앙생활에 의해서만 가능하다. 세속의 가치를 기준으로 하면 가나안 땅에 정착한 것은 해피엔딩을 의미한다. 농사 잘 짓고 풍요로운 생활을 구가할 일만 남았다. 성경은 다르게 얘기한다. 가나안에 정착했다 하더라도 궁극적 안식처는 본향으로서의 하늘나라나 하나님의 품이라고 계속해서 가르친다. 이것이 이동의 목적이어야 한다. 나그네 길인 이생의 삶에서 얻을 수 있는 정주의 기독교적 의미다.

안타깝게도 이스라엘 백성의 삶은 가나안에 들어가서 변하지 못했다. 이스라엘 백성은 하나님이 가나안 땅과 함께 주신 소명의 진정한 뜻을 실천하지 못하고 가나안의 타락한 관습에 동화되었다. 이 땅의 나그네 인생은 원죄로 인해 피할 수 없는 운명임을 보여준 것에 지나지 않게 된 것이다. 가나안의 타락한 생활상은 풍족한 농업 생산에서 기인한 것이니 이스라엘 백성의 실패는 결국 물질과 관련된 세상 가치를 극복하지 못한 것이었음을 의미한다.

가나안 땅은 물론이고 인간이 거주하는 지구라는 이 땅도 궁극적으로는 하나님의 땅이다. 인간이 평생 동안 벌어 축적한 물질도 마찬가지다. 등기소의 지적도에 내 이름이 올라 있고 내 통장에 월급이 찍히니 모두 내 것이요 내가 번 것으로 생각하지만 이는 세상 가치다. 모든 물질의 주인은 하나님이라는 것이 기독교의 물질관이다. 이스라엘 백성은 이를 실천하지 못하고 세상 가치에 굴복함으로써 단지 나그네로서 가나안 땅에 거주했던 것이다. 가나안으로의 대이동이 주는 교훈은 세상 가치를 극복하지 못하는 삶은 영원한 나그네 길이라는 것이다.

결국 아브라함에서 시작되어 가나안 점령으로 이어진 대이동은 나그네 길의 운명에 대한 비유다. 현대복음성가인 「저 본향을 향하여」는 아브라함의 대이동을 주제로 삼은 곡이다. 가사를 보자. 전반부는 이생에서의 삶이 덧없음을 노래하고 후반부는 히브리서의 아브라함 대이동 구절을 인용한다. "멀어져만 가네 자꾸 멀어져, 후회 없는 인생을 살려 하지만, 잡을 수 없는 시간 속에서, 무엇을 찾으려고 하나, 이미 잃었잖아요 버렸잖아요, 미련을 두지 말아요, 본토 친척 아비 집을 떠나자, 갈 바를 알지 못하고 떠나갔네, 본향을 향하여 떠나갔네, 약속이 있는 땅으로 갔네, 너는 복의 근원이 될지라, 자 떠나자 떠나자 떠나자 본향을 향해 떠나자."

예수의 선교 여정과 바오로의 전도 여행

넷째, 예수의 선교 여정이다. 예수의 삶은 한곳에 머물지 않고 선교를 위해 떠난 긴 여정이었다. 누가복음 2장 4~7절과 마태복음 2장 13~23절은 예수는 탄생 때부터 이미 나그네 길에 있었음을 전한다. 누가복음은 예수가 고향 나사렛의 자기 집에서 태어나지 못하고 베들레헴으로 이동해서 태어난 과정을 전한다. 마태복음은 탄생 후의 피난 여정을 전한다. 이른바 '이집트 도피(Flight into Egypt)'로, 기독교 성화로도 많이 그려진 주제다. 헤롯왕이 아기 예수를 죽이려 하자 요셉과 마리아가 아기 예수를 데리고 이집트로 피신한다는 내용이다.

이렇게 역경을 이기고 목숨을 구한 예수는 아버지 요셉을 따라 목수 생활을 하다 서른 살경 세례 요한에게서 세례를 받고 십자가에서 처형을 당할 때까지 삼 년 동안 본격적인 선교 생활을 했다. 마가복음 1장 39절은 "이에 온 갈릴리에 다니시며 그들의 여러 회당에서 전도하시고 또 귀신들을 내쫓으시더라"라고 했고 누가복음 13장 22절은 "예수께서 각 성 각 마을로 다니사 가르치시며 예루살렘으로 여행하시더니"라고 했다. 마가복음은 선교 여정이 자신이 살던 갈릴리의 전역을 다니며 시작되었음을 말해준다. 누가복음은 이후 십자가 처형을 예언하신 하나님의 뜻에 순종하기 위해 예루살렘으로 가는 과정에 여러 성읍과 마을에서 선교를 했음을 전한다.

모두 나그네 길이었다. 마태복음 8장 20절과 누가복음 9장 58절은 "여우도 굴이 있고 공중의 새도 거처가 있으되 인자는 머리 둘 곳이 없다 하시더라"라며 예수조차도 나그네 삶의 피곤함을 토로하는 동일한 내용을 전한다. 이 구절은 십자가 처형과 연관된다. 어떤 면에서 불완전한 이생의 절정은 십자가 처형이다. 세속 현실에서는 고통스럽고 불행한 죽음이지만 기독교적으로는 하늘나라에 드는 구원의 절정이다. 하나님은 구원이라는 성스러운 일을 왜 하필 십자가 처형으로 내리셨는지를 이해하는 것이 기독교 신앙의 핵심이다. 십자가 처형은 욕심과 물질로 점철된 이 땅의 죄를 십자가에 못 박아 완전히 버린다는 상징 구도다. 이는 이 땅에서 살아가는 동안은 영원히 나그네 길에서 벗어날 수 없다는 뜻이기도 하다.

사도 바오로의 전도

다섯째, 사도 바오로의 전도다. 예수의 선교 여정은 바오로로 이어진다. 바오로는 나이가 어려서 예수의 열두 제자에는 들어가지 않지만 성경을 통틀어 사도의 전형과 모범으로 꼽힌다. 동시에 전도의 대명사이기도 하다. 평생에 걸쳐 힘든 고난에도 굴하지 않고 그리스와 동방 지역으로 전도 여행을 다녔다. 이 내용은 '바울서신'이라는 중제목으로 분류되는데 무려 13권으로 기록되면서 신약의 큰 부분을 차지한다.

바오로 역시 예수처럼 한곳에 머물지 않았다. 이 땅에서의 집에 가치를 두지 않고 오로지 독실한 신앙심만으로 온 천지를 떠돌며 전도를 하다 순교했다. 성경에서 본향에 드는 모범을 보인 것이다. 성경은 바오로가 얼마나 좋은 집에 살았는지, 그의 고향이 어디인지를 말하지 않는다. 그가 얼마나 큰 고통과 위험 속에서 천지를 떠돌며 전도를 했는지만 전한다. 그가 잠자고 머문 곳은 길거리나 임시 거처나 풍랑에 싸인 배 위나 로마 감옥소 등이었다. 나그네 길의 전형들이었다. 그럼에도 그의 일생이 기독교적 정주의 모범으로 꼽히는 것은 모든 삶의 초점을 하늘나라에 맞췄기 때문이다.

바울서신 13권에는 이런 내용이 넘쳐난다. 전도 여행의 구체적인 사례와 내용을 살펴보는 것은 이 책의 범위를 벗어난다. 다만 전도 여행이 나그네 길과 관련해서 갖는 기독교적 의미에 대한 내용은 살펴보는 것이 좋다. 신약 역사서인 사도행전의 20장 22~24절이다. "보라, 이제 나는 성령에 매여 예루살렘으로 가는데 거기서 무슨 일을 당할는지 알지 못하노라. 오직 성령이 각 성에서 내게 증언하여 결박과 환난이 나를 기다린다 하시나 내가 달려갈 길과 주 예수께 받은 사명 곧 하나님의 은혜의 복음을 증언하는 일을 마치려 함에는 나의 생명조차 조금도 귀한 것으로 여기지 아니하노라"라고 했다.

바울은 자신이 무슨 일을 당할지 모른다. 이는 나그네 길의 본질이다. 인간사에서 하루 앞의 일을 어찌 알겠는가. 성령은 바울에게 예루살

렘에 가면 겪게 될 일을 얘기만 할 뿐 가지 말라 하지 않는다. 그것은 결박과 환난의 고통이다. 이 얘기를 듣고 갈지 말지를 결정하는 것은 개인인데 기독교에서는 이것이 신앙심의 중요한 지표다. 바울은 자신의 생명까지 내던지며 복음을 전한다. 복음을 생명보다 더 중요하게 여기는 것이다. 기독교 신앙에서는 이것이 이 땅의 나그네 인생을 극복하고 본향인 하늘나라에 드는 길이다.

'종교적 노숙'에 대한 불교적 개념: 인생은 고해다

불교에도 종교적 노숙 개념이 있다. 불교도 기독교와 마찬가지로 이 땅의 인생을 불완전하고 임시적인 것으로 본다. 그 원인을 인간의 번뇌 망상으로 본 점에서 기독교의 원죄 개념과 유사하다. 차이점도 있다. 종교적 노숙 개념을 기독교처럼 인간의 이동 본능으로 보기보다는 개인의 심리적 측면을 강조한 점이다. 불교의 종교적 노숙을 정의하는 교리와 개념은 크게 세 갈래로 정리할 수 있는데, 세 쌍의 짝 개념으로 구성된다.

첫째, '고해 – 윤회'다. '고해(苦海)'는 직역하면 '고생의 바다'라는 뜻인데 정확히는 '괴로움이 끝이 없는 이 세상'이라는 뜻이다. 불교는 이생을 고해, 즉 고통이 연속되는 괴로움의 바다로 본다. 대표적인 것이 석가가 정리한 여덟 가지의 고해다. 석가도 현실을 불완전하고 더러움으로 가득 찬 고통으로 보았는데 고통을 유발하는 원인 혹은 고통의 종류를 여덟 가지로 정리했다.

우리가 잘 아는 '생 – 노 – 병 – 사'의 네 가지에 애별리고(愛別離苦, 사랑하는 사람과 이별하는 고통), 원증회고(怨憎會苦, 원한과 증오가 있는 사람을 만나는 고통),

구불득고(求不得苦, 구하는 것을 얻지 못하는 고통), 오음성고[五陰盛苦, 색수상행식(色受想行識)의 오온(五蘊)에 집착해서 생기는 탐욕과 분노의 고통]의 네 가지를 더한 것이다. 맨 앞에 '생'이 나온 것에서 알 수 있듯 이 세상은 태어나는 것만으로도 고통이 시작된다고 본다. '노 – 병 – 사'는 육체와 관련된 것이고, 나머지 넷은 살아가면서 욕심을 부리고 쾌락을 즐기고 세상과 갈등하면서 생기는 마음과 감성의 병이다.

고해는 한 번에 끝나지 않는다. 윤회(輪廻)의 사슬 속에서 다음 생과 다시 그다음 생, 이렇게 삶과 죽음을 반복하며 계속된다. 해탈을 얻지 못하면 자신이 쌓은 업장(業藏)에 따라 생을 받아 다시 태어남을 끊임없이 반복한다. 업장이 크면 지옥에 떨어질 수도 있고 짐승으로 태어날 수도 있다. 이것을 끊어야 서방정토, 즉 극락세계에 들 수 있다. 이것이 불교에서 보는 영원한 안식이다. 여기에 들지 못하는 이생의 삶은 안착하지 못하는 떠돌이 인생일 뿐이다. 이는 성경에서 사용하는 '나그네'라는 말과 다르지 않다. 윤회를 다른 말로 '유전(流轉, 흘러 다니고 떠돈다)'이라고 부르는 데에서도 나그네 개념을 알 수 있다. 일상어로 사용하는 '유전인생'이라는 말도 같은 뜻이다.

둘째, '주유(周遊) – 대방광(大方廣)'이다. 그래서일까, 불교는 한곳에 머무는 것을 그다지 좋아하지 않는 편이다. 수도자 중에는 '주유'하는 경우가 많다. 고승을 소개한 내용에도 '천하를 주유했다'라는 구절이 칭찬의 말로 들어가곤 한다. 큰스님이 길을 떠난다. 수발을 들던 승이 "큰스님 언제 돌아오시렵니까?"라고 묻는다. "이놈아, 중이 언제 온다 간다 약속한다더냐"가 대답이다.

불교는 확실히 주유를 권한다. 인간사를 공(空)하다고 보기 때문이다. 인간이 만드는 것에 큰 의미를 두지 않기 때문이다. 한곳에 머물면 욕심이 커지고 재산을 쌓으려 든다. 다툼이 발생하고 갈등, 번뇌, 망상에 시달린다. 그래서 머물지 말라 한다. 머물지 않고 떠도는 것이 인간의 숙명이자 탐진치(貪瞋癡, 탐내어 그칠 줄 모르는 욕심과 노여움과 어리석음)에서 벗어나는 길이다. 땅에 엉덩이 붙이고 눌러앉지 말라 한다.

'주유-공'의 짝은 '대방광(大方廣)'이라는 개념과 통한다. 대방광은 불교의 공간 개념이다. '크고 광대한 방향'이라는 뜻으로 우주 전체를 일컫는 말이다. 불교에서는 우주 전체의 단일 공간을 진정한 공간으로 본다. 그 속에 인간이 세운 칸막이와 이것이 한정하는 면적은 공하다고 본다. 잠시 빌리는 것일 뿐 실체가 없다고 본다. 그래서 천하를 주유하는 것이다. 세상천지 어느 곳에도 내 땅, 네 땅은 없다. 바꿔 말하면 세상천지가 모두 내 땅이 될 수도 있다. 그러니 굳이 한곳에 정착할 필요가 없다. 주유해야만 탐진치에서 벗어날 수 있는 인간의 숙명은 나그네 길과 다르지 않다.

셋째, '유위법(有爲法)-무위법(無爲法)'이다. 머물지 않는 것을 인생의 본질이라고 보았을 때 이것을 좀 더 적극적으로 이론화한 개념이다. 유위는 '만들어진 것'이라는 뜻인데 '연기법(緣起法)'에서 나온 말이다. '연기'는 '인연소기(因緣所起)'의 준말이며 연기법은 '모든 존재는 원인으로 말미암아 발생한 결과'라는 교리다. 연기법에 따르면 세상 만물은 갖가지 인연에 의한 결과로 만들어진 것인데 여기에서 '만들어진 것'이라는 '유위'가 나온다.

그런데 이런 유위는 '연기(緣起)'된 것이다. 연기는 인연으로 말미암아 조작되는 모든 현상이다. 인연은 한 가지로 고정되지 않는다. 여러 가지 원인에 의해 만들어진다. 인과법칙에 속박된다. 따라서 유위로 탄생한 존재 현상도 고정되지 않는다. 생겨나서 변화하고 소멸해 간다. 따라서 유위는 곧 무위가 된다. 존재 현상은 '유위-무위'의 짝으로 구성된다. 처음에 발생하는 초기조건과 방편은 유위로 나타난다. 그러나 그 본질은 무위다. 이것이 머물지 않는 주유라는 인생의 숙명을 연기법으로 해석한 것이다.

무위란 실체가 없고 고정되지 않았다는 뜻이다. 여기에서 4상(四相)의 단계가 나온다. 4상이란 모든 현상이 거치는 '머물지 않음'의 네 단계로, '생(生) - 주(住) - 이(異) - 멸(滅)'이다. 해석하면 '태어남 - 삶 - 변함 - 사라짐'이다. 존재하는 세상 만물이 반드시 겪는 과정이다. 여기서 두 번째에 '집 주(住)'가 나온다. 좁게는 사람이 집을 지어 산다는 뜻이고 넓게는 태어난 것이 성질을 갖추어 정착한다는 뜻이다. 어느 경우건 변해서 사라지게 된다. 한곳에 머무는 것도 무의미하고 한 가지 상태로 고정해서 형상을 갖는 것도 무의미하다.

이런 사실을 여실히 알고 애회염착(愛喜染着, 좋아하는 것과 즐거운 것에 대한 집착)을 버리는 것이 윤회를 벗어나 열반에 드는 길이다. 유위의 본질을 알고 유위에 대한 집착을 버리는 것이 유위를 넘어서는 길이다. 번뇌와 단절해서 무위를 실천하는 길이다. 불교에서 보는 영원한 안식에 드는 길이다. 머물지 않아야 하고 머물 수도 없는 인생의 운명을 깨닫고 이를 실천해야 한다. 불교에서는 인연의 위작으로 만들어지는 이 땅에서의 인생은 '생 - 주 - 이 - 멸'의 4상의 변천에 얽매인 영원한 노숙일 뿐이라고 설파한다.

피투성, 노년, 죽음: 나그네 인생의 불안함

인생철학을 대입해 보자. 인생을 나그네 길로 본 기독교의 시각이나 고생의 바다로 본 불교의 시각은 일반인의 인생관과 크게 다르지 않다. 나이가 쉰 살 정도 되면 사람들은 대체로 '산다는 것 자체가 기본적으로 고생길'이라는 생각을 갖게 된다. 술 한잔 기울이며 최희준의 「하숙생」에 나오는 '인생은 나그네 길'이라는 가사를 되뇌어 보지 않은 사람은 없을 것이다. '한 많은 이 세상 야속한 님아'라는 「한오백년」의 가사는 인생의 본질을 압축해서 표현한 것이다. 이 세상에 태어나는 순간부터 인생은 고생길이다. 조사(弔辭)에 자주 등장하는 말도 '고통 없는 세상에서 편히 쉬소서'다.

명언집을 들춰보자. 노벨문학상을 탄 두 명의 문인이 눈에 들어온다. 1936년에 노벨문학상을 수상한 미국의 극작가 유진 오닐(Eugene O'Neill)은 "삶은 어쩌면 각성과 각성 사이에 꾸는 흉몽이라는 것이 가장 정확한 표현일지 모른다"라며 인생의 고통을 말했다. 1987년에 노벨문학상을 수상한 미국의 시인 조지프 브로드스키(Joseph Brodsky)는 조금 더 강도를 높여 "삶이란, 삶이라 말할 수 있는 것이란 선과 악의 전투가 아니다. 악과 더 큰 악 사이에 벌어지는 전투다"라며 같은 생각을 밝혔다.

독일을 대표하는 실존주의 철학자 마르틴 하이데거(Martin Heidegger)도 인간의 삶과 사회를 치밀하게 관찰한 결과 인간은 '고향 상실'의 고통에 시달린다고 진단했다. '고향 상실'은 영어로 하면 'homeless'로 앞에서 언급한 '노숙'과 같은 말이다. 그는 또한 '정주'라는 말도 썼는데, 인간이 이 땅 위에 안정적으로 정착한다는 뜻으로 사용했다. 하이데거의 말을 직접 인용해 보자. "정주가 곤경에 처한 진짜 이유는 주택이 모자란 데 있지 않다. 진짜 이유는 사람들이 정주란 본래 어려운 것이라는 사실 자체를 모르는 데 있다. 죽기 전에 이런 사실을 배우고 깨달아야 하는데 그렇지 않아서 사람들은 고향 상실에 시달리고 있다"라고 했다.

하이데거 역시 이생에서 영원한 안식에 드는 것은 근본적으로 불가능하다고 본다. 정주는 원래부터 곤경에 처할 수밖에 없는 운명인 것이다. 이생의 삶은 근본적으로 불안정하고 불완전할 수밖에 없기 때문이다. 세상은 정주하기 어려운 이유를 주택이 부족해서라고 한다. 하이데거는 주택이 부족하기 때문이 아니라 더 심각한 의미의 곤궁과 궁핍이 있기 때문이라고 여긴다. 이런 근원적 한계를 알고 그것을 극복할 정신적 가치를 찾고 실천해야 하는데 그러지 않는 것이 문제인 것이다.

왜 이렇게 온통 인생이 고통이라고 말하는 것일까. 근본적인 불안에 노출되어 있기 때문일 것이다. 불안의 원인을 기독교에서는 원죄로, 불교에서는 '번뇌 - 망상'으로 보았다. 철학에서는 '피투성(被投性)'이라는 개념으로 그 원인을 설명한다. 철학 용어인데, '인간은 이 세상에 던져진 존재'라는 뜻이다. 세상에 태어난 것은 내 의지에 따른 것이 아니라는 것이다. 이생에서의 삶이 힘든 것에 대한 운명론적 설명이다.

'종교적 노숙'이나 '고향 상실'도 여기에서 비롯된다. 사람이 처음 태어난 곳이 내가 원해서 선택한 곳이어야 영원한 정착이 가능한데 그렇지 못하다 보니 태어나는 순간부터 근본적인 불안에 시달린다는 것이다. 내 뜻과 상관없이 던져진 곳이 고향이기 때문에 착근하기 힘들다는 뜻이다. 던져진 삶이니 인생은 기본적으로 힘들 수밖에 없다. 행복한 일은 가끔만 일어나며 오래 가지 못한다. 나이 쉰쯤 되면 얼굴에는 살아온 고통의 기록이 선명하게 새겨진다. 고통을 은유적으로 비유한 것이 나그네 길이다. 피투성이라는 말에는 영원한 고향은 없다는 뜻이 내재되어 있다.

피투성을 근본적 고통의 원인으로 본다면 죽음을 향해 가는 노년도 또 다른 원인이 될 수 있다. 나의 자발적 의지로 태어난 것이 아닌데 죽는 것마저 자발적 의지로 되지 않는다면 불안은 몇 배 커지기 쉽다. 나이를 먹는 것도 하나의 근원적 불안이 될 수 있다. 그렇다면 한탄만 하고 앉아 있을 것인가. 로마를 대표하는 지성으로 문인, 철학자, 정치가, 군인이었던 마르쿠스 키케로(Marcus Cicero)의 말을 빌려보자.

키케로의 저서 『노년에 관하여』 가운데 '5. 노년에 관한 네 가지 불평에 대해'를 보자. 네 번째 불평인 "노년이 되면 죽을 날이 멀지 않다"에 대해 반박하는 과정에서 이생에서의 삶이 나그네 같은 것이라는 주장을 편다. 84절에서 말한다. "내가 살았다는 것을 나는 후회하지 않네. 나는 내가 헛되이 태어났다는 생각이 들지 않도록 살았으니까. 그래서 나는 삶을 떠날 때 집이 아니라 여인숙을 떠나는 듯한 느낌이 들 것 같네. 자연이 우리에게 준 것은 임시로 체류할 곳이지 거주할 곳이 아니기 때문일세." 66절에서는 노인의 탐욕, 이른바 '노욕'에 대해 경계하면서 "노년의 탐욕이 무슨 의미가 있는지 모르겠네. 나그네 길은 얼마 남지 않았는데 노자를 더 마련하려는 것보다 어리석은 일이 또 어디 있겠는가?"라고 했다.

키케로 역시 인생을 나그네 길로 본 것이다. 하지만 기독교나 불교와 달리 이를 인간의 한계가 아닌 불안을 극복하는 가능성으로 보았다. 노년과 죽음이 주는 근본적인 불안에 맞서는 방법으로 '인생은 나그네 길'이라는 사실을 인식할 것을 제시한다. '나그네 길'이라는 단어 자체는 기독교적이지만 키케로가 이 말을 사용한 문맥은 불교에 가깝다. 이생은 부질없는 것이니 미련을 두지 말고 죽는 것을 두려워하지 말라는 것이다. '나그네 길'과 '종교적 노숙'이라는 개념은 허무주의나 패배주의가 아니다. 삶이 왜 이렇게 힘들까라는 자탄에 대해 '그것이 인생의 본래 모습'임을 깨닫게 해주는 안내자 역할을 한다. 인생의 고통에 적극적으로 대응할 수 있게 이끄는 면역 주사 같은 것이다.

이를 통해 '피투성'도 극복할 수 있다. 그는 '피투성'이라는 말을 직접 쓰지는 않지만 그 개념은 인식하고 있는 것으로 보인다. '헛되이 태어난'이라는 말이 그 근거다. '헛되이 태어났다는 생각이 들지 않도록 살았다'는 말은 피투성을 극복했다는 뜻이다. 키케로에게서 인용한 문장은 독일의 철학자 프리드리히 니체(Friedrich Nietzsche)가 말한 '아모르파티(amor fati)'(너의 운명을 사랑하라)라는 명구를 생각나게 한다.

쉰 살이고 예순 살이고 나이 먹은 사람들한테 젊었을 때로 돌아갈 수 있다면 돌아가겠느냐고 물어보자. 열에 아홉은 고개를 저으며 안 간다고 한다. 지나온 젊은 인생을 되돌아보니 힘든 일이 더 많았다는 뜻이다. 다시 젊음으로 돌아가면 누리게 될 신체적 건강과 쾌락적인 삶의 기쁨과 20~40대를 다시 살아야 하는 고통을 비교했을 때 후자의 고통이 더 크다는 뜻이다. 결국 인생 자체가 고난이요 고행이라는 것을 경험적으로 말해준다. 아마도 나이 먹어서 되돌아보니 젊었을 때의 정신적 불안감이나 영적인 미숙함이 아찔할 정도로 위험한 것이라는 사실을 잘 알아서 그럴 것이다. 바꿔 말하면 육체적 젊음과 정신적 성숙 가운데 하나를 고르라면 후자를 고른다는 뜻이다.

죽음의 의미와 소중함을 깨닫는 것은 공부로도 가능하다. 나이를 먹어가면서 체험적으로 느끼는 것도 매우 좋은 방법이다. 마음공부를 열심히 하고 간결하게 생활하고 잘 늙어간다면 죽음을 맞는 것이 두렵지 않게 된다. 죽음의 진정한 의미를 알기 때문에 나이를 먹어가면서 더 잘 늙을 수 있다. 요즘 일부 과학자들이 기술과 기계를 끌어들여 '영생'을 말하기 시작했다. 이미 '120살까지 살 수 있다', '수명이 150살까지도 가능하다'라는 말이 들린다. 과학기술이 더 발전하면 이 숫자는 수직으로 치솟다가 급기야 '진짜 영생' 프로그램이 세상에 돌아다니게 될 것이다. 이 얼마나 미친 짓인가. 이생에서의 몸뚱이는 결코 영혼의 진정한 거처가 아니다. 이생에 너무 오래 머무르는 것이 영혼에게는 고문이 될 수 있다. 특히 정신적 가치와 심리적 안정 없이 육체적 생명만 단순 연장하는 것은 가장 참혹한 불행과 비극일 것이다. '집'으로 비유하면 정주 조건을 확보하지 못한 삶이 그와 같을 것이다.

제2장

___

정주

1. 기본 의미

집이 지닌 여러 가지 의미

house, home, dwelling

집이란 무엇인가. 상식적으로 정의해 보자. '사람 사는 장소'다. 누구나 다 아는 이야기이고 사람들에게 묻는다면 가장 많이 나올 답이다. 하지만 '사람 사는 장소'라는 말은 그렇게 단순하지만은 않다. '사람', '사는', '장소'라는 세 단어는 심각한 철학 주제다. 우리의 24시간 일상과 동의어이지만 그와 동시에 무거운 뜻을 담고 있는 실존적 개념이기도 하다. 실존은 일상에서 시작한다. 단, 건강한 일상이어야 한다. 건강한 일상은 실존을 확보하고 보호해 준다. 집도 마찬가지다. '사람 사는 장소'라는 상식적 정의는 결코 가벼운 것이 아니다. 얻기도 쉽지 않다. 건강한 상식이기 때문이다. 막 살기는 쉬워도 건강하게 살기는 쉽지 않다. 집도 그렇다. 건강한 상식은 정신적 가치가 뿌리를 이루고 많은 절제를 요구하기 때문에 지키기가 결코 쉽지 않다.

지금 우리 사회의 집을 보자. 건강한 상식은 철저히 깨졌다. 집은 '부동산 투자에 의해 돈을 버는 대상'이 되었다. 건강한 상식을 잃으면 힘들어지고 병이 들게 된다. 지금 우리의 집이 그렇다. 집이 그러니 사람도 그렇고 사회도 그렇게 되어버렸다. 건강한 상식이 깨져 실존을 잃었기 때문이다. 실존의 출발점인 건강한 일상은 점점 요원해진다. 일상은 병들어 버렸다. 이것을 회복해야 한다. 집은 그 출발점이자 중심이 될 수 있다. 아니, 되어야 한다. 집은 인간의 삶과 많은 요소를 공유하면서 인간과 사회에 미치는 영향이 크기 때문이다. 집은 실존을 담보해야 한다. 건강한 집의 다음 단계는 '존재를 위한 공간'이다. 집의 건강한 상식은 실존을 담는 공간을 지향한다.

집의 의미를 거시적으로 보았다. 이제 '집'을 의미하는 단어를 중심으로 미시적으로 살펴보자. 영어와 한자를 중심으로 한글과 연계해서 보자. 영어에서는 두 단계로 나누어 볼 수 있다. 하나는 '집'과 직접 연관이 있는 단어들로 'house - home - dwell'의 삼종 세트다. 다른 하나는 직접적 연관성이 적은 단어들로 'residence - habitation - lodge'의 삼종 세트다. 하나씩 살펴보자.

'house'는 '집'을 의미하는 가장 보편적인 단어로 주로 건물로서의 가옥을 의미한다. 물리적 하드웨어에 해당된다. 우리말로는 '주택'이 가장 적합하다. 확장과 축소가 가능하다. 확장하면 '보관하는 장소'가 된다. 'warehouse'(창고)나 'lighthouse'(등대) 등이 대표적인 파생어다. 축소하면 집합 주택에 대비되는 단독주택 혹은 개인주택을 의미한다.

'house'에 'ing'를 붙여서 'housing'이 되면 '행위'의 뜻이 추가되면서 뜻이 확장된다. 우리말로는 '주거'로 번역하며 건물로서의 주택을 포함해 한 사회와 한 시대의 사람 사는 방식 전체를 의미한다. 세분하면 크게 두 가지 내용으로 구성된다. 하나는 정책, 제도, 문화, 가족 등 경제사회적 측면을 반영한 개념이다. 정책 입안자가 '주택 공급'이라는 말을 쓸 때는 'house'가 아닌 'housing supply'라고 한다. 도시나 농촌 등 주변 환경과의 관계에서도 빠질 수 없다. '도시 주택'은 'urban house'보다는 'urban housing'이 더 자연스럽다. 다른 하나는 주택의 건축적 형식을 반영한 개념이다. 앞에서 언급한 경제사회적 측면을 주택에 초점을 맞추어서 그 종류를 분류한 것이다. 'housing'에는 보통 뒤에 'type'을 붙여서 'housing type'으로 많이 쓴다. 우리말로는 '주거 형식'이다.

'home'은 '가정'으로 번역되며 '고향'이라는 뜻도 갖는다. 'house'와 짝을 이루는데 'house'보다 좀 더 따스하고 감성적인 소프트웨어 개념이다. 건물로서의 가옥을 의미하기는 하지만 가족을 중심으로 그 속에서 벌어지는 일상생활의 뜻에 더 가깝다. '집에 가고 싶다'를 영어로 하면 'I want to go home'이라고 하지 'I want to go house'라 하지 않는다.

'home'을 우리말로 쓸 때에는 보통 '가정'으로 번역하는데 영어 단어의 발음대로 '홈'이라고 쓰는 경우도 있다. 대표적인 것이 야구다. 야구에서 홈의 존재는 인생에 비유될 수 있는 독특한 의미를 갖는다. 타자의 공격은 홈에서 시작된다. 출루를 해서 세 곳의 루를 한 바퀴 돌고 다시 홈을 밟으며 돌아오면 점수를 딴다. '홈'이라는 단어를 넣어서 보면 이 과정은 크게 두 가지 인생 여정에 비유될 수 있다.

하나는 이른바 '땅 따먹기' 경쟁이다. 공격자가 출루를 한다는 것은 수비자의 땅을 점유한 것이다. 이것이 온전히 나의 땅이 되기 위해서는 세 개의 루를 연결한 선이 나의 '홈'까지 연결되어야 한다. 네 개의 루를 연결한 다이아몬드의 윤곽을 완성해야 내 땅으로 인정되어 점수를 얻는다. 땅은 인간 존재의 필수 조건인데 야구에서는 이것의 대표성을 '홈'이라는 단어로 정의한 것이다. 그래서 이른바 '홈 승부'는 야구의 꽃이다. 외야수가 홈으로 빨랫줄 같은 송구를 하고 포수는 홈을 깔고 앉아 돌진해 오는 공격수를 온몸으로 막아낸다(요즘은 부상 방지를 위해 포수가 홈을 비워두고 수비를 한다). 승합차끼리 부딪히는 것 같은 육중한 '충돌의 미학'을 만끽할 수 있는 곳이 야구장의 '홈'이다. 그만큼 중요한 곳이라는 뜻이다.

다른 하나는 인생사에 대한 비유다. 홈을 떠나지 못해서 출루를 못 하면 아웃이 되는데 이는 인간은 태어난 곳을 떠나 큰 세상에서 놀아야 된다는 뜻에 비유될 수 있다. 이동 본능을 상징하는 것이기도 하고 종교적 노숙 개념을 보여주는 증거이기도 하다. 내야 그라운드를 한 바퀴 무사히 돌아 점수를 내고 홈으로 들어오면 인생을 성공적으로 마치고 은퇴해서 자랑스럽게 귀향한 것에 해당된다. 잔루로 끝나면 인생 중간에 불행한 일을 만나 낙마한 것에 비유될 수 있다. 공격이 끝나면 공수가 교대되어 더그아웃으로 철수하는데 이는 낙향에 비유될 수 있다.

출루를 하는 방법에는 단타, 2루타, 3루타, 볼 넷, 몸에 맞는 볼, 피처 보크 등 여러 종류가 있다. 출루한 다음 진루를 하는 방법 또한 도루, 후속 타자의 진루타, 야수 선택, 상대방의 실책 등 여러 종류다. 홈까지 한 바퀴를 돌아 들어오는 것도 진루타 모으기, 홈런 한 방, 밀어내기 등 여러 방법이 있다. 이런 다양한 방법은 인생을 살아가는 다양한 방법, 특히 성공의 다양한 비법에 비유될 수 있다. 내가 실력을 발휘하는 경우, 차근차근 착실하게 쌓아가는 경우, 한 방을 터트리는 경우, 다른 사람의 도움을 받는 경우, 다른 사람의 실수 덕을 보는 경우 등등이다.

'dwell'의 사전적 의미는 '살다'라는 동사다. 명사형인 'dwelling'은 '살기'라는 뜻인데, 보통 '거주', '거주하기', '주거' 등으로 번역한다. 통상적인 의미는 '사람이 건물을 매개로 삶을 영위하는, 즉 거주하는 형식'이다. 기본적인 뜻은 'housing'과 같으나, 'housing'이 주택에 초점을 맞춘 데 비해 'dwelling'은 공간 환경 전반에 정착하는 형식인 점에서 더 포괄적인 개념이다. 'house'와 'live'를 더한 말로 볼 수 있다. 집에서 살아가면서 벌이는 생존 활동과 일상생활을 말한다. 철학적 용어로도 사용된다. 바로 하이데거의 실존주의 철학에서 인간의 실존 조건으로 꼽는 '정주(定住)'라는 개념이다. 이 책의 주제이기도 한데 뒤에서 자세하게 살펴볼 것이다.

'dwell'은 'house'와도 연관성이 있는데, 'house'의 다양한 종류를 포괄하는 의미를 갖는다. 'house'는 통상적으로 '개인 가족의 집'이나 그에 준

하는 경우를 말한다. 그러나 그 종류가 매우 많아서 단순히 'house'라는 단어만으로는 모두 포괄할 수 없다. 서양에서 이런 경향이 특히 심해서 나라마다 도무스(domus), 빌라, 팔라초, 오텔(hôtel), 샤토, 타운 하우스, 컨트리 하우스, 단독주택(detached house), 반(半)단독주택[semi-detached house, 이호(二戶)], 연립주택, 아파트 하우스, 테라스 하우스 등 세분화된 주택 종류가 매우 많다. 우리 기준에서는 이런 예들이 모두 '주택(house)'에 해당한다. 하지만 '주택'은 '개인 가족의 집'이라는 의미가 강하기 때문에 이런 다양성을 포괄하기에 부족하다. 이때 영어권에서는 보통 'dwelling'이라는 단어를 쓴다.

이상으로 '집'과 직접적 연관성이 있는 'house - home - dwell'의 삼종 세트를 살펴보았다. 다음으로 직접적 연관성이 적은 'residence - habitation - lodge'의 삼종 세트를 간단히 살펴보자. 'residence'는 권력의 중심지나 재근(在勤=주택에서 근무)이라는 뜻이 담긴 저택, 소재지 등을 말한다. 'habitation'은 집합적 의미를 지닌 취락, 부락, 군락 등을 말하며, 주로 인류학이나 지리학에서 사용한다. 'lodge'는 주거 가운데 임시적 성격이 강한 종류를 말한다.

住+宅, 家+屋, 宇+宙

다음으로 한자를 보자. 최소한 '주택', '가옥', '우주'의 세 단어가 있다. 여기서 다시 '住', '宅', '家', '屋', '宇', '宙'의 여섯 홑단어가 나온다. 가장 많이 사용하는 대표적인 단어는 '주택(住宅)'이다. '주'는 두 가지 뜻을 지니고 있다. 하나는 '살다', '거처' 등의 포괄적인 뜻이다. 이런 점에서 '집'을 뜻하는 가장 대표적인 단어다. 다른 하나는 '사는 사람'이라는 뜻이다. '사람'이 들어갔다는 점이 중요하며 이것이 이 단어가 '집'을 대표할 수 있는 또 다른 근거이기도 하다. 이미 '주'라는 단어 속에 '사람이 중심'

이라는 뜻이 들어 있다. 한자를 풀어쓰면 '사람 인(人)+주요 주(主)'이기 때문이다.

'산다는 것'은 인간 존재의 가장 기본적인 상태라서 '주'에 다른 단어를 붙여서 여러 가지 사는 방식을 만들 수 있다. 이때 붙이는 단어에 따라 '주'는 인간 존재와 연관된 여러 가지 기본적인 조건과 관계를 맺는다. '안주(安住)'는 '안전하게 살기'로 자궁 및 물질과 관계된다. '통주(通住)'는 '자연과 소통하며 살기'로 자연과 관계된다. '행주(幸住)'는 '행복하게 살기'로 심리와 관계된다. '지주(智住)'는 '지혜롭게 살기'로 가치관과 관계된다. '지주(地住)'는 '땅에 뿌리박고 살기'로 땅 및 뿌리와 관계된다. '상주(象住)'는 '상징을 확보한 삶', '정주(正住)'는 '정체성을 표현하는 삶'이라는 뜻이다. 이런 조합의 최고봉은 이 책의 주제인 '정주(定住)'로 '실존을 확보한 삶'이라는 뜻이다.

'택'은 '집 면(宀)'+'부탁할 탁(乇)'의 두 단어로 이루어진다. '집 면'은 부수 가운데 하나로 보통 '갓머리'라 부르지만 이 자체가 이미 '집'이라는 뜻의 독립된 단어다. 집 가운데서도 '사방이 지붕으로 덮어 씌워져 있는 집'이라는 뜻이다. 지붕을 덮은 형국을 나타내는 '택'의 생김새와도 통한다. 지붕 아래에 '부탁'을 넣었다. 무엇을 부탁하는 것일까. 가장 기본적인 것은 '삶'일 것이다. 지붕을 덮어 비바람을 막아 일상생활을 가능하게 해주는 조건을 표현한 것이다. 이렇게 탄생한 '택'은 '집, 대지, 정하다, 살다, 무덤' 등의 여러 가지 뜻을 갖는다. 종합하면 '삶을 위한 안정적 보호'라는 뜻이다. 사방을 지붕으로 덮은 자기 폐쇄적 공간 속에서 무엇인가를 부탁할 수 있는 조건을 뜻한다.

우리가 통상적으로 사용하는 한자어 가운데 '집'으로 직접 번역되는 또 다른 대표적인 단어가 '가(家)'다. 사전적 뜻은 '집 안, 건물, 지아비' 등이다. '택'과 마찬가지로 '집 면=갓머리'가 위를 잡아주고 그 아래에 '돼지'라는 뜻의 '시(豕)'가 들어갔다. 직역하면 '축사'이겠지만 상징적으로는 가축화가 일어난 뒤의 집을 말하는 것으로 볼 수 있다. '시'는 말 그대로 농가에서 키우던 '돼지'일 수도 있고 상징화하면 '재산'일 수도 있다. 어쨌든 가축화 이후 농업생산이 늘면서 인류 사회에 부가 축적되기 시작한 상태를 뜻한다.

가축화에는 가부장제가 뒤따랐다. 동물을 길들이는 일은 육체적 수고가 따르기 때문에 남자의 역할이 커졌다. 동물을 부릴 수 있게 되면서 인간을 대신하는 동력이 생겨나고, 이동 속도, 이동 거리 등이 증가했다. 농사가 쉬워지면서 부가 축적되기 시작했다. 이런 조건들은 당연히 대규모 전쟁으로 귀결되었다. 무력을 쥔 자가 정치 지도자가 되면서 가부장제로 넘어갔다. '집 가'에 '지아비'라는 뜻이 담긴 것도 이 때문이다. 종합하면 '가부장제에서 남자 주인을 중심으로 재산을 지키면서 살아가는 공간'이라는 뜻이다. 요즘은 가부장제를 극복해야 할 전통의 잔재로 여기지만 가축화 초기 때나 전쟁이 많던 시절에는 외부의 폭력에서 가정을 안전하게 지키는 순기능도 가지고 있었다. '집 가'에는 이런 뜻도 들어 있는 것이다.

'가'와 함께 짝을 이루어 '집'을 뜻하는 또 다른 단어로 '집 옥(屋)'을 들 수 있다. '집 가'와 '집 옥'을 합하면 '집'을 뜻하는 또 다른 일반적 단어인 '가옥'이 된다. '屋'이라는 단어는 다소 특이하다. '시(尸)' 밑에 '이를 지(至)'를 넣었다. '尸'에는 두 가지 뜻이 있다. 하나는 일반적 의미인 '시신'이다. 이 경우 '屋'은 '시신이 도래하는 곳'이라는 뜻이다. 이는 전통시대 때 집의 기능 가운데 하나였던 '뼈를 묻는 곳'을 상징한다. 집의 정신적 가치를 이루는 요소 가운데 하나로 4장 1절에서 살펴볼 것이다. 다른 하나는 '북두칠성'이라는 뜻이다. 이 경우 '屋'은 '북두칠성에 이르는 곳' 혹은 '북두칠성이 내려와 이르는 곳'이라는 뜻이다. 전통시대 때 북두칠성은 하늘을 상징하며 종교적 의미까지 가졌다. 이렇게 보면 '屋'은 '하늘과 닿는 곳'이라는 뜻으로까지 확장할 수 있다.

지금까지 살펴본 '주택'과 '가옥'의 두 단어 및 이것들을 이루는 낱개 단어인 '주-택-가-옥'은 우리가 일상적으로 사용하는 '집'이라는 한글 단어와 직접적으로 연관되는 한자어다. 한자 가운데에는 '집'이라는 뜻이 들어가 있지만 한글로는 통상적으로 '집'으로 인식되지 않는 두 개의 단어가 있다. 바로 천자문에 나오는 '집 우(宇)'와 '집 주(宙)'다. '우'는 '지붕, 처마'라는 뜻이고 '주'는 '동량(棟梁)'이라는 뜻이다. '동'은 용마루, 마룻대이고 '량'은 들보이니 동량은 대들보라는 뜻이 된다.

이런 '우'와 '주'를 합하면 '우주'가 된다. 천왕성, 명왕성, 안드로메다가 속한 그 천체 우주를 뜻하기도 하지만 원 뜻에 충실하면 '지붕 밑의 대들보'라는 의미다. 바로 집의 건물 구조다. 낱개 단어인 '우'와 '주'에는 천체 우주라는 뜻이 없는데 둘을 합하면 천체 우주라는 뜻이 된다. 두 낱개 단어의 이름부터가 '집 우', '집 주'다. 왜 '집 두 개'를 모아놓고 '우주'라고 했을까.

이를 알려면 천자문의 구조를 봐야 한다. 천자문은 말 그대로 한자 1000자를 모아놓은 책이다. 전통시대에 한자를 배울 때 가장 먼저 시작하는 책이라 보통 쉬운 글자 1000개를 모은 것으로 생각하기 쉽다. 이 말이 아주 틀린 것은 아니나 좀 더 섬세하게 들여다볼 필요가 있다. 바로 천자문의 구조다. 만약 쉬운 한자 1000개를 모은 것이라면 '한 일(一)', '두 이(二)', '입 구(口)'처럼 가장 간단한 단어부터 맨 앞에 나와야 한다. 그런데 천자문은 '하늘 천(天)', '따 지(地)'로 시작한다. 물론 이 두 글자도 크게 복잡하지는 않다. 그러나 '하늘'과 '땅'이라는 뜻을 보면 글자가 복잡한지 여부가 중요한 것이 아님을 알 수 있다. 더욱이 바로 뒤이어 나오는 '검을 현(玄)'과 '누를 황(黃)'은 간단한 글자도 아니다.

여기에서 천자문의 구조가 나온다. 맨 앞에 '하늘'과 '땅'이라는 두 글자를 박아놓고 그 뒤로 이 둘의 성질을 설명하는 여러 단어 쌍이 연달아 나온다. '검을 현'과 '누를 황'은 각기 하늘과 땅의 성질을 검은색과 누른색으로 표현한 것이다. 동아시아 한자권에서 검은색은 변화무쌍한 성질을, 누른색은 품는 성질을 각각 나타낸다. 이 둘은 각각 하늘과 땅의 성질과 일치한다. 그다음 쌍이 '집 우'와 '집 주'다. 하늘과 땅의 구조를 인간이 사는 집의 구조에 비유한 것이다. 대들보가 지붕을 받치는 구조다. 그다음 쌍이 '넓을 홍(洪)'과 '거칠 황(荒)'으로 이것도 각각 하늘과 땅의 또 다른 성질에 해당된다.

천자문 구도로 본 '집 우'와 '집 주'의 두 낱개 단어 속에는 동아시아의 집 개념이 압축되어 있다. 집의 물리적 측면과 정신적 측면이 통합된 상태를 정의하는 개념이다. '우주'라는 말의 뜻을 생각하면 이 가운데 특히 정신적 측면을 강조했음을 알 수 있다. 하늘과 땅 사이에 있는 나만의 작은 우주라는 뜻이다. 이는 집이 숭고한 정신 가치의 대상임을 말하는 것으로, 정신적 안정을 확보하고 온전히 거주할 수 있는 공간이라는 뜻이다. 이는 행복을 포함한 더 포괄적인 존재 조건을 만족하는 중요한 정주 조건이다.

정주: '집'의 진정한 의미이자 궁극의 목적

'집'을 의미하는 영어와 한자의 여러 단어를 살펴보았다. 한 가지 공통점이 있다. 물리적 건물이라는 뜻도 있지만 대부분 삶의 방식에 대해서 정의한다는 것이다. 반면 '부동산 가치'라는 뜻은 거의 없는 편이다. 대부분 정신적 가치와 심리적 안정에 대해서 말하고 있다. 이것이 우리가 매일 사용하는 '집'이라는 단어가 가진 본래 뜻이다. 이렇게 볼 때 지금 우리가 '집'으로 정의하고 있는 '아파트를 이리저리 잘 굴려서 얻는 부동산 가치'라는 뜻은 원래 '집'의 의미가 아님을 알 수 있다.

그렇다면 '집'의 진정한 의미는 무엇일까. 우리가 '집'에서 얻을 수 있는 최고의 느낌과 가치는 무엇일까. '집'을 뜻하는 여러 단어가 가진 원래 내용들을 종합하면 된다. 나는 그것으로 '정주'를 들고 싶다. 조금 낯선 단어일 수 있는데 생각보다 많이 사용한다. 한자를 보면 '정할 정(定)' 자에 '집 주(住)'자를 더한 것이다. 사전적 뜻은 '일정한 곳에 자리를 잡고 삶', '사는 것이 정착으로 확정된 상태', '안정적으로 정착해서 실존을 확보한 삶' 등이다. '실존'이라는 단어가 들어간 데에서 알 수 있듯이 실존주의 철학에서 많이 사용한다. 하이데거가 대표적인데 그 내용은 다음 2절에서 살펴볼 것이다. 정주의 뜻은 '삶'과 '사는 공간'과 연관되기 때문에 이 단어는 건축, 도시, 주거학 등에서도 사용한다.

최근에는 일상에서도 쓰기 시작했다. 부동산을 보도하는 언론 기사가 대표적이다. '신도시의 정주 환경이 열악하다' 같은 식으로 표현한다. 이 표현에 대해 부가하자면 '아파트 입주는 했는데 교통, 학교, 병원, 지구대, 대형마트, 백화점 등과 같은 기반 시설이 아직 부족하다'라고 설명할 수 있다. 입주민들은 여기에 유흥가가 충분한지, 대리운전을 쉽게 부를 수 있는지, 영화관 같은 문화시설이 있는지, 차로와 주차장이 부족하지 않은지, 밤늦게까지 사람이 돌아다니고 불빛도 환하게 켜져 있는지 등의 조건을 추가한다.

이런 내용들은 주로 물리적 측면을 말한다고 볼 수 있다. 하지만 '정주'의 사전적 정의를 이루는 '일정한 곳', '자리를 잡고', '삶', '실존' 등 네 가지 단어에 이미 정신적·심리적 가치가 들어 있다. 네 단어는 떠돌지 않고 머물 수 있게 된 삶을 뜻하는데, 이는 종교적 노숙의 나그네 길을 극복한 것으로 해석할 수 있다. 또한 일정한 행복이 있다는 뜻이므로 고해도 어느 정도는 해소된 것으로 볼 수 있다. 이상을 종합하면 '물리적 기반을 바탕으로 정신적 가치와 심리적 안정을 확보한 상태'로 정의할 수 있다.

앞에 나온 'house – home – dwelling'의 삼종 세트에서는 'dwelling'이 '정주'에 해당된다. 다른 동네의 아파트 값이 뛰어 나만 손해 보는 것 같아 화가 날 때 나는 이 '정주'의 의미를 되새기라고 권하고 싶다. 먼저 'house'와 'home'을 구별한다. '집'을 물리적 구조물인 'house'로 보지 말고 가정인 'home'으로 보라는 것이다. 아직 부족해 보인다. 좀 더 강력한 하나를 더해 보자. 'dwelling', '정주'다. 앞에서 본 대로 '실존을 확보해 주는 곳이자 사는 곳'이라는 뜻이다.

'집'이 '사는 곳'임을 알면, 그리고 그렇게 살면서 나의 실존이 확보되는 것임을 알면 지금 한국 사회처럼 집을 시세차익을 노리는 상품으로 생각하지 않게 될 것이다. 집은 위험한 사회 속에서 살아가는 불완전한 우리의 삶에 실존의 안정을 줄 수 있다. 종교적 노숙의 현실에서 그나마 안식처를 줄 수 있는 것이 집이다. 인간의 근원적 존재를 기준으로 삼으면 집 역시 불완전하긴 하다. 하지만 현실의 범위 내에서 최고의 실존 조건은 집이다.

일상에서 쓰는 '여독'이라는 단어가 좋은 예다. 집을 떠나 타지를 다녀오면 독이 쌓인다는 뜻이다. 일차적으로 육체적 피로를 생각할 수 있다. 그러나 심리적인 부분도 무시 못 할 것이다. 육체처럼 명확히 느끼지 못할 뿐 육체적 피로보다 심리적 피로가 더 클 수도 있다. 타지를 떠돌다 보면 느끼는 존재의 공허함 같은 것이다. 여러 날 출타하는 긴 여행만 이런 것이 아니다. 현관문을 열고 집을 나와 등교하고 출근해서 보내는 일과도 마찬가지다. '집 나서면 고생이다'라는 말이 괜히 나온 것은 아닐 것이다. 집은 이 모든 것을 막아주는 기능을 한다. 육체의 편안함과 심리적 안정을 확보해 주고 존재의 뿌리를 붙잡아 준다. 이 셋을 합하면 집의 실존 기능이 된다. 이렇게 실존이 확보된 상태를 '정주'라고 부를 수 있다.

우리에게도 잘 알려진 미국의 동요이자 가곡인 「즐거운 나의 집(Home Sweet Home)」의 가사는 '정주'의 의미와 기능을 함축적으로 보여준다. "즐거운 곳에서는 널 오라 하여도 내 쉴 곳은 작은 집 내 집뿐이리. 내 나라 내 기쁨 길이 쉴 곳도 꽃 피고 새 우는 집 내 집뿐이리. 오 사랑 나의 집 즐거운 나의 벗 집 내 집뿐이리"라고 노래한다.

분석을 해보자. '즐거운 곳'과 '내 쉴 곳 작은 집'을 대비시킨다. '즐거운 곳'은 집 밖의 유흥 문화나 가정보다 우선시되는 사회적 성공 등 여러 가지를 상징한다. 이런 '집 밖의 즐거움'은 '내 집에서의 쉼'보다 못하다. 그 '내 집'이 '작은 집'이라도 그렇다. 비록 작은 집이지만 그곳은 '꽃 피고 새 우는' 곳이기 때문이다. 그래서 내가 쉴 수 있는 '나의 작은 집'은 '나의 벗'이다. 이런 내 집은 '즐거운 집'이다. 이 노래에는 두 가지 즐거움이 나온다. '집 밖의 즐거움'과 '내 집의 즐거움'이다. 당연히 후자가 나의 삶을 '정주'로 만들어준다.

영국과 미국은 같은 문화권이어서 그런지 영국에도 이와 비슷한 개념이 있다. 영국은 개인주택에 대한 선호도가 높은 나라인데, 영국에는 '집은 나만의 성(castle)이다'라는 말이 있다. 속담처럼 일상적으로 통용되는 역사와 전통을 지닌 말이다. 17세기 영국의 대법관이었던 에드워드 코크 경(Sir Edward Coke)은 "모든 사람의 집은 그 자신에게는 하나의 성이자 요새다. 외부의 공격과 폭력에서 자신을 지켜주고 편히 쉬게 해주는 곳이다"라는 말로 집의 이런 기능을 압축적으로 표현했다. 대법관이 이 말을 괜히 한 것은 아니었다. "영국 사람들에게 집은 자신만의 성이다"

라는 구절이 법문에 등장할 정도였다.

세 가지 정주 조건: 물리적 환경, 정신적·심리적 안정, 존재론적 확신

물론 말처럼 쉽지는 않다. 말 한마디로 다 된다면 무슨 걱정이 있을까. 이것이 가능하기 위해서는 조건이 필요하다. 여기에서 '정주 조건'이 파생된다. 구체적인 정주 조건에는 어떤 것들이 있을까. 3장부터 제시되는 여러 가지 주제가 그에 대한 답이다. 여기에서는 일상생활을 기준으로 포괄적으로 생각해 보자.

앞에서 던졌던 '집의 진정한 의미란 무엇일까'라는 질문을 다시 해보자. 여러 가지 답이 나올 것이다. 가족의 다양함을 담을 수 있어야 한다. 가족과 구성원 개인이 중요하게 여기면서 지향하는 것들을 생산하고 지켜주어야 한다. 싫증 내지 않고 오랫동안 함께 살면서 삶의 흔적과 추억을 쌓아야 한다. 투기 대상으로 봐서는 안 된다. 해 넘어갈 때 집으로 돌아가고 싶은 마음이 진정으로 우러나야 한다. 매일 밤 편히 쉴 수 있어야 한다. 쉬고 나면 육체적·정신적 피로가 풀려야 한다.

누구나 살면서 하루에도 여러 번 원하는 것이다. 거친 경쟁에 시달리며 세상이 힘들 때 마음 편히 쉴 곳을 간절히 원한다. 사우나에도 가보고 마사지도 받아보지만 시원치 않다. 친구와 차를 마시고 술잔을 기울이며 수다를 떨거나 이성 친구와 데이트도 해본다. 하지만 역시 잠시의 위로만 받을 뿐 몸과 마음의 피로는 해소되지 않는다. 쾌락적인 유흥문화를 즐겨보지만 이것은 최악의 해결책일 뿐이다. 잠시의 쾌락 뒤에 마음은 더 공허해진다. 어디 한곳 마음 붙일 곳 없는 황량한 광야에 내던져진 공포 속에서 매일을 살아간다. 나만 이런 것이 아니다. 주변을 돌아보면 침울한 얼굴뿐이다. 즐거워 활짝 웃는 사람을 보기 힘들다.

이쯤 되면 앞에서 살펴보았던 종교적 노숙이 정말 맞는구나 하는 생각이 절로 든다. 종교생활밖에 답이 없는 것일까. 현실에서 마음 붙일 곳은 진정 없는 것일까. 하늘나라에 들어야만, 아니면 출가불자가 되어 깨달음을 얻어야만 진정한 안식이 가능한 것일까. 종교에서 제시하는 것보다는 부족하겠지만 현실에서도 가능한 답이 있다. '집'이 주는 '정주 조건'을 실현하는 것이다. 집에서 정주 조건을 만족시키며 실존을 확보한 상태가 현실에서 얻을 수 있는 진정한 안식이다.

정주 조건은 집보다는 가족 구성원 간 관계의 문제, 즉 사람 사이의 문제라고 생각하기 쉽다. 물론 가족이 가장 중요하다. 하지만 '집'도 그에 못지않게 중요하다. 이때 '집'이란 물리적 건물로서의 '집'을 포함해서 우리가 '집'을 대하는 시각, '집'에 부여하는 가치, '집'에서 사는 생활 태도 등을 말한다. 이상의 내용을 종합하면 정주 조건을 세 가지로 정리할 수 있다. 물리적 환경, 정신적·심리적 안정, 존재론적 확신이다. 차례대로 살펴보자.

첫째, 일단 물리적 환경이 충족되어야 한다. 최소한의 생활 조건을 만족시키는 것이 출발점이다. 너무 좁아도 안 되고 너무 불편해도 안 된다. 환기가 되어야 하고 햇빛도 들어야 한다. 물질성으로 바꿔 생각할 수도 있다. 구조적으로 안전해야 하며 비, 바람, 소음, 더위, 추위, 빛 등을 막아주어야 한다. 물질성을 조금 다른 각도에서 생각할 수도 있다. 돈 쓰는 일의 우선순위에서 집이 앞쪽에 있다면, 즉 집을 구입한 후에도 집에 꾸준히 돈을 쓰며 관리하는 정성을 보인다면 이는 집을 소중하게 생각하는 것일 수 있다. 이렇게 기본적인 물질성이 확보되면 그다음으로 '시간'도 중요한 물리적 조건이다. 너무 잦은 이사는 정주를 망친다. 마음에 드는 곳을 잘 골라 오래 사는 것도 중요하다.

둘째, 정신적·심리적 안정이다. 무조건 한 동네에 오래 산다고 정주 조건이 만족되는 것은 아니다. 어떻게 사느냐가 전제되어야 한다. 집에 머무는 문제는 타고한 천성과도 연관이 있다. 집에 못 붙어 있고 틈만 나면 집 밖으로 나가는 성격이 있다. 대체로 이런 성격이 이사도 자주 다닌다. 반면 특별한 볼 일이 없으면 집 밖에 나가기 싫어하는 성격도 있다. 후자가 정주에 유리할 수 있으나 집에 머물면서도 심리적으로 불안 증세를 느끼고 평온함을 느끼지 못하면 정주와는 거리가 있다. 집에 있으면서도 만족하지 못하고 늘 무엇인가를 갈망하며 여기저기 전화를 걸어서 수다를 떨고 마음이 부글부글 끓는 경우다.

셋째, 결국은 집에서 존재론적 확신을 얻을 수 있는지가 관건이다. 정주의 최종 목적인 실존의 확보와 동의어다. 집은 나와 감성과 정서를 교류할 수 있어야 한다. 나와의 동일화를 통해 나의 정체성을 표현할 수 있어야 한다. 이런 상태에서 오래 살면 고향에 뿌리 내린 것 같은 안정감을 느낄 수 있다. 계절의 변화를 따라 생활을 즐기는 여유도 생긴다. 종교에 비견될 만한 근본적인 평온이 온다. 집의 바닥과 천장과 벽은 세상 속에서 나를 확신하게 해주는 존재론적 모태로 느껴진다. 한마디로 집에 마음을 붙이게 된다. 인간이 자연에서 벗어나 사회를 이루는 과정에서 발생하는 각종 본능적·사회적 불안 요인을 극복하는 힘이 생긴다. 정주가 확보된 집은 세상 속에서 넘어진 나를 우뚝 세워 다시 세상으로 내보낸다.

정주 조건을 일상에서 쓰는 말로 정리해 보았다. 우리 모두가 아는 상식에 속한다. 그럼에도 가장 지키기 어려운 것이 되었다. 지금 우리의 사는 모습과 가장 멀리 떨어진 이상적인 것이 되었다. 정주는 집을 바라보는 기본 시각, 즉 집의 기본적 의미와 가치를 어디에 두느냐의 문제다. 우리는 집의 가치를 집값, 아파트 브랜드, 동네, 투자 가치 등으로

매긴다. 집이 상품화·자본화됨에 따라 나타나는 현상이다. 가격을 불려서 팔고 채울 대상으로 본다. 늘 무언가 부족한 것처럼 느껴지면서 돈에 종속되어 간다. 개인과 사회 모두 늘 가난하다는 착각에 빠진다.

정주는 이것과 반대되는 삶이다. 집의 가치를 어떻게 살 것인가에 둔다. 집에서 돈으로 환산될 수 없는 가치를 찾는다. 집의 목적을 실존을 확보하는 데 둔다. 이렇게 정의되는 정주는 종교적 의미까지 가질 수 있다. 종교적 노숙이라는 근본적 불안을 해결해 준다. 정주를 확보한다는 것은 방황하는 인류의 정착 문제를 해결한다는 뜻이다. 고통 속에서 떠돌 수밖에 없는 이생의 근본적인 한계를 극복하고 실존적 안정을 주는 것이다.

"임금이 불러도 나가지 않는다": 정주 조건이 확보된 상태

정주 조건을 너무 거창하게 말한 것처럼 보일 수 있을 것이다. 감상적이거나 낭만적 이상주의로 보일 수도 있을 것이다. 그러나 시간을 거슬러 올라가면 우리 조상 가운데 더 과격한 이상주의도 있었다. 정주 조건이 만족된 상태가 얼마나 좋은지를 보여주는 좋은 예가 있다. 바로 다산 정약용이다. 그는 집과 관련해서 "임금이 불러도 나가지 않겠다"라는 명언을 남겼다.

나는 몇 해 전에 집에 관한 대중 강연을 하면서 선비와 관련된 학문을 전공한 사람과 대담을 나눌 기회가 있었다. 그 분이 정약용의 글을 소개했다. 정약용의 생활을 기록한 에세이 같은 글이었는데 집을 짓고 사는 얘기도 들어 있었다. 이 대담을 간단히 요약해 보자.

이 분의 질문을 받았다. "마지막 구절에 보면 임금이 부르는 소리가 문 밖에서 들려도 웃을 뿐 나가지 않겠다고 했는데 저라면 당장 나갈 것 같습니다. 다산은 왜 나가지 않겠다고 했을까요?"

내 대답이다. "독자들이라면 어떻게 했을까요? 나라면 어떻게 했을까요? 왕권 시대 때 임금이 부른다는 것은 실로 대단한 일이었겠지요. 그럼에도 다산이 나가지 않겠다고 한 것은 그만큼 뜻하는 바가 중대하고 상징하는 바가 심오하다 할 수 있겠는데요, 이것은 한마디로 '정주 조건'이 만족되었기 때문에 그런 겁니다. '정주 조건'이라는 말이 어려울 수도 있을 텐데요, 이 땅 위에 나만의 영역, 터전을 잘 확보하고 거기에 뿌리를 내린다는 뜻입니다. 집은 당연히 그 핵심에 있게 되고요. 이것을 사회 전체나 도시 전체로 확장하면 '장소'라는 개념으로 발전하게 됩니다. 집은 사적인 영역이고 장소는 공적인 영역인데 이 둘이 잘 만족될 때 한 사회의 구성원은 정신적으로 건강하고 정서적으로 안정된 편안하고 행복한 삶을 살게 됩니다. 왜냐하면 이런 조건이 만족되면 사람들은 자신의 정체성과 자존감을 잘 키우고 유지할 수 있으며 궁극적으로 자신의 존재에 대한 의미와 확신을 가질 수 있기 때문입니다. 이 때문에 실존주의 철학자였던 하이데거는 실존, 즉 진짜 삶의 중요한 요소 혹은 조건으로 정주, 즉 'dwelling'이라는 것을 들었던 것이고요. 사적 영역과 공적 영역 양쪽 모두에서 정주 조건을 만족시키는 것이 가장 이상적이지만 둘 중의 하나만 만족되어도 이생에서의 삶은 살 만해집니다. 다산의 경우는 사적 영역에서의 정주 조건이 잘 만족된 대표적인 경우고요. 서양에서는 도시의 광장이라는 것이 공적 영역에서의 정주 조건을 만족시킨 대표적인 예입니다. 그리스, 로마, 중세까지는 서양에서도 서민들의 사적 영역이 그다지 만족스럽지 못했습니다. 특히 그리스와 로마는 남유럽이기 때문에 날씨가 더워서라도 실내문화가 발전하지 못했습니다. 그 대신 사람들은 도시에 광장을 만들어서 사적 영역에서의 부족한 부분을 채웠던 것이죠. 이처럼 집은 한 사람, 나아가 한 사회단위가 안정된 삶을 확보해서 정신적으로 건강하고 정서적으로 안정된 행복을 찾는 데 필수적이고 핵심적인 것입니다. 바로 다산이 자기가 좋아하는 방식대로 집을 지어서 자신의 정주 조건을 확보한 것이 좋은 예입니다. 그렇기 때문에 당연히 임금이 불러도 안 나가겠지요. 왜냐하면 정주 조건이 만족되면 사실 다른 바라는 것들이 별로 없어집니다. 우리 노래 가운데 「물레방아 도는 내력」이라는 노래에 나오는 가사도 있잖아요. "벼슬도 싫다만은 명예도 싫어. 정든 땅 언덕 위에 초가집 짓고 낮이면 밭에 나가 길쌈을 매고 밤이면 사랑방에 새끼 꼬면서 새들이 우는 속을 알아보련다. 서울이 좋다지만 나는야 싫어. 흐르는 시냇가에 다리를 놓고 고향을 잃은 길손 건너게 하며 봄이면 버들피리 꺾어 불면서 물레방아 도는 내력 알아보련다." 모두 땅과 일체된 삶을 노래하고 있습니다. 바로 다산이 제시한 정주 조건과 같은 것이지요. 따라서 저라도 이런 집을 짓고 살 수 있다면 임금이 불러도 안 나가겠습니다."

2. 하이데거의 존재와 실존

정주: 실존이 아름답게 구현된 상태

　지금까지 정주의 여러 내용과 조건을 일상생활의 언어로 살펴보았다. 이것들이 지향하는 궁극적인 목적은 '실존'이다. 실존을 확신하는 것이자 실존을 확보하는 것이다. 집이 줄 수 있는 최고의 선물이다. 실존을 확보한 집은 험하고 거친 인생 항로, 즉 나그넷길과 고해의 인생에서 편히 쉴 수 있는 유일한 곳이다. 집은 인간 밖에 존재하면서 인간을 에워싸고 있는 존재 환경 가운데 자연 다음으로 중요한 공간 조건이다. 건물 가운데 인간과의 동일화가 가장 큰 유형이며 건축 환경 가운데 가장 중요한 공간이다. 역설적으로, 지금 한국에 몇십 년째 불고 있는 부동산 광풍도 기본적으로는 돈에 대한 욕심이 원인이겠지만, 돈놀이가 '집'이라는 가장 중요한 존재 환경을 끼고 벌어지는 것이 중요하고도 숨은 원인일 수 있다. 나의 실존이 걸린 공간을 끼고 벌어지는 일이라 파급효과와 유인효과가 그만큼 크다는 뜻이다.

　집이 갖는 이런 실존 조건을 '정주'라는 개념으로 정리한 사람은 철학자 하이데거였다. 정주는 그의 실존주의 철학에서 중요한 개념이다. 독일어로는 'wohnen'이다. 특별한 철학용어는 아니고 '살다'라는 뜻의 일반어다. 영어로 번역하면 'live'다. 철학적 뜻이 들어가면 앞에서 보았던 'dwell'로 번역하는 경우가 많다. 'dwell'과 'dwelling'은 'house'만큼 직접적으로 '집'이라는 뜻을 갖지는 않지만 주거, 거주, 정주 등의 뜻을 갖는다.

　세 단어를 잠깐 살펴보자. '주거'와 '거주'는 서로 뒤집은 단어인데 둘 모두 일상어를 그대로 번역한 것이다. '주거'는 공간 구조물을 지칭하고 '거주'는 행위를 지칭하는 차이가 있을 뿐 사실상 동의어다. 반면 하이데거의 실존주의 철학에서 말하는 실존 조건으로서의 'whonen', 즉 'dwell'의 의미는 '정주'에 더 가깝다. 하이데거는 whonen이라는 말을 그냥 산다는 뜻으로 사용한 것이 아니라 '실존적 의미를 확보한 삶'으로 정의했는데, 이 뜻에는 '정할 정(定)'자를 넣는 것이 더 정확하다. '주(住)'는 '산다'이고 '거(居)'는 '있다, 존재한다'이며 '정(定)'은 '존재를 확정짓다'인 것이다.

　세 단어에는 '가 → 족 → 공동체'의 세 단계가 각각 대응된다. '가(家)'는 '가족의 생활'인데, 이 땅의 삶이 시작되는 기본 단위로 '주'에 대응될 수 있다. '족(族)'은 '집단화된 무리'인데, 집단성을 통해 존재를 확인하기 시작하는 단계로 '거'에 대응될 수 있다. '공동체'는 '안정적 단계에 접어든 정착 집단'인데, '세계'라는 인류애의 가치에 기반한 존재 환경을 만들어 존재를 확정지음으로써 '정'에 대응될 수 있다. 뒤로 갈수록 존재의 의미가 강해지는데, '정'은 그 종점으로서 실존의 뜻을 갖는다. 이상의 내용을 근거로 이 책에서는 세 단어 가운데 '정주'를 사용하고자 한다.

　이런 '정주'가 지향하는 '실존'이란 무엇인가. 한자를 보자. 말 그대로 '실제 존재', 즉 '진짜 존재' 혹은 '참된 존재'라는 뜻이다. '존재'란 '삶'이나 '진짜 삶'이라는 뜻으로 확장된다. 일상보다는 철학에서 사용하는 단어다. 철학에서 내리는 기본적인 정의는 '인식이나 의식에서 독립해서 존재하기'다. '인식'은 사물에 객관적 진리가 있다고 가정하고 이 진리를 찾아내는 인간의 추상적 사고이고, '의식'은 인식에 감각을 더한 작용, 즉 감각적 인식이다. 따라서 인식이나 의식에서 독립한다는 것은 살아

있다는 실제 경험에 기반한 존재라는 뜻이다. '내 바깥'의 객관적 기준에 따라 정해지는 존재가 아니고 '나'의 있는 그대로의 존재라는 뜻이다. 이런 철학적 정의가 실제 삶에서 구현된 상태를 일상어로 말하면, '정신과 육체가 잘 결합해서 이 땅에서의 삶이 안정되고 행복하며 의미 있고 가치 있는 상태'다.

하이데거는 이 실존을 핵심적인 철학 주제로 삼아 실존주의라는 사조를 완성하며 대표했다. 실존주의는 영어로 'Existentialism'이다. 'existence(존재)'와 'potential(가능성)'의 합성어로 '존재의 가능태'라는 뜻이다. 존재의 긍정적인 가능성을 찾아 이 땅에서의 진정한 삶을 추구한 철학이다. 여기에서 '정주'가 중요한 부분을 차지한다. 정주를 실존을 이루기 위한 필수불가결한 요소로 본다. 거꾸로 보면 실존이 아름답게 구현된 상태가 정주라고 할 수도 있다.

어떤 면에서는 당연하다. 이 땅에서의 인간의 삶은 좁혀서 보면 집, 터, 장소, 도시, 건물 같은 여러 공간 속에서 벌어진다. 공간의 가치와 조건, 공간의 상태와 작용이 바르게 확보되어야 실존이 가능해진다. 이런 여러 공간의 맨 앞에 '집'이 있다. '집'은 박물관보다도 중요하고 고층 빌딩보다도 중요하며 콘서트홀보다도 중요하다. 카페보다도 중요하고 도서관보다도 중요하며 스타디움보다도 중요하다. 편히 쉴 집 한 칸을 얻지 못한 삶을 뭐라 부를 것인가. 편히 쉴 집 한 칸을 제공하지 못하는 사회를 뭐라 부를 것인가. 실존의 상태에 이르면 집에서의 생활이 안정되고 행복한 상태에 이르게 된다. 이것이 정주다. 실존은 정주에 대한 정신적 정의다. 정주는 집과 공간이 실존을 확보해 준 상태를 뜻한다.

우리를 보자. 존재와 삶이 행복한가. '진짜 삶'을 살고 있는가. 그렇지 않다면 이유는 무엇인가. 물질과 기술을 보자. 이 둘이 우리의 존재와 삶을 행복하게 해주었는가. 답은 '예스 앤 노'다. 문제는 예스와 노의 비율이다. 물질은 풍요로운 생활과 편리한 일상을 가져다주었다. 하지만 물질이 풍요로워지고 기술이 발전할수록 인간 본연의 존재는 위협받는다. 사람들은 눈앞의 풍요와 편리성에 취해 이런 사실을 모르고 산다. 그러나 삶은 행복하지 않다. 진짜 존재, 참된 존재, 실존을 잃었기 때문이다. 그 과정이 복잡한 여러 단계를 거치기 때문에 추적하기가 어려울 뿐이다. 인류의 삶은 물질과 기술 덕분에 풍요로워지고 편리해지지만 실존의 뿌리는 점점 망가져가고 있다.

'발전의 역설'이다. 물질과 기술 때문에 삶이 진짜 삶이 아닌 것이 되었다. 실존주의는 '진짜 삶'을 되찾기 위한 철학이다. 크게 세 명의 유명 철학자가 대표한다. 첫째, 니체로, 그는 '초인'이라는 해결책을 제시했다. 초인은 인간에 초월과 자연 원시를 합한 개념이다. 둘째, 하이데거로, 그는 '정주'라는 해결책을 제시했다. 정주는 '집'을 포함한 존재 전체에서 이상적인 거주 방식이다. 셋째, 장 폴 사르트르(Jean Paul Sartre)로, 그는 '일상 가치'를 해결책으로 제시했다. 인생의 행복은 거창한 데 있는 것이 아니라 하루하루 건강하고 즐겁게 살아가는 일상에 있다는 것이다.

하이데거의 '실존': 현존재가 구축하는 세계의 의미

하이데거의 실존주의는 대개 어려운 철학으로 통한다. 그의 철학은 보통 세 단계로 나눈다. 전기에는 존재와 관련된 실존주의의 기반을 닦았다. 중기에는 이런 실존이 일어나는 바탕과 장으로서 세계와 대지에 대한 개념을 세웠다. 후기에는 존재의 개념을 언어, 시론, 건축 등 다른 분야로 확장했다. '전기-중기'에는 주로 실존의 개념을 정립했고 '중기-후기'에는 실존의 개념을 인간의 존재 환경에 적용했다. '정주'는 이 중

후자에 속한다. '실존'과 '정주'를 차례대로 살펴보자. 실존은 최소한 세 단계의 내용으로 구성된다.

첫째 단계는 그의 스승이던 에드문트 후설(Edmund Husserl)의 현상학을 받아들이는 단계다. 하이데거는 스승의 '경험적 의식' 개념을 받아들였다. 후설은 인간이 주변 환경과 사물 대상의 현상을 파악하는 능력을 '의식'이라는 개념으로 새롭게 정의했다. 이는 기존의 '인식'을 뛰어넘는 발전이었다. '인식'과 '의식'의 기본 의미는 앞에서 설명했다. '인식'을 대표하는 하이데거 이전의 철학자는 르네 데카르트(René Descartes)와 임마누엘 칸트(Emmanuel Kant)였다. 데카르트는 인간의 인식을 순수 사고로 보면서 객관화시켰다. 칸트는 이성을 중심으로 내가 경험하는 것까지를 인식으로 정의했다. 이 두 거장의 정의는 주관-객관의 이분법에 머물렀다.

후설은 두 거장의 정의에서 중요한 것이 빠졌음을 알았다. '경험'이었다. 이 한계를 뛰어넘고자 우선 인식을 '지각과 감각의 경험'으로 새롭게 정의했다. 주변 대상의 현상에 대해 내가 지향하는 지각과 감각의 경험까지를 인식이라고 본 것이다. 이는 주관-객관의 이분법을 넘어선 것이었다. 이렇게 새롭게 정의한 인식을 최종적으로 '의식'이라고 이름 붙였다. 후설에게 의식은 곧 '경험적 의식'이었다.

이는 그대로 인간이 세계 속에서 존재하는 조건이 된다. 이를 바탕으로 '세계의 의식'이라는 개념을 정립했다. 인간이 주변 환경과 사물 대상의 현상을 받아들이고 그 속에서 존재하는 조건을 데카르트와 칸트는 순수 사고나 이성적 인식으로 본 반면, 후설은 경험적 의식으로 본 것이다. 이는 중요한 발전이었다. 인간의 존재를 환경과 대상과의 상호 교류의 결과로 본 것이다. 주변 환경도 과학 공식으로 설명되는 물리적 객관성의 상태에서 인간이 경험하는 정성적(定性的) 상태로 확장되었다.

둘째 단계에서는 인간의 존재 조건에 대한 후설의 '세계의 의식'을 받아들여 '세계 내 존재'로 발전시켰다. 후설은 인간의 존재 양상과 조건을 '의식을 통해 세계를 경험'하는 것으로 정의했다. 이때 '세계'는 좁게는 말 그대로 우리가 살아가는 이 세상일 수 있으며 넓게는 인간을 둘러싼 환경 전반으로 확대될 수 있다. 어쨌든 후설은 인간이 이런 세계를 경험적으로 의식함으로써 존재할 수 있다고 보았다. 경험적 의식을 존재의 증거로 보았다. 이런 점에서 후설은 현상학의 창시자인 동시에 현상학에 머물렀다.

하이데거는 후설의 현상학을 받아들여 '세계 내 존재'로 발전시켰다. 여기서부터 제자 하이데거가 스승 후설을 뛰어넘는 대목이다. 현상학을 실존주의로 발전시킨 분기점이다. '세계 내 존재'는 환경과 나 사이의 구별과 간극이 없어진 상태를 뜻한다. 인간의 존재 양상과 조건을 '경험'에서 '존재 그 자체'로 발전시킨 것이다. 세계에 존재한다는 사실 그 자체만으로도 인간은 이미 존재 의미를 획득한 것이다.

이는 인간의 가치에 대한 기준이 변한 것으로 해석할 수 있다. 인간의 가치에 대해 데카르트와 칸트는 고급 사고와 이성에 한정했다. 후설은 이를 경험하는 데까지로 확장했다. 하이데거는 이를 '존재한다는 사실' 자체로 한 번 더 확장했다. 이는 매우 인본주의적 사고일 수 있다. 인간의 존재 조건과 가치에 대해 선험적 기준을 배제하고 인간 그 자체에서 존재 가치를 찾았으며 이것을 세계 속에 위치시켰기 때문이다.

셋째 단계에서는 스승 후설에서 완전히 벗어나 자신만의 실존주의 철학은 완성시켰다. 대표적인 내용이 '존재자 - 현존재 - 존재'의 세 가지 개념을 세트로 정립한 것이다. '존재한다는 사실 자체'는 분명 위대한 것이다. 통상적으로 쓰는 말로는 '지금 이 순간에 숨 쉬고 살아있다는 사실'이 여기에 해당될 것이다. 이는 모든 인간은 평등하다는 숭고한 개념의 출발점이기도 하다. 그러나 여기서 끝나면 너무 간단할 것이다. 단순 선언에 불과하다. 하이데거는 이런 선언을 사변적으로 치밀하게 뒷받침하기 위해 '존재한다는 사실 자체'를 세 가지 상태로 세분한 것이다.

존재자(Das Seiende=being)는 그리스의 현전자(現前者)를 이어받은 개념이다. 모든 것(사물과 인간)에 대해 개별자 사이의 구별이 일어나기 전에 존재하는 측면만 보고 붙인 이름이다. 존재자란 현재의 현실을 인식하기 전에 존재하는 사물과 인간을 말한다. 그렇다고 개별자를 제외하지는 않는다. 개별자를 포함하되 개별자의 구체적 성질을 특정하기 이전에 오로지 존재한다는 사실, 즉 '있다'라는 사실만으로 정의되는 상태다. 인간을 예로 보면 '살아있다는 사실' 자체다. 우리가 사물과 인간을 인식하기 이전의 존재 상태다. 사물과 인간에 대해 특징과 가치를 부여하고 이를 목적으로 삼기 이전의 원초적 존재 상태다. 본성보다도 더 이전의 순수한 존재 상태다. 우리가 눈으로 보고 손으로 만져 확인하기 이전의 존재 그 자체다.

현존재(Das Dasein 혹은 Da Sein)는 '거기(da)'와 있음(sein)'을 합성한 것이다. 이때 'da'는 시공간적 장소를 의미한다. 따라서 사물과 인간이 특정한 시공간적 장소를 점하는 방식으로 존재하는 상태다. 하이데거는 존재자들 가운데 인간을 사물과 구별해서 현존재라고 했다. 인간에 한정하면 개인이 각자 지닌 가능성으로 존재하는 상태라는 뜻이다. 또한 시공간에서는 시간이 더 중요해진다. 사물과 인간은 모두 공간을 점유하지만 시간의 흐름은 인간만 인지하기 때문이다. 현존재는 '시간적 세계에서 인간의 거기 있음'이라는 의미가 된다.

'시간적 세계'는 주어진 상황으로서의 일상 현실이다. 이런 현실 속에 놓인 현존재로서의 '나'는 몸을 통해 세계와 교류함으로써 존재하게 된다. 몸은 육체의 감각과 정신의 지각을 통해 세계와 교류한다. '집'을 '나', 즉 인간과 동격으로 보는 의인화와 동일화가 가능하다면 집 또한 현존재가 될 수 있다. 집은 바로 지금 대한민국이라는 시공간적 장소를 점하고 존재한다. 시간에 중점을 두면 세월이 흐르면서 계속 사용되어 나와 동일한 존재 의미를 획득하게 된다. 이것이 쌓이면서 존재의 켜는 두꺼워지며 존재 양상은 다양해지고 풍성해진다. 집을 통한 정주가 인간 실존에 꼭 필요한 이유다.

존재(Das Sein)는 사물과 인간으로서의 존재자가 현실의 세계에서 만들어내는 상황이다. 존재자에 대해 우리의 인식을 가능하게 해주는 근거다. 구체적으로는 인식의 범위에서 다양하게 이해되고 경험되는 상태를 말한다. 크게 '무엇임'과 '어떻게 있음'으로 나누어 볼 수 있다. '무엇임'은 우리가 명칭을 붙여 부르는 사물의 종류다. '어떻게 있음'은 상태, 성질, 쓰임새 등과 같은 실재성으로 주로 형용사로 정의된다.

하이데거가 이 세 가지 개념을 구별한 목적은 존재에 대한 물음을 정확히 하기 위한 것이며 이는 궁극적으로 실존의 의미를 정확히 집어내기 위한 것이다. 기존의 물음은 우선 '존재자'에 국한되었다. 그다음 단계에서 발전이 있긴 했지만 이번에는 '존재'에 국한되었다. 즉, 인간 밖에서 인간보다 먼저 존재하는 사물이나 인간이 존재하는 양상에 대해서만 물었다. 사람의 존재 그 자체인 '현존재'에 대한 물음은 없었다. 지금이 순간에 이 공간을 점하고 숨을 쉬고 있는, 살아있다는 것 자체의 의미가 무엇인지에 대한 물음은 없었다. 따라서 진정한 실존의 의미에 도달하지 못했다. 주인공이 빠진 채 주변만 두리번거린 것이었다.

하이데거는 현존재에 대해 묻고 답함으로써 이런 한계를 극복하고 진정한 실존의 개념을 세웠다. 이를 통해 존재자와 존재의 의미도 세밀하게 다듬었다. 이런 점에서 이 세 가지 개념은 하이데거 실존주의 철학의 꽃이다. 이를 통해 '존재'를 '실존'으로 승격시켰다. 이제 다음 물음은 '실존 조건은 무엇인가'다. 전통 철학이 존재자와 존재에 대해서만 물었다면 하이데거는 현존재에 대해서 묻는다. 존재자에서 존재로, 다시 현존재로 옮겨가야 한다. 초기 조건으로 주어진, 즉 '기투성'으로 던져진 인간의 현존재가 현실 속에서 어떤 세계를 구축하며 그 세계의 의미는 무엇인가를 물어야 한다.

존재론적 차이가 커지면 실존이 붕괴된다

하이데거는 현존재가 실존을 확보하는 조건을 '존재론적 차이'라는 개념으로 설명한다. 존재와 존재자 사이의 불일치를 뜻하는데, 이는 인간의 실존에 영향을 끼친다. '나의 살아있음'과 세계 환경과의 차이다. 이 차이가 작을수록 실존이 안정적으로 확보되며 반대로 이 차이가 커지면 실존은 불안정해지며 멀어진다. 차이가 클수록 현존재로서의 인간은 정신적 압박에 시달리고 행복감이 줄어든다. 독립적 존엄성을 갖지 못하고 실존감이 낮아진다.

차이가 크다는 것은 대체로 다음 세 가지를 의미한다. 첫째, 존재, 즉 존재자가 만들어내는 현실 상황을 불완전한 것으로 본다. 둘째, 존재자를 있는 그대로 놔두지 않고 선험적으로 정의하면서 변질이 일어난다. 사물과 인간 개별자를 지우고 이상적 상태로 정의해서 보편적 기준으로 삼는다. 셋째, 존재를 이상적 존재자에 맞추려 한다. 선험성이 현실보다 우선한다. 이처럼 존재론적 차이가 큰 상황은 두 가지 점에서 문제가 된다.

하나는 선험적으로 정의되는 이상적 존재자가 양극단을 오간다는 점이다. 플라톤의 이데아, 기독교의 천국, 데카르트의 인식론(순수 인식), 칸트의 관념론(합리 이성) 등으로 이어지는 서양의 전통적인 정신 구도에서는 정신적 이상성을 가정한다. 산업혁명 이후 현대 물질문명에서는 기술과 자본의 이상성을 가정한다. 물질 유토피아 혹은 기술 유토피아다.

양극단은 '주관-객관'의 이원론을 야기한다. 정신적 이상성은 존재자를 '객관 없는 주관'으로 정의한다. 이때 객관은 세계 보편 같은 것이다. 인간은 세계에서 분리되어 순수 이성으로서의 주관적 존재자로 정의된다. 데카르트의 인식론과 칸트의 관념론이 대표적이다. 주관은 에고(ego)가 되고 세계는 객체로 밀려난다. 그 세계에는 인구수만큼의 에고가 포진한다. 서로를 객체로 밀어내면서 세계는 무한 갈등과 경쟁의 전쟁터가 된다. 물질적 이상성도 마찬가지다. 산업혁명 이후 인간을 컨베이어 벨트의 부속품으로 취급하는 기계주의가 또 다른 대표적인 예다. 인간의 주관은 세계라는 객관 속에 자리 잡고 그런 객관과 상호 교류한다. 인간은 역사와 인문의 맥락이라는 객관을 창출하는 존재다. 이런 인간이 모든 객관을 박탈당하고 공장 속에서 기계적 주관으로 꽁꽁 묶이는 것이다.

그 반대편에 '주관 없는 객관'이 있다. 정신적 이상성에서는 세계 보편의 객관성이 극단적 우위에 선다. 현실을 초월한 유토피아가 이상적 객관으로 가정된다. 존재자는 주관을 박탈당하고 이상적 객관을 지향할 때에 존재 가치를 갖는다. 전통시대에는 플라톤의 이데아와 기독교의 천국이 대표적이다. 이데아는 정신적 원리가 지배하는 순수 세계이고 천국은 이생의 죄에서 초월한 이상향이다. 산업혁명 이후에는 물질적 이상성이 구축하는 객관성이 지배했다. 실재론 계열의 실증주의, 공리주의, 물질주의, 산업주의, 기술주의, 기계론 등이 대표적이다. 물질과 기술이 구축한 유토피아는 인간의 주관을 지우고 절대 세계로 등극한다. 인간은 주관을 버리고 물질과 기술의 유토피아에 종속되어야 생활이 보장된다.

다른 하나의 문제는 현존재가 그 중간에서 정신성과 물질성 모두에서 부족한 것으로 정의된다는 점이다. 현존재는 곧 인간이다. 이는 인간의 불완전성을 판정한 것이 된다. '객관 없는 주관'과 '주관 없는 객관'의 양극단은 사실 같은 것이다. 상호 교류해야 할 객관과 주관, 존재와 존재자, 세계와 인간이 분리되어 독단적 우위를 점한다. 어느 쪽이건 인간을 옥죄는 억압 구도로 작동한다. 존재자를 이상화하고 여기에 존재를 맞춘다. 존재가 이상화되면서 다시 존재자를 지배한다. 문명을 지배하는 최상층의 권력구도는 사회현실을 재단하고 왜곡하며 인간을 여기에 맞춰 지배한다. 존재자는 권력구도의 욕심을 이루기 위해 도구화된다. 존재는 이런 욕심으로 점철된다.

전통적인 정신적 이상성에서는 정신적 완벽을 위해 이성의 절대 우위를 강요한다. 주관의 정신성과 객관의 정신성이 각각 절대성을 갖는다. 플라톤의 이데아와 기독교의 천국 개념은 존재와 존재자 모두를 불완전하고 열등한 것으로 본다. 존재론적 차이는 적을 수 있지만 인간이 자체적 존엄성을 확보하지 못하는 치명적인 문제를 낳는다. 인간 삶으로서의 주관은 불완전 표상이거나 원죄에 사로잡힌 구원의 대상이다. 주관은 열등한 것으로 간주되어 독립성을 잃고 보편적 객관에 지배당한다.

데카르트의 인식론과 칸트의 관념론은 존재를 좁게 정의하는 한계가 있다. 데카르트는 순수 사고로서의 인식을 인간 존재의 절대 조건으로 여겼다. 칸트는 이것을 받아 순수 이성으로 전환했다. 이 두 가지 인식 모두 추상적 가정 아래에서만 성립될 수 있다. 감성적 주관을 지운 절대 객관으로 정의되므로 인간의 존재에 필수적인 몸, 감각, 지각, 세계, 환경 등을 제외한다. 하지만 인간이라는 존재자는 몸, 감각, 지각을 가지고 세계, 환경과 감성과 감정으로 상호 교류하면서 존재를 형성한다. 데카르트와 칸트의 인식은 이런 인간의 본질을 지운 것이자 인식과 이성에서 감각과 감정을 배제하고 지운 것이다.

산업혁명 이후의 물질적 이상성에서는 기계론적 효율이 절대적 지배권을 갖는 세계가 구축된다. 인간의 가치는 기계 부품으로 편집(偏執)되거나 아예 소멸된다. 모든 가치는 자본과 기술의 절대 우위에 맞춰진다. 기술 발전에 뒤지거나 자본 효율이 낮으면 무능하고 쓸모없는 인간으로 내팽겨쳐진다. 인간은 높은 자본 효율을 내야 하는 기계로 정의된다. 개성은 무시되고 획일화된 반복 작업에 내몰린다. 인격에 기반한 실존의 존엄성은 보장받지 못한다.

존재론적 차이가 작아지면 실존이 보장된다

존재론적 차이를 없앨수록 실존감은 높아진다. 이를 위해서는 다음과 같은 정신 구도가 필요하다. 첫째, 존재자를 가능한 한 현실의 범위로 정의해서 지나친 이상성을 두지 않는다. 둘째, 존재가 존재자를 인식하는 방향을 후설의 현상학, 즉 지각과 감각에 기반한 경험적 의식으로 잡는다. 셋째, 이를 바탕으로 현존재를 '시간적 세계에서 인간의 거기 있음'으로 정의한다. 넷째, 다시 이를 바탕으로 존재자 인간의 독립적 존엄성을 확보한다.

플라톤의 이데아, 기독교의 천국, 데카르트의 인식론, 칸트의 관념론 등이 무의미하거나 불필요하다고 할 수는 없을 것이다. 문제는 '현실 속 살아있음'의 밖에 있는 이런 이상성을 너무 크게 잡고 '현실 속 살아있음'을 불완전하고 위험한 것으로 보는 우열 이분법이다. 우열의 차이가 클수록 인간의 독립적 존엄성은 비례해서 훼손되고 감각과 지각은 비례해서 억압받는다. 결국 행복도 비례해서 훼손되고 마지막에는 실존이 위협받는다.

물질과 기술에 대한 절대 신봉도 마찬가지다. 기술 발전과 물질의 풍요로움이 결코 불필요하다고는 할 수 없다. 개인, 사회, 인류의 행복을 위해서 반드시 필요하다. 문제는 정도다. 물질과 기술이 하나의 독단적 이데올로그를 형성하면서 인간을 부품 취급할 때 인간은 실존 가치를 잃고 정신적으로 방황하게 된다.

존재론적 차이를 없앤다는 것은 이런 위험성을 거부함으로써 실존을 확보한다는 것이다. 이를 위해 인간 존재를 일상적인 세계 속에서 구체적으로 존재하는 경험적 현상, 즉 '현실 속 살아있음'으로 정의해야 한다. 현실 밖의 이상성을 모두 부정할 필요는 없으며 현상적·경험적 인간 존재에 도움을 주는 선까지 부분적으로 허용해야 한다.

존재에 대한 이런 전략은 '실존'이라는 영어 단어인 'existence' 속에 이미 들어 있다. 이 단어는 'ex'와 'sistence'로 구성된다. 'ex'는 '벗어나다'라는 뜻이고 'sistence'는 'stand'와 같은 뜻이다. 'stand'는 일상어로는 '서다'인데 철학적으로는 '사물의 객관적인 조건, 형이상학에서 가정하는 선험적 고착화(데카르트가 정한 인간의 존재 조건인 사유하는 주체 같은 것), 혹은 반대로 동물처럼 사고를 못하는 생명체' 등의 뜻이다. 실존이란 곧 이 모두에서 벗어나는 것이다. 인간을 살아있는 주체가 아닌 것으로 만드는 상황에서 탈주하는 것이다. 외부의 절대적 이상성에 의해 조종을 받는 상태 또는 독자적 사고 능력을 갖지 못하는 상태 모두에서 탈주하는 것이다. '지금 이 순간에 살아있음'이라는, 의심의 의지 없는 인간 존재의 증거를 스스로의 경험으로 확인해 실존을 확보하는 것이다.

실존이란 결국 '탈존'이다. 선험적 존재자로부터 그리고 이 존재자가 만드는 초월적 존재로부터 탈주하는 것이다. 여기에서 우리는 두 가지 존재를 정의할 수 있다. 하나는 세계 밖의 초월적 존재이고 다른 하나는 세계 내의 경험적 존재다. 실존은 후자를 지향함으로써 전자를 극복하고 벗어나는 것이다. 후자를 우위에 두고 후자에 도움이 되는 범위 내에서 전자를 수용하는 것이다.

이데아와 절대자도 필요하고 인식(순수 사고)과 관념(이성 합리)도 좋지만 지금 이 순간 이 공간에서 숨 쉬고 있는 내가 선행되어야 모두 의미가 있다. 이데아와 절대자는 거시적 차원에서 추상적으로 존재한다. 인식과 관념은 나의 일부일 수는 있지만 냉장고 속 얼음처럼 나의 감각과 지각에서 분리되어 추상적으로 정의된다. 실존은 이런 정신적 이상성이 구축한 비현실적 존재에서 '탈존'하는 것이다. 미시적 차원에서 내가 숨 쉬고 있다는 사실을 경험으로 인지하는 것은 살아있는 나의 감각과 지각이며 이것이 실제로 존재하는 나, 즉 실존이다.

초월적 존재에는 물질과 기술도 있다. 물질 역시 인간 밖에서 인간보다 먼저, 인간과 상관없이 선험적으로 작동하면서 인간을 절대적으로 옭아맨다는 점에서 또 하나의 초월적 존재다. '사람 나고 돈 났다'라지만 현대 자본주의 시대에는 그렇게 사람 손에서 태어난 돈이 스스로 거대한 악령이 되어 사람을 지배하게 되었다. 그 정도가 절대 신의 반열에 올랐다 할 만하다. 서양에서는 이미 19세기부터 '물신'이라는 단어가 등장했다. 말 그대로 '물질 신'이라는 뜻이다.

기술은 물질의 또 다른 얼굴이다. 인류 문명이 탄생한 이래 새로운 기술이 발명된 목적은 여러 가지였다. 전쟁에서 승리하고 물질을 더 많이 생산하기 위한, 이익을 위한 목적이 가장 클 것이다. 여기에 인간을 질병, 가난, 과도한 노동, 여러 불편함 등에서 해방시키기 위한 인류애 같은 순수한 목적이 함께한다. 현대로 올수록 기술은 자본과 동전의 앞뒷면처럼 밀착해서 물질 축적에 편집증적으로 집착하고 있다. '물신'의 탄생은 물질이 기술이라는 막강한 무기를 장착했기에 가능했던 것이다.

실존은 인간 밖에서 인간을 옥죄는 이런 물질과 기술에서 탈주하는 것이다. 물질적 이상성이 구축한 비인간적 존재에서 '탈존'하는 것이다. 물질에 사로잡혀 물질만 골똘히 생각하는 시간을 나의 존재를 돌아보고 확인하는 데로 돌리는 것이다. 기술이 '편리함'이라는 탈을 쓰고 나에게서 빼앗아간 경험적 인지를 되찾아내 몸에 장착하는 것이다. 기술이 온갖 현란한 분장을 하고 나의 정신과 영혼, 궁극에는 지갑을 털어가는 호객 행위를 정면으로 응시하고 그 본질을 똑바로 알아차려 나의 소중한 존재를 지키는 것이다.

이처럼 존재론적 차이를 줄이고 없애 실존을 확보한 상태라야 인간의 현존재는 비로소 타고난 가능성을 본성의 방향으로 발휘하게 된다. '현존재의 가능성'이다. 현존재의 가능성은 실존의 조건인 동시에 실존이 확보된 상태에서 발현되는 현상이다. 각 개인이 자신의 가능성을 향해 스스로를 살아있는 현재 속으로 던져 넣을 수 있는 존재 환경이다. 이를 바탕으로 과거를 극복하고 미래를 기획하며 자신을 넘어 그 미래 속으로 계속해서 스스로를 던져 넣을 수 있는 존재 환경이다. 이런 환경 속에서 인간은 긍정의 자기 현실로 끊임없이 스스로를 던져 넣으며 자신의 운명을 개척하면서 삶을 확보한다.

3. '세계' 속에서 실존을 확보하다

'세계'라는 현실 속에 정주를 위치시키고 발전시키기

　다음으로 '정주'에 대해 살펴보자. '정주'는 인간의 '실존'을 살아가는 현실 속에 정착하는 개념으로 환산한 것이다. 이때 현실은 주거환경이자 공간 환경이다. 이렇게 실존이 확보된 환경은 존재 환경이 된다. '정주' 개념에는 공간 개념이나 장소 배경이 필수적으로 수반된다. 하이데거는 이것을 '세계'라는 개념으로 정의했다. '세계'를 실존을 담아내고 실존이 살아가는 장으로 설정한 것이다. 이는 앞에서 '세계 내 존재'라는 개념으로 설명한 내용과 같다.

　'세계'라는 개념을 '실존'이라는 각도에서 살펴보자. '세계'는 후설의 현상학에서 '세계의 의식'이라는 개념으로 먼저 정의되었다. 의식이 환경과 경험적으로 교류하면서 형성하는 것을 세계라고 본 것인데 이는 주관(나의 의식)과 객관(내 밖의 존재 환경)의 이분법을 깬 것이다. 내 의식과 존재 환경을 하나로 묶은 것을 '세계'로 본 것이다. 하이데거는 '세계'를 나의 실존이 일어나는 곳이자 나의 실존을 담아내고 담보하고 확인하는 존재의 장으로 정의했다. 후설이 인식론에 그쳤던 것을 넘어 존재론으로 발전시킨 것이다. 그러나 전통적인 플라톤의 이데아 같은 초월적 존재론이 아니고 나의 지각 인식에서 출발하는 실존적·경험적 존재론이었다.

　하이데거의 실존 개념을 구성하던 '존재자 – 현존재 – 존재'의 삼종 세트를 넣어 세계를 정의할 수도 있다. 세계는 존재자 혹은 현존재의 존재가 일어나고 존재를 담아내는 환경의 장이다. 세상에는 수없이 많은 세계가 있다. 현존재는 여러 세계에 걸쳐 살아간다. 기존의 세계에 편입되기도 하고 스스로 세계를 만들기도 한다. 여러 세계 속에 살아가면서 내적 존재자들과 함께 다양한 존재 연관과 존재 엮음을 만들어낸다. 이런 다양한 존재 연관과 존재 엮음을 모은 것이 바로 '세계'다. 이는 귀납적 관찰에 기초한 매우 경험주의적인 시각이다. 인간은 자신이 속한 세계 내에서 자신이 형성하는 그런 존재 연관과 존재 엮음으로 존재한다.

이런 점에서 인간은 '기투성' 혹은 '피투성'의 존재다. 이는 운명론으로 보일 수 있는데, 그보다는 현실주의로 보는 것이 더 정확할 것이다. '이 순간 – 이 공간'으로서의 세계와 지금 현실로서의 세계가 최우선의 존재 환경이라고 정의한 것이기 때문이다. 인간은 현실 속에서 존재의 씨앗을 뿌려서 키운다. 후설의 현상학은 '존재'를 경험적으로 정의함으로써 '실존'이라는 개념을 잉태시켰다. 하이데거는 이것을 현실적 실존주의로 발전, 완성시켰다.

실존주의에서 '세계'는 내 존재가 일어나고 유지되는 현상적이면서도 현실적인 상태로 정의된다. 이는 전통적인 존재론이 갖는 비현실성을 타파하는 것이다. 여기에서는 인간의 바깥에 초월적이고 선험적인 형이상학의 틀을 먼저 세운 뒤 그 속에 존재를 가두었다. 혹은 그 틀에 맞춰 존재를 재단했다. 존재는 세계가 없는 관념 속에서만 정의되거나(객관 없는 주관) 혹은 세계를 가정하더라도 인간이라는 주관 개인이 빠진 상태로 정의되었다(주관 없는 객관). 실존주의는 이 모두를 현실이 결여된 사변 놀음으로 비판한다. 인간의 개별 주관과 인간이 위치하는 존재 세계를 일치시켰는데, 이런 상태가 바로 실존인 것이다.

실존에 대한 질문을 하고 실존을 모색한다는 것은 존재자로서의 나를 세계 속에 위치시켜 현존재를 확보하는 것이다. 이렇게 한 번 고정된 위치를 다시 벗어나서 더 좋은 의미를 찾으려고 끊임없이 노력하는 존재를 구축하는 것이다. 이런 노력 자체, 노력을 할 수 있다는 사실과 능력, 노력을 향한 의지, 궁극적으로는 노력의 통합 발전 등이 실존의 중요한 조건이다. 따라서 실존은 인간의 존재가 처음부터 갖는 가능태인 동시에 각자의 공부와 노력이 있어야 도달될 수 있는 것이다.

이는 앞에 나왔던 '탈존'의 의미와도 통한다. 선험적 존재는 고정된 환경이어서 이런 가능태가 봉쇄되어 있다. '탈존'은 이런 선험적 존재에서 탈주하는 것이다. 고정된 환경에 얽매여 역시 고정되어 버린 존재자를 극복하는 것이다. 현존재를 이렇게 극복된 존재 속의 존재자, 즉 '탈존'에 성공한 존재자로 정의하는 것이다. 감각과 지각으로 의식되는 경험적 환경을 존재의 장으로 받아들이되 머물러 고착되지 않고 존재론적 차이를 줄이기 위해 끊임없이 비판적 사고를 유지하는 존재자로 정의하는 것이다. '탈존'이 실존의 중요한 조건인 이유다.

'세계'의 역사성과 시간성: 개인이 '실존'을 만드는 장

'세계'를 인간 실존의 장으로 정의했다. 이렇게 정의된 세계는 실제로 어떻게 작동하면서 존재 연관과 존재 엮음을 만들어내어 인간에게 실존을 확보해 줄까. 그리고 이것이 어떻게 '집'과 연관된 '정주'를 보장해 줄까. 하이데거는 그 핵심으로 역사성과 시간성을 꼽았다. 이 두 개념은 개인의 능동적 현실이 세계를 구축하는 과정을 설명한다. 이것을 먼저 살펴본 뒤 이것이 '정주'를 보장하는 내용을 살펴보자.

역사성은 간단하다. 인간이 세계 속에 존재하면서 역사를 만들고 그 역사는 거꾸로 인간에게 영향을 끼친다는 것이다. 역사와 인간의 상호

연관성 자체가 실존의 증거다. 역사는 집합적 실존의 장이다. 개인의 실존을 모은 것이 역사다. 거꾸로 역사는 개인에게 작용해서 개인의 삶을 이끌며 바꿔놓는다. 인간은 세계라는 실존의 장 속에서 역사와 상호작용을 한다. 인간의 존재 자체가 역사이고 역사가 곧 인간의 존재다.

이 과정에서 시간성이 발생하는데, 이는 두 단계로 정리할 수 있다. 첫째, 현재성을 정의하는 단계다. 현재성이란 우리의 존재에 초기조건으로 주어진 주변 환경 자체를 말한다. 현존재는 이런 현재성 속에서 자신을 발견하는 것이다. 둘째, 현재성 속에서 자기를 이해하는 단계다. 자기를 현재성으로서의 주변 환경을 받아들여 스스로의 존재 의미에 도움이 되는 쪽으로 이해한다. 이런 이해를 통해 형성되는 우리의 현실 조건들을 하이데거는 '우리의 사실성'이라 불렀다. 인간은 현재성하에 '피투'되고 '기투'된 뒤 그 속에서 존재 조건을 확보해야 한다. 초기조건으로 주어진 현재성을 나의 것으로 만드는 것이다.

이렇게 역사성과 시간성이 정의된 뒤 둘은 함께 작동한다. 현재성의 시간을 앞뒤로 늘려 '과거 - 현재 - 미래'의 시간 축 위에서 진행하면 시간성이 역사성이 된다. 역사는 그 자체로 거대한 현실이다. 단, 시간적 현실이다. 우리의 존재는 우리를 둘러싸고 있는 문화적·사회적·경제적 조건들에 의해서 늘 제약을 받는다. 이런 조건들은 표면적으로는 현재에 만들어지고 작동하는 것으로 보이지만 사실은 오랜 기간 축적된 역사적 산물이다. 또한 현재 형성된 조건들은 미래로 이어져 계속된다. 현재의 현실은 과거와 미래로 시간성을 늘리면서 역사의 한 페이지로 자리 잡는다.

역사성은 '문화 - 사회 - 경제'를 포괄하면서 상위 구조를 이루어 현실을 품는다. 세계는 인간 실존의 장으로서 역사성에 의해서 만들어지고 역사성의 지배를 받는다. 우리의 실존은 현실을 살아가는 개인의 가치관과 마음 상태에 의해 영향을 받고 조건 지어진다. 역사성은 그런 가치관과 마음 상태를 지배하는 숨은 배경이다. 실존을 '체면'으로 정의하는 사람은 유교 역사의 지배를 받는 것이다. 실존을 '물질'로 정의하는 사람은 지난 세기의 압축된 근대화 역사의 지배를 받는 것이다.

그러나 역사성은 현존재(개인 존재자)를 일률적으로 규정해서는 안 된다. 역사성은 우리 밖에서 고착화된 선험 조건으로 형성되어 우리에게 강요되지 않는다. 역사성은 오히려 개인의 긍정적 현실을 모은 가능성의 합이다. 현존재는 현재의 열린 가능태를 생명으로 삼는다. '열린 가능태'란 현재의 주어진 상황에 대해 과거를 교훈 삼아 삶의 자율성과 생명의 숭고한 가치를 다지면서 미래의 열린 지평으로 나아가는 가능성이다. 현존재는 열린 가능태의 존재자이자 현재를 과거와 미래와의 연관 속에서 재해석하는 존재자다. 역사성은 현존재의 열린 가능태를 북돋아 극대화하는 쪽으로 작동해야 한다.

현존재로서의 인간은 이런 역사성 아래에서 자신의 본성을 찾고 이 본성을 인간 본연의 자유와 일치시키는 존재자가 될 수 있다. 아니, 되어야 한다. 이것이 인간이 세계를 구축하고 나아가 그 세계를 실존 조건으로 만들 수 있는 가능성의 통로다. 개인이 현재에 형성하는 가능태를 모으면 그것이 현재의 역사성이다. 개인은 역사 속에서 시간의 흐름과 함께 살면서 역사를 만들어간다. 개인이 주축이 되어 만든 역사가 '세계'다. 이것이 개인이 세계를 형성하고 구축하는 과정이다. 세계를 우리에게 의미 있는 것으로 만드는 과정이다. '개인의 현재 → 시간성 → 역사성'으로 구성되는 일련의 거대한 장이 '세계'다. 이런 세계는 실존 조건이 된다. 개인의 가능태를 모아 형성되는 것이기 때문이다. 세계는 개인의 시간성을 통해 역사성을 갖추면서 실존 조건으로 승격된다. 거꾸로 개인이 건강한 실존 조건을 확보해서 구축한 장은 역사가 되고 세계가 된다.

'세계'로서의 집: 정주를 보장하다

　우리는 보통 역사를 정치, 경제, 사회, 종교, 군사 등 개인보다 훨씬 큰 상위 구도의 산물로 알고 있다. 개인은 역사라는 거대한 조직의 부속 품으로만 인식한다. 개인은 지금 이 순간에 역사가 형성되고 흘러가는 흐름을 알지 못한다고 생각한다. 한 시대가 끝난 뒤 역사책에 기록된 사 실만 공부를 통해서 알 수 있다고 생각한다. 하지만 실존을 기준으로 하 면 반대의 정의도 가능하다. 지금 이 순간 개인의 실존적 가능태를 모은 것이 '세계'이고 이런 세계가 역사가 되는 것이다.

　이 대목이 '정주'가 확보되는 지점이다. 정주는 집을 통해서 확보되는 실존 기능인데 개인의 실존적 가능태 가운데 '집'이 들어 있기 때문이다. 집이 시간성과 역사성을 통해 실존을 만들어주는 '세계'가 될 수 있다면 정주 조건을 만족시킨 것이 된다. 집은 어떻게 이런 '세계'가 될 수 있을 까. 삶과의 일체를 기반으로 삼아 '개인의 현재성 → 개인의 시간성 → 세계 → 역사성'의 단계를 이룸으로써 가능하다. 이 단계를 하나로 묶어 주는 것이 집의 실존 기능이다. 세계가 시간성과 역사성을 토대로 실존 을 확보하는 단계와 같다. 이 단계는 거꾸로 집의 실존 기능에 대한 증 거가 된다. 실존은 세계 속에서 시간성을 확보하고 이것을 역사성으로 확장시킨 것인데 집이 그런 가능성을 갖기 때문이다.

　풀어서 설명해 보자. 먼저 '삶과의 일체'라는 개념이다. 집은 건물 가 운데 일상의 삶과 가장 밀접하다. 일상의 삶을 향상시키거나 악화시키 는 영향력이 가장 큰 건물 종류다. 일상의 삶 그 자체라 할 수 있을 정도 다. 그 근거는 의인화와 동일화다. 의인화는 '사람이 아닌 것을 사람의 성격, 감정, 가치 등에 견주어 표현하는 것'이다. 동일화는 '집과 나를 동 일하게 여기는 것'이다. 집은 의인화와 동일화가 가능한 건물이다. 사람과 가장 밀접하고 사람이 하루부터 생애 전 주기에 걸쳐 가장 오랜 시간 머무는 구조물이자 공간 환경이기 때문이다. 각자의 주관성을 가장 강하게 드러내면서 나의 인격에 의인화되고 나의 존재와 동일화된다.

다음은 '개인의 현재성'이다. 일상의 삶은 개인의 현재성과 동의어가 될 수 있다. 둘을 연결하는 공통의 끈은 '개인의 현실'이다. 이것을 항시성의 개념으로 보편화하면 '일상의 삶'이 되고 시간의 개념으로 특정화하면 '개인의 현재성'이 된다. 일상의 삶과 개인의 현재성은 모두 주체의 본성, 정체성, 가치관 등 정신적 가치에 의해 존재를 보장받는다. 그런데 집은 한 개인의 이런 정신적 가치와 일체가 될 가능성이 가장 높은 공간 환경이다. 이런 일체의 상태가 좁은 의미에서의 실존이다. 일체가 된 집에서는 정신적·심리적 안정을 얻게 된다. 집에 마음을 붙이게 되고 집에서 사는 매일이 행복해진다. 반대로 일체가 깨지고 분리되면 불안이 커지면서 안정이 손상받고 행복이 사라진다.

'개인의 현재성'은 시간의 끈을 늘리면서 '개인의 시간성'이 된다. 과거의 시간성으로부터 자양분을 공급받는다. 가족끼리 화목하게 살던 아름다운 추억은 집을 고향의 뿌리 같은 근원적 공간으로 만들어준다. 과거의 자양분은 미래의 열린 가능태로 전환된다. 과거를 현재에 단단히 이어 붙여 더 행복한 생활과 집의 미래적 가치를 모색한다. '올해의 집값 동향' 같은 물질적 미래가 아니다. 인간의 행복과 존재를 담보하는 미래다. 이런 미래를 추구할 때 개인의 시간성이 확보된다.

마지막으로 '역사성'과 '세계'다. 인간은 역사적 환경이라는 존재를 만들어가면서 동시에 그런 존재에 의해 영향을 받는 존재자다. 개인의 시간성은 개인의 역사성이 됨과 동시에 세계의 역사성이 된다. 그 이유는 인간은 존재에 의해 생명을 부여받고 생명이 유지되지만 동시에 존재를 돌보는 과제에 봉착한 존재자인데 이런 상태와 과제로 이루어진 것이

'세계'이기 때문이다. '세계'는 개인과 떼려야 뗄 수 없다. 개인과 밀착된 세계는 역사를 구성하는 중요한 요소다.

집은 개인인 동시에 세계가 될 수 있는 공간 환경이다. 나를 인격화할 수 있다거나 나와 동일화할 수 있다는 점이 집이 개인이 될 수 있는 근거다. 인간은 안으로는 마음과 정신 속에 각자의 세계를 가지고 있다. 그 세계를 담고 표출하는 공간 환경이 집이다. 개인 차원의 집을 모으면 한 사회와 시대의 주거 문화가 된다. 이런 집합적 가치는 세계와 동의어가 될 수 있다. 인간은 밖으로는 넓은 진짜 세계 속에 현존재로 존재한다. 집합적 가치로서의 한 시대의 주거 문화는 진짜 세계를 대표하는 공간 환경이다. 사회가 만들어내는 집의 가치와 집의 모습은 곧 그 사회의 세계다. 이처럼 집은 한 개인의 세계인 동시에 사회와 시대의 세계다.

이처럼 집은 시간성과 역사성을 갖춤으로써 세계가 된다. 이 과정은 세계가 실존을 확보하는 단계와 같다. 집은 인간 중심의 역사성이 가장 큰 건물이며 이를 통해 '세계'가 될 수 있다. 역사성을 갖춘 세계가 되어 인간의 실존에 직접적인 영향을 미친다. 거꾸로 집이 역사성을 가질 수 있는 근거는 실존 기능이다. '집'에서 '실존 – 역사성 – 세계'의 삼종 세트는 순서와 상관없이 한 몸으로 붙어 순환하며 인간 존재의 장을 연다. 집은 공공건물과 달리 개인의 역사성과 사회의 역사성 사이의 접점이 매우 크다.

'집'은 가장 실존적인 건물이다. 한 개인의 행복과 불행을 결정한다. 따라서 '집'은 그 자체가 하나의 '세계'다. 개인의 삶에서도 그렇고 사회 단위에서도 그렇다. 일상의 삶을 씨앗으로 삼으므로 그 자체가 명확한 현재다. 이를 토대로 과거와 미래로 시간성을 확산하면서 역사성을 획득한다. 이것을 모아 하나의 '세계'가 된다. 세계는 실존을 담고 실존을 결정한다. 집의 역사성을 '이 땅에서 인간이 지닌 정착된 삶의 시간성'으로 정의하면 집의 실존성은 더욱 명확해진다. 내 집을 짓고 사는 것을 포함한 포괄적 개념의 '땅에 뿌리박고 살기'로 확장된다. 삼종 세트의 이런 작용은 그대로 정주 조건이 된다. 세계 속에 자신을 위치시키고 존재의 뿌리를 내려 생의 안정을 확보해 준다.

이상이 집의 정주 조건을 세계의 실존 기능에 비유해서 정의한 내용이다. 정주 조건을 확보한 인간의 현존재는 역사 상황에 의해 피동적으로 시배받고 사회구조와 환경에 의해 결정되는 죽은 사물이 아니다. 역사 상황 속에서 역사 상황과 끊임없이 상호 교류하는 능동적 주체다. 역사 상황은 사회의 시대 상황에서부터 개인의 과거 기억에 이르기까지 다양하다. 집이 그 한복판에 있다. 집은 인간의 실존성을 담는 그릇이자 현존재를 구성하는 현실이다. 집은 한 개인의 역사성을 결정한다. 개인의 역사성 그 자체다. 이는 세계의 역사성으로 확장된다. 집은 단순히 한 개인의 재산이거나 보금자리가 아니다. 한 시대를 이끌고 구성하는 모든 사회 구성원, 즉 모든 국민과 관계를 맺는 실존체다. 집이 중요한 이유다. 집은 곧 역사다. 집은 인간과 손을 잡고 역사에 주도적으로 참여한다. 인간을 끌어안고 역사의 물줄기에 뛰어든다. 역사 상황을 함께 작동시키면서 이것으로부터 자신의 현재적 의미를 결정하고 미래를 향한 기획을 준비한다.

'정주'의 세 가지 뜻: 있다, 보살핌, 제작하다

지금까지 정주를 형성하는 실존의 장으로서의 '세계'와 이것이 작동하는 방식으로서의 '역사성'에 대해 살펴보았다. 그 결과 정주 조건이 만족된 상태에 대해서 알게 되었다. 점점 '정주'의 본뜻에 가까워지고 있다. 하이데거가 직접 '정주'에 관해 언급한 내용을 보자. 하이데거는 정주를 '건물을 짓는 건축 행위'로 정의한다. 의외로 단순할 수 있는데 이는 물론 거시적 차원의 정의다. '정주'라는 단어에 건축적 정착의 뜻이 들어 있음을 볼 때 당연한 정의일 수도 있다. 미시적으로 들어가면 '정주'는 세 가지 세부적인 뜻을 갖는다.

첫째, '있다'다. 가장 많이 사용하는 일상어라서 너무 평범한 정의일 수 있다. 반대로 존재를 가장 직설적으로 표현한 정의일 수도 있다. 이 단어를 가장 많이 사용한다는 사실이 그 증거다. 살아있는 모든 사람이 살아있는 긴 시간 동안 살아있음의 증거로 이 단어를 사용한다는 뜻이기 때문이다. 이런 점에서 '있다'는 사실적인 동시에 경험적이고 현실적이면서도 존재론적인 단어다. 앞에서 정의한 '세계 내 존재'라는 개념과 동의어다. 가장 평범하고 일상적인 단어인 동시에 가장 철학적인 단어일 수 있다.

둘째, '보살핌'이다. '있다'라는 정의가 너무 선언적이라면 둘째 뜻은 이를 보완하는 세부적인 내용이다. '보살핌'은 크게 '보호'와 '생육'의 두 가지 뜻을 가지고 있다. '보호'는 외부의 위협 요인으로부터 현존재를 보호함으로써 존재를 위한 생존 조건을 확보한다는 뜻이다. '생육'은 그 위에서 현존재를 '정성 들여 키우고 존재를 안정적으로 확보한다는 뜻이다. '밭을 갈아 포도를 재배'하는 행위가 '보호'와 '생육'의 좋은 비유일 것이다. 자양분을 주고 병충해를 막고 가지를 쳐주는 등 잘 가꿔 키워서 포도나무라는 생명체를 건강하게 유지시키며 그 결과로서 포도라는 생명 양식을 얻는다. 이런 비유는 사람의 존재에 똑같이 적용될 수 있다. 이런 행위 자체 및 그 행위가 일어나는 장 혹은 그 행위를 가능하게 해주는 장이 곧 '정주'다.

셋째, '제작하다'로, '건립하고 만들고 생산하다'라는 뜻이다. 가장 앞에 나온 '건립하다'를 보면, 라틴어로 'aedificare'인데 건축술, 축조술 등으로 번역되어 건축의 의미 가운데 하나를 이룬다. 정주가 건축과 연계되는 지점이다. 인간의 존재 조건 가운데 공간 환경, 즉 건물과 집을 건축하는 행위다. '만들고 생산하다'는 공간 환경보다는 사물 환경이 대상이다. 인간이 살아가는 데 필요한 각종 사물이 주요 대상이다.

'정주'는 이상의 세 가지 내용을 합한 개념이다. 합하는 방향은 순방향과 역방향 두 가지가 있다. 순방향은 첫째에서 둘째를 거쳐 셋째로 내려간다. '있다'라는 일반적 존재론을 두괄식으로 선언한다. 이것만으로는 너무 포괄적이고 모호하다. 어떤 '있다'인지 세분화가 필요하다. 세분화의 기준은 인간을 대상으로 했는지 여부다. 인간 자체를 대상으로 한 조건이 '보살핌'이다. 인간 밖의 존재 환경을 대상으로 한 조건이 '건립하다'다. 건물을 대상으로 한 것이 '건립하다'이고 대상이 사람으로 바뀌면 '보살핌'이 된다.

역방향은 셋째에서 시작해서 거꾸로 연결한다. 우선 건물과 집을 축조하고 사물을 제작한다. 이로써 인간을 담아내는 존재 환경이 만들어진다. 그 속에서 돌봄을 수행할 수 있다. 인간은 자연 속에서 살 수 없다. 돌봄을 수행하려면 안정적인 인공 구조물이 필요하다. 반대로 인공 구조물은 그 자체로는 의미가 없다. 인공 구조물이 인간에게 가장 큰 도움이 되는 것은 그 속에서 돌봄을 수행할 때다. 이처럼 존재 환경과 돌봄이 함께 작동하는 상태가 '실존'으로서의 '있다'다.

두 가지 방향 모두 '정주'에 대한 단계적 정의다. 조건의 순서가 반대일 뿐 정주의 최종 조건에서는 같아진다. 이렇게 형성된 정주 속에서 존재론적 차이는 없어지고 실존을 구성하는 세 개념인 현존재와 존재자와 존재는 같아진다. 존재자는 더 이상 존재와 현존재를 선험적으로 지배하지 않게 된다. 현존재를 존재자의 굴레에서 꺼내 독립적 존재로 키워

낼 수 있다.

'집'의 정주 기능: 존엄성을 공유하며 실존을 확보하다

실존주의 철학에서 '실존'의 조건으로 정의한 '정주'에 대해서 다각도로 살펴보았다. 이 내용을 이 책의 주제인 '집'과 연계해서 해석해 보자. 정주의 세 가지 세부 내용을 역방향으로 합한 방식을 적용할 수 있다. 첫째 세부 내용인 '건립하다'는 집에도 그대로 해당된다. 이 사실은 건물이 이 땅에서 정주 개념을 실현하는 핵심 매개임을 말해준다. 정주의 핵심이자 둘째 세부 내용인 돌봄과 보살핌은 역방향에서도 가장 중요하다. 철학적으로 정의된 정주 개념을 만족시키는 건물은 여러 종류다. 집은 건물 가운데 정주의 핵심인 돌봄과 보살핌을 가장 잘 실현하는 건물이라고 할 수 있다. 그 근거가 다음 장부터 설명할 정주의 구체적인 조건들로, 바로 물질성, 정신성, 정서, 정체성, 고향, 건강한 일상 등이다. 이렇게 역방향의 두 단계를 만족시킨 집은 존재를 안정시키고 실존을 확보하게 되어 자연스럽게 첫 단계인 '있다'도 만족시킨다. 이는 셋째 역방향에 해당된다.

집이 정주 조건을 생산해서 제공하는 작용은 하이데거의 실존 개념 삼종 세트인 '존재자 - 현존재 - 존재'와 연관해서 해석할 수 있다. '집과 인간'이라는 실존의 장에서 인간은 존재자가 되고 인간의 삶은 현존재가 된다. 인간은 실존의 일차 조건인 '그 자체로 존재'하는 존재자다. 이런 인간이 지금 이 시점에서 행하는 일상의 삶은 현존재가 된다. 집의 정주 조건에서 인간과 삶은 같은 것이기 때문에 존재자와 현존재도 같아진다. 집은 하나의 세계이기 때문에 인간이 현실에서 만들어내는 상황으로서의 존재에 대응된다. 결과적으로 삼종 세트는 '존재자(=현존재)와 존재'의 이분법으로 재편된다. 이것은 존재자와 존재 사이의 관계, 즉 존재론적 차이의 문제가 된다.

존재자는 인간이고 현존재는 일상의 삶이며 존재는 집이기 때문에 존재론적 차이는 결국 인간이 사는 일상의 삶과 집 사이의 차이가 된다. 그리고 둘 사이의 차이를 없애는 것이 정주 조건을 확보하는 데 핵심 관건이다. 유럽의 전통시대에는 상류층 주택이 고급 예술작품이자 화려한 미술 박물관이어서 정작 일상의 삶과는 차이가 컸다. 산다는 것과 분리가 있었다. 집의 존재론적 차이가 컸다는 뜻이다.

우리가 사는 모더니즘 시대의 집도 존재론적 차이의 관점에서 정리할 수 있다. 초기 모더니즘 시대(1850~1910)의 미술공예운동이나 아르누보 건축의 주택은 이런 차이를 없애려는 시도였다. 공예로 생활환경의 질을 조절해서 인간과 집을 통합하려 했다. 이런 시도는 1910년대에 기술이 예술과 공예의 자리를 차지하면서 생명을 다했다. 인간의 일상적 삶과 집은 다시 분리되었다. 1920년대에는 추상 회화의 예술성이 생활환경을 주도하면서 또 다른 측면에서 분리가 일어났다.

이후 대공황과 제2차 세계대전 등을 거치면서 자본이 가세했다. 이때 '기술－추상 회화－자본'의 삼종 세트가 현재까지 이르는 집을 주도하게 되었다. 대부분의 집에서는 추상 회화가 빠지고 기술과 자본으로 압축된 산업자본주의가 주도했다. 모두 일상 현실과 거리가 먼 비현실적 매개들이었다. 이것이 지금 우리가 사는 '집'의 현실이다. 집은 부동산 상품이 되어 재산 증식, 즉 투자 가치가 가장 중요한 가치가 되었다. 자본에 따라 새로운 계급이 형성되면서 어느 동네 무슨 브랜드라는 이름이 가세했다. 인간의 일상과 집 사이의 존재론적 차이는 벌어질 대로 벌어졌다. '주관 없는 객관'이라는 절대 세계가 공고하게 구축되어 인간이라는 주관 개인과 그 일상의 삶을 지배한다.

집에서 정주 조건을 찾는다는 것은 이 차이를 줄이고 없애는 것이다. 인간의 삶은 그 자체가 집이라는 공간 환경을 지각하고 의식하면서 집과 하나가 되는 과정이다. 이렇게 하나로 밀착되어야만 인간은 공간 환경, 즉 집에 따뜻한 눈길과 손길을 보낼 수 있고 애착을 가질 수 있다. 집에 마음을 붙인다는 것은 이런 것이다. 이런 일련의 과정과 행동 양식 자체가 실존이다. 집에서 이렇게 산다면 이미 실존을 얻은 것이고 이 땅의 나그네 인생에서 정주를 얻은 것이다.

건물과 집은 이렇게 중요한 것이다. 인간의 실존과 정주는 건물과 집이라는 공간 환경의 품속에서 확보된다. 하이데거가 정주의 세 가지 조건 가운데 하나로 '건립하다'를 설정한 이유일 것이다. 인간은 스스로 생존 환경을 짓고 이것을 감상하고 비판하고 개선해서 실존 환경으로 승격시키는 유일한 존재다. 생존 환경을 삶에서 중요한 문제로 삼고 이를 문화로 발전시키면서 문명을 일구는 유일한 존재다. 땅 위에 구조물이 선다는 사실만으로 이미 실존 가치의 초기 조건이 성립된 것이다. 이어 인간의 존재 방식을 결정짓고 드러내며 마침내 인간에게 영향을 끼치기까지 한다. 집이 정주 조건을 확보하기 위해서는 다음 네 가지 사실이 충족되어야 한다.

첫째, 집은 나의 존재와 같은 것이다. 집의 존재 가치는 나의 존재 가치와 같다. 물리적 구조물인 집이 나와 같을 수 있는 근거 가운데 하나로 '몸 이론'을 들 수 있다. 이른바 의인화와 동일화다. 인간과 사회가 몸을 바라보는 시각과 집을 바라보는 시각 사이에는 비슷하거나 같은 요소가 많다. 지각과 감각을 이용한 경험적 의식도 그중 하나다. 옷을 벗고 맨 몸의 피부로 방바닥과 접촉하는 건물은 찜질방을 빼면 집밖에 없다. 그러나 찜질방은 내 집이 아니다. 집은 평생 내 몸을 담아 함께 간다. 내 몸과 같아지고 나의 존재와 같아진다.

둘째, 나의 존재가 그 자체로 독립적 존엄성을 갖듯이 집도 그 자체로 독립적 존엄성을 갖는다. 집은 나의 정체성을 대표하고 표현한다. 나의 정체성이 나의 존재 밖에서 먼저 정해지는 가치 기준에 의해 훼손되어서는 안 되는 것과 마찬가지로 집의 정체성도 집의 고유한 가치 이외의 것에 의해 훼손되어서는 안 된다.

셋째, 나의 존엄성이 나의 정신적 존재적 가치에 있듯이 집의 가치 또한 정신적이고 존재론적 가치에 있다. 누구나 물리적 구조물을 지어 준 공허가를 받을 수는 있지만 집이 사람에게 행복을 줄 수 있는지와 내가 집에 마음을 붙일 수 있는지는 결국 집이 가진 정신적·존재론적 가치에 의해 결정된다.

넷째, 이렇게 집과 내가 존재적 가치를 공유하면서 함께 고유한 존엄성을 확보했을 때 나는 비로소 집에 마음을 붙일 수 있게 되고 이 땅에서의 나의 삶은 정신적 안정을 찾고 행복해진다. 집이 갖는 이런 가치혹은 집이 주는 이런 안정과 행복의 상태가 곧 정주이며 따라서 정주는실존을 형성하는 중요한 조건이다.

이상이 정주가 실존을 확보해 주는 논리적 근거다. 이 내용 자체는 하이데거의 실존 철학에 직접 나오지 않는다. 다소 우회해서 집의 개념에적용해 해석한 것이다. 하이데거는 집보다 그리스 신전을 중요한 예로삼아 설명했다. 하지만 이것으로는 부족하다. 일상의 삶이라는 보편성이 부족하기 때문이다. 신전은 인간의 정신세계가 땅과 대지, 나아가 하늘과 교감하는 종교 시설이다. 이런 점에서 정신성에서는 최고의 건물이다. 정신성도 인간의 정주 조건으로 볼 수 있지만 너무 한쪽으로 치우쳐 있다. 그리스 신전은 한정된 시공간에서 존재했던 특수한 고급 예술품이다. 지구 위의 모든 인류가 살아가는 일상의 삶을 담아내는 보편성은 없다.

이런 한계를 보인 것은 아마도 하이데거가 건축학자가 아니기 때문일 것이다. 건축은 평생에 걸친 매일의 일상이 벌어지는 시공간의 장이자 다수가 살아가는 현실의 장이다. 이런 '현실' 개념이야말로 하이데거가 실존을 정의하는 핵심적인 개념 가운데 하나였다. 그러나 정작 건물과 관련해 설명하는 부분에서 하이데거는 이런 일상으로까지 내려가지 못하고 서양 건축역사에서도 가장 고급스러운 건물 가운데 하나였던 그리스 신전을 예로 들고 있다. 돌봄과 보살핌과 관련해서 해석하고 있지만 그 내용이 보편적 일상보다는 추상적 사변이나 신화적 이상 등으로 치우쳐 있다. 더욱이 집의 정주 기능과는 벗어난다. 나는 이런 한계를 극복하기 위해 '집'을 예로 삼아 우리의 일상 언어로 정주의 핵심 개념인 돌봄과 보살핌의 세부 주제를 제시하고자 한다.

정주의 기본 조건

제3장

물질성

1. 보호처, 기술, 공간 유형

물리적 보호처: 불리한 자연 환경에서 생존을 보호하다

지금까지 정주의 기본 개념과 이론적 정의에 대해서 살펴보았다. 이제 구체적인 정주 조건을 살펴보자. 두 단계로 나누어 볼 필요가 있다. 기본 조건과 세부 조건이다. 기본 조건은 물질성과 정신성으로 대별되며, 인간을 기준으로 삼는다. 인간은 물질과 정신의 합으로 이루어진다. 표면적으로는 육체라는 물질이 인간의 첫째 조건이다. 그러나 인간은 단순한 물질 육체가 아니다. 육체는 '탄소 - 수소 - 산소 - 질소'의 C - H - O - N으로 이루어진다. 하지만 인간은 남을 돕기도 하고 미워하기도 하며 울기도 하고 웃기도 한다. 추상적 사고로 자신의 실존을 인식하고 철학을 한다. 아름다운 음악을 연주하고 그림도 그린다. 모두 정신작용의 산물이다. 집도 마찬가지다. 필수불가결한 첫째 조건인 물질로 시작해서 정신적 가치를 가지면서 정주의 기본 조건을 갖춘다.

집의 첫째 정주 조건은 물질성이다. 물질성이 정주 조건이 되는 과정은 다음 세 단계다.

첫 단계는 물질성 그 자체다. 자연계가 물질로 이루어졌기 때문에 물질성 자체가 정주 조건이다. 인간이 존재하는 데 없어서는 안 되는 가장 우선적인 조건이다. 인간을 포함한 모든 생명체와 자연계 전체는 물질로 이루어진다. 나아가 인간이 벌이는 모든 문명 활동도 일차적으로 물질이 있어야 성립된다. 물질은 가시적 존재로 이루어지는 모든 현실이 성립되는 초기 조건이다. 인간과 사물, 세계와 생활, 존재자와 현존재 등이 모여서 형성하는 현실로서의 존재는 물질이 있어야 가능하다. 추상적 사고와 정신 등 비가시적 활동도 마찬가지다. 물질로 이루어지는 육신이 있어야 가능하다.

물질의 이런 불가피성은 그대로 실존이 된다. 실존의 첫째 조건이다. 따라서 정주의 첫째 조건이기도 하다. 물질은 사람의 생명에 첫째 조건이고 절대 조건이다. 생명은 실존을 이루는 첫째 조건이고 절대 조건이다. 살아서 숨을 쉰다는 사실 자체에서 이미 실존 조건의 절반 이상이 확보된다. 이는 자연계에 존재하는 모든 생명체에 해당되는 얘기다. 사람의 존재는 물질로 시작해서 물질 속에서 유지되다가 물질이 소멸하면 죽는다.

둘째 단계는 집에서의 물질성인 재료와 축조 행위다. 이 두 가지가 정주 조건이 될 수 있는 이유는, 첫째, 재료는 그 자체로 물질의 한 종류이기 때문이다. 따라서 물질성이 정주 조건이 되는 구도에 당연하게 포함된다. 둘째, 축조 행위는 생명 의지에서 나온 본능 가운데 하나이기 때문이다. 구조물을 지어서 그 속에서 생활하는 것은 숨을 쉬고 밥을 먹는 것 다음에 위치하는 생명 의지다. 자연에서 분리된 인간에게는 본능적 행위일 수도 있다. 셋째, 이런 축조 행위가 재료를 통해서 이루어지기 때문이다.

셋째 단계는 재료와 축조 행위를 합해서 완성되는 물리적 구조물인 '보호처(shelter)'다. 기본적인 두 가지 정주 조건이 합해지면서 매우 새로운 정주 조건이 형성되었다. 보호처는 인간이 물질로 이루어진 자연계에서 생존하면서 맞닥뜨리는 여러 물리적 제약을 극복해서 생활의 자유를 보장해 준다. 물리적 구조물은 인간 생존에 필수적이다. 인간을 동물과 구별 짓는 기준이기도 하다. 보호처의 기능은 그대로 '정주'의 첫째 정의, 즉 '물질로 이루어진 자연계를 살아가는 인간이 생존 본능을 구조물로 확보한 상태'이기도 하다.

이상의 세 단계는 동일한 내용이다. 한 몸으로 작동하면서 '물질 → 안전한 구조물 → 보호처'라는 첫째 정주 조건을 이룬다. 물질의 불가피성은 건물과 집에도 그대로 적용된다. 물질적 안전은 좋은 건물과 좋은 집의 첫째 조건이다. 혹독한 자연은 물질에서 비롯된다. 자연은 물질로 이루어져 있고 물질이 순환 작용을 하는 과정에서 비바람, 지진, 추위, 더위 등의 혹독한 자연 환경이 나타나는 것이다. 따라서 이것은 물질로 막아야 한다. 이는 집을 기반으로 한 보호처라는 정주로 이어진다. 물질성은 정주의 첫째 조건이다. 단, 물질의 양면성이 허용하는 범위 내에서다. 집에서 꼭 필요한 범위를 넘은 과도한 물질을 바라는 순간 정주 조건은 허무하게 무너진다.

그 범위의 기준은 '생존'이다. 물질이 정주 조건을 지키는 범위는 외부의 위협으로부터 생존을 보호해 주는 선까지다. '인간은 왜 집을 짓는가'라고 물었을 때 첫째로 나오는 답이 기준이다. 둘째 답으로 넘어가고 욕심이 개입하기 전의 생존에 꼭 필요한 선까지다. 맹수와 비바람 등의 거친 자연, 열기와 냉기와 소음 등의 불친절한 환경, 도둑 등의 원치 않는 침입자로부터 보호를 받는 선까지다. 이것이 확보되어야 안정된 쉼터로 발전할 수 있다. 튼튼하고 안전한 물질성 위에서라야 보호처는 보관 기능을 가질 수 있고 집단생활이 가능해진다. 심리적 안정과 화목한 가정도 누릴 수 있다. 자신감이 생겨 개인과 가족의 정체성도 표현할 수 있으며, 포괄적 행복으로도 발전할 수 있다. 이런 아름다운 기능의 출발점은 누가 뭐라 해도 물리적 보호처다.

보호처가 탄생한 가장 중요한 배경은 인간과 자연의 관계다. 그 관계는 양면적이다. 인간은 자연의 일부인 동시에 자연에서 분리된 존재다.

두 관계를 합하면 정주의 첫째 조건인 '보호처로서의 물질성'이 된다. 전자의 관계에서는 물질성이 정주 조건으로 정의되며 후자의 관계에서는 보호처로 발전한다.

인간은 기본적으로 자연의 일부인데, 이는 달리 말하면 인간은 지구 자연계와 같은 물질로 이루어졌다는 뜻이다. 구체적인 원소를 예로 들면, 인간의 몸은 원소기호 'C'인 탄소를 기반으로 만들어지는데 지표면의 땅 역시 탄소로 구성된다. '인간은 흙에서 나와서 흙으로 돌아간다'는 것도 같은 뜻이다. 너무 단순하고 당연한 사실이지만 이 말 하나에도 인간 실존에 대한 많은 답이 내포되어 있다. 물질성이 정주의 첫째 조건이 될 수밖에 없는 이유를 말해주고 있는 것이다.

정주 조건으로서의 물질성이 보호처로 나타나는 이유는 인간이 지구 생명체 가운데 유일하게 자연에서 분리된 존재이기 때문이다. 분리는 자발적인 것일 수도 있고 진화의 조건으로 자연스럽게 진행된 것일 수도 있다. 자연에서 분리된 인간에게 보호처가 필요해진 것은 당연한 결과다. 인간이 자연에서 분리된 순간부터 자연은 인간에게 불리한 생존 환경이 되었고 인간은 자연과 대립하게 되었다. 여기에서 살아남기 위한 물리적 보호처가 필요했으며 이는 그대로 정주의 첫째 조건이 되었다.

물질성과 기술: 튼튼한 보호처, 문명화의 토대로서의 집

물질성의 기본 개념과 의미가 확보된 다음에 다룰 주제는 기술이다. 기술은 물질성에서 직접적으로 파생되는 조건이다. 기술에는 여러 종류가 있는데 정주와 관련되어서는 축조성, 즉 축조기술이 중요하다. 축조성은 물리적 구조물을 튼튼하고 안전하게 짓기 위한 조건이다. 구체

적으로는 재료와 구조 방식이다. 물질이 건축술로 활용되어 건물과 집을 탄생시키는 일차적 단계다. 이미 구석기 시대에 인류 문명의 초기 씨앗이 뿌려지면서 시작된 활동이다. 그만큼 생존을 구축해 주는 기본적인 정주 조건이다.

축조 기술은 처음에는 혹독한 자연에서 자신을 보호하기 위해서 시작되었다. 노출된 자연보다는 동굴이나 움막이 더 안전했을 것이고 그 뒤에는 식물 줄기나 가느다란 나무를 엮어 엉성하게 이은 초기 원시 오두막 같은 것을 지을 수 있게 되었다. 구조 방식은 이런 식물 재료를 엮어 만든 기둥이었다. 점차 견고한 재료를 사용하면서 많은 발전과 변화가 나타났다. 집이 발전하면서 실내 생활이라는 또 하나의 새로운 큰 세계가 형성되었고 이는 인류 문명의 중요한 토대가 되었다. 물질성으로서의 정주 조건은 언뜻 내 집 하나 튼튼하게 짓는 것으로 생각하기 쉽다. 요즘 한국 사회는 물질성을 부동산 가치로만 본다. 하지만 물질성의 뜻은 생각보다 심오하다. 물질성은 고단했던 인간의 초창기 문명화 과정을 밑에서 받쳐주는 든든한 기반이었다. 축조 기술이 여기에서 핵심적인 역할을 했다. 재료와 구조 방식이 문화사적으로 중요한 이유다.

『아기 돼지 삼형제』라는 동화는 보호처로서의 정주 조건을 재료와 구조 방식의 기준에서 보여주는 좋은 예다. 아기 돼지들이 늑대를 물리치기 위해 집을 짓는데 지푸라기로 얼기설기 엮어 지은 집과 통나무로 지은 집은 늑대가 "후~" 하고 불어서 무너트렸다. 마지막으로 벽돌로 지은 집은 무너지지 않고 버텨서 아기 돼지 삼형제를 지켰다는 얘기다. 집은 견고한 보호처를 확보했고 실내에 안전한 세계를 만들었다. 여기서부터 비로소 문명이 축적되고 발전할 수 있었다. 실내에서 다양한 정신 활동이 가능해졌고 이것이 축적되면서 문명으로 발전했다.

문명이 발전하면서 자연으로부터 인간을 보호하는 기술은 축조 기술을 넘어 다양하게 발전했다. 산업혁명 이후 내연기관, 기계기술, 전기, 전자통신 등이 발명되면서 보기에 따라서는 자연을 정복했다고 할 수 있는 단계까지 왔다. 그럼에도 인간은 여전히 내적으로 침잠할 수 있고 온전히 자기 자신을 숨기고 보호할 수 있는 보호처를 필요로 한다. 물리적 보호처뿐 아니라 심리적 보호처도 필요로 한다. 세상과 사람들에게 상처받았을 때 숨고 싶은 곳, 회복의 공간이 필요한 것이다. 물질적 보호처는 심리적 보호처로 발전해 갔는데 재료와 구조 방식의 기술 축조성이 여기에서 중요한 역할을 했다. 튼튼한 재료와 구조 방식은 여기에 꼭 필요한 조건이다.

사람들은 누구나 이처럼 강력하면서도 안전한 보호처를 한 곳 정도는 가지길 원한다. 집이 그런 곳이다. 집 말고 그런 곳은 없다. 단, 정주 기능을 확보한 집이어야 한다. 집의 정주 기능은 거친 세상살이에서 최후의 보루이자 가장 안전한 피난처다. 이것은 일차적으로 물질과 기술로 축조되는 튼튼한 보호처에서 비롯된다.

우리 생활에는 이런 내용을 보여주는 말들이 많다. '칩거'라는 말을 보자. '칩(蟄)'은 '겨울잠 자는 벌레' 또는 '틀어박혀 나오지 않다'라는 뜻이다. 일상어에도 이런 뜻을 지닌 말이 많다. 세상과 잠시 담을 쌓고 온전히 나에게만 집중했을 때 '일주일 동안 집 안에만 있었다'라고 말한다. '꼼짝 말고 집에만 있어라', '집 밖으로 한 발자국도 나오지 마라', '집 나서면 고생이다'에서 한 발 더 나아가 '이불 밖은 너무 위험해' 같은 다양한 표현을 쓴다. '가택연금'이라는 말도 있다. '연금'은 한자로 '軟禁', 즉 '가벼운 금지'라는 뜻이다. 밖으로 못 나오는 징벌이니 분명히 신병의 자유를 앗아간 것인데, 묶어두는 장소가 자기 집이니 그다지 큰 벌이 아니라는 뜻이다.

기술이 결정하는 집의 정주 조건도 인간과 자연 사이의 관계에서 비롯된 산물이다. 인간은 다른 동물에 비해 신체적으로 약하게 타고난다. 태어나면서부터 걷는 동물도 많은 데 비해 갓난아기는 혼자서 할 수 있는 것이 거의 없다. 성체가 된 뒤에도 마찬가지다. 맨 몸만 지닌 인간은 자연 앞에 절대 약자다. 생존을 확보하기 위해 자신만의 고유한 세계를 만들어야 한다. 이를 확보해 주는 절대적인 생존 수단이 기술이다. 그런데 생존을 가장 치밀하게 보장해 주는 구조물이 집이다. 따라서 물질과 기술이 보장하는 물리적 안전성이 가장 필요한 건물은 집이다. 여기에서 정주의 첫째 조건이 성립된다.

이를 기반으로 문명화된 인공 세계가 출발한다. 그 첫 발은 신전도 아니고 피라미드도 아닌 '집'이다. 구석기 시대의 움막과 혈거에서부터 신석기 시대의 흙집과 목조 오두막에 이르는 일련의 주거를 기반으로 문명의 씨를 뿌리고 싹을 틔웠다. 집이 있기에 젖을 먹는 어린아이가 세계를 건설하고 운용하는 어른으로 성장할 수 있다. 이런 성장을 '초월적 탄생'이라 부를 수 있다. 자연에서 떨어져 나온 초기 상태의 유인원에 불과했던 이성 동물이 문명을 이루는 이성 인간으로 도약하는 전혀 새로운 탄생이다.

문명화는 자연이 인간에게 동물적인 생존본능과 신체능력을 주지 않은 데 대한 반대급부로 일어난 것이다. 자연이 인간을 존재하는 그대로 놔두었다는 뜻인데, 독일의 철학자 페터 슬로터다이크(Peter Sloterdijk)는 인간에 대한 자연의 이런 처치를 '존재하게 둠의 자연사'라 부른다. 또한 인간을 '동물로 존재하거나 동물로 남아 있는 데 실패한 존재'로 규정한다. '실패'라는 말 속에는 인간의 존재를 부정적으로 보는 시각이 들어 있다. 자연에서 분리되었다는 사실부터 불행이며 문명화된 삶도 불행의 연장선이라는 암시가 깔려 있다. 인간이 구축하는 문명은 자연의 일부로 자연에서 살아가는 것보다 못하다는 암시가 깔려 있다. 하지만 문명화는 인간이 생존을 위해 벌인 어쩔 수 없는 투쟁의 과정이다. 불행한 운명 같은 것이다.

집의 정주 조건은 근본적으로 불행할 수밖에 없는 자연 분리와 문명화에 존재의 근거를 마련하는 최초의 장이다. 동물과 싸우고 자연을 극복하는, 고단했던 초창기 문명화를 성공적으로 이끈 토대였다. 물질성으로 정의되는 첫째 정주 조건답게 문명화의 뿌리라는 또 다른 첫째 조건에서 핵심 역할을 했다. '첫째'끼리 연관되는 것이다.

인간은 동물로 존재할 수 없다. 자연 세계에서 분리되어 '문명'이라 부르는 자신만의 세계를 구축해서 존재론적 의미를 확보한다. 실존주의 철학의 삼종 세트인 '존재자 – 현존재 – 존재' 모두 문명의 틀 속에서 정의되어 문명화에 이른 상태를 말한다. 이런 문명 세계의 씨앗이자 핵심이 '집'이다. 집의 구조를 이루는 튼튼한 물질성과 집을 구축하는 재료 및 구조 방식의 기술은 동물의 뛰어난 신체 능력을 대체하고 능가하는 역할을 한다. 집의 물질성 및 물질로서의 집이 확보해 주는 정주 조건은 동물과 구별되는 인간의 존재 양상을 구축한 주역이었다.

인간 문명의 역사는 자연에서 탈주하는 과정이다. 반대로 보면 인간만의 존재 세계를 구축하는 과정이다. 주역은 언어와 집, 이 두 가지다. 인간은 인간만의 문명화된 존재를 확보하기 위해 언어를 구사하며 더 커다란 집단으로 뭉칠 수 있었다. 집도 마찬가지다. 집을 지어 연결함으로써 정주의 첫째 조건을 확보할 수 있었다. 생활이 나오고 문화가 나왔으며 존재를 공유하고 뭉칠 수 있었다. 신체적으로 미약한 인간이 자연을 마주하고 생존을 위해 집을 지어가는 과정이 인간 문명의 역사였다. 인간만의 문명화된 존재 세계로 탈출하는 과정을 성립시키는 물질적 조건 중 첫째는 '집을 짓는 것'이었다.

물질성과 공간 유형: 중앙형과 선형, 생활 행태의 기본 형식

이렇게 해서 구조물이 완성되었다. 이는 곧 공간이 형성되었다는 뜻으로, 사람들은 그 속에서 생활을 시작한다. 여기서 물질성의 셋째 주제가 나온다. 인간의 생활 행태를 담은 '공간 유형'이다. 물질로 구조체를 축조하는 궁극의 목적이다. 물질성이 보호처를 형성한 뒤 생활 행태로 한 단계 분화 발전한 것이다. 공간 유형이 정주 조건이 될 수 있는 근거는 크게 세 가지로 정리할 수 있다.

첫째, 안정적인 실내 생활을 제공한다. 이를 위해서 공간의 형태적 정리가 필요한데 이것이 '유형(類型)'의 기본 개념을 이룬다. 유형은 공간을 인간 행태에 맞게 종류별로 정리해서 인간 행태를 담아 일상생활과 문명 활동을 가능하게 해준다. 둘째, 인간의 기본적인 행태를 공간으로 유형화함으로써 생활과 공간 사이의 일체감을 높여준다. 셋째, 내 집에 대해 머릿속에서 인지 지도(cognitive mapping)를 그릴 수 있게 해주고 나의 집이 존재를 담는다는 확신을 들게 해준다.

서양 문명은 유형화 경향이 강한 편이다. 주거 형식의 공간 유형도 인류 문명의 초창기인 신석기 시대 또는 청동기 시대에 시작해서 전 시기를 걸쳐 반복 사용되면서 분화되었다. 서양에서는 여러 공간 유형 가운데 중앙형과 선형이 가장 대표적이다. 여기에서 생활 행태를 기준으로 삼은 두 가지 구체적인 정주 조건이 나온다. '중심'과 '이동'이다. 중앙형은 집에 중심을 제공한다. 선형은 집에서 이동 활동을 가능하게 해준다. 중심과 이동이 정주 조건이 될 수 있는 근거는 이 둘이 인간의 두 가지 기본적인 행태와 존재 형식을 대표하기 때문이다. 집에 국한되지 않고 건축 전체에서 가장 기본적인 두 가지 공간 유형이다. 중심은 질서를 세워서 가족이 모일 수 있게 해주고 안정감을 준다. 이동은 건강한 일상생활을 보장하고 가족생활을 다양하고 풍요롭게 해준다.

중앙형과 선형이라는 두 가지 유형은 전 세계적으로 보편적이라 할 수 있는데, 서양의 경우 주택 유형으로 정리되어 완성된 것은 신석기 시대에서 청동기 시대에 이르는 기간 동안 그리스에서 터키에 이르는 지중해 일대에서였다. 중앙형을 대표하는 공간 유형으로 메가론(megaron)을, 선형을 대표하는 주택 유형으로 복도 주택(corridor house)을 각각 들 수 있다. 메가론은 주로 에게해 북부와 터키 해안에서 처음 완성되어 그리스 본토로 전파되었다. 복도 주택은 처음부터 그리스 본토에서 완성되었다. 하나씩 살펴보자.

먼저 메가론이다. 등장 시기는 너무 빨라서 정확히 말하기 어렵다. 초기 형태는 이미 신석기 시대의 원시 오두막에서부터 등장한 것으로 보인다. 식물 다발과 목재로 짓던 원시 오두막이 석재로 대체되면서 메가론이 기본 유형으로 자리 잡았다. 메가론은 유럽 건축 전반에서 가장 기본적인 중앙형 공간 단위다. 집에서도 마찬가지여서 중앙형은 메가론을 기본 유형으로 삼는다.

기본 구성은 중심 방, 출입구, 전실, 앞마당 등 네 부분으로 이루어진다. 중심 방은 비교적 큰 편이어서 방 안에 네 개의 기둥을 세워서 초점 영역을 만들었다. 중앙형이라는 말은 여기에서 나온 것이다. 중앙형은 현대에 이르기까지 긴 시간을 거치면서 다양하게 분화되었는데 메가론의 이런 구성은 가장 기본적인 중앙형이다. 초점 자리에는 그 건물에서 가장 중요한 것을 두었다. 왕궁이면 옥좌를 두고 주택이면 난로를 두는 식이었다. 나중에 그리스 신전으로 오면 이 자리에 신상을 안치했다.

출입구 앞에는 기둥 두 개를 세워서 그 위에 차양을 덮었다. 출입구에서 중심 방으로 들어가는 중간에는 전실을 두었다. 전실은 여러 가지 목적을 지니고 있었다. 중심 방의 독립성과 안전을 확보해 주었으며 권위도 높여주었다. 앞마당은 마당이나 공터, 작은 광장, 곡식 저장소, 외국 사신의 대기 장소 등으로 다양하게 사용했다. 크기도 용도에 따라 다양했다.

메가론은 에게해 일대에서는 오랜 역사를 갖는다. 발굴 범위도 넓어서 지중해 동부에서 발칸 반도에 이른다. 페르시아에서 유래했다는 설이 유력하지만 에게해에서 자생했다는 주장도 있다. 처음에는 신석기 후기에 오두막으로 등장했으며, 청동기 후기에 미케네 문명의 여러 성채형 왕궁에서 중심 공간인 알현실이나 옥좌실로 정착하면서 완성에 이르렀다. 이처럼 주택과 공공건물 모두에서 중앙형의 원형이었다.

다음으로 복도 주택이다. 초창기의 대표적인 예로는 그리스 레르나(Lerna)에서 발굴된 타일 주택(House of Tiles)을 들 수 있다. 등장 시기는 메가론 유형보다 좀 늦어서 청동기 초기인 기원전 2900~2400년경으로 추정된다. 타일 주택이라는 이름은 1950년대에 발굴할 당시 타일 기와가 대량으로 발굴된 데서 유래했다. 주택의 전체 크기는 12미터×25미터였고 축을 따라 방들이 일렬로 배치되었다. 그 한쪽 밖으로 복도가 난 편복도 구성이었다. 2층 주택으로 계단의 흔적도 남아 있다.

타일 주택에서 완성된 상태로 지어진 편복도는 이후 청동기 시대에 지중해 일대에서 중복도로 발전했다. 중복도는 가운데 복도를 두고 양옆으로 방들이 배치되는 구성이다. 선형 주택의 정주 조건을 만족시키는 데 두 형식 가운데 어느 것이 낫다고 말하기는 어렵다. 다만 중복도에도 나름대로 유리한 점이 있다. 특히 청동기 시대 이후 현재에 이르는 유구한 역사 동안 서양 주택은 중복도가 압도적으로 많았다. 이는 중복도가 서양문화에 유리한 면이 있다는 증거일 것이다. 중복도는 선형 주택의 정주 조건인 다양하고 풍성한 생활을 만족시키는 데 유리하다. 네 가지 점에서 그렇다.

첫째, 중복도 구성은 공간 축이 세 겹이다. 홑겹인 메가론보다 공간 구성이 복합적이고 풍성하다는 뜻이다. 둘째, 보통 방의 개수도 많다. 복도라고 부를 정도의 길이가 확보되기 위해서는 최소한 양옆에 각 두세 개씩의 방이 있어야 하기 때문이다. 이 정도 수의 방은 청동기 시대에는 많은 편이었다. 셋째, 공간 구성으로 볼 때 이층으로 올리기에 메가론이나 편복도보다 유리하다. 메가론의 중앙형은 동서고금을 볼 때 보통 단층으로 짓는다. 중앙의 초점 영역이나 중정을 살리는 데에는 단층이 어울리기 때문이다. 넷째, 이상의 특징으로 인해 중복도는 대체로 건물이 두껍고 중후하다. 구조적으로도 튼튼한 보강이 요구되어 기술 발전을 이끌었다. 이런 특징은 물질성이 보장하는 정주 조건에 유리하다.

우리의 전통 한옥에는 복도가 없지만 서양 주택에서는 복도가 발달해 있다. 여기에서 서양 특유의 '복도 문화'라는 것이 나온다. 복도는 방과 방 사이의 완충 공간으로서 제3의 방 혹은 또 하나의 중요한 방이다. 벽에 그림을 걸거나 작은 탁자를 놓고 도자기를 올려놓을 수 있어 실내 공간을 풍요롭게 해준다. 가족 구성원이 걸어 다니면서 동선을 형성하고 체취를 남긴다.

메가론의 정주 조건: 물질 축적, 형식주의, 세계의 중심

중앙형과 선형의 두 가지 유형 가운데 이 장의 주제인 물질성과 관련된 정주 조건에 더 중요한 유형은 메가론으로 대표되는 중앙형이다. 집 안이 안전하다는 인식을 공간으로 형성해 주는 유형이기 때문이다. 이불 밖이 위험하다면 가장 좋은 방법은 집 안에서 생활의 많은 부분을 해결하는 것인데 여기에는 중앙형이 좋다. 그 이유는 크게 세 가지다.

첫째, 물질 축적에 유리하다. 물질은 도가 지나치면 위험하지만 모든 물질 조건이 열악했던 인류 문명 초창기에는 물질을 축적하는 기능이 생존을 가를 정도로 필수불가결했다. 메가론의 구성, 메가론 유형이 위치했던 도시 상황 등은 이를 잘 보여준다. 메가론이 처음 등장했던 신석기 후기에서 청동기 초기에는 메가론이 식량 축적 기능도 가졌던 것으로 보인다. 이는 물질성이 줄 수 있는 중요한 정주 조건이다. 이 시기 식량 축적은 정착, 군집, 농업 등을 가능하게 했으므로 인류 문명의 씨앗이 성장하는 데 필수적인 조건이었다.

메가론이 신석기 시대 때 식량 생산이 증가했던 지역에서 많이 발굴된다는 점은 이런 사실을 뒷받침한다. 그리스 북부도 그중 하나였다. 신석기혁명과 그에 따른 도시정착이 가장 먼저 일어난 곳인데 이 지역의 중심지였던 디미니(Dimini)에서 발굴된 메가론이 좋은 예다. 메가론 주택 주변으로는 넓은 공터가 있었다. 도시 광장으로 보기에는 이른데 군집 공동체 내에서 식량을 쌓아두던 곳으로 추정된다.

메가론 주변의 공간도 물질 축적 기능을 지니고 있는데, 이는 메가론의 내부 구성과도 연관이 있다. 메가론 주변의 공간은 두 곳이다. 한 곳은 앞마당이다. 주변 공터와 이어지면서 식량 보관의 기능을 일부 나누어 가졌을 것으로 추측된다. 다른 한 곳은 중심 방 내부의 초점 영역이다. 종교적 목적으로 사용되기에 적합한 공간 구조로, 다산과 풍년을 빌던 고대 농업 종교의 제식 장소를 겸했다. 이를 증명하듯 메가론은 당시 그리스어로 '홀(hall)'이라는 뜻이었다. 메가론 주택의 주인도 식량을 관리하던 높은 계급의 정치 지도자 혹은 종교 지도자였을 것이다.

둘째, 정형적 형태는 형식주의가 정착하는 데 유리하다. 메가론은 반듯한 사각형 윤곽을 견고한 석조로 지어서 일단 형태 측면에서 형식성이 강하다. 공간 구성도 형식성이 강하다. 초점 자리에 기둥 네 개를 세워서 영역을 명확하게 구획했다. 출입구에도 두 개의 기둥을 세운 뒤 그 위로 차양을 길게 내서 밖을 향한 형식을 갖추었다. 이른바 출입구의 형식화다. 이런 출입구에 안마당을 만들어서 형식화된 모습을 감상하기에 적절한 거리를 주었다.

형식성은 지나치면 좋지 않지만 적절한 선을 지키면 긍정적인 측면도 있다. 무엇보다 공간 속에서 실존을 안전하게 확보하는 데 도움을 준다. 공간을 유형별로 파악해서 머릿속에 인지 지도를 그리는 데 유리하기 때문이다. 그 외에 보기 좋은 외관을 발전시킨 점도 형식성의 긍정적측면 가운데 하나다. 외관의 형식미는 정신적 가치보다 덜 중요하지만인간 문명에서 일정한 중요성을 갖는 것은 사실이다. 출가한 수행자가아닌 현실을 살아가는 일상인이라면 너무 누추하고 궁색한 집은 좋아하지 않을 것이다. 집의 물질성이 거친 환경 속에서 인간 편의와 정착을돕기 위해서는 집이 형식을 중심으로 구성되는 것이 유리한 것이 사실이다.

셋째, 중앙의 초점 영역이 '세상의 중심'을 대표한다. 이 조건은 동서양 공통으로 집에서 요구되는 중요한 기능이다. 사람들은 이런 공간을하나 이상씩 갖고 있다. 가족주의를 중시한다면 집의 거실일 수 있다.개인 생활을 좀 더 중시한다면 내 방, 더 좁히면 내 방의 책상이나 이불속일 수 있다. 이는 정주 조건 가운데 자아 정체성과 연관된다. 세상의중심으로서의 자아와 세계의 중심으로서의 집의 중앙 초점 영역을 일치시키는 것은 빠질 수 없는 정주 조건이다. 내적 자아에 대응되는 상징적인 중심을 만드는 것이다.

이 조건은 주관적 주체 개념과 개인주의가 발달한 서양에서 특히 중요하다. 그래서인지 서양 건축에서는 메가론을 기본형으로 삼아 중심과초점 영역이 강화된 주거 형식이 시간과 지역을 초월해서 꾸준히 발전했다. 가장 대표적인 것이 팔라디오주의(Palladianism)다. 이는 '팔라디오'라는 건축가 이름에서 나온 양식이다. 이탈리아 르네상스 시대의 건축가인 안드레아 팔라디오(Andrea Palladio)는 16세기 베네치아 일대에 이삼십 채의 빌라를 남겼는데 대부분 중앙형이었다. 팔라디오는 서양 건축에서 중앙형 공간을 대표하는 건축가 가운데에서도 최고봉으로 꼽힌다.

작품들의 건축주는 대부분 이 일대 농업 귀족이었고 빌라는 이들의 본거지였다. 이들은 넓은 농지를 소유하고 있었고 그 중심부에 빌라를 지어 자신의 왕국을 감시하면서 대외적으로 권위를 과시했다. 반면에 내부적으로는 아늑한 안식처를 원했다. '세상의 중심으로서의 중심 공간'을 원했던 것이다. 팔라디오는 이런 심리적 요구에 맞춰 정사각형을 9등분해 완전 대칭으로 구성했고 가장 안쪽의 중심 공간을 집주인의 집무실 겸 거실로 배정했다. 인위적 형식성이 지나친 것으로 보일 수 있는데 서양의 주택사에서는 이런 공간이 인기가 많았다. 18세기 영국을 필두로 여러 시대와 나라에서는 이 구성을 모델로 모방·변형한 팔라디오라는 양식이 탄생했다. 팔라디오 양식은 현대 주택에서도 애용되면서 중앙형 주택을 통한 정주 조건의 확보라는 주제가 여전히 유효함을 보여주고 있다.

다양한 중정형과 일상성: 이상적인 정주 조건

메가론은 시간이 흐르면서 각 나라와 문명권에서 분화해 다양한 중앙형으로 발전했다. 이 과정에서 '일상성'이라는 또 다른 중요한 정주 조건이 파생되었다. 메가론이 가진 '세계의 중심'이라는 정주 조건이 '일상성'으로 구체화된 것이다. '세계의 중심'이 추상적이면서 보편적인 개념이라면 '일상성'은 이것을 현실 생활에 적용했을 때 나타나는 구체적인 개념이다. 중앙형의 초점 영역은 다양한 일상생활이 일어나는 장이라는 뜻이다.

앞에 언급한 팔라디오의 베네치아 빌라와 이것을 이어받은 팔라디오주의는 다양한 중앙형의 좋은 예다. 유럽 주택사에는 또 다른 중요한 예가 있는데 바로 '중정형(中庭形) 주택'이다. 메가론이 중앙형 주택의 씨앗이었다면 중정형은 이것이 발아해서 융성한 유형이다. 유럽 주택사에서 가장 대표적인 주택 유형 가운데 하나가 중정형 주택이다. 지금 이 순간에도 서양 전역에서 지어지고 있다. 중앙형에 속하기 때문에 집의 정주 조건인 질서와 안정을 잘 유지한다. 나아가 이것을 일상성으로 확장시킨다. 질서와 안정은 그 자체로도 중요한 정주 조건인데, 이것이 실생활에서 기여하는 또 다른 조건으로 확장된 것이다.

중정형 주택은 동서고금에 걸쳐 폭넓게 애용되는 유형이다. 유럽에서는 지중해의 고대 그리스와 로마에서 크게 유행했다. 메가론의 초점 영역이 '중정'으로 변하면서 탄생한 주택 유형이다. 차이는 메가론의 초점 영역은 실내이고 중정형 주택의 중정은 실외 안마당이라는 점이다. 그리스 시대에는 열주 주택(列柱住宅, peristyle), 로마 시대에는 중정형 주택(atrium house)이라 불렸다. 두 유형 사이에는 차이점도 있지만 '중정'을 기준으로 보면 비슷한 점이 더 많다. 중정이 집의 중심에 위치하면서 그 주위로 침실, 부엌, 창고, 식당 등 여러 개의 방이 배치되었다. 지속된 시기, 지어진 숫자, 현재 남아 있는 유구, 당시의 기록 등을 볼 때 로마 유형이 압도적이어서 여기에서 '중정형 주택'이라는 이름이 나왔다.

로마 시대의 중정형 주택에서 중정은 리셉션 공간이나 패밀리 룸의 기능을 가졌다. 이 두 가지 기능은 이곳이 로마 시대 때 일상성이 행해지던 중심 공간임을 말해준다. 리셉션 공간은 가까운 친구, 정치적 동지, 중요한 손님 등을 맞는 기능을 했다. 패밀리 룸은 여러 가지 가족생활이 벌어지는 공간이었다. 취미생활이나 식사 같은 평상시의 일상부터 가족회의나 가문의 제사 같은 제식에 이르기까지 다양한 역할을 했다. 이 두 가지 기능을 합하면 로마 상류층의 일상이다.

이런 중정의 기원은 여럿이다. 가장 멀리 잡으면 원시 오두막까지도 올라간다. 실내 중앙에 난로를 놓았는데 여기에서 나오는 연기를 밖으로 뽑아내는 환기 구멍을 천장에 뚫었다. 이 구멍은 연기가 나가면서 그을려 검게 되었기에 '검은색'을 뜻하는 '아테르(ater)'라고 불리었다. 이 말을 어원으로 삼아 '중정'이라는 뜻의 '아트리움(atrium)'이 나왔다. 이때 천장이 뚫린 부분 주위로 벽을 세우면서 이 부분만 실외 공간으로 남아 중정으로 발달한 것이다.

이보다 가까운 기원으로는 로마 농가를 들 수 있다. 로마 시대에는 농가와 빌리지 하우스 등에서 여러 개의 작은 방이 중앙 홀을 초점 영역으로 사면을 에워싸며 배치되었다. 이는 그대로 중정형 주택으로 전환될 수 있는 구조였다. 메가론과 중정형을 더한 구조 혹은 지붕을 덮은 중정형이었다. 원시 오두막이 중정형으로 발전한 과정과 마찬가지로 이 형태에서 중앙 홀의 지붕을 떼어내 중정으로 만들었다. 처음에는 중정이 '지붕을 떼낸 방'의 개념이라서 방의 기본 성격을 유지했다. 이것이 점차 실외 공간인 안마당으로 독립하면서 사면의 지붕이 안쪽을 향해 쏠렸고, 이로써 로마 중정형 주택의 기본 형식이 완성되었다.

로마 중정형 주택만큼 중요한 또 다른 예로 팔라초(palazzo)를 들 수 있다. 이탈리아의 도시형 대저택을 말한다. 중세 때인 10~12세기에 처음 등장해서 르네상스 때인 15~17세기에 전성기를 누렸다. 로마의 중정형 주택을 이어받아 3~4층의 중층으로 올린 구성이다. 중정은 그대로 유지되었는데 주변의 방들이 여러 층으로 높아지면서 우물 속 같은 'ㅁ'자형 구성이 되었다.

　팔라초의 중정은 로마의 중정형 주택보다 일상성이 줄어들었다. 주요 기능은 마차를 보관하는 주차장이었다. 그러나 보기에 따라서는 나름대로 일정한 일상성을 유지했다고 할 수 있다. 집주인과 식구들의 기본적인 일상은 2층 이상의 실내에서 행해졌는데, 팔라초의 중정은 이런 방들에 햇빛과 바람을 불러들이는 실외 통로 역할을 했다. 중정형이 다층으로 높아진 데 맞춘 일상성이라 할 수 있다. 중정과 직접 면하는 1층에는 집주인의 사무실과 접견실이 만들어졌는데 이것은 로마 중정형 주택의 리셉션 룸이 수행한 기능과 유사했다.

2. 위험 사회에서 살아남기

성채형 주거: 방어형 보호처의 전형

성채형 주거는 중정형과 함께 주거의 양대 형식을 이루는 유형이다. 앞에 나왔던 '중정형 – 선형' 외에 또 하나의 중요한 짝이 '중정형 – 성채형'이다. 앞의 짝이 그랬던 것처럼 이번에도 여러 면에서 좋은 대비를 이룬다. 이 짝은 정주 조건을 기준으로 보면 집에 요구되는 '여유 있는 가정생활 vs. 방어 기능'의 양면성을 대표하는 유형이다.

중정형은 안마당을 중심으로 여유 있는 가정생활을 제공한다. 앞에서 안마당은 '중심과 질서'와 '일상성'의 두 가지 정주 조건을 제공한다고 설명한 바 있는데, 이는 선형의 '이동'과 대비된다. 이번에는 안마당이 일상성을 받아 '여유 있는 가정생활'의 새로운 정주 조건으로 발전되는데, 이는 성채형의 '방어 기능'과 대비된다. 중정형은 주로 사회가 안정되어 있을 때 가정생활을 즐길 여유가 있는 중산층 이상에서 애용한다.

반면 성채형은 방어형 보호처의 전형이다. 전쟁이 많던 시대에 유행했으며 생존을 위해 방어 기능이 최우선시되는 유형이었다. 이때의 정주 조건은 '거친 바깥세상으로부터 생존권을 보호하는 것'이다. 강력한 조적으로 쌓은 벽체가 핵심이었다. 물질성의 기술 조건인 재료와 구조 방식에 해당되는 물리적 환경이다. 이런 벽체를 보호처로 삼아 실내를 중심으로 안전한 가정생활을 영위하던 유형이다. 중정형 주택과는 많이 달랐다. 생존 환경과 생활방식이 변하면서 중정을 중심으로 구성되던 공간 배치는 필요 없어졌다.

성채형 주거가 유행한 것은 전쟁이 많던 시기였다. 성채형 주거는 일찍이 메소포타미아 시대의 도시에서 시작되었다. 당시에는 왕궁과 신전이 한 몸으로 붙어서 거대한 성채를 형성했다. 왕궁과 신전은 도시 속에 또 하나의 성채를 이루면서 성벽은 두 겹이 되었다. 도시 성벽이 외성과 내성으로 이원화된 바빌론 같은 도시는 세 겹이었다. 유럽 문명이 형성되던 초기인 미케네 시대 역시 전쟁이 많던 시기였다. 이때는 도시가 작아진 대신 왕궁은 물론 일반 주택도 도시 성벽과 한 몸으로 붙었다. 2미터가 넘는 두께의 성벽은 그대로 왕궁과 주택의 외벽이 되었다. 도시 전체가 단단한 껍데기에 감싸인 소라 같았다.

최고봉은 중세 유럽의 성채였다. 중세 유럽은 아마도 인류 역사에서 중국의 춘추전국시대와 함께 가장 전쟁이 많던 시대 가운데 하나일 것이다. 강력한 로마 제국이 붕괴하면서 유럽은 힘의 진공 상태에 들어갔다. 진공을 채우는 또 다른 강력한 제국은 이후 사실상 다시 등장하지 않았다. 문명의 중심은 서서히 알프스 이북의 프랑스와 독일로 넘어가고 있었다. 유럽 전역을 총괄하는 강력한 중앙 권력이 없는 상태에서 지역별로 전쟁이 잦았다. 대형 전쟁보다는 작은 도시 국가 사이의 소형 전쟁이 주를 이루었다. 혼란기는 길게는 1000년, 짧게 잡아도 500년은 계속되었다. 영주들은 자력으로 살아남아야 했다. 이를 뒷받침하는 성채형 주거라는 독특한 주택 유형이 새로 생겼다.

기후 조건도 달랐다. 겨울과 우기가 긴 북유럽에서는 안마당이 그다지 매력적인 공간이 아니었다. 실외 활동이 크게 필요 없기 때문이다. 지중해의 중정형 주택이 알프스 이북 지역에는 적합하지 않은 것이다. 중정형은 주택을 떠나 수도원으로 옮겨갔다. 햇빛과 창의 관계도 중요했다. 지중해 지역은 따가운 햇빛을 피하기 위해 창을 작게 내거나 없앴고 중정을 향한 면에만 창을 냈다. 알프스 이북 지역은 햇빛이 귀해서 창을 크게 냈다.

이런 새로운 환경 속에서 성채형 주거라는 새로운 주택 유형이 탄생했다. 성채는 보통 전쟁 시설로 알지만 그 속에는 '주거용 탑(dwelling tower)'이라는 주거 시설이 들어 있었다. 영주를 비롯한 그 식솔들이 사용하던 집이다. 하이데거가 실존주의 철학의 핵심 개념으로 사용한 'dwell'이라는 단어까지 등장했다. 세부적인 뜻은 물론 다르겠지만 그만큼 절실하게 정주를 원한다는 점에서는 상통한다고 볼 수 있다.

이 시설을 단순히 '영주 주택(feudal lord's house)'이라고 부르지 않고 'dwelling'이라는 단어를 쓴 점도 이 시설의 성격을 말해준다. 실존주의 철학에서 'dwelling'은 다름 아닌 '정주'라는 뜻을 갖는다. 집에서 살아가면서 벌이는 생존 활동과 일상생활을 말한다. 물론 중세 때에는 이 단어가 이런 철학적 의미로 붙여진 것은 아닐 것이다. 그러나 주거형 탑의 기능을 보면 정주의 의미가 충분히 내포되어 있다. 주거형 탑은 치열한 전쟁 속에서 살아남고 싶은 간절한 바람에서 비롯된 것이기 때문이다. 주거 기능을 담당했을 뿐만 아니라 평상시에는 통치 행위를 하는 집무실이었고 전쟁 시에는 지휘 본부도 겸했다. '주거 - 통치 - 전쟁'을 모으면 중세 봉건 영주의 포괄적인 '인생 전체'가 된다. 이처럼 주거형 탑은 '인생 전체'를 담당하던 곳이었고 이런 점에서 '정주'에 합당하다. 전쟁이 잦던 중세 때 전쟁에서 살아남아야 하는 절실함처럼 목숨을 걸고 지켜야 하는 것이 하이데거의 '정주' 개념이라 할 수 있는 것이다.

뒤에 '탑'이라는 단어를 더한 것도 같은 뜻에서다. 봉건 영주의 '인생'은 인류 역사에서 좀 특이한 경우에 해당된다. 안으로는 권력투쟁과 암살 위협 등에서 자신을 지켜 살아남아야 했고 밖으로는 잦은 전쟁에서 승리해야 했다. 이를 위해서 탑 속에 산 것이다. 이런 '인생'에 적합한 주거 유형으로 '탑'이 낙점된 것이다. 탑은 기본적으로 전쟁 시설인데 여기에 걸맞게 '총안(銃眼)'을 부착했다. 창의 일부를 총안처럼 좁게 냈으며 지붕 난간도 총안처럼 처리했다.

총안은 주거용 탑에 내재된 절절한 생존 바람을 상징한다. 이런 점에서 '정주'라는 뜻의 'dwelling'과 잘 어울린다. 목숨을 걸고 지켜야 하는 '정주'의 절실함을 상징한다. 총안은 녹록치 않은 봉건 영주의 '인생'에서 '집'의 중요성을 최대한 부각시킨 것이다. 물질성이 주는 정주 조건인 '보호처'를 대표하는 좋은 예다. 전쟁이 많던 시절이라 물질성이 그만큼 강력한 힘을 발휘하던 때였다.

주거용 탑의 구성은 로마의 중정형 주택과 여러 면에서 대비되었다. 중정형 주택은 단층으로 낮게 퍼져나가면서 옆집과 붙어 있었으며, 출입구를 통해 개방성을 유지했다. 주거형 탑은 다층 구조로 출입구를 2층에 내고 사다리를 타고 출입했다. 사다리를 걷으면 출입이 봉쇄되었다. 중정은 사라졌고 벽체는 1~2미터에 이를 정도로 두껍고 둔탁했다. 주변에서 고립되어 높은 독립 구조물로 세워졌다.

외관에도 중요한 변화가 있었다. 중정형 주택에서는 바깥을 면한 외벽이 큰 의미가 없었다. 특별한 처리 없이 작은 창만 몇 개 냈다. 출입문은 개방성이 강했다. 외벽은 뜨거운 햇빛을 막기 위해 폐쇄적이었지만 이것을 개방적인 출입문으로 상쇄시켰다. 로마의 중정형은 기본적으로 개방적인 주택이었다. 창은 중정 쪽으로 내서 중정 중심의 생활을 돕고 햇빛도 막았다. 중세 성채형 주거는 이와 반대였다. 바깥을 향해 완전히 폐쇄되었고 외관은 가능한 한 위압적이고 방어적으로 보이게 했다. 단, 바깥을 감시해야 했기 때문에 창은 주로 높은 곳에 충분히 냈다. 해가 귀한 북유럽에서 햇빛을 들이는 효과도 있었다. 두 가지 주거 유형은 안전과 방어에 대한 기본 개념이 완전히 달랐다.

'도피'와 '실내 가정': 19세기 빅토리아 사회의 이상적 가정

'중정형 vs. 성채형'의 이분법은 중세 이후에도 계속되면서 강화되었다. 두 가지 유형이 대표하는 '여유 있는 가정생활 vs. 방어 기능'은 시대와 상관없이 늘 주택에 요구되던 가장 기본적인 정주 조건이었다. 처음에는 위험한 자연에서 자신을 보호하기 위해 시작된 방어 기능이 문명이 발전하면서 사람들의 공격으로부터 자신을 방어하는 쪽으로 유지·강화되었다. 중정형도 마찬가지다. 방어 기능이 확보되면서 추구되었던 여유 있는 가정생활은 문명의 발달과 더불어 발전하고 다양하게 분화되었다.

현대로 넘어오는 길목에서 이 문제로 고민했던 좋은 예로 19세기 영국 빅토리아 시대의 주택을 들 수 있다. 19세기 영국 사회는 보통 빅토리아 시대라 부른다. 빅토리아 여왕이 통치하던 1837~1901년 동안 19세기 영국의 중요한 일이 대부분 일어났기 때문에 빅토리아는 19세기 전체를 대표하는 이름으로 사용된다.

이 시기 주택에서는 앞의 두 가지 정주 조건이 모두 요구되었다. 일차적으로는 성채 개념이 요구되었는데 당시 사람들은 이런 방어 기능을 '도피(retreat)'라고 불렀다. 이 시기는 전통시대에서 벗어나 산업자본주의라는 새로운 문명이 정착되어 가면서 보혁 갈등, 빈부 갈등, 계급 갈등 등 사회적 갈등이 심하던 때였다. 집에는 이런 갈등으로부터 가족을 보호하는 방어 기능이 요구되었다. 여기서 끝나지 않고 경제력을 지닌 계층에서는 '여유 있는 가정생활'도 함께 추구했다. 이들 계층은 안전이 확보된 물리적 구조물 속에서 신문명이 가져다준 부와 문화생활을 누렸다.

이로 인해 성채형과 중정형의 통합이 추구되었다. 성채형 요소는 폐쇄적 외관이 대표했다. 집의 외관은 석재와 벽돌로 쌓아올린 견고한 차단막 개념으로 정의되었다. 부잣집을 들여다보고 싶어 하는 도로의 시선을 차단하는 기능이 우선시되었다. 중세 성채 같은 튼튼한 구조물이 19세기 상황에서 시선 차단막 개념으로 변화한 것이다. 중정형 요소는 '실내 가정(home within)'이라는 개념이 대표했다. 당시 영국 사회에서 유행하던 말인데 19세기 영국 개혁을 이끌었던 스코틀랜드 출신의 저널리스트 존 윌록스(John A. Willox)가 만든 것이었다. 말 그대로 '실내생활을 중심으로 한 가정'이다.

두 가지 유형을 통합한 결과로 형성된 정주 기능이 '도피'였다. 한마디로 '실내 가정'으로의 '도피'였다. 사람들은 폐쇄적이고 튼튼하게 지은 물리적 구조물의 보호 속에서 자신들만의 사적 사회를 여유로우면서도 은밀하게 형성해 갔다. 실내 생활이 중요해지면서 건축 처리도 실내로 집중되었다. 외관은 한두 가지로 단조롭게 통일된 반면 실내가 각 가정의 개성과 독립성을 결정했다. 공사비도 실내에 소요되는 비용이 골조와 외관을 합한 것보다 높은 경우가 잦았다.

'도피'는 당시 빅토리아 사회에 강하게 불던 가족주의의 산물이었다. 이 시기는 유럽 역사에서 가족의 가치가 그 어느 때보다 강조되던 때였는데 새로 등장한 부르주아가 그 중심에 있었다. 당시는 산업자본주의의 수혜를 입은 부르주아 계층이 사회적 갈등 속에서 가족을 중심으로 살아남으려는 생존 전략을 펼치던 시기이므로 안전한 실내 생활이 핵심이었다. 혼란스러운 도시 외부 상황에서 가족의 사생활을 안전하게 지켜 여유 있는 가정생활을 누리려는 것이었다. 그 결과 탄생한 것이 '도피'라는 것인데, 이는 "영국 사람들에게 집은 자신만의 성이다"라는 속담을 산업화시대에 맞게 변형한 것이었다.

당시에는 '도피' 개념을 잘 구현하기 위한 바람직한 실내 구성이 모색되었다. 가족과 가정은 산업자본주의 시대에 살아남기 위한 전략 단위로 정의되었다. 집에서는 이것을 돕는 기능이 요구되었다. 침실, 거실, 서재, 부엌, 식당, 화장실 등 여러 방을 바람직하게 배치하는 것이 사회적 관심사였다. 큰 방향은 사생활을 최대한 보호하면서 동시에 가족들 사이의 사회적 소통을 장려하는 양면성을 띠는 것이었다.

실내가 하나의 독립 세계가 되고 가정의 무게가 실내로 집중되면서 사생활이 중요해졌다. 이는 가족 단위와 구성원 개인 모두에게 해당되었다. 집은 '도시 외부의 번득이는 눈으로부터 진정한 자아를 편안하게 보호하는 도피처'로 정의되었다. 우리 가족과 나 모두의 사생활이 안전하게 보호되는 사적인 안식처였다. 때로는 가족 사이의 예절이나 의무에서 해방된 개인의 사생활을 더 중요하게 여기기도 했다. 개인의 방은 가족의 눈치를 보지 않고 자신의 감정을 발산할 수 있는 유일한 공간이었다. 자신을 억누르지 않은 상태에서 온전하고 솔직하게 '자기 자신'이 될 수 있는 공간이었다.

빅토리아 시대는 서양 주택사에서 사생활의 개념이 완성된 시기이기도 했다. 사생활에 대한 집착은 런던이 특히 심해서 도시 공공 분야와의 교류가 배제된 가정생활을 바람직하게 여겼다. 도시 환경 탓도 컸다. 19세기 런던 시내에는 공장이 가득 차 있었기 때문이다. 런던 부르주아의 일상생활은 파리 부르주아와 좋은 대비를 이루었다. 런던에서는 사회와 단절된 '실내 가정'에서 실제로 많은 가족사가 일어났다. 공공 분야와의 교류는 풍선효과(어떤 부분에서 문제를 해결하면 또 다른 부분에서 새로운 문제가 발생하는 현상)처럼 이상한 방향으로 나타나기도 했다. 예를 들어, 공적 매체(뉴스, 소설, 가십 등)는 남의 가정사에 대해 관심이 많았고 취재도 빈번하게 일어났다.

그렇다고 사생활만 중시한 것이 아니었다. 빅토리아 가정에 있던 여러 개의 방이 신성불가침의 절대 영역은 아니었다. 가정 단위 전체는 강력하게 보호받았지만 가정을 구성하는 방들까지도 그랬던 것은 아니다. 집 전체의 안전이 보장되면 집에서의 사생활은 상당 부분 개방했다. 실내 가정은 가족이 다양한 일상생활을 벌일 수 있는 물리적 터전이었다. 어떤 면에서는 실내 가정이 도시 공공 영역의 역할을 끌어들인 측면도 있었다. 대표적인 현상이 '시선'이라는 주제였다. 가족 구성원의 사생활에서는 서로 보고 보여주는 관계가 상당 부분 형성되었다. 개인은 적당한 선에서 각자의 방을 개방했다. 이런 시선 문제에서 모든 가족의 방안을 관찰할 특권을 가졌던 사람은 아버지도 어머니도 아닌, 의외로 가정부나 하인의 우두머리였다.

빅토리아 시대는 이상적 가정에 대해서 고민이 많던 시대였다. 영국은 산업혁명의 발상지로서 사회 변혁이 심했으며, 사회 전체적으로 기계 산업이 전통적인 농업경제를 대체해 가면서 부의 축적 이면에 혼란과 충격이 심했다. 전통 가정의 붕괴도 그중 하나였다. 중산층과 상류층은 이런 변혁에 맞섬과 동시에 산업화로 일군 부를 지키기 위해 보수적이 되었다. 이들은 새로운 기계 산업으로 부를 축적한 산업 부르주아였지만 가정에서만은 전통을 지키고 싶어 했다. 집 밖의 사회 환경이 급변할수록 이런 바람은 이상적이 되어갔고, 이상적 가정에 대한 다양한 주제가 논의되고 추구되었다. 건축사조에서는 미술공예운동, 중세주의, 빅토리안 고딕 등이 이런 논의를 이끌었다. 이런 사조에서 이상적 가정은 중요한 부분을 차지했다.

이 시기의 보수주의는 가부장제와 여성차별, 유산 계급의 착취와 위선 등 부정적인 측면도 있었지만 이들이 지키려고 했던 가정의 가치에는 긍정적인 측면도 많았다. 이런 가치는 20세기 영미 사회로 전수되어 오늘날 영미권의 건강한 중산층을 탄생시키는 중요한 배경이 되었다. 19세기가 끝나고 급진적인 사회변화가 많았음에도 이때 형성된 이상적 가정의 가치는 크게 변하지 않고 유지되고 있다. 특히 미국이 여러 가지 사회적 문제에도 불구하고 아직 강대국의 지위를 유지하는 데에는 건강한 중산층의 힘이 큰데 빅토리아 시대에 추구한 이상적 가정의 가치가 여기에도 일조한 것이다.

대도시와 위험 사회: 생활과 주택 유형을 일치시킬 것

빅토리아 시대의 '도피' 개념은 현대 대도시로 이어졌다. 현대 대도시에서의 집의 개념은 다소 복합적인데 크게 보면 빅토리아 시대의 상황이 반복되면서 심화된 측면이 강하다. 표면적으로 보면 현대 사회에서 주택 유형은 더 이상 필요 없는 것으로 보일 수도 있다. 현대인의 생활방식이 너무 다양해졌으며 '집 안'에만 머무는 것이 무의미해 보일 수 있기 때문이다. 그러나 앞에서 분류한 유형이 주는 정주 조건은 여전히 유효하다. 보기에 따라서는 더 필요해졌다고 할 수도 있다. 기술과 자본의 힘은 더 커졌고 집 밖 사회는 치열한 전쟁터가 되었다. 개인은 안전하면서도 포근한 피난처가 절실해졌다. '여유 있는 가정생활 vs. 방어 기능'의 양면성이 모두 요구되던 상황이 심화된 것으로 볼 수 있다. 산업혁명 이후 확보된 물질 풍요는 여유 있는 가정생활에 대한 요구를 크게 높였다. 동시에 치열한 현대 사회에서 집의 방어 기능도 더욱 절실해졌다.

둘 모두를 만족시키면 좋겠지만 그렇지 못할 경우 현대 대도시의 상황에서는 방어 기능이 더 절실하다고 할 수 있다. 울리히 벡(Ulrich Beck)의 '위험 사회'라는 말에서 알 수 있듯이 현대 사회는 무한 경쟁의 치열한 전쟁터이고 대도시는 악전고투가 벌어지는 최전방이다. 범죄는 날로 잔혹해지고 타인은 이런저런 이유로 모두 잠재적 위험인물이 되어가고 있다. 내 한 몸 온전히 지켜줄 참호가 절실하다. 중세처럼 전쟁이 많은 시기도 아닌데 '집'의 방어 기능은 어느 때보다 중요해지고 있다.

양적인 측면에서 볼 때 집은 충분하다. 그렇다면 적절한 방어 기능을 확보해서 정주 조건이 만족되고 있을까. 가장 쉬운 방법은 집에 방범 시스템을 강화하는 것이다. 한국에서 아파트가 인기 있는 이유 가운데 하나도 방범에 유리하다고 믿기 때문이다. 개인주택에 살다 아파트로 이사를 간 사람들은 집을 비워놓고 외출을 할 수 있어서 좋다고 한다. 하지만 범죄율을 보면 큰 차이가 없다. 심리적 위안에 가까운 것이다. 물론 일급 경호시설 같은 방범 시스템을 갖춘 최고급 주상 복합은 이 점에서는 안전할 것이다. 이런 집은 중세 시대 성채형 보호처의 현대 버전이라 할 수 있다.

'위험 사회'의 주제를 조금 넓혀 사회적으로 보자. 치열한 경쟁 사회에서 살아남는 문제로 환원할 수 있다. 많은 사람들은 돈이 자신을 지켜줄 것이라고 믿는다. 집을 버리고 집 밖에서 돈 버는 데 시간과 에너지를 쏟는다. 또 다른 사람들은 사람이 재산이라면서 인간관계가 자신을 지켜줄 것이라고 믿는다. 집을 버리고 집 밖에서 과도한 정치를 하는 데 시간과 정신을 투자한다.

모두 중요한 것들이다. 하지만 가장 중요한 하나를 빠트렸다. 집의 방어 기능이다. 물리적 방범 시스템에 더해 가능한 한 나의 생활 행태와 일체가 되는 집의 유형도 필수적이다. 심리적 휴식과 정신적 안정을 위해서 꼭 필요한 조건이다. 현대 대도시의 위험 상황은 중세 때와 같은 실제 전쟁 상황은 아니므로 물리적 방범 시스템은 현재 정도면 부족하지 않을 것이다. 문제는 심리적·정신적 전쟁이다. 집은 여기에 대항하는 방위군 역할을 할 수 있다.

나와 집의 유형을 맞추는 것은 다음 세 단계로 생각해 볼 수 있다. 첫째, 내 본성을 잘 파악해서 내가 무엇을 좋아하는지, 심리적·정신적 안정을 어디에서 얻는지를 파악한다. 둘째, 집의 정의를 여기에 맞게 내려서 내 마음 속에 심는다. 이것을 되새기면서 나와 동일화시키는 심리 훈련을 한다. 마지막으로, 여건이 허락하는 범위에서 내 집을 나의 본성에 맞게 꾸미고 집에서 보내는 시간을 늘리면서 안정을 얻는 생활을 한다.

현대 대도시에서는 전통시대보다 변수가 하나 더 늘었다. '도시 공공성'이라는 것이다. 현대 대도시는 위험성과 공공성이 공존하는, 양면성을 가진 곳이다. 공공성이란 공적 영역의 도시 인프라가 제공하는 여러 가지 혜택을 말한다. 물리적 인프라에는 공원, 문화재, 체육시설, 문화시설, 교통시설 등이 있다. 문화적 인프라에는 취미와 배움을 돕는 여러 학습 프로그램이 있다. 사적 영역 가운데에도 공적 성격을 갖는 시설 또한 넓은 의미로 여기에 포함시킬 수 있다. 책을 사지 않고도 독서를 즐길 수 있는 대형 서점이 좋은 예다.

이런 공공성은 유형에서 비롯되는 정주 조건에 도움이 된다. 앞에서 언급한 바와 같이 사적 영역에서 부담해야 되는 부분을 지원하기 때문이다. 이렇게 보면 현대 대도시의 상황은 과거와 비교할 때 유리한 면이 크다. 집에서는 안정된 사생활을 즐기고 돈이 드는 활동은 공공 분야를 활용하는 것이다. 치열한 전쟁터라는 점도 나의 가치관과 생활방식에 따라 조절될 수 있는 여지가 있다. 전쟁에 휩싸여 개인이 조절할 부분이 없었던 중세와는 비교가 안 될 정도로 유리한 환경이다.

이상적인 현대의 주거 유형: 성채형을 버리고 심리적 중정형으로

'여유 있는 가정생활 vs. 방어 기능'을 대표하는 두 유형인 중정형과

성채형을 대입해서 보자. 중정형을 먼저 보자. 현대 대도시에서는 중정형이 거의 사라졌다. 여기서 한 가지 구별을 하자면, 원래 중정형은 안마당을 갖춘 물리적 형식을 말한다. 그러나 중정형이라고 해서 반드시 실제로 안마당이 있어야 하는 것은 아니다. 집 안에 상징적으로나 심리적으로 중심 공간을 두고 실제 생활에서 그것을 중정처럼 잘 활용해서 물리적 중정형과 같은 효과를 얻으면 이것도 중정형이라 할 수 있다. 심리적 중정형인 것이다. 현대 대도시에서는 안마당을 갖추기가 어려워지면서 물리적 중정형이 사라졌다. 반면 심리적 중정형을 갖출 가능성은 높다고 할 수 있다. 물질적으로 풍요로워졌고 앞에서 언급한 바와 같은 공공성의 도움을 받을 수 있게 되었으며 개인들의 교육 수준도 높아졌기 때문이다.

심리적 중정형은 여전히 필요하다. 앞에 언급한 유럽 중정형의 대표 유형들은 공통점이 있다. 각 시대를 이끌던 주류 세력이 자신들의 생활 방식과 행태를 집의 형식과 최대한 일치시킨 유형이라는 점이다. 오늘날에는 어떨까. 일단 계급사회가 사라졌기 때문에 주류 세력보다는 다수 중산층이 주택 유형을 이끌고 대표한다는 차이점이 있다. 실제로 개인소득이 높아지고 선진국에 진입할수록 중산층과 상류층의 주택은 기본 형식에서는 큰 차이가 없어진다. 넓이와 인테리어에서만 차이가 난다. 그러나 현대 사회에서 중정형 자체가 갖는 정주 조건은 모두에게 더욱 필요하다. 이런 복합적인 상황을 세 가지로 세분해 볼 수 있다.

첫째, 인구 과밀과 비싼 땅값으로 물리적 중정형이 사라지는 경우다. 인구 과밀로 인해 필지 면적이 줄어든 현대 대도시에서 중정형은 공간 낭비다. 경제적으로 이 유형을 감당할 수 있는 사람도 거의 없다. 설사 있다고 해도 주변을 둘러싸고 있는 고층 아파트에서 내 집 안마당이 들여다보이는 문제도 있다.

둘째, 현대 대도시의 어려운 상황에 굴복해서 '여유 있는 가정생활' 자체를 포기하는 경우다. 이것은 물리적 중정형에 더해 심리적 중정형의 가능성마저 포기하는 것이다. 이는 경제적 어려움 때문일 수도 있고 경제적 여유는 있지만 일상생활이 무너졌기 때문일 수도 있다. 전자는 불가항력적이라 어쩔 수 없다 하더라도 후자는 집에 대한 가치관을 바꾸고 공적 분야의 도움을 받으면 상황이 바뀔 가능성이 남아 있다.

셋째, 이 두 가지 경우와 반대로 물리적 중정형은 포기했지만 심리적 중정형은 지키는 경우다. 최소한의 경제적 여유가 확보된 상태에서 공적 영역의 도움을 활용하거나 내 스스로 집의 가치를 확실하게 세워서 일상생활을 꾸려가는 경우다. 집이 크든 작든, 아파트이든 개인주택이든, 사는 동네가 어디이든 상관없이 여건이 허락하는 범위 내에서 여유 있는 가정생활에 필요한 취미나 학습 활동을 중심으로 생활하는 것이 이 경우에 해당한다.

다음으로 성채형을 보자. 우리는 이미 알게 모르게 성채형 주거에 살고 있다. 현대의 성채형은 위험 도시의 산물이다. 폭력과 감시와 자본 침탈이 심한 위험한 환경에서 스스로를 보호하기 위한 본능 같은 것이다. 여러 가지 방범 시스템이 선호되고 최근에는 사물 인터넷까지 가세해서 밖에서 내 집 안을 들여다볼 수 있게 되었다. 이상 징후가 있으면 알려주기도 한다. '이불 밖은 위험해'의 결정판을 보는 것 같다. 아파트에도 유리 사용이 늘어서 집은 투명해져 가지만 방어 기능은 더욱 공고해진다. 물질성이 줄 수 있는 문자 그대로 '물질적인' 정주 조건이 나날이 강화된다. 중정형이 다양하게 분화되는 것에 비해 성채형은 확실히 '강화' 한 쪽으로 쏠리고 있다.

공공성과의 관계에서도 두 유형은 반대되는 상황이다. 이 주제는 안전을 어디에서 확보할 것인가와 연관이 있다. 현대 대도시가 지닌 양면성 가운데 공공성의 혜택이 위험성의 피해보다 크다고 판단되면 사람들은 자기 집의 중정에서 나와 도시 밖에서 더 긴 시간을 보낼 것이다. 중정의 기능을 도시의 공공 기능에 맡기게 되는 것이다. 심리적 중정형은 여전히 필요하지만 공공성의 혜택이 커지는 현상은 물리적 중정형을 포함한 중정형 전체가 사라져 가는 중요한 배경으로 작용한다. 반면 집 밖 도시 공간이 위험하다고 느끼는 사람들은 집 안으로 들어가 꽁꽁 걸어 잠글 것이고 성채형은 강화되고 번성할 것이다. 이와 반대로 성채형이 약화되는 경우는 공공성의 혜택을 취미와 학습의 기회보다는 경찰력 등 치안으로 받아들이는 경우다. 위험을 공권력이 막아주면 개인 차원의 대비책은 약화될 수 있다.

지금까지 현대 사회와 대도시에서의 중정형과 성채형의 상황에 대해서 살펴보았다. 바람직한 경우는 무엇일까. 원론적으로는 두 가지 유형 모두 필요할 것이다. 이상적으로는 성채형이 필요 없어지고 중정형이 강화되는 것이다. 성채형이 필요 없어졌다는 것은 위험성이 사라졌다는 뜻이며, 중정형이 강화되었다는 것은 사회가 안정되어 각자가 즐거운 가정생활을 누린다는 뜻이기 때문이다.

어떤 면에서 중정형과 성채형은 상쇄적 관계에 있다고 할 수 있다. 인간 사회에서 집의 방어 기능은 필수불가결해서 인류 문명이 존속하는 한 성채형은 사라지지 않을 것이다. 그러나 성채형이 강화되는 현상은 거꾸로 사회가 각박하고 도시가 위험하다는 반증이기도 하다. 공공영역의 치안 기능이 아무리 강화되더라도 사회가 불안하면 사람들은 안심하지 못하고 자체 방어를 강화한다. 미국 대도시가 이런 상황이며 서울도 점점 이를 닮아가고 있다. 이런 상황을 벗어나 사회가 안정되면 중정형의 '여유 있는 가정생활'이 확대된다. 집에서는 최소한의 방어 기능만 요구되면서 성채형이 쇠퇴한다.

현대 사회와 대도시는 나라마다 도시마다 상황이 모두 다르다. 이론의 여지없이 위험한 도시가 있는가 하면 전 세계가 인정하는 안전한 도시도 있다. 가장 많은 수는 중간 지대에 속할 것이다. 보기에 따라서 위험할 수도 있고 안전할 수도 있는 경우다. 관건은 도시 상황과 집의 의미를 바라보는 개개인의 시각과 가치관이다. 도시 공공성이 제공하는 치안과 문화 혜택을 충분히 활용하면서 중정형의 여유 있는 가정생활을 즐기는 것이 최상이다. 가능하다면 집 형식 자체를 물리적 중정형으로 지으면 좋고 여건이 안 되면 심리적 중정형을 즐기면 된다.

현대 사회에서 경쟁의 치열함은 거의 중세 시대 전쟁에 비유될 정도다. 그만큼 강한 방어 기능이 요구된다. 그러나 무기로 살생을 하는 전쟁은 아니다. 따라서 성채처럼 벽이 두꺼울 필요는 없고 감시탑, 총안, 해자 같은 전쟁 시설도 필요 없다. 과도한 성채형은 다분히 심리적 문제에 기인한다는 뜻이다. 이런 상황에서는 주택 유형이 주는 정주 조건이 도움이 된다. 생활 행태와 집을 일치시킴으로써 누리는 심리적·정신적 안정이라는 정주 조건이 더욱 필요하다. 심리적 중정형이라도 구축해서 여유 있는 가정생활을 즐기는 것이 옳은 방향일 것이다.

제4장

정신성

1. 다산, 풍년, 여신, 제식, '뼈의 집'

집과 인간의 '동일화': 집도 정신성을 갖는다

집이 지녀야 하는 둘째 정주 조건은 '정신성'이다. 집도 건물의 한 종류이니 이것은 건물, 즉 건축의 본질에 관한 얘기일 수 있다. 건물이 어떻게 정신성을 가질 수 있을까. 3장에서 살펴본 물질성은 쉽게 이해할 수 있는 상식적인 조건이다. 건축의 일차 조건이자 본질이라고 할 수 있다. 이것은 그대로 첫째 정주 조건이 된다. 정주가 성립되기 위해서는 일단 사람이 들어갈 집이 있어야 된다. 콘크리트를 붓든 벽돌을 쌓든 구조물을 만들어야 되며, 이런 구조물이 물질성이라는 것은 당연한 상식이다.

건축에는 이것만 있는 것이 아니다. 2장 2절에서 건축의 실존 기능에 대해서 살펴보았듯이, 건축이야말로 존재론적·실존적 성격이 가장 강한 장르다. 여기에서 정신성이 파생된다. 인간은 건물에 정신적 가치를 부여하고 건물에서 정신적 가치를 찾는다. 어쩌면 미술, 음악, 문학 등 다른 예술 장르보다 정신적 가치가 더 강하게 배어 있을 수도 있다. 생명체도 아닌 건물이 어떻게 정신성을 갖는 것일까. 인간이 들어가서 행동을 하고 산다는 사실이 그 답이다. 건물은 인간을 매개로 인간의 정신성을 나누어 갖는다. 실존하는 인간을 담는 그릇이기 때문에 건물도 실존적인 매개이며 정신성을 갖는 것이다.

이 사실은 매우 본능적이고 본질적인 것이다. 인간이라는 종 자체가 정신적인 존재다. 정신성은 물질성과 함께 인간 실존의 초기 조건을 이룬다. 인간의 모든 문명 행위에는 정신성이 수반된다. 인간이 건물에 몸을 담고 그 속에서 일상을 영위하는 가운데 파생되는 정신성은 자연스럽게 건물에 전이된다. 인간이 관건이다. 건물은 인간과 달리 무생물이어서 처음부터 정신성을 가질 수는 없다. 정신적 존재인 인간이 건물을 짓고 그 속에서 생활하기 때문에 건물도 정신성을 갖게 되는 것이다. 인간이 건물에 정신성을 부여하고 그것을 찾아 나누고 즐기면 그 건물은 정신성을 갖게 된다. 그렇지 못하면 물리적 구조물에 머문다.

　건물도 인간과 마찬가지로 물질성과 정신성이 분리되지 않고 함께 작동한다는 뜻이다. 건축은 가장 물질적이면서 동시에 가장 정신적인 장르다. 문학, 미술, 음악, 연극 등 다른 어느 장르도 콘크리트를 부어 수십 층 구조물을 짓지 않는다. 다른 장르가 가진 물질성은 기껏해야 종이책이나 물감, 악기 정도다. 대부분 추상성에 의존한다. 건축만 유일하게 무지막지한 물질성 위에 기반하며 강력한 물질성을 동반한다. 건축의 물질성은 그대로 인간 실존과 직결된다. 여기에서 정신성이 나온다. 건축은 인간 실존을 담는 어마어마한 기능을 하기 때문에 가장 정신적이다.

　이런 과정을 '동일화'라 부를 수 있다. 인간과 건물의 동일화다. 예를 들어보자. 집에서 포근한 안정감과 정서적 즐거움을 느낀다면 집의 어떤 점 때문에 그러한가. 집 구조와 인테리어 때문일 수도 있고 동시에 내가 집에서 그런 느낌을 가졌기 때문일 수도 있다. 전자가 물질성이고 후자가 정신성이다. 물질성은 동일하게 초기 조건으로 주어진다. 여기에서 정신성을 찾을 수 있는지 여부는 사용자에게 달려 있다. 집 구조와 인테리어는 동일한데 어떤 사람은 포근한 안정감과 정서적 즐거움을 느끼고 어떤 사람은 그렇지 못하다. 전자는 집에 정신성을 부여하고 집에서 정신성을 찾았으나 후자는 그렇지 못한 것이다.

몸에 비유해서 생각해 보자. '맛있는 것을 먹고 기분이 좋아졌을 때 그것은 나의 육체 때문인가 정신 때문인가'라는 질문을 던지면 답은 '둘 다'일 것이다. 음식의 맛을 느끼는 감각 기관은 육체이지만 거기에서 감성과 감정이 발생해서 음식 맛을 평가하고 그 맛에 반응하는 것은 정신이다. 둘은 분리되지 않고 함께 작동한다. 몸이 육체와 정신의 합일체이기 때문이다. 집에도 똑같은 논리가 적용될 수 있다. 집의 물질성은 인간의 육체에, 집의 정신성은 인간의 정신에 비유될 수 있다. 인간에게 육체와 정신이 하나이듯 집도 물질성과 정신성이 하나다. 집에서 살다 보면 의식적이건 무의식적이건 인간의 몸과 집이 자연스럽게 동일해지기 때문이다. 내 몸과 집이 동일화되는 것이다.

동의하지 못하는 독자도 있을 것이다. 집이 인간과 동일하다는 것이나 건물에도 정신성이 있다는 두 가지 주장 모두 이해가 안 갈 수 있다. 모든 건물에는 사회와 개인(건축주)이 중요하다고 생각하는 가치관이 스며 있다. 일반 공공건물에는 넓은 범위의 사회적 가치가 스며 있다. 요즘은 대부분 물질적·기계적 가치를 우선으로 여기는데 이것은 이 사회가 물질문명이고 기계문명이기 때문이다. 사회가 물질적 가치와 기계적 가치를 절대적으로 신봉하기 때문에 건물에도 이 가치가 그대로 투영되는 것이다. 반면 건축가가 정신적 가치를 기반으로 건물을 짓고 사용자, 나아가 사회도 그 가치를 잘 알고 느끼며 즐긴다면 그 건물은 정신적 가치를 갖는 것이다.

건물은 강력한 정신체다. 건물을 물리적 보호처라는 물질성과 기능적 목적만 갖는 것으로 봐서는 안 된다. 건물을 짓고 그 속에 산다는 것 자체가 이미 정신 작용이 수반된 실존적 행위다. 건축의 본질은, 첫째, 물리적 구조체를 짓는 것, 둘째, 그 속에 들어가서 일상생활을 영위하는 것, 셋째, 거기에서 존재의 의미와 역사가 쌓이는 것, 넷째, 실존을 획득하는 것까지, 네 가지 단계를 모두 포괄한다. 이 건축의 본질로부터 정주 조건으로서의 '정신성'이 파생된다. 정신성을 기반으로 '정주'의 둘째 정의를 내릴 수 있다. 바로 '육체와 정신의 합으로 이루어진 인간의 실존을 확보해 주는 것'이다.

다산을 빌고 여신을 담는 집: 생명의 소중함을 새기다

정신성의 구체적인 내용과 사례에 대해서 살펴보자. 가장 중요한 것이 집이 지닌 다양한 종교 기능이다. 종교성은 집의 정신적 가치를 대표한다. 우리가 아는 기독교나 불교 같은 대형 종교가 아니고 원시시대부터 고대에 이르기까지 사람들이 마음속에 품고 있던 절대자에 대한 막연한 숭배 같은 개념이다. 구체적으로는 토템이나 민속 신앙이 이에 근접한다. 현대의 과학 합리주의나 절대 유일신 종교에서 보면 단순한 미신일 수도 있다. 신전도 아닌 집이 종교성을 갖는다는 것은 더욱 수긍하기 힘들다. 지금 사는 아파트 어디를 둘러보아도 종교성은 없어 보인다.

당연히 단순 구조물인 집 자체가 종교성을 가질 리는 없다. 집을 바라보는 인간의 관점과 가치의 문제다. 인류 문명에서 집이 처음 등장했을 때에는 종교성을 가졌다. 너무 먼 과거 얘기가 지금 무슨 소용이냐고 물을 수 있다. 그러나 집에 종교성을 주는 행위 자체가 인간의 본성 가운데 하나다. 이는 사람들이 잘 모르는 비밀일 수 있다. 인간이 행하는 문명 가운데 인간의 본성이 아닌 것은 없다. 집이 종교성을 갖는다는 것이 먼 과거의 얘기 또는 미신으로 치부되는 것은 지금의 가치관을 기준으로 양자택일을 했기 때문이다. 문명과 문화는 반드시 양자택일일 필요는 없다. 물질과 기술이 주도하는 현대 사회에서도 얼마든지 과거 시대의 가치관을 함께 추구할 수 있다.

집의 종교성도 그중 하나다. 종교성이 인간의 본성 가운데 하나이고 인간에게 필요한 것이기 때문이다. 물론 과거의 양상을 그대로 답습할 필요는 없다. 이렇게 되면 진짜 미신이 될 수 있다. 이것을 정신성으로 환원하면 21세기 과학의 시대에도 집의 종교성은 도움이 될 수 있다. 그 도움이란 다름 아닌 인간에게 정신적 안정과 심리적 위안을 주는 것이다. 집에 정신성을 부여하고 집에서 정신성을 찾아 즐기면 집에 마음을 붙이는 데 도움이 될 수 있다. 정신적 안정, 즉 '평안'은 종교의 중요한 기능이기 때문이다. 이것은 중요한 정주 조건으로, 어느 시대에나 필요한 것이다. 이런 집에서는 일상생활이 실존으로 뿌리내릴 수 있다.

집의 종교성은 신석기 시대부터 시작되었다. 앞에 나왔던 디미니가 대표적인 예다. 이곳에서는 후기 신석기인 기원전 3700~3300년경의 주택 단지가 발굴되었다. 주택 N이라 불리는 곳에서는 도기, 보석, 여신상, 동물상 등 여러 유물이 함께 발굴되었다. 이 가운데 여성상이 집의 종교성을 보여준다. 신석기 여성상이라는 뜻의 '스테아토피구스(steatopygus)'다. 우리에게 빌렌도르프의 비너스(Venus of Willendorf)로 알려진 여성상과 같은 모습이다. 이런 여성상을 집에 안치하고 제사를 지냈던 것이다. 이런 점에서 여신상이라 할 수 있다.

이 여성상은 복부와 하체가 비만한 체형이다. 고고미술학에 등장하는 전형적인 다산의 상징이다. 얼굴은 대부분 이목구비를 자세히 묘사하지 않고 도식적으로만 표현했다. 비만한 복부와 하체만 유난히 강조했다. 그만큼 다산에 대한 바람이 컸음을 보여준다. 아직 조각술이 발달하지 않았던 때라 그런 것으로 여길 수 있지만 그렇지 않다. 같이 발굴된 동물상은 매우 정밀한 자연주의를 보여주기 때문이다. 동물상은 가축화가 있었음을 말해준다. 여성상의 몸에 새긴 다양한 기하 문양도 높은 수준의 조각 실력을 보여준다. 지그재그, 평행선, 마름모, 나선형, V 자형 무늬(chevron) 등 다양하다.

여성상은 여러 의미로 해석될 수 있는데 모두 다산과 연관이 있다. 첫째, 여신이다. 여성을 신격화한 것이다. 여신은 지혜, 사랑, 아름다움 등여러 가지를 상징하는데 임신과 다산도 중요한 상징 가운데 하나다. 이런 상징성은 고대에 특히 강해서 고대 여성상은 보통 비만한 체형으로 묘사된다. 둘째, 모계사회의 여성 지도자다. 몸에 새긴 기하 문양 가운데 옷의 문양이나 보석을 그린 것은 지도자급의 장식이다. 일부는 음모를 그렸는데 이는 모계사회의 임신을 상징한다. 셋째, 자웅동체다. 머리가 남근을 닮아 보이는데 이는 사람의 몸에 자웅동체를 표현한 것이다. 몸통을 여성으로 잡은 것은 모계사회에 여성을 중심으로 한 임신을 상징한다.

이처럼 집은 다산을 상징하는 여신을 담는 공간이었다. '신의 집' 개념이 약하게 반영된 형식이라고 부를 수 있을 정도였다. 실제로 원시 – 고대 사회에서는 제사장의 주거가 사원을 겸하는 경우가 많았다. 집은 인간의 종교성이 싹트는 터전이었다. 원시 – 고대 사회에서 다산은 크게 두 가지 의미를 갖는다.

하나는 생명을 향한 염원이다. 물론 다산은 유아사망률이 높고 농사지을 노동력이 절실하던 당시에 이를 충당하기 위한 바람이다. 그러나이 이유만 있었던 것은 아니다. 그 바탕에는 아직 기술이 인간을 대체하고 물질 추적이 가속화되기 전에 가졌던 생명에 대한 소중함이 깔려 있다. 모계사회와 여신이 그 근거다. 이것은 중요한 실존 조건이고 따라서 집이 이것을 행하고 담아낼 수 있을 때 집은 중요한 정주 조건을 만족시키게 된다.

집의 종교성은 개인 차원의 사적 종교가 줄 수 있는 정신적 가치다. 사회와 국가 차원의 목적을 추구하는 공공 분야의 대형 종교가 누락시킨 틈새다. 그 틈새는 스케일이 작다고 해서 결코 하찮은 것이 아니다. 개인의 실존에는 필수적이다. 누군가, 어디에선가 이것을 담당해 주어야 한다. 그 역할을 하는 것이 각자의 집이다. 집이 가져야 하는 정주 조건에 종교성과 정신성이 반드시 들어가야 하는 이유다. 과학과 기술이 발전한 현대에도 여전히 집의 종교성은 필요하다. 어떤 면에서는 더 필요하다. 미신을 믿으라는 얘기가 아니다. 사회와 국가는 인간의 가치를 자본의 효율성으로만 판단한다. 개인의 존재는 숫자로 환원되고 실존은 붕괴된다. 생명의 소중함을 지켜줄 강력한 원군이 필요하다. 집이 갖는 종교성이 바로 그것이다.

풍년, 저장, 제식: 물질을 종교성으로 다스리다

다산이 지닌 다른 하나의 의미는 풍년과 식량 저장이다. 다산을 이 둘과 연관지어 상징하는 예로 미르토스의 여신상(Goddess of Myrtos)을 들 수 있다. 미르토스는 그리스 서해의 작은 마을인데 여기서 발굴된 주택에서 이 여신상이 함께 발굴되었다. 모습은 매우 특이하다. 몸통은 종 형태이고 여기에서 거미처럼 가늘고 긴 팔이 나와서 주둥이를 껴안고 있다. 주둥이는 사람의 목을 늘어트린 형태다. 이런 모습은 다산과 저장을 동시에 상징한다. 종 모양의 몸통은 앞과 마찬가지로 다산을 상징한다. 그런데 이 여신상은 저장 용기를 겸하고 있다. 임신한 여성의 몸을 곡식을 담는 그릇으로 사용한 것으로, 다산과 식량 저장이 같은 의미를 가졌음을 말해준다. 주둥이를 껴안은 모습은 아기를 안고 있는 것처럼 보인다.

목을 늘어트린 모양은 미노아 지역에서 즐겨 사용하던 여신상 형태다.

종합하면 '여신 – 다산 – 식량 저장'의 세 가지 주제가 동일한 종교적 의미를 가졌음을 알 수 있다. 다산과 저장이 여신으로 합해진 것이다. 이를 보여주는 다른 발굴 항목도 있다. 여신상 옆에 66개의 항아리가 함께 발굴된 것이다. 항아리의 의미는 두 가지다. 하나는 여신이 낳은 후손으로, 다산의 바람을 극단적으로 상징한다. 다른 하나는 순수한 저장 용기다. 이것을 66개나 만들었다는 것은 풍년을 기원하는 것으로 볼 수 있다. 여신이 가진 식량 저장의 상징성을 극화해서 풍년을 상징한 것이다. 이런 해석은 항아리의 다양한 형태에 의해 뒷받침될 수 있다. 암포라(amphora), 사발, 병, 솥, 주전자, 항아리, 피토스(pithos) 등 종류부터 다양했으며 각 종류마다 형태를 한 번 더 다양화했다. 이는 자손이 다양하게 태어나는 것을 상징하는 것일 수 있다. 혹은 저장할 곡식의 종류와 저장하는 방식의 다양성을 상징한다고 할 수도 있다.

이상의 두 가지 예에서 '여신 – 다산 – 식량 저장'을 묶은 여러 가지 상징을 설명했다. 임신한 몸매, 가축, 음모, 자웅 동체, 종 모양의 저장 몸매, 다양한 형태의 항아리 등이다. 이런 상징들은 디미니와 미르토스 모두 농업 생산의 중심지였음을 말해준다. 실제로 앞에서 예를 든 두 주택은 창고와 곡식 가공 영역을 갖추고 있었다. 농업 시대에 농산물은 자식에 비유된다. 자식은 곧 노동력이므로 직접적 비유가 가능하다. 간접적으로는 생명의 연장이라는 뜻을 공유한다. 농산물은 나의 생명을 유지하는 자양분이고 자손은 유전자를 통해 나의 생명을 남기는 통로다. 이런 내용은 모두 종교성의 대상이다. 고대의 보편적인 신이 농업 신인 이유다.

원시 – 고대 시대의 집에는 '여신 – 다산 – 식량 저장' 외에 다른 종교성도 있었다. 주로 다양한 제식이었다. 집은 이런 제식이 벌어지는 장소였다. 앞에서 언급한 주택 N에서는 어린아이가 죽으면 묻는 구덩이가 발굴되었다. 집 안에서 매장과 장례까지 치렀던 것이다. 또 다른 예로 기원전 2000년을 전후한 미노아 문명 초기에 크레타 섬의 바실리키(Vasiliki)에서 발굴된 언덕의 주택(House of the Hill)을 들 수 있다. 이 집에서는 각두(穀斗, cupule, 도토리나 밤 같은 열매의 딱딱한 부분을 싸고 있는 모자처럼 생긴 깍정이 부분) 모양의 케르노스(kernos) 화병이 발굴되었다. 포엽마다 조각을 새겼는데 청동기 시대 때 이 정도의 정성을 들인 화병은 보통 종교용 제기일 가능성이 크다. 집 안에서 종교 제식을 행했음을 알 수 있다.

이와 비슷한 또 다른 재미있는 사례가 있다. 지금의 산토리니인 테라의 아크로티리(Akrotiri in Thera)에서 발굴된 제3제스테의 주택(House Xeste 3)은 아예 집 안에 종교 제식을 위한 별도의 공간을 갖추고 있었다. 이 제식은 여성의 초경을 축하하는 것으로 요즘의 성인식 같은 것이었다. 임신이 가능해진 것을 축하함과 동시에 성인이 된 여성에게 다산을 비는 종교 제식이었다.

이처럼 집의 종교성은 다산에서 시작해서 제식까지 포괄하는 다층적 상징 구도를 가질 수 있다. 신전, 사원, 교회 등 공공 차원의 사회 종교가 하는 일을 상당 부분 집에서 담당한 것이다. 이런 경향은 청동기 시대에 남유럽 일대에서 특히 심했다. 마을 구조부터 여기에 맞게 형성되었다. 마을 전체에 공공 기념비 개념의 종교시설이 따로 없었다. 이는 동일한 청동기 문명이던 메소포타미아나 이집트의 오리엔트 문명과 대비된다. 오리엔트 시기에는 도시 중심에 신전과 왕궁으로 이루어진 강력한 공공 영역이 있었다. 이는 제사장의 권력을 가진 중앙 정부에서 종교성을 담당했다는 뜻이다. 반면 지중해의 남유럽 지역에는 종교성이 개별 주택으로 분산되어 분포되어 있었다. 종교 행위가 집 안에서 일상생활과 함께 늘 행해졌던 것이다.

다산이 풍년과 식량 저장을 거쳐 종교적 제식까지 이어지는 고대 청동기 시대의 이런 현상을 어떻게 해석할 수 있을까. 먼 과거의 미신이라고 치부할 수도 있을 것이다. 그러나 오히려 현대 물질문명에 대한 중요한 교훈을 얻을 수도 있다. 물질을 대하는 태도, 즉 물질을 종교성이라는 정신으로 다스리는 생활방식을 배울 수 있다. 농업 기술이 발달하지 않았던 시대에는 식량을 싸워서 빼앗지 않고 종교적 바람으로 대신했던 것이다. 노동력을 최대한 확보해서 열심히 경작하고 이렇게 얻은 농작물을 보관하는 선을 지킨 것이다. 이런 태도는 특정한 날 종교시설에 갔을 때만 가졌던 것이 아니라 집 안에서 일상생활과 함께 늘 가졌기 때문에 그 효과는 더 컸다.

전쟁이 본격화되는 부계사회 이전에 출현한 모계사회의 미덕일 수도 있다. 생명을 잉태하는 모태의 가치가 지배하던 시대였고 이런 점에서 앞에 나왔던 생명에 대한 염원과도 맞닿아 있다. 이런 종교성을 여신과 연관지어 표현한 이유도 설명된다. 이는 원시 공동체의 미덕이기도 하다. 모계사회에서는 아직 원시 공동체가 살아있었다. 지금도 일부 오지 마을에 미약한 형태로 남아 있다. '나눔의 미학'이 미덕의 핵심이다. 표면적으로는 우호적인 사회관계의 산물이지만 그 바탕에는 개개인의 물질관이 깔려 있다. 사회 구성원이 물질에 대한 욕심이 없기에 가능했다. 이것을 가능하게 해준 것이 앞에서 언급한 집의 종교성이다.

요즘 우리는 집에 종교성을 심지 않는다. 종교성은 교회나 성당이나 사찰에 맡긴다. 간혹 집에 십자가나 성모 마리아상이나 불상을 두기도 하고 집에서 기도를 드리기도 한다. 하지만 그런 종교성으로 물질을 다스리려는 노력은 잘 보이지 않는다. 날이 갈수록 물질에 종속되어 간다. 종교마저도 그렇게 되면서 종교 본연의 역할을 잃었다. 종교의 종류와 상관없이 종교 전체가 쇠락하고 있다. 우리는 좋은 집에 살면서 청동기 시대 때 집이 지녔던 종교성을 미신이라며 비웃는다. 하지만 우리의 정신성이 그들보다 건강하다고 말할 수 있을까. 우리는 요즘 집에 어떤 신을 담고 사는가. 물신이 아니라고 말할 수 있을까. 점을 보는 행위는 또 어떤가. 점 시장은 날로 성장 중이다. 집의 종교성은 물욕을 다스려야 하니 싫은 것이고 점을 보는 것은 물욕을 합리화시켜 주니 좋은 것이다.

종교성은 인간의 본성이어서 사라지지 않는다. 인간이 살아있는 한 어떤 형식으로든 분출된다. 그렇다면 바람직한 방향으로 가져가야 한다. 물신을 숭배하면서 정신과 몸을 차례대로 망가뜨리지 말고 정신적 안정을 취하는 쪽으로 가야 한다. 물질성으로 극단화된 집의 가치를 바로잡아주는 강력한 교정 기능을 찾아야 하는데, 그것이 바로 집의 종교성이다. 집의 종교성은 나에게 꼭 필요한 물질의 선을 지키는 혜안을 줄 수 있다. 나의 본성과 경제력에 맞는 집을 찾아 만족하며 살 수 있는 힘을 줄 수 있다.

'뼈의 집': 평생 살다 뼈를 묻는 곳

이상과 같은 구체적인 고고학적 발굴 외에 집의 정신성을 보여주는 좀 더 인류학적인 주제도 있다. 일상생활과 관계된 좋은 예로 '뼈를 묻는 곳'이라는 개념이 있다. 시간을 한참 거슬러 집이 탄생되던 시절로 가보자. 앵글로색슨족 사이에는 '뼈의 집(banhaus=bone house)'이라는 개념이 자신이 거주하는 곳에 대한 권리를 주장할 근거로 통용되었다. 집의 소유권이 등기소의 등기부등본이 아닌 '내가 뼈를 묻는다는 사실'에 있는 것이다. 정주 조건을 기준으로 한 소유권이다. 등기부등본은 사회적 계약이 보장해 주는 소유권이다. 그 이전에 더 근원적인 소유권도 있었던 것이다. 실존과 정주가 보장하는 소유권이다. '내 집이 과연 나의 실존과 정주를 담아낼 수 있는가'라고 물었을 때 '그렇다'라고 한다면 소유권이 인정되고 '아니다'라고 한다면 소유권이 인정되지 못하는 것이다.

이 개념에는 깊은 뜻이 있다. 단순히 식구가 죽었을 때 말 그대로 땅을 파고 '뼈를 묻는' 물리적 행위만을 의미하지 않는다. 여러 가지 전제 조건이 있다. 최소한 두 가지가 만족되어야 가능한 행위다. 하나는 오랜 기간 집에 머물러야 하고 집에서 정신적 안정을 얻어야 한다. 죽은 사람의 뼈를 묻는 것은 간단한 일이 아니다. 매장 문화는 어느 사회에서나 매우 중요한 사안이다. 종교의 종류를 가르기까지 한다. 죽기 직전에 이사를 간 집에서 뼈를 묻기란 쉽지 않다. 식구들끼리 싸우고 미움이 지배하는 집에서도 뼈를 묻을 수 없다. 다른 하나는 첫째 조건의 연장선에서 종교성이 바탕에 깔려 있어야 한다. 첫째 조건에서 말한 정신적 안정이란 결국 종교성이다. 세상을 떠난 부모의 뼈를 내준다는 것은 집이 종교성을 가질 때나 가능한 일이다.

'뼈의 집'이라는 개념도 먼 과거의 미신으로만 볼 일은 아니다. 이는 우리가 집에 부여할 수 있는 정신적 가치를 말하는 것이자 집의 중요한 정주 조건을 말하는 것이다. '뼈를 묻는다'라는 말은 지금도 일상에서 쓰곤 한다. 보통 직장과 관련해서 평생직장이라는 뜻으로 쓴다. 집과 관련해서도 쓴다. 이사를 갔을 때 다시는 그곳을 뜨지 않고 죽을 때까지 눌러 살겠다는 의지를 다질 때 쓴다. 이처럼 '정착'과 '평생'의 뜻을 갖는 개념이다. 이는 곧 나의 존재에 해당되는 것이고 따라서 실존 및 정주와 연관된다. 실존을 확보해 주는 정주 조건을 말하는 것이다.

집이 뼈를 묻는 곳이 되기 위한 가장 좋은 조건은 그곳에서 태어나서 평생 사는 것이다. '탄생 – 일생 – 죽음'의 생애주기 전체를 한곳에서 보내는 것이다. 전통시대에는 집에서 아기를 낳는 경우도 많았다. 스스로 출산해 본 경험이 있거나 아기를 받아본 경험이 있는 나이 많은 여성이 이 과정을 주도했다. 준비물은 더운 물과 광목 끈이 전부였다. '내가 이 아이의 탯줄을 끊어주었다'는 말도 있었다. 이 말은 한 인격체의 탄생을 주도했다는 뜻으로 그만큼 인간과 인간 사이의 인격적 교류를 상징하는 것이었다. 이처럼 집이 뼈를 묻는 곳이 되는 가장 적절한 경우가 바로 집에서 태어나서 그곳에서 일생을 보내는 것이다.

앞의 주택 N에 나왔던 죽은 어린아이를 묻는 구덩이도 조금 다르긴 하지만 집에 뼈를 묻는다는 점에서 공통점이 있다. 이 구덩이는 단순한 매장 장소가 아니었다. 불에 구운 진흙으로 윤곽을 짰으며 옆에 식량창고를 갖추고 있었다. 어린아이의 죽음에 특별한 의미를 부여했음을 알 수 있다. 유아 사망률이 높던 시대였는데 이는 농업 생산과 직결되는 문제였다. 지금은 인구가 소비 경제의 핵심이지만 당시에는 농업 노동력의 핵심이었기 때문이다. 어린아이가 죽는다는 것은 종교적으로 해석될 소지도 있었다. 농업 신이 노해서 노동력을 주지 않는다는 해석이 가능했다. 어린아이가 죽으면 신을 달래기 위해 제사 같은 종교 제식이 필요했을 것이다. 식량창고를 갖춘 점이 이런 해석을 뒷받침한다.

'뼈의 집'에서 '뼈'는 단순한 육체의 일부가 아니다. 실존의 정신이 깃든 종교적 상징물이다. 여기에 해당되는 철학사조도 있는데 바로 유심론적 일원론(physical monism)이다. 인간의 몸과 관련해서 육체와 정신, 즉 심신관계에 대해서는 여러 이론이 가능하다. 그 가운데 유심론적 일원론은 정신만이 인간 몸과 존재의 유일한 실체라고 주장한다. 뼈가 종교성을 갖는다는 생각도 이 주장을 적용한 것이다.

이 이론은 세계의 본질과 근원이 영혼, 마음, 이성, 의지 같은 정신적인 것에 있으며 물질적인 것은 정신이 겉으로 드러난 현상이나 가상에 불과하다고 본다. 영국의 철학자 조지 버클리(George Berkeley, 1685~1753)가 대표적이다. 그는 주관적 관념론자로 불린다. 그는 물질의 존재를 부정하면서 비록 세계가 가시적이고 물리적인 현상으로 이루어지지만 그 중심에는 인간의 정신이 있다고 보았다. 이런 정신이 작용해서 겉으로 드러난 결과가 세계 현상이고 물질 현상이라고 했다. '오로지 마음'이라는 뜻의 '유심(唯心)'이라는 명칭도 여기서 나온 것이다. 여기서 정신을 기독교에 적용하면 하나님으로 해석될 수 있다. 존재하는 만물의 근거에는 영으로서의 창조주 하나님만이 있다는 것이다.

버클리의 사상은 독일 철학자 게오르크 헤겔(Georg W. F. Hegel, 1770~1831)에게도 영향을 끼쳤다. 헤겔도 절대적 관념론자로, 물질이란 존재하지 않으며 오직 정신만이 존재한다고 주장했다. 몸의 심신관계에서도 몸의 현상은 영혼의 관점에서만 밝힐 수 있다고 주장했다. 나아가 버클리의 생각을 자신의 변증법에 적용했다. '심(영혼)'을 '정(正)'으로 보고 '신(육체)'을 '반(反)'으로 보았으며 '심'이 '신'에 변증법적으로 작용해서 만들어내는 합을 몸의 현상이라고 했다. 이때 '심'이 '정'의 위치에 있기 때문에 '심'이 인간 존재와 활동의 근원인 것이다. 이런 '심'의 작용이 '신'을 통해 나타나되 반대적으로 나타나는 것이 현실 현상으로서의 인간과 문명 활동인 것이다.

이런 주장을 물리적 구조물로 이루어지는 건축에 직접 대응시키기에는 어려움이 있다. 대응의 가능성이 가장 높은 경우가 상징작용이 극단화된 종교 건축일 것이다. 혹은 의외로 물질성을 지우려는 사이버건축의 가상현실이 해당될 수도 있다. 단, 사이버건축은 정신작용으로 물질성을 제거하는 것이 아니고 오로지 기술 발전과 기능적 목적으로만 이루어지기 때문에 직접 대응으로 보기는 힘들다. 이렇게 보면 종교성이 가장 대표적이다. 종교 건축 이외에 지금까지 살펴본 집의 정주 기능으로서의 종교성도 좋은 예다. 종교성을 바탕으로 집에서 정신적 안정을 얻고 정서적 교감을 꽃피우는 경우다. 이런 효과가 집의 일상생활에서 나타나면 집은 실존을 보장해 준다. 생활체로서의 집이 가질 수 있는 중요한 정주 기능이다.

2. 가정 종교, 죽고 싶은 곳, '몸의 집'

로마 중정형 주택의 벽화와 조각상: 가정 종교의 전성기

신석기 후기 - 청동기 시대 때 형성된 집의 종교성은 로마 시대까지 이어졌다. 앞에서 언급한 로마의 중정형 주택이 그 주인공이다. 중정은 다양한 가족생활이 일어나는 곳이라고 했다. 여기에는 종교 제식도 포함된다. 로마의 종교는 그리스의 신화 체계를 이어받았지만 이와 동시에 차이도 있었다. 차이는 두 가지 방향으로 나타났다. 하나는 황제를 신격화한 국가 종교였고 다른 하나는 개인이 집 안에 가족 단위로 가족신을 섬기는 가정 종교였다. 두 가지 현상 모두 그리스 시대에도 없지는 않았지만 미약했다. 로마 시대에 와서 활성화되었고 다원주의 종교를 구성하는 중요한 부분을 차지했다.

로마인이 모시던 가족신은 다양했다. 신화에 나오는 신들이 보편적이었으나 조상신도 있었다. 이를 위한 종교적 장치도 마련했다. 가족 사당과 벽화가 대표적이다. 가족 사당은 모든 집에 있었던 것은 아닌데 가족 사당을 둔 집은 보통 안마당 한쪽에 큰 테이블 형식으로 마련했다. 안마당과 붙어 있어서 종교 제식은 안마당까지 확장되었다. 사당이 없을 경우 종교 제식은 방 가운데 공공 성격이 강한 곳에서 거행되었다. 타블리눔(tablinum)이 가장 인기가 많았고 연회용 식당과 리셉션 룸도 애용되었다. 타블리눔은 주로 가문의 기록을 모아두거나 조상의 두상 등을 안치한 방인데 이런 성격상 종교 제식과 잘 맞았다.

벽화는 거의 모든 집에서 발견된다. 벽화는 종류가 다양했으며 여러 방에 그렸다. 이 가운데 종교적 내용을 담은 그림은 사당을 비롯해서 종교 제식을 거행하는 방에 주로 그렸다. 벽화는 단순한 종교 기능만 가진 것이 아니었다. 신화 장면은 집을 가상세계로 느끼게 만들었다. 일부 장면에는 창과 그 바깥으로 보이는 경치를 그려서 방이 확장되는 느낌도 만들어냈다. 이런 느낌은 일상을 탈피하는 환상 작용을 일으켰다. 집은 즐거운 놀이터가 되었다. 종교성이 딱딱하고 부담스러운 정신성이 아닌 즐거운 놀이 기능으로 전환되었다.

명작을 모방하기도 했다. 대상은 주로 그리스 본토의 고전작품이었으며 일부는 로마 시대에 들어와 그려진 이전 시대의 명작이었다. 이 경우 그 방이나 집 전체가 미술관이 되었다. 종교성에 예술성까지, 정신성에 정서와 감성까지 더했던 것이다. 명작 모방은 기원전 2세기에 등장한 신흥 부자들이 자신의 문화적 정체성을 확보하는 수단으로 활용한 측면이 강했다. 기원전 148년에 마케도니아를 합병하면서 동방을 기반으로 삼는 신흥 부자들이 탄생했다. 이들은 그리스에서 고전 예술품을 수입해서 부를 일구었다. 이 과정에서 부의 기반이었던 동방의 고전예술을 자신들의 집 안 가득 그려서 집을 미술관으로 만들어버린 것이다. 스스로를 수준 높은 예술 애호가라고 여기는 사람들은 그리스 본토에서 직접 원본 작품을 들여와서 설치하기도 했다.

벽화의 종교 주제에는 엄격한 규칙은 없었지만 대략의 형식은 있었다. 가장 상식적인 방향은 방의 성격, 기능, 분위기에 맞는 주제를 선택하는 것이다. 예를 들어 타블리눔과 리셉션 룸처럼 형식성이 요구되는 방에는 전쟁 관련 신화와 영웅 같은 비극적인 주제가 잘 맞았다. 반면 연회용 식당처럼 부드러운 분위기가 요구되는 방에는 비너스나 디오니소스 같은 사랑과 축제와 관련된 희극 주제를 그렸다. 어느 경우건 종교적 목적에 맞게 도덕적으로 엄숙한 분위기를 풍기게 그렸다. 풍경화도 성스러운 분위기를 풍기도록 그렸으며 정물화는 신에게 바치는 제물로 형식화했다.

집의 종교성에서는 조각품도 벽화와 비슷한 기능을 했다. 집 안 전체로 보면 여러 종류의 조각상이 비치되었다. 순수한 장식물, 집 안 조상 가운데 유력한 정치인의 두상, 신화의 주인공, '검투사 – 집 관리인 – 노예 – 비너스' 등으로 이루어진 작은 테라코타 세트, 앉아서 사색하는 철학자, 양의 젖을 짜는 노인, 팔을 휘두르고 있는 원숭이 등 매우 다양했다. 가장 무게가 있는 것은 종교 제식과 관련된 신화의 주인공이었다. 좀 더 가족에 치중한 사적 성격의 신도 있었다. 대표적인 것이 가정 사당에 모신 고대 로마의 가정 수호신인 라레스(Lares)와 개인과 지역을 지켜주는 여러 토속 수호신이었다.

이런 종교적 조각품들이 갖는 기능은 앞에서 말한 벽화와 같다고 볼 수 있다. 이렇게 종교성이 확보된 뒤 로마인들은 다양한 종류의 다른 조각상들을 재미있게 즐겼다. 벽화와 합해져 집은 재미있는 놀이터가 되었다. 예술성도 마찬가지였다. 벽화가 미술관 역할을 했던 것과 좋은 짝을 이루며 미술관의 수준과 가치를 높여주었다. 벽화와 조각을 합해서 보면 집은 종교 시설인 동시에 미술관이자 놀이터였다. 이런 환경은 모두 집에 요구되는 종교성이라는 정주 조건을 부담 없이 받아들이는 데 도움이 되었다. 사회의 공공 영역에서 담당하는 여러 기능을 집에서 소화해 낸 것이다.

로마 중정형 주택은 이처럼 가정 종교의 가능성을 보여준 좋은 사례다. 가정 종교는 민속신앙이 극도로 발달한 일본이나 인도 같은 곳에서는 지금도 유지되고 있다. 우리나라에서는 현재 사회 분위기상 이런 현상이 바람직하지 않게 받아들여질 수 있다. 그러나 집에 종교 제식을 들이는 문제는 심각하게 생각해 볼 필요가 있다. 지금의 한국 사회가 정신적으로 힘든 때라서 더 그렇다. 원론적인 차원에서는 지금까지 살펴본 바와 같이 집에 종교성이라는 정신적 가치를 부여하는 것이 출발점이 될 수 있다. 좀 더 적극적으로는 기독교와 불교 같은 대형 사회 종교를 집으로 연장시켜 종교 생활을 일상에 이식할 수도 있다. 어느 경우건 집에 종교의 가치와 숨결을 불어넣는 일은 꼭 필요한 정주 조건 가운데 하나다.

'죽음'과 '집': 공적 영역과 사적 영역 간 관계의 문제

죽음은 인간에게 정신성을 주는 현상이다. 죽는다는 것 자체야 육체 작용이 멈추는 것이니 물리적인 현상이다. 그러나 인간에게 영이 있다고 믿는 사람에게는 죽음이 종교적인 문제가 된다. 육체가 죽은 다음에 영이 어떻게 될 것인가는 종교의 영역이다. 종교와 별개로 죽음을 인식하고 그 의미를 철학의 대상으로 삼는 것은 정신적 영역에 속한다. 그런데 최소한 최근까지 집은 죽음이 가장 빈번히 일어나는 곳이다. 따라서 정주 조건으로서의 집의 정신성에서 죽음의 문제, 즉 '죽는 곳'의 문제는 빠질 수 없다.

이 문제와 관련해서 두 가지 질문을 해보자. '어디에서 죽고 싶은가'와 '어디에서 죽는 것이 좋은가'다. 앞 질문에 대한 답은 '일류 병원'이고 뒤의 질문에 대한 답은 '내 집'이다. 두 곳이 불일치하다는 것은 그만큼 지금 우리의 집이 중요한 정주 조건 한 가지를 잃고 있다는 뜻이기도 하다. 집이 '뼈를 묻는 곳'의 기능을 상실한 것이다. 나의 집이 내가 죽을 곳도 아닌데 마음을 붙이기란 쉽지 않다. 중간에 잠시 머무는 곳일 뿐이라는 '종교적 노숙', 즉 '나그네' 개념을 강화시켜 줄 뿐이다.

'죽는 곳'이 '집'에서 '병원'으로 전이되는 현상은 우리나라에서만 나타나는 것이 아니라 산업화가 완성된 나라에서 공통적으로 나타난다. 산업 사회에서 이런 전이는 보통 바람직한 현상, 즉 사회가 문명화되고 잘 살게 된 지표로 인식된다. 이 문제는 '사적 영역 vs. 공적 영역'의 주제로 환원할 수 있다. 공공성은 인류 문명이 탄생한 이래 늘 중요한 사회적 주제였는데 산업화 과정에서 특히 강화되었다. 공공성은 산업화로 이룬 부를 바탕으로 사회가 짊어지는 공적 책임을 뜻하기에 보통 긍정적 가치로 통용된다. 이 과정에서 사적 영역에 머물러야 할 일들이 공적 영역으로 흡수되는 일도 일어난다. 죽음도 그중 하나다. 죽음은 원래 개인의 사적인 일이고 집이라는 사적 영역에서 처리해야 하는 일인데 이것이 병원이라는 공적 영역으로 전이된 것이다. 집의 속살이 공적 영역에 노출된 것으로 볼 수 있다.

이런 전이 과정을 보여주는 좋은 예로 19세기 영국의 빅토리아 사회를 들 수 있다. 3장 2절에서 이 시대의 이상적 가정에 대해서 살펴보았다. 그 내용은 여러 가지였는데 '사적 – 공적' 영역의 관계를 설정하는 문제도 중요한 부분을 차지했다. 여기에서 '죽고 싶은 곳'이라는 이상적 가정의 조건 가운데 하나가 나왔다. 그 연유는 다음과 같다.

우선 '사적 – 공적' 영역의 관계를 살펴보아야 한다. 빅토리아 시대 때 이 관계는 두 단계로 나타났다. 가장 기본적인 단계가 사회의 공적 기능을 강화하면서 가정의 전통적인 사적 기능을 지키는 이분법이었다. 다음 단계는 공적 기능이 가정 내부로 침투한 것이었다. '집'에서 두 가지 영역 모두를 포괄하는 쪽으로 기능이 확장된 것이다. 이상적 가정은 산업혁명 이후 점차 강화되어 가는 공적 기능을 이끌면서 동시에 전통적인 사적 기능도 유지해야 했다.

이런 양면성은 두 가지 영역 모두에서 성공하고자 하는 빅토리아 부르주아의 바람을 반영한 것이었다. 이 시기만 그랬던 것은 아니다. 이는 가부장제 시대 때 가장에게 부여된 영원한 숙제인 '집 vs. 사회'의 양면성과 다름없다. 둘 모두를 만족시키는 것이 성공한 인생의 지표였다. 화목하고 안정적인 가정을 유지하는 것은 물론이고 직업 활동에서도 성공하고 사회적 존경까지 받아야 했다. 빅토리아 시대의 부르주아 가장은 이런 바람이 유난히 큰 계층이었다.

이상적 가정이 두 영역 모두를 만족시켜야 한다고 할 때, 사적 영역에서 성공해야 하는 이유는 이해하기 쉽다. 가정은 원래 사적 영역이기 때문이다. 하지만 공적 영역에서의 성공은 가정 밖의 일이라 언뜻 가정과 연관이 없어 보인다. 하지만 연관이 있었다. 가족주의를 통한 노동력의 확보, 근면성실 등 사회 도덕률의 강조, 공사의 명확한 분리를 통한 공적 영역의 공정한 관리통제 등 가정도 여러 측면에서 공적 영역과 관계가 있었다. 가정에서조차 두 영역이 함께 작동하면서 서로에게 영향을 끼쳤다. 한 개인으로 보더라도 어느 한쪽 영역에서 성공하지 못하면 다른 영역에서도 성공하지 못한다는 사회적 인식이 퍼져 있었다.

빅토리아 시대에는 두 영역 가운데 굳이 중요성을 따지면 공적 영역으로 무게가 쏠렸다. 이 시기는 영국의 근대 초반에 해당되는데 이 단계에서는 대부분의 나라에서 사회적 안정과 성장이 우선시되었기 때문이다. 보통은 '멸사봉공(滅私奉公)'(개인을 희생하고 공공의 이익을 위함)의 정신이 사회적 슬로건으로 통용된다. 가정의 희생을 요구하는 과도한 노동시간이 대표적이다. 이런 사회에서 집은 그야말로 '잠만 자는 곳'이 된다. 가정과 집은 사회적 가치관을 지탱하는 구성 요소가 된다. 우리가 걸어왔던 1960~2000년의 근대화 시기도 좋은 예다.

빅토리아 영국도 마찬가지였는데, 특이점이 있다면 다른 나라의 근대화 과정과 달리 가정의 사적 영역도 사회의 공적 영역과 동등하게 중요하게 여겨졌다는 점이다. 가정에 공적 영역에서의 성공 개념을 끌어들인 것도 이런 배경에서였다. 안정되고 조화로운 사회 분위기가 궁극적인 목적이긴 하지만 이를 위해서는 가정부터 안정되어야 한다고 본 것이다. 가정과 사회를 분리해서 사회만 중시한 것이 아니라 가정의 안정을 사회적 발전의 토대로 삼은 것이다. 가정은 사회적 가치를 키우고 뒷받침하는 바탕이었다. 가정에서의 안정이 첫 단계이고 이를 기초로 그다음 단계로 공적 영역에서의 안정과 번영이 가능하다는 것이 사회의 도덕적 가치로 자리 잡았다.

‘죽고 싶은 곳’: 하늘에 유추된 이상적 가정

빅토리아 시대는 이런 가치관이 지배하면서 매우 보수적인 사회를 유지했다. 그 바탕에는 기독교가 있었다. ‘화목한 가정 – 사회의 공적 책임 – 하나님의 나라’의 삼종 세트는 현실 기독교의 표본 가치인데 빅토리아 사회가 이것을 추구한 대표적인 예였다. 빅토리아 시대 때 애창되던 찬송가는 이런 내용을 잘 보여준다. 자주 등장하는 가사나 주제 가운데 이런 이상적 가정 이미지를 단적으로 압축해 놓은 내용이 큰 부분을 차지했다. 크게 두 종류였다.

하나는 ‘행복한 가정(happy home)’으로 치환될 수 있는 말이다. 대표적인 것이 ‘하루 종일 열심히 일한 뒤에(with work over for the day)’라는 구절이다. 이 말 속에는 안정적인 직장을 바탕으로 가정을 책임지는 가장의 역할을 강조하는 뜻이 들어 있다. 낮 동안 좋은 직장에서 열심히 일한 뒤에 화목한 가정으로 향하는 발걸음을 노래한 구절이다. 직장도 좋고 가정도 화목해야 나올 수 있는 말이다. '사적 – 공적' 두 영역 모두에서 성공했다는 의미를 담고 있다. 한국의 군가에도 이와 비슷한 구절이 있다. '보람찬 하루 일을 끝내노라면'이다. 한때 방송에서 한 개그맨이 이 구절을 유행시킨 적도 있었다. 2장 1절에 나왔던 미국 동요 「즐거운 나의 집」도 같은 맥락이다.

또 다른 예로 '잘 차려진 식탁(table spread)'이라는 구절을 들 수 있다. 여기서 식탁은 가정의 중심을 상징한다. 빅토리아 시기의 그림에는 가족이 모여서 기도하는 장면이 자주 나오는데 식탁이 인기 있는 장소였다. 중세 이후 서양 주택의 중심 공간은 전통적으로 거실의 벽난로였는데 이것이 식당의 식탁으로 옮겨간 것이다. 여기에서는 '잘 차려진'이라는 말에 중요한 뜻이 들어 있다. 이 말에는 '사적 – 공적' 두 영역 모두에서 성공했다는 뜻이 담겨 있는 것이다. '잘 차려진 식탁'은 가장이 일정한 경제력을 갖춰야 가능한 것이며 이를 위해서는 사회적으로 안정된 직업을 가져야 한다. 또한 사회는 각 가정의 식탁을 채워 넣을 만한 생필품을 안정적으로 생산할 수 있어야 한다. 이는 공적 영역에서의 성공에 해당된다. 또한 식사 시간에 온 가족이 모일 수 있는 화목함이 전제되어야 한다. 이는 가족주의로 사적 영역에서의 성공에 해당된다.

이런 내용은 전통적인 가정의 중심인 벽난로와 좋은 대비를 이루며 근대화라는 변화된 사회상을 반영한다. '벽난로'가 지닌 의미는 대체적으로 '식탁'이 지닌 의미와 반대된다. 웬만큼 형편이 어려운 경우가 아니면 집에 벽난로는 갖출 수 있었다. 사회 전체가 가난했던 중세나 근대화 이전의 르네상스 – 바로크 시대에 벽난로가 유행한 데서 이를 알 수 있다. 가족이 모이기 위해 잘 차려진 식탁이 꼭 필요했던 것은 아니다. 사회적으로 필요한 것은 벽난로를 만들어 사용할 벽돌과 땔감이면 되었다.

다른 하나는 '하늘(heaven)'이다. 기독교에서 '하늘'은 특별할 것이 없는 당연한 단어이지만 앞의 '행복한 가정'과 함께 보면 이 둘은 동의어가 되어 특별한 의미를 생산한다. 이상적 가정으로서의 행복한 가정이 종종 하늘에 유추되었으며 동의어로 제시되기까지 했다. 하나님의 나라가 땅 위에 구현된 것을 행복한 가정으로 본 것이다. 집의 사적 기능을 종교성으로 보았으며 사회의 공적 기능도 여기에서 확보된다고 믿었다. 기독교 국가의 선형으로 볼 수 있다.

이상적 가정의 기준으로 '죽고 싶은 곳'이 나온 것도 여기에서였다. 기독교에서 '하늘'은 여러 가지 뜻을 지니고 있는데 '탄생'과 '죽음'의 양 끝이 대표적이다. '탄생'은 절대자 창조주의 생명 창조를, '죽음'은 사후에 들려 올라가 심판 뒤에 구원을 받게 되는 '하늘나라'를 각각 의미한다. 이상적 가정의 조건인 '죽고 싶은 곳'은 이 가운데 후자에서 나온 것이다. 기독교는 사후 구원을 믿는 종교인데 행복한 가정이 하늘에 유추된다면 이는 곧 행복한 가정을 '죽고 싶은 곳'으로 생각한다는 뜻이다. 식탁에서 기도하는 그림은 이를 보여주는 좋은 예다. 이 시기 가정에는 실내장식 용품도 기독교 예술품이 많았다.

현실적으로 보더라도 가족이 있는 집은 분명 투병의 고통과 임종의 두려움을 조금이라도 덜 수 있는 장소다. 이것은 거친 세상을 살아가는 데 매우 중요한 정주 조건이며 또한 집의 정신성에서 빠질 수 없는 항목이다. 영국 사회의 전통인 가정의 중요성에 기독교적 세계관이 합해지면서 나온 개념이다. 집에 마음 붙이고 사는 것이 죽음의 문제로 연결되고 궁극적으로 하늘나라에까지 비유될 수 있음을 보여준다. 빅토리아 시대에는 죽음을 이런 집 안의 내 침대 위에서 맞았다. 임종은 오로지 가정이 감당할 일로 가족과 소수의 친지만 자리를 지켰다. 집은 한 개인이 투병과 죽음의 괴로움에 맞서서 싸우고 위로받는 하늘과 같은 공간이었다. 3장 2절에서 살펴본 '도피'를 '죽음'에 적용한 개념이었다.

이것은 가정이 세속 공간(secular space)이지만 종교성을 확보하고 그 기반 위에서 화목한 가정을 이룬다면 성스러운 공간(sacred space)까지도 될 수 있다는 뜻이다. 이렇게 되면 집에서 죽는 것은 곧 교회에서 죽는 것과 같아진다. 크리스천에게 병원이 아닌 교회에서 죽을 수 있다면 그 이상 좋은 일은 없을 것이다. '사적 – 공적' 영역의 짝이 죽음을 매개로 '세속적 – 성스러운'의 종교적 짝으로 발전했으며 집의 종교성이 그 중간 고리로 작용했다. 집은 '사적 – 공적' 영역에 이어 다시 한 번 '세속적 – 성스러운'의 짝이 합해져 만나는 장소가 되었다. 그 결과로 나타난 것이 '죽고 싶은 곳'으로서의 이상적 가정이었다.

지금까지 설명한 것은 말 그대로 '이상적 가정'이었다. 빅토리아 사회에서는 기독교와 공적 영역이 합세한 사회 가치가 개인을 억압하는 부정적인 현상도 나타났다. 이상적 가정의 가치가 성립되고 유지되기 위해서는 전제가 필요했는데 여기에서 부정적 측면이 파생되었다. 보통 얘기하는 국가 이데올로그의 억압 구도였다. 가정과 개인에게는 국가 권력과 공적 영역에서 제시하는 가치와 이데올로그를 충실하게 좇아야 한다는 의무가 강하게 주어졌다. 현실 정치에서도 실제로 기독교가 정치권력과 손잡고 이런 복종을 강요했다. 교회는 세속 권력을 위해 봉사했으며 그 대가로 여러 종류의 혜택과 이권을 챙겼다.

어느 시대 어느 사회에나 있는 공권력의 횡포인데 빅토리아 사회도 예외는 아니었다. 역설적으로 이런 환경에서 가정의 가치는 더욱 소중하게 빛난다. 이런 횡포를 막아주는 방패 역할을 할 수 있기 때문이다. 그렇다고 사회와 완전히 분리되어 폐쇄적으로 숨는다는 뜻은 아니다. 이것은 공적 책임을 회피하는 것으로 바람직하지 않은 방식이다. 가정은 사회에 요구되는 기능을 나누어 담당함으로써 공적 책임은 다하면서 동시에 안전한 보호처 기능도 해야 했다. 빅토리아 가정에 요구되던 두 가지의 짝 기능, 즉 '사적 – 공적' 영역과 '세속적 – 성스러운' 영역의 짝이 좋은 예였다.

빅토리아 시대에 융성했던 예술운동도 이런 두 가지의 짝 기능을 포괄했다. 미술공예운동(Arts and Crafts Movement), 중세주의(Medievalism), 기독교 사회주의(Christian Socialism), 빅토리안 고딕(Victorian Gothic) 등이 여기에 해당되는 여러 세부 운동이었다. 이름과 구체적인 내용은 다르지만 중요한 공통점이 하나 있었다. 이들 운동은 기독교를 기반으로 세속 예술에 강한 정신성을 부여하려는 운동으로 사회의 공적 영역과 가정의 사적 영역 모두에 모범을 세우려 했다는 것이다. 네 가지 운동 모두 이상적인 가정을 제시했는데 그 내용은 지금까지 살펴본 내용들과 대체로 같았다.

'몸의 집'과 '동일화'의 완성: '부재'로 '존재'하는 위대한 일상

집의 정신성에 대해서 여러 내용을 살펴보았다. 지금까지 제시한 정신성의 여러 내용이 종합적으로 만족된 상태를 '몸의 집(lichama)'으로 정의할 수 있다. lichama는 영어의 고어로 원래는 '살아있는 사람의 몸'이라는 뜻이다. 그런 '몸'을 '집'에 비유했다. '집'은 무언가를 담는 구조물이다. 몸 이론에서 받아들여 '정신(영혼)을 담는 몸'이라는 뜻으로 확장해서 사용한다. 원래는 정신과 대비되는 육체를 뜻했는데 몸 이론에서 '육체와 정신이 하나로 합해진 몸을 담는 집', 즉 '몸의 집'이라는 뜻으로 확장한 것이다.

이렇게 확장된 뜻은 집의 정주 조건에 대응된다. '몸'과 '집'의 두 단어

가 핵심이다. '몸의 집'이라는 말은 '몸'과 '집'이 같다는 뜻으로 해석할 수 있다. 이때 몸은 육체와 정신이 합해진 상태다. 따라서 집도 물질성과 정신성이 통합된 상태가 된다. 물질성에서 시작한 정주 조건이 정신성을 갖추면서 기본 의미를 완성한 상태가 되는 것이다. 따라서 '정주'라는 말을 넣어 '나의 몸이 정주하는 곳으로서의 집'으로 풀어 쓸 수 있다.

나와 일치가 된 집, 즉 나와 집의 '동일화'가 완성된 상태다. 정주 조건이 만족되어 나의 몸과 집 사이의 불일치가 사라진 상태다. 몸은 나의 존재이므로 이는 집이 나의 존재와 같아졌다는 뜻이다. 실존의 당연한 조건이자 첫째 조건인 '지금 이 순간에 숨을 쉬고 살아있다는 사실' 자체에 대응되는 집의 개념이다. 이런 집은 몸과 실존의 양육 장소(nurturing place)가 될 수 있다. 육체를 잘 보존하고 이것을 바탕으로 정신을 양육하는 것이다. 몸은 실존을 확보하고 정주에 이르게 된다.

집과의 동일화에서 얻어지는 이런 현상들은 집이 우리에게 행복을 주기 위한 중요한 조건이다. 이런 집에서 살 수 있다면 행복한 인생이 될 수 있다. 정상적인 사람이라면 내 몸을 허투루 다루지 않는다. 정성을 다해서 보살피고 유지하고 가꾸며 거기에서 스스로 존재감을 형성하고 느낀다. 집도 이와 같다. 내 몸을 다루듯 집에 정성을 쏟으면 집에서 나의 존재를 가장 확실하게 느낄 수 있다. 이런 집을 얻고 이런 집에서 살면 생의 욕망 가운데 가장 큰 부분이 해소되는 것이다. 거꾸로 보면 지금 한국 사회가 물질과 일류대학과 성공에 병적으로 집착하는 이유가 바로 집이 이런 기능을 상실했기 때문일 것이다.

그렇다면 집이 내 몸과 일치되는 것은 언제일까. 집이 건강할 때다. 이 말의 뜻을 나와 내 몸 사이의 일치에 비유해서 살펴보자. 현상학적 관찰에 기초한 몸의 '존재(presence) - 부재(absence) 관계'라는 주제다. 몸을 통한 현상적 경험은 몸이 존재하는 가장 기본적인 형식이다. 우리가 존재를 확신하는 순간은 내 몸으로 주변 환경의 현상을 직접 경험할 때다. 그런데 이것은 이론적 설명이고 실제 숨을 쉬고 생각을 하면서 살아가는 일상의 순간에서는 이런 경험을 의식하지 않는다.

건강한 상태에서는 특히 그렇다. 생명 현상은 너무 당연하고 자연스럽게 진행되고 흘러가기 때문에 특별히 의식하지 못한다. 몸이 정상적으로 작동해서 '존재'하는 순간은 실은 '부재'하는 것처럼 느껴진다. 존재하는 순간을 명확하게 느끼는 것은 오히려 부상을 당하거나 큰 수술을 받는 등 몸이 정상적으로 작동하지 않을 때다. '존재-부재 관계'라는 말은 여기에서 나온 것이다. 몸의 역설이나 존재의 역설 같은 것으로 몸의 항시성과 존재의 항시성은 몸의 부재를 전제로 성립되는 것이다.

집에도 똑같은 논리가 적용될 수 있다. 집이 가장 명확하게 존재하는 것은 일상이 건강할 때다. 이런 상태에서는 집의 존재를 특별히 의식하지 않고 늘 당연히 그러한 것으로 받아들여 집은 '부재'하게 된다. 가정이 화목한 사람은 퇴근길과 하굣길에 '우리 집은 화목한 가정이야'라고 일부러 의식하지 않는다. 집에 가면 마음이 편해지고 화목한 가족이 있고 따뜻한 집밥 한 끼가 있는데 이것은 늘 그런 것이어서(=존재의 의미) 특별히 의식할 필요가 없는 것(=부재의 상태)이다. 정말로 건강한 집은 부재의 상태로 가장 명확히 존재하는 것이다.

반면 우리가 '집'을 '집'으로 특별히 의식하는 경우는 집이 생활공간으로 작동하지 않을 때다. 대표적인 경우가 불화가 잦을 때다. 집에서 싸움이 끊이지 않고 지옥 같을 때 우리는 '집'을 의식하게 되고 마음속에 그리운 '집'을 그리게 된다. 원래 집의 기능이 아닌 것을 집에서 바라는 경우도 마찬가지다. 부동산투기가 좋은 예다. 이럴 경우 집의 본래 기능인 화목과 정주가 사라지므로 이것을 그리워하며 마음속에 '집'을 의식하게 된다.

'존재-부재' 관계는 집과 나 사이에도 해당된다. 집이 '부재'하면서 '존재'하는 경우를 몸에 대응시키면 '동일화'가 완성된 상태가 된다. 집과 나(혹은 나의 몸)는 하나가 되기도 하고 둘로 분리되기도 한다. 일상이 잘 돌아가는 건강한 집에서는 나의 존재를 따로 느끼지 못한다. 집이 나와 일치가 된 상태로, 집이 나의 존재를 포근하게 끌어안아주기 때문이다. 나 역시 '부재'의 상태로 '존재'한다.

　반면 나의 존재를 특별하게 인식하는 경우는 집과 내가 불일치할 때다. 내가 집과 대립하다 보니 나를 인식하게 된다. 집과 대립하는 싸움이 벌어지니 피아가 갈리고 나를 주체로 명확하게 세워야 한다. 이는 주로 집의 가치가 나의 존재를 벗어난 더 큰 차원에서 정해져 강요될 때 발생한다. 계층 상징성이 좋은 예다. 경제력이 뒷받침되어 부자 동네의 고급 브랜드 아파트에 산다고 해도 이것은 나의 존재가 아니기 때문에 집과 나는 계속 불화한다. 집과 불화하면서 산다는 것은 고된 일이다. 일상이 싸움이 되어서 에너지 손실이 크고 늘 스트레스 상태에서 정신은 병이 든다. 경제력이 받쳐주지 못하는데 허세 때문에 무리해서 이런 곳에 산다면 더 말할 필요도 없다. 불화의 고통은 두세 배로 증폭된다. 일상성은 불행이 되어 나를 옥죈다.

　'동일화'가 완성된 상태는 집의 정신성이 완성되어 '몸의 집'에 이른 상태를 말한다. 이런 집에서는 일상과 내가 조화를 이룬다. 나의 본성과 생활공간이 자연스럽게 하나가 된다. 일상성은 위대한 보호처가 되어 마르지 않는 샘처럼 늘 평안의 상태를 찰랑찰랑 채워준다. 부동산 가치와 계층 상징성이 모두 배제되고 온전히 내가 주체가 되어 자아와 조형 환경이 자연스러운 일치와 조화에 이른 상태다. 불화는 가시고 화목이 지배하는 지상천국이 열린다.

3. 기독교와 불교에서 보는 '집'

성경에 나오는 이상적인 집

반석 위에 지은 집

집이 형성되던 초창기를 비롯해서 로마 시대와 19세기 영국 등의 시기에 집이 가졌던 종교성에 대해서 살펴보았다. 그렇다면 대표적인 종교인 기독교와 불교에서는 '집'을 어떻게 볼까. 성경과 불경에 '집'이라는 단어는 자주는 아니지만 일정 횟수 등장한다. 성경을 먼저 보자.

성경에서는 집에 대해 기독교 교리에 충실해서 신앙심의 기반 위에 지어야 한다고 말한다. 히브리서 11장 7절이 대표적이다. "믿음으로 노아는 아직 보이지 않는 일에 경고하심을 받아 경외함으로 방주를 준비하여 그 집을 구원하였으니 이로 말미암아 세상을 정죄하고 믿음을 따르는 의의 상속자가 되었느니라"라는 구절이다. 노아는 성경에서 신앙심을 대표하는 인물 가운데 한 명이다. 이런 그답게 하나님의 명령 하나만 믿고 배를 만들었다. 성경에서는 이런 배를 '집'이라 했고 구원을 받았다고 했다. '오로지 믿음으로 지은 집'이라 할 수 있다.

기독교에서 가장 바람직하게 보는 집이다. 이는 종교적 노숙 개념과 맞닿아 있다. 이생은 영원한 안식이 없는 나그네 삶이지만 그 가운데에서도 최선의 안식은 '믿음으로 지은 집'이다. 이런 집은 하나님이 지구상의 모든 생명을 물로 쓸어버리는 대홍수의 정죄와 멸망 가운데에서도 이를 피해 구원받는 일까지 가능하게 해준다. 전 지구가 멸망을 당하는 가운데에서 유일하게 살아남는 일까지 가능하게 해준다. 이는 '영원한 안식에 들기'에 비견할 만하다. 나그네 인생을 종교적으로 극복한 개념으로 볼 수 있다.

믿음의 반대편에는 '죄'가 있다. 죄에 머물면 '집', 즉 안식에 들지 못한다. 요한복음 8장 34~36절이 대표적이다. "죄를 범하는 자마다 죄의 종이라. 종은 영원히 집에 거하지 못하되 아들은 영원히 거하나니 그러므로 아들이 너희를 자유롭게 하면 너희가 참으로 자유로우니라"라고 했다. 이런 죄에서 벗어나 '영원히 거할 수' 있는 이는 하나님의 '아들' 예수뿐이다. 원죄에 물든 인간은 예수를 통해서만 종교적 노숙의 이생에서 최선의 안식을 얻을 수 있다.

믿음 위에 지은 집이라는 개념은 '반석(盤石)'으로 이어진다. 굳건한 신앙심으로 이루어진 바탕을 '반석'이라 한다. 기독교에서 가장 바람직하게 보는 바탕이다. 바탕은 곧 '기초'다. '기초'는 건축용어이기도 하므로 '집'과 연관될 수 있다. 앞의 '믿음으로 지은 집'과 같은 개념이다. 성경에는 '반석'이 여러 곳에 나온다.

대표적으로 창세기 26장 12~25절을 보자. 이삭이 이 땅 위의 우물을 놓고 세상과 공방을 벌이는 부분으로 '르호봇'이라는 마지막 우물이 등장하는 구절이다. 성경에는 반석이라는 단어가 여러 곳에 등장하는데 그중에서도 이 구절이 가장 대표적이다. 단순히 대표적인 것이 아니라 '장막', '거류', '번성' 등의 추가 개념과 함께 등장하면서 '반석'의 의미를 정주와 관련해서 풍성하게 해석할 수 있게 해준다.

긴 본문을 요약하자면, 이삭은 하나님에게 순종하자 그 보답으로 물질적으로 번성을 누리게 된다. 그러나 시련은 계속 이어졌다. 아직 영원한 안식에 들지 못했던 것이다. 여러 번 거처를 옮겨 다니면서 한곳에 정착하기 위해 노력을 계속했다. 머무는 곳마다 우물을 파지만 그때마다 동네 사람들이 나타나서 그 우물이 자기들의 것이라 주장했다. 이삭은 매번 우물을 포기하고 다시 옮겨 다니기를 계속하다 깊은 골짜기에 이르렀다. 이곳에서 마지막으로 우물을 파고 나서야 겨우 정착할 수 있게 되었다. 이 우물을 르호봇이라 명했다.

이 가운데 17절의 "이삭이 그곳을 떠나 그랄 골짜기에 장막을 치고 거기 거류하며"라는 구절에 '거류'와 '장막'이라는 단어가 나온다. 아직 하나님이 주신 우물을 만나지 못한 중간 과정을 두 단어로 표현한 것이다. 22절의 "이삭이 거기서 옮겨 다른 우물을 팠더니 그들이 다투지 아니하였으므로 그 이름을 르호봇이라 하여 이르되 이제는 여호와께서 우리를 위하여 넓게 하였으니 이 땅에서 우리가 번성하리로다 하였더라"라는 구절에는 '르호봇'과 '이 땅에서 번성'이라는 단어가 나온다. 이 땅에서의 힘든 여정을 믿음으로 이겨내자 마침내 르호봇을 주셨다. '넓은 장소'라는 뜻이다. 골짜기 속 좁은 곳이 넓게 보인 것인데 앞뒤 구절로 보아 신앙과 반석 위에 섰기 때문에 가능했다. 이생에서 여러 번 고난이 계속됨에도 믿음을 포기하지 않고 지키자 비로소 우물을 얻은 것이다. 그리고 그 위에서야 비로소 인간은 '번성'할 수 있게 되었다. 그 이전의 여정은 머물지 못하고 떠도는 '거류', 즉 나그네 인생이기 때문에 번성할 수 없었던 것이다.

여기에서 우리는 '정주'가 '번성'을 낳을 수 있음을 깨닫게 된다. 번성이란 후손이 늘어나는 것일 수도 있고 물질적으로 안정되는 것일 수도 있다. 여기까지는 세속의 기준이다. 기독교에서는 이런 세속 번성의 전제 조건으로 영적 충만이 만족되어야 한다. 결국 번성이란 영적 안정 위에 인간 사회가 화목하게 번영을 누린다는 뜻이다.

'반석 위에 지은 집'이라는 말을 직접 언급한 대표적인 곳이 마태복음 7장 23~27절이다. "불법을 행하는 자들아 내게서 떠나가라 하리라. 그러므로 누구든지 나의 이 말을 듣고 행하는 자는 그 집을 반석 위에 지은 지혜로운 사람 같으리니 비가 내리고 창수가 나고 바람이 불어 그 집에 부딪치되 무너지지 아니하나니 이는 주추를 반석 위에 놓은 까닭이요 나의 이 말을 듣고 행하지 아니하는 자는 그 집을 모래 위에 지은 어리석은 사람 같으리니 비가 내리고 창수가 나고 바람이 불어 그 집에 부딪치매 무너져 그 무너짐이 심하리라." '반석 위에 지은 집'과 '모래 위에 지은 집'을 대비시킨다. 전자는 비바람에 견디니 이는 사람과 가족과 일상생활을 지켜준다는 뜻이고 후자는 그 반대다.

우리 사회를 보자. 인구가 줄어든다고 난리다. 현실적 이유들이 많이 제시된다. 아이를 낳을 상황이 안 되니 안 낳는 것인데, 이를 집을 기준으로 말하면 정주 조건이 깨졌기 때문이라고 할 수 있다. 성경의 '반석 – 번성' 교리에 해당된다. 기독교를 기준으로 하면 집을 반석 위에 짓지 않으니 번성이 사라진 것이다. 물질적으로 쪼들리게 되었고 사회의 화목은 산산이 깨졌으니 인구는 당연히 줄어들 수밖에 없다. 절대 물질이 부족한 것은 아닌데 반석이 깨져서 영이 병드니 스스로 물질적으로 쪼들린다며 자신을 갉는다. 이럴 경우 이생은 '장막에 거류'하는 나그네 삶이 된다. 지금 우리의 모습이다. 수십억짜리 호화 아파트에 살지만 정신적·영적 안식이 깨지면 장막에 불과하다. 집에 마음 붙이지 못하고 욕심을 쫓아 방황하니 안식에 들지 못하고 거류할 뿐이다.

이상이 성경에서 허용하는 이 땅에서의 바람직한 집의 개념이다. 우리가 팔 우물은 인간의 욕심에 따르는 것이 아니며 오로지 신앙 위에 기반한 것이어야 한다. 여기에서 '팔 우물'은 '지을 집'으로 바꿀 수 있다. 성경은 가르친다. 우리가 살 집은 인간의 욕심 위에 지어서는 안 되며 오로지 신앙의 반석 위에 지어야 한다.

시편도 '믿음으로 지은 집'을 말한다. 118장 22절은 "건축자가 버린

돌이 집 모퉁이의 머릿돌이 되었나니"라고 했는데 앞뒤 구절을 함께 보면 이스라엘을 탄압하던 이민족이 세운 건물을 여호와가 믿음을 매개로 부숴서 믿는 자의 집으로 사용했다는 뜻이다. 127장 1절은 이 개념을 더욱 직접적으로 말한다. "여호와께서 집을 세우지 아니하시면 세우는 자의 수고가 헛되며"라고 했다.

'반석 위에 지은 집'의 개념은 '하늘나라의 집'으로 발전한다. 앞에 나왔던 두 찬송가를 보자. 241장 「아름다운 본향」에서는 하늘나라의 집에 대해서 노래한다. "우리들을 위해 예비하신 내 집, 주 예수께서 계신 곳, 왕의 왕 되신 주 우리 쓸 면류관 손에 들고서 기다리네." 607장 「내 본향 가는 길」에서는 표현을 달리해서 "주 예수 예비한 저 새 집은 영원히 영원히 빛나는 집"이라 하는데 여기서 새 집이란 결국 구원을 받은 자들을 위해 하늘나라에 준비된 집이다.

에덴동산과 19세기 미국 가정의 벽난로

성경에 나오는 또 다른 이상적인 집으로 에덴동산을 들 수 있다. 에덴동산은 기독교를 떠나 일반적으로도 낙원의 대명사로 얘기된다. 낙원의 사전적 정의는 '아무런 괴로움이나 고통 없이 안락하게 살 수 있는 즐거운 곳'이다. 누구나 바라지만 현실에서는 불가능하기 때문에 보통 가상의 세계로 제시되거나 죽은 뒤의 세계를 비유적으로 이른다. 서양에서는 유토피아라 부르며, 불교에서는 서방정토, 극락, 초세간 등으로 부른다.

성경에서 제시하는 완벽한 낙원은 두 가지다. 하늘나라와 에덴동산이다. 둘 모두 비현실적인데 하늘나라가 좀 더 비현실적이다. 사후 심판에 의해 구원을 받아야 들어가는 초월적 낙원이기 때문이다. 에덴동산은 이 땅 위에 있었기 때문에 좀 더 현실적일 수 있다. 인간의 원죄가 개입하기 이전에 하나님이 주신 완벽한 생활환경이다. 생태신학을 적용하면 인간이 망치기 이전의 아름다운 자연으로 해석될 수도 있다. 확장하면 인간의 욕심으로 망가지기 이전의 살 만한 정주 환경으로 정의할 수 있다.

성경의 두 가지 낙원은 거꾸로 이 땅의 삶이 종교적 노숙이 되는 근거가 된다. 완벽한 낙원이 인간의 원죄로 인해 실낙원으로 망쳐졌으며 이때부터 이 땅의 생활환경은 살기 힘든 척박한 곳이 되었고 이생은 나그네 삶이 되었다. 원죄와 함께 종교적 노숙 개념이 시작된 것이다. 원죄로 인해서 이곳을 망치고 쫓겨났기 때문에 인간은 지구에서 살아가는 이생 동안 결국 영원한 노숙자가 될 수밖에 없는 것이다.

이런 시각은 지구를 구원으로 가는 길목에 있는 중간 정착지 정도로 인식하게 만든다. 생태신학에서는 이런 시각이 지구가 지닌 고유한 가치를 박탈했다고 본다. 실제로 중세 기독교에서는 이런 시각이 강세였다. 아시시의 프란체스코(Francesco d'Assisi), 이그나티우스 로욜라(Ignatius Loyola), 토마스 아퀴나스(Thomas Aquinas) 등 대표적인 중세 신학자들은 모두 피조물과 지구 자연의 가치에 대해서 얘기했지만 지구 위 인간 문명의 지나친 번성은 미덕으로 여기지 않았다. 자연환경의 영원한 번성도 기독교 교리의 핵심에 있지 않았다. 모두 종교적 노숙을 유발하는 원죄의 연장선에 있다고 보았다. 이런 노숙을 끝내는 영원한 안식은 구원을 받아 하늘나라에 들어야만 가능하다는 것이 기독교 교리의 핵심이다.

이때 두 낙원은 인간의 본향이다. 하늘나라, 즉 하나님의 품은 인간의 창조가 일어난 영의 본향이다. 에덴동산은 하나님이 인간에게 잘 살아보라고 마련해 주신 이 땅 위의 본향이다. 실낙원의 고단한 나그네 삶을 사는 인간은 이 두 본향을 그리워한다. 이것은 인간의 본성이다. 그런데 이런 그리움을 현실적으로 구현할 수 있는 길은 정주 조건을 갖춘 집에서 사는 것이다. 정주 조건을 방해하는 물욕, 과시욕, 잦은 이사, 계층 의식, 가족의 붕괴 등은 본성을 해치는 위험한 것이다.

이상의 내용에 기반하면 성경의 이상적인 집으로 '본향', 즉 에덴동산을 들 수 있다. 에덴동산을 낙원, 즉 유토피아로 치환하면 이는 서양의 문명 활동과 건축 역사에서 중요한 주제였다. 토머스 모어(Thomas More, 1478~1535)의 저서 『유토피아(Utopia)』(1516)는 제목부터 유토피아여서 잘 알려진 대표적인 예다. 이 외에도 서양에는 여러 시대에 걸쳐 법과 행정, 경제와 사회, 국가 모델, 물질 이상향, 이상도시 등과 관련해 다양한 유토피아 운동이 일어났다.

낙원 개념이 가장 확실한 기독교도 빠질 수 없는 사례다. 기독교에서 일어난 유토피아 운동은 종교적 노숙을 극복하고 잃어버린 에덴동산의 낙원을 인간 손으로 구축해 보려는 운동들이었다. 이것을 정주 조건과 통합한 대표적인 예로 19세기 미국의 이상적 가정을 들 수 있다. 앞에서 살펴본 같은 시기 영국 빅토리아 사회의 이상적 가정이 미국으로 이식되면서 형성된 개념이다. 빅토리아 시대에는 '도피'와 '죽고 싶은 곳'이 이상적 가정의 개념이었다. 이 가운데 '도피'는 기독교가 개입하지 않은 사회적 개념이었고 '죽고 싶은 곳'은 기독교가 개입한 개념이었다. 기독교가 개입한 또 다른 개념인 '에덴동산'은 19세기 미국에서 형성된 이상적 가정의 모델이었다.

영국과 미국은 모두 기독교 국가이면서 인종, 언어, 문화의 뿌리가 같은 형제국가다. 미국도 가정의 가치를 소중히 여기는 나라 가운데 한 곳인데 이 전통은 영국에서 건너간 것이다. 이런 나라답게 미국 역시 성경에서 이상적으로 제시하는 가정의 의미와 정주 조건을 실제 현실의 집에 적용하기 위한 노력을 많이 했다. 19세기는 이런 노력이 결실을 맺던 때였다. 아메리카 대륙으로 이주한 뒤 미국인들은 개척기와 1776년의 국가 독립을 거쳤고, 19세기에 들어와 본격적인 사회 건설을 시작했다. 이상적 가정의 모델을 구축하는 일도 중요한 사항이었다. 1870년대에 산업혁명에 돌입하면서 영국 빅토리아 사회와 비슷한 분위기가 형성되었다. 자본과 기술의 폭발적인 성장 속에서 가정의 정신적 가치를 지키는 일이 중요한 사회적 책임이 되었다. 미국은 영국과 마찬가지로 기독교에서 답을 찾았고 그 결과로 모아진 것이 '에덴동산'이었다.

당시 기록 가운데 이 내용을 직접적으로 언급한 구절이 있다. 대표적인 예로 미국의 작가 줄리아 맥네어 라이트(Julia McNair Wirght, 1840~1903)가 쓴 『완벽한 가정: 가정생활과 가사(The Complete Home: An Encyclopedia of Domestic Life and Affairs)』(1881)에 나오는 구절을 들 수 있다. 라이트는 "에덴에 구축된 가정과 우리 앞에 제시된 영원한 가정 사이에 오랜 기간 이어져 온 지상의 가정이 있다. 모든 가정은 긍정적이건 부정적이건 간에 인간성에 큰 영향을 끼친다"라고 적고 있다. 지상의 가정이 지향해야 할 이상적 가정으로 에덴의 영원한 가정을 제시하고 있는 것이다.

라이트는 가정을 세우는 일은 단순히 남녀가 부부를 이루고 집을 짓는 것만으로는 부족하다고 보았다. 가족 구성원의 인간성이 긍정적으로 함양되어야 진정한 가정이 될 수 있는데, 이것은 하나님이 인도한 기독교적 체제로서의 집이어야 가능하다고 본 것이다. 이런 집은 '거룩한(dignified)' 가치를 갖는다. '거룩한'은 바람직한 크리스천의 모델인데 이것이 집에도 동일하게 적용될 수 있는 것이다. 당시 미국 사회에는 이런 집의 모델로 에덴동산을 가정하는 흐름이 있었다.

현실 가정에서 에덴동산의 이상성을 상징하는 상징적인 장소는 '벽난로'였다. 벽난로는 19세기 미국뿐 아니라 서양 가정에서 전통적으로 화목을 상징했다. 상징의 정도가 매우 커서 기독교를 대입하기 이전에도 벽난로는 이미 약하나마 '성스러운'이라는 의미를 가지고 있었다. 19세기 미국 사회에서 이런 의미가 더욱 강화되면서 기독교적 상징성을 갖게 되었다. 벽난로가 없는 가정은 온기가 없는 것으로 간주되었는데 이런 집은 기독교적 의미를 상실한 것으로 여겨졌다. 벽난로는 성경에서 보는 이상적 가정인 에덴동산에서 빠질 수 없는 핵심 요소가 되어 사회적으로 크게 유행했다. 우리가 지금 '서양 가정' 하면 떠올리는 '눈 내리는 추운 겨울날 벽난로 앞에 모여서 담소하는 화목한 가족'이라는 전형적인 이미지가 굳어진 것이 이때였다.

이 과정에서 벽난로를 뜻하는 영어 단어가 'fireplace'에서 'hearth'로 바뀌는 변화가 일어났다. 이는 심장이라는 뜻의 'heart'와 철자와 발음 모두를 비슷하게 맞추기 위해서였다. 벽난로의 중요성을 생명을 상징하는 심장에 비유하며 강조한 것이다. 인간에게 생명을 주고 감정의 원천으로 작용하는 심장의 상징성을 벽난로에 중첩시킨 것이다. 벽난로는 가정의 중심을 넘어 손님을 환영하는 장소로도 애용되었다. 벽난로 앞에서 손님을 환영한다는 것은 곧 친밀하고 가까운 인간관계를 원한다는 뜻이었다.

벽난로의 전형적인 이미지였던 '추운 겨울날'은 기독교적 의미와 합해지면서 '크리스마스이브'로 구체화되었다. 크리스마스카드에 벽난로 그림이 등장하는 것도 이런 미국적 배경에서 나온 것이었다. 벽난로에 땔감이 가득 차 있고 불이 활활 타오르는 장면은 미국 부르주아 가정의 거실이나 패밀리 룸의 이상적인 모델이 되었다. 이곳에서 가족이 모여 따뜻한 불을 쬐면서 화목하게 대화하는 장면은 하나님의 은총으로 상징화되었다. 이런 상징이 가능한 집은 성경의 이상적 가정인 에덴동산이 될 수 있었다. 이것이 하나님이 허락한 이 땅에서의 정주 조건이었다.

성경의 현실적 정주 조건

나그네를 '선대'하라

기독교는 이 땅, 즉 현실에서는 완전한 정주가 불가능하다고 본다. 인간이 이 땅에 짓는 집은 완전한 안식이 될 수 없다. 이 땅에서 인간 손으로 이루는 정주는 잠시 머물렀다 다시 떠나야 하는 나그네 길, 즉 유목적 정주일 뿐이다. 인간의 이동 본능을 파악한 총명한 관찰의 결과일 수도 있고 광야와 사막이 많은 부분을 차지하는 아라비아반도의 자연 환경에서 오랜 기간 살다 보니 나온 결론일 수도 있다. 더 중요한 것은 하나님의 구원에 의해서만 본향의 영원한 안식에 든다는 기독교 교리다. 인간은 이 본향에 들어가야만 완전한 정주가 가능하다. 이 땅에서 한곳에 오래 정착하는 것은 중요하지 않다고 본다.

현실로 돌아와 보자. 이 땅에서의 삶에 대해서 너무 부정적으로 보는 것 같다. 모든 사람이 떠돌이 인생을 살 수는 없다. 현실에서도 바람직한 정주는 있지 않을까. 기독교는 특히 현실 속에서 진행되는 종교라 더 그렇다. 21세기에 노아나 아브라함이나 이삭과 같은 삶을 살 수는 없다. 그렇다면 우리의 주거 생활은 어떠해야 하는 것일까. 성경에도 인간적 정주의 전형을 가르치는 구절들이 있다. 크게 두 방향으로 정리할 수 있다. 하나는 기독교가 보는 인간적 정주의 기본 의미다. 다른 하나는 구체적인 건축 형식이다. 하나씩 살펴보자.

먼저 인간적 정주의 기본 의미다. 성경은 곳곳에서 자기 땅에 들어온 나그네들에게 잘해주라고 가르친다. 이는 나그네 삶이 고향에서의 정착 생활보다 열악하다는 뜻을 내포하는 것이자 인간적 정주를 장려하는 것으로 해석될 수 있다. 성경 시대의 아라비아반도 일대는 성읍과 부족과 국가 간에 적대감이 컸던 때라 이방인에 대해서는 대체로 탄압이 심했다. 구약의 율법은 이런 가운데에서도 대체로 이스라엘로 들어와 살고 있는 나그네를 보호하라고 했다. 신분은 비록 종 취급을 받았지만 가문과 씨족을 이루도록 허락하라고 가르쳤다.

당시 사회 관습에서 이 정도면 큰 자비를 베푼 것인데, 이를 '선하게 대접한다'는 뜻으로 '선대(善待)'라고 한다. 사람 사는 곳 어디에나 있는 '텃세'라는 것에 대한 기독교적 대응이다. 성경은 선대의 근거로 애굽에서 노예로 살며 고초를 겪었던 이스라엘 백성의 과거를 거울삼으라고 상기시켰다(출애굽 23장 9절, 레위기 19장 34절, 신명기 23장 7절). 텃세란 먼저 정착해서 오랜 기간 살아온 사람이 기득권을 주장하며 나중에 들어온 사람을 차별하는 것이다. 성경에서 애굽의 노예살이를 거론한 것은 역지사지(易地思之)의 이치로 나중에 들어온 사람의 처지를 살피라는 뜻이다.

나그네를 종 취급한 것은 현실 세계였고 율법에서는 사회 속의 여러 권리도 보장했다. 안식일의 쉼(출애굽 23장 12절)과 공정한 재판(신명기 1장 16절)이 대표적이다. 더 나아가 일상생활에서도 그랬다. 칠칠절에 음식을 나누어 먹었으며(신명기 16장 11절) 추수한 뒤에는 나그네를 위하여 이삭과 열매를 남겨놓으라 했다(레위기 19장 9~10절).

이런 율법은 무엇을 뜻하는 것일까. 아무리 현실의 삶이 나그네 길이라 하더라도 이 세상에서부터 가능한 한 안정된 정착 생활을 하라는 가르침이다. 그 가능성은 물론 개인에게 있지만 그와 함께 사회적 호의를 제시하고 있다. 자기 마을에 흘러들어온 종 신분의 이방인 나그네에게 생활 속에서 평등하게 대우하는 것은 곧 정주 조건에 해당된다. 한곳에 마음 붙이고 살기 위해서 필요한 조건들이다. 직접 집에 관해 언급하지는 않았지만 함께 살 수 있는 일상을 보장한다는 것은 성경 역시 이생에서의 정주를 바라고 권하고 있는 것으로 해석할 수 있다.

여호와는 나그네에게 선대를 베풀 때 기뻐하신다고 성경은 가르친다. 이사야 58장 7~8절에서는 나그네를 '주린 자, 유리하는 빈민, 헐벗은 자' 등으로 구체적으로 표현하며 이들에게 선대를 베풀 때 받을 보답을 가르친다. "또 주린 자에게 네 양식을 나누어주며 유리하는 빈민을 집에 들이며 헐벗은 자를 보면 입히며 (중략) 그리하면 네 빛이 새벽같이 비칠 것이며 네 치유가 급속할 것이며 네 공의가 네 앞에 행하고 여호와의 영광이 네 뒤에 호위하리니"라고 했다.

예수도 십자가 죽음을 눈앞에 둔 마지막 설교에서 나그네 선대를 강조한다. 하늘나라의 심판에 대해서 말하는 마태복음 25장 33~35절이다. "양은 그 오른편에 염소는 왼편에 두리라. 그때에 임금이 그 오른편에 있는 자들에게 이르시되 내 아버지께 복 받을 자들이여 나아와 창세로부터 너희를 위하여 예비된 나를 상속받으라. 내가 주릴 때에 너희가 먹을 것을 주었고 목마를 때에 마시게 하였고 나그네 되었을 때에 영접하였고"라고 했다. 이어 40절에서 "내가 진실로 너희에게 이르노니 너희가 여기 내 형제 중에 지극히 작은 자 하나에게 한 것이 곧 내게 한 것이니라 하시고"라며 헐벗고 굶주린 이방인 나그네를 선대하는 것은 곧 하나님을 선대하는 것과 같다고 했다.

특히 나그네에게 책임도 함께 부여한 점을 보면 더욱 그렇다. 평등 권리만 보장한 것이 아니고 그에 합당한 책임도 함께 요구한 것이다. 이스라엘 공동체에서 행해지던 각종 절기 풍습과 희생 제사를 준수해야 했으며 여호와 종교와 관련된 금기사항도 지켜야 했다(출애굽 12장 49절, 레위기 16장 29절, 17장 8-9절, 18장 26절, 민수기 15장 29절). 한발 더 나아가 나그네도 할례만 받으면 이스라엘 공동체의 일원이 될 수 있었다(출애굽 12장 43-44절, 48절). 이런 책임 사항들은 나그네에게 정주 조건을 더욱 확실하게 확보해주는 통로였다. 한곳에 마음을 붙이기 위해서는 그곳에서 받는 것도 중요하지만 그만큼 내가 그곳에 쏟는 것이 있어야 하기 때문이다. 나의 정성이 들어가서 쌓인 곳에는 그만큼 나의 마음도 붙잡히기 때문이다.

성경의 '선대'에 담긴 가르침은 요즘에도 유효하다. 더불어 사는 공동체의 미학으로 환원될 수 있으며, 현대 사회에서도 여러 형식으로 다양하게 적용될 수 있다. 2016년 이후 지속적으로 지구촌의 뜨거운 이슈가 되고 있는 난민 문제가 대표적이다. 미국의 트럼프 대통령은 멕시코와의 국경에 난민 장벽을 세우는 문제로 민주당과 대립하면서 정치적 기반을 상당히 잃었다. 2019년 3월 14일 뉴질랜드에서는 백인 네 명이 모스크에서 이슬람 이민자 50명을 살해한 인종 테러가 있었다. 범인들은 뉴질랜드가 백인들만의 땅이어야 한다며 성경에서 가르치고 있는 '나그네 선대'를 걷어찼다.

한국 사회도 정도만 약할 뿐 동일한 문제를 안고 있다. 제주도에 입국한 예멘 난민 문제가 한동안 나라의 '큰일'이었다. 외국인 노동자, 국제결혼, 다문화 가정 등도 모두 나그네 선대의 문제다. 내국인 사이에서도 귀농에서의 텃세 같은 문제를 겪기도 한다. 모두 '이동'과 '이주'에 수반된 현상으로 '나그네 선대'의 가르침이 직접적으로 적용될 수 있는 사안이다. 이런 문제들이 나의 집과 직접적으로는 관계가 없어 보인다. 하지만 성경적으로는 비록 간접적일지라도 정주 조건이 될 수 있다. 인류 역사는 어차피 대이동의 역사이기 때문에 내가 사는 곳에는 언제든지 이방인 나그네가 들어오게 마련이다. 이들을 선대해서 이들과 잘 지내는 것이 내 집에 가해지는 스트레스를 줄이는 것이라는 가르침이다.

한 단계 확장하면 이웃사촌과 동네 문화 등 공동체에도 여전히 유용한 가르침이다. 이웃사촌이라는 말은 사라진 지 오래이며 아파트 단지가 동네와 마을을 대신하면서 공동체 문화가 붕괴된 현실에 살고 있다. 이제 누가 흘러들어온 나그네이고 누가 원래부터 살던 정착민인지 구별하는 것조차 무의미해졌다. 나나 이웃이나 언제 뜰지 모르는 똑같은 나그네가 되었다. 이런 동등한 상황에서나마 지금 옆에 사는 이웃에게 '선대'를 행하는 것은 성경에서 배우는 중요한 정주 조건이다.

'빈들 초막이라도 하나님과 함께'

다음으로 구체적인 건축 형식이다. 성경에서는 이것을 '초막'으로 제시한다. '장막'과 '오두막'도 같은 뜻이다. 세속의 기준으로 보면 초막은 극복해야 할 가건물이지만 성경에서는 기독교적 중요성을 갖는 구조물로 여러 곳에서 제시된다. 크게 두 가지 뜻이 있다. 하나는 앞에서 이삭의 '반석'과 함께 보았듯이 영원한 안식에 들지 못하고 거류할 때 머무는 곳이다. 이때는 정주와 반대되는 부정적 의미로 세속에서 쓰는 것과 같은 뜻이다. 다른 하나는 이와 반대로 '하나님의 집'이나 '하나님이 함께하시는 곳'이라는 뜻이다. 이렇게 되면 신앙적 긍정성이 큰 건축 형식을 뜻한다.

무조건 초막에 살라는 것은 아니다. 초막은 인간이 정착하지 못하고 이동하며 방황하는 과정에서 하나님의 약속을 믿으며 기다리는 곳이다. 그러면 하나님은 약속을 지켜서 인간에게 거처할 도피처를 주신다. 이렇게 되면 초막의 뜻은 도피처까지 포함하며 확대될 수 있다. 세속적으로는 부족한 가건물이지만 하나님이 함께하시면 파멸을 막아주는 곳이 된다는 뜻이다. 이것은 기독교가 정의하는 중요한 정주 조건이다.

'초막'은 성경의 여러 곳에 등장한다. 히브리서 11장 9~10절에서는 "믿음으로 그(아브라함)가 이방의 땅에 있는 것같이 약속의 땅에 거류하여 동일한 약속을 유업으로 함께 받은 이삭 및 야곱과 더불어 장막에 거하였으니 이는 그가 하나님이 계획하시고 지으실 터가 있는 성을 바랐음이라"라고 했다. 아브라함, 이삭, 야곱 등 믿음의 조상 세 명이 약속의 땅에 머물지만 아직 이동과 방황의 단계라 이방의 땅처럼 거류(나그네 길)

할 뿐이다. 이때 장막에 거했는데 그것은 하나님께서 지어서 주실 성을 기다리고 있었기 때문이다.

베드로후서 1장 13~14절에서는 "내가 이 장막에 있을 동안에 너희를 일깨워 생각나게 함이 옳은 줄로 여기노니 이는 우리 주 예수 그리스도께 내게 지시하신 것같이 나도 나의 장막을 벗어날 것이 임박할 줄을 앎이라"라고 했다. 노사도 베드로가 임종을 앞두고 순교를 예감하며 전하는 당부의 말이다. 예수의 열두 제자는 모두 중요한데, 베드로는 기독교를 현실 종교로 정착시키며 초대 교황이 된 대표성을 갖는다. 이런 그가 머문 곳이 '장막'이었다. 일차적으로는 이 땅에서의 삶이 베드로 같은 대사제에게조차도 나그네 길임을 말한다.

장막은 기독교적으로 더 깊은 뜻을 지니고 있다. 장막은 주 예수 그리스도의 사랑과 가르침을 전하는 거룩하고 성스러운 전도를 행한 곳이었다. 크고 화려하게 장식한 성전에서 전도한 것이 아니었다. 이 사실 하나만으로도 '장막'이 갖는 기독교적 의미와 무게는 충분해 보인다. 바로 다음 구절에서는 그리스도의 지시로 장막을 벗어날 것이라고 했다. 이는 순교를 암시한 말인데 여기에서 기독교적으로 중요한 해석이 가능하다. 순교는 현실 세계에서는 죽음을 의미하지만 기독교적으로는 하늘나라에 들어 구원을 받는 중간 과정이다. 기독교 신앙의 완성에 해당된다. 장막에 머물며 전도를 한 것은 하나님의 약속에 대한 신앙심을 바탕으로 이런 완성을 기다리는 의미를 갖는다. 장막을 떠나 순교를 하는 것은 하나님의 약속이 실현되는 의미를 갖는다.

전도의 대명사 바오로도 '장막'에 대해 언급했다. 고린도후서 5장 1~4절에서는 "만일 땅에 있는 우리의 장막 집이 무너지면 하나님께서 지으신 집 곧 손으로 지은 것이 아니요 하늘에 있는 영원한 집이 우리에게 있는 줄 아느니라. 참으로 우리가 여기 있어 탄식하며 하늘로부터 오는 우리 처소로 덧입기를 간절히 사모하노라. (중략) 참으로 이 장막에 있는 우리가 짐 진 것같이 탄식하는 것은 벗고자 함이 아니요 오히려 덧입고자 함이니 죽을 것이 생명에 삼킨바 되게 하려 함이라"라고 했다. 장막에 하늘과 반석을 합한 말씀이다. 이 땅에서의 장막은 불완전하며 하늘에만 영원한 집이 있다고 했다. 그러나 비록 이 땅의 불완전한 장막이 짐이 되고 죽음을 맞을 수밖에 없더라도 신앙의 생명으로 극복할 수 있다고 했다.

찬송가에서는 438장 「내 영혼이 은총 입어」가 '초막'의 의미를 잘 보여주는 대표적인 예다. 3절 가사를 보자. "높은 산이 거친 들이 초막이나 궁궐이나 내 주 예수 모신 곳이 그 어디나 하늘나라"라고 노래한다. '그리스도인의 삶'이라는 분류에 들어가는 곡인데 궁궐과 대비를 시킨 것으로 보아 참다운 신앙생활에 필요한 공간 환경에 대해서 말하고 있음을 알 수 있다. 후렴구의 마지막은 "주예수와 동행하니 그 어디나 하늘나라"로 끝난다. 가사 내용을 줄인 문구로는 '빈들 초막이라도 하나님과 함께'라는 슬로건으로 인용된다. 빈들과 초막은 모두 세속적으로는 열악한 환경이지만 하나님과 함께라면 이것마저도 이 땅에 구현된 하늘나라라는 뜻이다.

그렇다면 하나님은 왜 인간에게 가건물인 초막에서 살라 하실까. '초막'은 상징구도로 해석될 수 있는데 깊은 뜻이 들어 있다. 하나님이 정주 조건으로 인간에게 요구하는 것이 물욕의 절제라는 뜻이다. 하나님도 인간이 이 땅에서 열심히 사는 것을 간절히 원하신다. 단, 하나님이 주시는 소명에 따라야 하며 기독교 신앙이 정하는 기준 내에서다. 그 기준을 정주 조건에 적용하면 하나님의 약속을 믿고 세속적 물욕을 절제하는 것이고 이것이 적용된 구조물이 '초막'인 것이다.

초막에는 종교적 노숙을 상징하는 나그네 삶과 대비되는 가르침이

들어 있다. 인간의 욕심이 개입하는 순간 이생의 삶은 영적으로 방황하는 영원한 나그네 길이 된다. 초막은 이것을 막아주는 상징적 의미를 갖는다. 인간이 미워서 허름한 가건물에 살라는 것이 아니다. 크고 화려한 집은 욕심을 키워 인간을 망치기 쉽다. 초막은 인간이 이렇게 잘못된 길로 가는 것을 막으려는 하나님의 사랑이 담긴 상징물인 것이다. 집의 크기와 화려함, 집값과 아파트 브랜드, 동네 이름과 계층 의식 등에 집착하지 말라는 상징물인 것이다. 초막의 상징성을 현실에 적용하면 '나의 분수에 맞으면서 가족의 화목을 보장해 주는 집'이 된다.

이 범위 내에서 건강한 인간적 정주는 기독교적으로도 얼마든지 허용될 수 있다. 초막은 크고 화려한 집과 비교해서 가난하고 보잘것없는 것이 아니라 하나님을 만나고 하나님과 함께할 수 있는 성경의 집이다. 그런 점에서 이 땅에서 종교적 노숙을 극복할 수 있는 기독교적 조건이다. 현실에서의 초라한 가건물이 하나님을 만나는 곳이 될 수 있는 비밀은 신앙심에 있다. 하나님의 말씀을 나보다 먼저, 늘, 어느 곳에서나, 밤낮 상관없이 먼저 생각하고 따르면 된다. 이상을 종합하면 성경에서 보는 현실적 정주 조건은 신앙심의 바탕 위에 앞에서 언급한 초막을 상징적으로 해석한 화목한 집이 된다.

불교에서 보는 '집'

무주, 집에서 욕심을 지우다

불교의 교리는 매우 다양하고 갈래도 여럿이어서 어떤 한 가지 주제에 대해서 단정적으로 말하기는 어렵다. '집'이라는 주제도 마찬가지다. 더욱이 1장에서 보았듯이 불교는 기본적으로 한곳에 오래 머무는 것보다는 '주유'를 권하는 편이라서 '집'에 대한 교리가 기독교보다 적은 편이다. 다만 하나의 큰 흐름을 짚어낼 수는 있다. 현실과의 관계 혹은 현실성의 정도를 기준으로 크게 세 단계로 나눌 수 있다.

첫째, 현실을 부정하는 시각이다. 물질로 이루어진 만물을 공하다고 보는 불교의 대표적인 교리에 포함될 수 있는 시각이다. 직접 적용하면 인간이 세운 물리적 구조물인 집은 덧없는 것이 된다. 불교의 공간관인 대방광(大方廣, 칸막이 구획이 없는 넓고 방대한 하나의 큰 공간)과 불이(不二, 상태 분별이 없고 아무런 차별이 없는 세계)를 더해서 보면 더욱 그렇다. 두 교리는 인간이 세운 칸막이를 무의미하게 보기 때문에 불교에서는 기본적으로 집이 중요한 주제가 될 수 없다. 이렇게 보면 앞에 나왔던 주유와 같은 개념이 된다.

불경에서 '집'이라는 단어가 들어가면서 이런 내용을 보여주는 개념으로 '무주(無住)'를 들 수 있다. 『유마경(維摩經)』의 「제7 관중생품(觀衆生品)」에 나오는 말이다. 중생의 실상과 자비희사[慈悲喜捨, 즐거움을 주고 괴로움을 덜고 남의 즐거움을 기뻐하고 남을 평등하게 대하는 사무량심(四無量心)]에 이어 셋째로 나오는 주제다. 대승보살이 중생을 향해 사랑을 행하는 내용을 설하는 장이다. 많은 가르침을 전하는데 요약하면 계산하지 않고 번뇌하지 않고 흔들리지 않고 평등하게 사랑을 베푼다는 내용이다. 이는 계산적이고 아까워하고 마음이 변하고 평등하지 않은 인간의 사랑을 이겨낸 여여(如如)한 사랑이다.

이런 사랑을 '무주'라고 표현한 것으로 보아 여기서 '주'는 '인간의 욕심이 머무는 곳'으로 해석할 수 있다. '주'가 '집'임을 볼 때 사람이 사는 집은 욕심이 모이는 곳이라는 뜻으로 해석할 수 있다. 해탈에 이른 대승보살의 사랑은 이런 집을 버리고 행하는 것이라는 뜻이다. 욕심이 모이지 않기에 편을 가르지 않고 차별하지 않는 '불이'의 사랑을 행할 수 있는 것이다. 이것이 불교에서 보는 첫 번째 '집' 개념이다.

현실에 적용하면 어떤 의미가 될까. 출가불제자(出嫁佛弟子)라면 한곳에 머물지 않는, 즉 집을 갖지 않는 주유를 행하라는 뜻으로 해석할 수 있다. 가정을 일구고 직업 활동을 하는 재가불자(在家佛子)나 일반인이라면 어떻게 해야 할까. 집에 욕심을 부리지 말라는 것으로 해석할 수 있다. 집에서 부동산 차익, 계층 의식, 화려한 과시 등을 바랄 때 그 사람이 베푸는 사랑은 계산적이고 아끼워하고 마음이 변하고 평등하지 않게 된다. 이는 바람직한 정주 조건을 깨는 것이다.

그렇다면 집의 욕심을 무엇으로 대신할까. 수행하는 출가불제자라면 아무것도 대신하지 않고 비운 상태를 그대로 유지하는 것이 답이다. 생활을 해야 하는 현실은 다르다. 무조건 버리고 비울 수만은 없다. 취할 것은 취하되 적당한 상한선이 필요하다. 욕심을 완전히 버릴 수 없는 현실세계에서는 이것을 찾는 것부터 지키는 것까지 모두가 어렵다. 그 답을 선시(禪詩) 한 구절에서 찾을 수 있다. 화엄의 상태를 노래한 「심외무물(心外無物) 만목청산(滿目靑山) 만리청천(萬里靑天) 운기우래(雲起雨來) 공산무인(空山無人) 수류화개(水流花開)」라는 시다. 번역하면 다음과 같다. "마음 밖에는 사물이 없고 눈에는 푸른 산이 가득 차다. 만리 하늘은 푸르고 구름이 일어 비는 오는데 빈 산에 사람은 없고 물이 흐르고 꽃이 핀다." 줄여서 「만목청산 수류화개」로 쓴다.

자연의 아름다움을 불교의 불이 사상과 연관지어 노래한 시다. 사물과 사람에 대한 욕심을 자연으로 대신하라는 가르침을 담고 있다. 자연은 인간보다 먼저 형성되었다. 인간은 나중에 자연에서 나온 존재다. 자연은 인간과 상관없이, 인간을 포함하는 더 큰 섭리이자 환경이다. 인간은 그 속에 잠시 왔다 사라져가는 존재일 뿐이다. 인간이 없어도 자연은 아무 문제없이 잘 돌아간다. 이런 상태를 만리 푸른 하늘, 빈 산, 흐르는 물, 피는 꽃 등으로 압축해서 표현했다.

　이런 자연은 사물을 분별하는 인간의 욕심이 없는 불이의 상태를 늘 유지한다. 자연의 불이는 집에서 욕심을 버리는 데 소중한 교훈을 준다. 인간은 자연 섭리의 일부분이며 자연은 인간의 욕심이나 개발욕구와 상관없이 스스로의 섭리에 따라 너무도 아름다운 장면을 펼쳐 보이며 오늘도 묵묵히 흐르고 움직일 뿐이다. 이것을 배우고 깨달아 자연과 대립하거나 싸우려 들지 말고 그저 자연의 섭리와 흐름을 묵묵히 좇아야 한다.

　집은 이런 대자연 속에 사람이 세운 벽체로 실내와 실외를 분별하고 면적을 재서 재산 가치를 붙인 것일 뿐이다. 『유마경』의 '무주'는 이 땅에서 인간이 집을 지어 사는 정주의 덧없음을 설하고 있다. 그럼에도 집을 짓지 않을 수 없다면 욕심을 버리라고 가르친다. 집을 포함하는 더 넓은 자연에 몸을 맡겨 집과 자연을 함께 보는 것이 그 길이다.

신화동주, 허공무위, 처소

　둘째, 조금 더 긍정적인 의미에서 현실성을 가진 단계다. 앞에서 언급한 것과 같은 개념들은 너무 허무할 수 있다. 출가불제자조차도 어쨌든 이 땅 위에 집을 지어 기거한다. 모든 승려가 천하를 주유하는 것은 아니다. 현실을 살아가는 재가불자나 일반인에게 적용하면 더욱 그렇다. 불교에도 '무'자 없이 '주'라는 글자를 사용한 개념이 있는데 대표적인 것이 '신화동주(身和同住)'다. '신(身)이 조화를 이룬 것이 집'이라는 뜻이다. 불교에서 보는 '집'의 조건을 정의한 개념이다.

　'身'은 일상어에서는 '몸'이나 '신체'라는 뜻인데 불교에서는 이 뜻을 포함해서 더 포괄적으로 사용한다. 단순한 육신이 아니고 여여(如如)한 깨달음의 상태를 담을 수 있는 가능성의 몸이라는 뜻이다. 이렇게 보면 4장 2절에서 나왔던 '정신을 담는 몸'이라는 뜻의 '몸의 집'과 비슷한 개념이다. 이런 점에서 정주 조건과 연관지어 해석할 수 있다. 불교의 '身'이 갖는 여러 의미 가운데 이 책에서는 '정신을 담는 몸'이라는 뜻을 기본으로 삼아 두 가지 의미로 해석할 수 있다. '몸'이 기준이다.

하나는 '몸'을 주체로 잡는 해석으로, '조화를 이루고 있는 내 몸 자체가 하나의 집'이라는 뜻이다. 이 말은 큰 교훈을 담고 있다. 정주의 첫째 조건은 내 몸 안에 있지 건물로서의 집 자체에 있지 않다는 뜻이다. '조화로운 내 몸'이 해답인데, 이는 '절제되고 건강한 일상생활'이라는 교훈으로 귀결된다. 내 몸이 조화로우면 내 몸 밖의 집은 큰 변수가 되지 않는다고 가르친다. 여기에는 알게 모르게 '주유' 개념이 스며 있다. 수양이 잘 되어 여여로운 상태에 이른 몸을 이끌고 천하를 주유하다 아무 곳이나 누우면 그곳이 나의 집이 된다. 동굴이건 나무 밑이건 남의 집 마구간이건 안방이건 상관없다. 앞에서 본 찬송가 438장의 '초막이나 궁궐이나'와 일맥상통하는 내용이다.

다른 하나는 '몸'을 객체로 잡는 해석으로, '내 몸과 조화를 이룬 집'이라는 뜻이다. 이는 꼭 필요한 정주 조건의 하나로, '좋은 집이 되기 위해서는 내 몸과 조화를 이루어야 한다'는 뜻이다. 앞의 개념보다는 좀 더 현실에 가까운 기준일 수 있다. 이는 한곳에 고정적으로 집을 짓고 살 경우 가장 중요하게 여겨야 하는 것이 무엇인가를 말해준다. 크고 화려한 궁전 같은 집도 아니고 부자 동네의 고급 아파트도 아니다. '내 몸과 조화를 이루는 집'이다.

간단하지 않은 기준이다. 심오한 교훈을 담고 있다. 이를 충족하려면 우선 나의 본성을 알아야 한다. 불교적으로 말하면 '참 나', 즉 '진아(眞我)'를 찾는 수양의 과정까지 포괄할 수 있다. 현실적으로 풀어 쓰면 신체적 조건, 건강 상태, 정서 취향, 가치관 등 나의 여러 측면을 파악하고 집이 이런 측면과 잘 조율되어야 한다. 집을 지을 때부터 들어가서 살면서 오랜 시간에 걸쳐 끊임없이 이런 조율 작업을 해야 한다. 그래야 집에서 발생하는 여러 욕심을 절제할 수 있다. 사실 이 정도면 집에서 행하는 수양이 된다.

이상의 두 가지 조화 개념은 의외로 무위(無爲)와 연관이 있는데 여기에서 '집'이라는 뜻으로 해석될 수 있는 '처소'라는 말이 나온다. 무위에 대해서는 1장에서 '유위(有爲)가 연기(緣起)되어 실체가 없고 고정되지 않은 것'이라고 정의했다. 무위를 세 가지로 세분화한 이론으로 구사론(俱舍論)을 들 수 있다. 좋은 가르침을 모아놓은 이론인데, 여기에서 허공무위(虛空無爲), 택멸무위(擇滅無爲), 비(非)택멸무위의 세 가지 무위를 세웠다. 허공은 온갖 곳에 두루 가득해 다른 것을 장애하지 않고 또 다른 것에 장애되지도 않으므로 무위다. 택멸무위는 지혜로 선택하고 판정하는 힘에 따라 얻는 무위로 위(爲=변화)를 끊어서 없앤(無, 滅)다는 뜻이다. 비택멸무위는 지혜에 의하지 않고 유위법이 스스로 다 없어지는 곳에 나타나는 무위다.

이 가운데 허공무위에 '처소'라는 말이 나온다. '처소'는 '집'이라는 뜻도 갖기 때문에 이 말에는 불교에서 보는 '집'의 또 다른 기준이 들어 있다. 허공이 무위이므로 만물은 각각 그 처소를 얻어서 질서정연하고 어지럽지 않게 존재할 수 있다. 허공은 곧 자연이다. 자연은 세상만물에게 자신의 본성에 맞게 조화를 이루며 존재할 수 있는 장소를 준다. 이것이 '처소', 즉 '집'이다. 불교에서 허용하는 '집'의 범위이자 정주 조건이다. 결국 신화동주와 같아진다. 이처럼 '본성과의 조화'가 불교에서 보는 무위의 중요한 역할이다. 무위를 현실에 적용했을 때의 개념이다. 아무것도 하지 않는다거나 아무 소용이 없다는 뜻이 아니다. 무언가를 하고 소용이 있되 그것이 자기 본성을 지키며 조화를 이루는 상태가 무위인 것이다.

공덕의 행복과 거울 이론

셋째, 유추적 해석을 겸하면 좀 더 적극적으로 현실성을 갖는 '집' 개념도 가능하다. '집'을 '삶'으로 대체할 수 있다면 불교는 고해의 이생에서도 안정된 정주를 확보할 수 있는 삶을 가르친다. '공덕의 행복'과 '거울 이론'이다. 삶을 기준으로 정의되는 정주 조건은 '복'이다. 행복하면 그것이 정주를 얻은 것이요, 정주를 얻기 위해서는 행복해야 한다. 불교에는 여기에 대한 소중한 가르침이 있다. 복을 원한다면 복을 베풀고 복을 부르는 생각과 말과 행동을 하라는 것이다. 좋은 연을 원한다면 좋은 인(원인)을 심고 뿌려야 한다. 이것을 하는 것은 '나'다. '나'만이 열쇠이고 해답이다. 밖에서 남에게서 구하지 마라.

내가 행하는 '선(善)'이 그 해답이다. 불교에는 여기에 대한 큰 가르침이 있다. '공덕(功德)'이다. 말 그대로 '덕을 행하다'라는 뜻이다. 부처님의 자비 정신이 중추를 이룬다. 이 정신을 바탕으로 봉사, 사랑, 나눔 등 남과 사회와 세상에 착한 일을 하고 도움을 주는 것이다. 어려움에 처한 사람을 돕는 삶, 어려운 상태가 아니더라도 늘 남을 먼저 생각하고 나누며 베푸는 삶을 강조한다. 그래서 불교에서는 공덕을 '베푼다'고 하며 '쌓는다'고 한다.

공덕과 대비되어 짝을 이루는 개념이 '업보(業報)' 혹은 '업장(業藏)'이다. '업보'라는 말 자체는 '선악의 행업으로 말미암은 인과응보'라는 뜻으로, 아직 선악에 대한 평가가 들어가기 전의 중립적인 의미다. 수행이 결여된 중생의 일상적 '업'은 분별심과 탐진치(貪瞋癡)에 사로잡혀 악이 되기 쉽기 때문에 일상에서는 보통 '악행에 대한 대가'라는 뜻으로 통용된다. '업장'은 이런 '업'이 쌓인다는 뜻으로, 그 결과 중생이 깨달음에 이르는 길을 방해하고 윤회의 삶을 반복하게 만든다.

공덕과 업보를 대비되는 짝으로 보면 거울 이론이 된다. 내가 세상 사물과 어떤 인연을 맺을지는 오로지 내가 행하는 공덕과 업보에 달려 있다. 내 행업이 거울처럼 반사되어 나타나는 결과다. 내가 주변과 맺고 있는 관계의 상태와 세상이 나를 보는 시각 혹은 내가 세상으로부터 받는 대접은 곧 나의 행업을 비추는 거울이다. 공덕을 쌓고 선을 행하면 세상은 나를 선하게 대한다. 악을 행하며 업장을 쌓으면 세상은 나를 악하게 대한다. '공덕 – 행복 – 거울 이론'의 삼종 세트가 형성된다.

삼종 세트는 이웃과 공동체의 개념으로 확장된다. 공동체의 울타리 안에서 함께 살아가는 구성원들은 서로가 서로에게 거울로 작용한다. 이 거울은 일상의 행복과 불행을 결정하는 중요한 기준이 된다. 이쯤 되면 보다 직접적으로 정주 조건 안으로 들어온다. 이웃과의 관계는 '집'에 대한 평가로까지 이어진다. 층간소음과 베란다 흡연과 주차장 문제 등으로 이웃과 갈등하는 일상은 그대로 '불행한 집'이 된다. 반대로 조금씩 양보하고 함께 잘 지내는 문화가 살아있다면 이는 그대로 '행복한 집'이 된다.

비유를 보자. 연못에 물이 가득 차 있다. 남 주기 아깝다. 이때 사람들이 하는 행동은 보통 두 가지다. 하나는 '그냥 놔두는' 것이다. 이렇게 되면 연못은 말라버린다. 다른 하나는 증발을 막기 위해 뚜껑을 덮는 것이다. 이렇게 되면 연못물은 썩는다. 둘 다 인간의 욕심이다. 앞의 행동은 남 주기 아까운 이기심이고 뒤의 행동은 내 것을 쥐고 놓지 않으려는 탐욕이다. 둘 모두 당장은 내 욕심을 만족시키는 것 같지만 오래 가지 않아 연못을 못 쓰게 만드는 업보를 낳을 뿐이다.

가장 좋은 사용법은 연못 밖으로 물을 빼내서 순환시키는 것이다. 내 논에도 사용하고 남의 논에도 나누어주는 것이다. 일단 연못 자체가 건강한 상태를 유지한다. 나아가 동네 전체의 농사가 활성화되어 서로 도움을 주고받으며 공동체에 온기가 돌고 인심이 훈훈해진다. 동네 밖 세상에도 소문이 나서 동네 전체의 소득도 올라간다. 이런 공동체의 미학은 그대로 정주 조건이 된다. 내 집에서 일상의 행복과 불행을 결정한다.

이것이 불교이고 불교에서 보는 정주 조건이다. 내 마음가짐 하나로 귀결된다. 세상을 바라보고 대하는 태도로 귀결된다. 내가 궁핍하다고 느낀다면 내 복이 부족하다고 깨달아야 한다. 내가 쌓은 공덕이 없고 업장이 크다고 인정해야 한다. 복을 받을 만한 공덕을 충분히 쌓지 못했기 때문이라고 인정해야 한다. 같은 이치로 가진 자를 질투하거나 부러워하지 말라. 내 처지와 비교하면서 원망하지도 말라. 돈을 많이 가질수록 마음은 피폐할 것이라며 가진 자를 비난하거나 나를 합리화하지도 말라. 전부 도둑질한 것이라거나 나쁜 짓을 해서 모은 것이라며 미워하거나 나쁘게 말하지도 말라. 그저 복 받을 원인을 많이 만든 데 따른 자연스러운 결과라고 인정하고 축복하라. 그리고 온전히 나를 바라보라. 내가 얼마나 공덕을 쌓고 있는지, 업장을 더 많이 쌓는 것은 아닌지 반성하고 나를 비춰보라. 불교에서는 이것이 정주 조건이라고 가르친다.

자연에 대입해 보자. 바람은 사람을 가리지 않는다. 내 내공이 부족하면 크게 흔들려 다치는 것일 뿐, 왜 나한테만 나쁜 일이 일어나지 않길 기대하는가. 누가 나를 표적으로 삼아서 나에게만 일부러 나쁜 일이 일어나게 하겠는가. 모두 내가 쌓은 업장에 대한 대가일 뿐이다. 복에 갇히지 말고 복이 사라지기 전에 마음을 열어 복을 누리고 즐기며 나누어라. 이렇게 되면 복이 사라져도 슬퍼하지 않는다. 복에 갇히면 복이 다할 때 슬퍼하게 된다. 복은 무상하고 허망한 것일 뿐이다. 기대지 말고 가두지 말라. 즐기고 나누고 쌓아라. 나는 산이어야 하고 복은 그 산 허리에 두른 물안개여야 한다. 흔들리지 않는 나를 중심으로 물안개를 즐기고 나누어주어라.

이것이 불교다. 불교에서는 이 모든 것이 정주 조건이다. 집 자체에 집중하지 말라고 가르친다. 나와 집 사이에 무애(無碍)하고 여여한 관계를 세우라고 가르치며 이를 바탕으로 이웃과 공덕을 나누며 살라고 가르친다. 행복한 집의 기준은 '집' 자체에 있지 않다. '남의 집'은 더욱 아니다. 남이 어느 동네에 살건, 무슨 '캐슬'이나 '팰리스'에 살건, 남의 동네 집값이 얼마가 올랐건, 모두 내 집의 행복과는 무관한 '허공'일 뿐이다. 내가 그 허공 속에 '참 나'와 조화를 이루는 '나만의 집'을 짓고 공덕을 쌓으며 살 때 진정한 정주 조건이 완성된다.

제
3
부

정주의 세부 조건

제5장

정서

1. 자궁으로서의 집

자궁과 집: 거친 세상 속 정서적·심리적 보호처

집의 정주 기능 가운데 아마도 가장 대중적인 것은 '포근한 보금자리'일 것이다. 지금 한국 사회에 아무리 부동산 광풍이 불고 있다고 해도 국민을 상대로 '집을 무엇이라고 생각하는가'라는 설문을 해본다면 가장 많은 답 가운데 하나가 '보금자리'라는 답일 것이다. '포근한'이라는 형용사는 '보금자리'에 가장 어울리는 단어로 따라붙는다. 이는 지금 시대에만 국한되는 것은 아닐 것이다. 포근한 보금자리라는 것은 인류 문명이 시작된 이래 집에 대해서 가장 많이 내려지는 정의가 아닐까.

'보금자리'에 대한 사전적 정의를 보자. '새가 알을 낳거나 깃들이는 곳'과 '지내기에 매우 포근하고 아늑한 곳을 비유적으로 이르는 말'이 대표적인 두 가지 뜻이다. 이 두 정의 속에 집과 관련한 매우 중요한 내용들이 들어 있다. '새가 알을 낳는다'라는 것은 생명이 탄생하는 장소라는 뜻이다. '깃들다'라는 것은 거창한 목적 없이 편하게 일상적으로 드나든다는 뜻이다. '포근하고 아늑한 곳'은 더 말할 필요도 없이 집이 갖는 감성적 보호처를 말한다. 모두 합하면 '생명이 태어나 편안한 일생을 보내는 포근한 곳'이 된다.

이는 매우 정서적이고 감성적인 기능이다. 집 밖의 전쟁 같은 사회생활에서 육신과 마음은 모두 지친다. 집은 육체를 편히 쉬는 곳이어야 하는데 여기에는 반드시 마음의 회복도 함께해야 한다. 지금까지 여러 번

보았듯이 인간은 육체와 정신의 합일체이기 때문이다. 집이란 지치고 다친 마음이 편히 쉬어 회복하는 곳이어야 한다. 마음은 정신이기도 하고 정서이기도 하다. 집의 정신성에 대해서는 4장에서 살펴보았다. 그 다음은 정서다. 집은 정서를 보듬고 편히 쉬게 해주는 기능을 가져야 한다. 이는 집이 갖는 가장 기본적인 정주 조건이다. 많은 사람들이 '집'에서 '보금자리'를 떠올리는 이유이기도 하다. 그만큼 집에서 정서적 기능을 간질히 바란다는 뜻이다.

보금자리의 정서적 기능을 대표하는 이미지로 많이 거론되는 것이 '자궁'이다. 자궁은 집과 비슷한 점이 많아서 종종 집에 비유된다. 말부터 그렇다. '자(子)'는 어린 생명이고 '궁(宮)'은 '집'이다. 이미 말 속에 '집'이라는 단어가 들어 있는 데에서 알 수 있듯이 자궁 자체가 하나의 집이다. '궁전'은 화려한 대저택이고 '왕궁'은 왕이 사는 궁궐이지만 '궁'만 쓰면 '집'이 된다. 그 집이 다른 집도 아니고 어린 생명이 잉태되어 자라는 집이다. '생명의 집' 혹은 '사람의 집'이다. 인간이 이 세상에 생명으로 와서 최초로 살고 경험하는 집이다.

자궁과의 비유를 통해 집은 여러 가지 의미를 획득한다. 집으로서는 최고의 상태를 비유하는 이미지다. 안전하고 포근하며 먹고 살 걱정도 없다. 아이를 키우는 과정에서 아이에게 상처를 입히는 부모는 많지만 태아를 임신했을 때 어머니의 마음은 대부분 성스럽다고 할 정도로 뿌듯함과 책임감을 느낄 것이다. 어머니의 이런 느낌은 그대로 자궁 속 태아에게 전달된다. 이는 가장 훌륭한 정주 조건이다. 육체와 정신은 물론이고 정서까지 포함해서 그렇다. 따라서 집을 자궁 개념으로 정의하고 만들어 사용할 수 있다면 최고의 집이 될 것이다. 매우 중요한 정주 조건 한 가지를 획득하는 것이다. 심리적·정서적 보호처로서의 집이다.

마음이 크게 다쳤을 때 달팽이껍데기나 소라껍데기를 보면 부러울 때가 있다. 몸통을 만지면 속으로 쏙 들어가서 한참 있다가 안전하다고 느낄 때 다시 기어 나온다. 인간도 이런 보호처가 필요하다. 그것도 가능하다면 이런 동물들처럼 내 몸과 하나로 밀착한 보호처가 필요하다. 물리적 보호처와 심리적 보호처를 동시에 수행하면 가장 이상적이다. 외피인 동시에 공간인 보호처다. 자궁이 그렇다.

이 세상에 어머니 자궁만큼 안전하고 편하면서도 기능적인 공간은 없다. 영양분을 주며 그 자리에서 배설도 할 수 있다. 자신의 생명줄인 어머니랑 대화를 하며 발차기하면서 놀 수도 있다. 자장가를 들려주기도 하고 아버지가 귀를 대고 관심도 쏟아준다. 배를 가볍게 마사지하는 것은 뱃속 아기한테 요람에 태워 흔들어주는 것과 같은 느낌을 준다. 무엇보다 외부에서 가해지는 온갖 위험요소로부터 완벽하게 나를 지켜준다. 이 모든 것은 나를 만들어준 모태와 완전 밀착되어 일 대 일 대응이 되는 공간 구조에서 나오는 것들이다. 심리적으로 이 이상 편할 수 없다. 어머니의 심장 박동에 내 심장 박동을 맞추면 가장 완벽한 의사소통이 되며 이것으로 자신의 존재를 확신할 수 있다.

존재란 이처럼 쉽고 상식적인 것이며 매우 경험적이고 실존적인 것이다. 하이데거의 실존주의라는 것도 결국은 '나의 존재를 내가 체험적으로 느낄 수 있게 하기 위한' 새로운 시도였다. 플라톤이 눈에 보이지도 않는 이데아라는 허상으로 인간의 존재를 옥죈 데 대한 반발이었다. 쉽게 얘기해서 내 팔뚝을 내가 꼬집어서 아픈 것을 느낌으로써 나의 존재를 정의하겠다는 지극히 본능적이고 인간적인 시도였다. 집은 그 중심에 있다. 왜 그런가.

첫 아이를 임신했을 때의 아내 모습이 떠오른다. 남산처럼 커진 배의 아랫부분을 두 손으로 받치면서 기뻐하고 자랑스러워했다. 태어날 애기의 물건을 사러 가서도 볼이 발그레해져서 얼굴에 뿌듯함이 묻어나던 모습이 기억난다. 요즘은 이런 얘기를 하는 것 자체가 여성에게 임신의 의무를 강요하는 것으로 인식되어 성인지 감수성이 낮다고 비난받을 수도 있지만 나이 먹은 세대에게는 통용되던 이미지다. 이 모습을 통해 나는 비로소 아내를 인격적으로 사랑할 수 있게 되었던 것 같다. 아내와의 관계를 이성이라는 욕망의 대상에서 가족이라는 인격체로 성숙시켜 주었던 소중한 경험이었다. 아주 구체적인 이런 경험은 한 인간의 실존에서 중요한, 아니 핵심적인 부분을 차지한다. 집에서 살아가는 일상도 그중 하나다. 그래서 집이 중요한 것이고 존재의 중심에 있는 것이다.

자궁에서 나오는 순간 첫 번째 분리불안이 일어난다. 말 못하는 갓난아기이지만 본능적으로 감각적으로 낯설고 거친 세상에 내던져졌다고 느낄 것이다. 원인을 특정하기 어려운 인간의 근원적 불안 원인 가운데하나다. 이런 불안은 '유아기 – 청소년기 – 성인'으로 성장해 간다고 해서 줄어들지 않는다. 힘든 사회생활과 합해져 오히려 커진다. 이것을 회복하는 길은 내가 사는 집을 가능한 한 자궁과 같이 만드는 것이다. 자궁이 정주 조건으로서의 정서적 가치를 갖는 지점이자 이유다.

자궁의 젠더 모델: 도무스, 오이코스, 어머니 품

자궁은 여성 몸의 일부다. 성교부터 생명을 잉태하고 출산하는 일까지 젠더와 관계된 일차적이고 본능적인 주제와 얽혀 있다. 예를 들어 20세기 들어서 전 세계적으로 꾸준히 논쟁거리가 되고 있는 낙태 문제도 사실은 자궁과 관련된 것이다. 어디서부터 생명으로 볼 것인가라는 문제 자체가 자궁 속에서 일어나는 일이다. 이 문제는 낙태를 허용할지 법으로 금지할지의 문제가 된다. 사회학에서는 이 문제를 '공적 – 사적' 주제로 해석하기도 한다. 즉, 개인의 몸에 속하는 자궁을 공적 영역으로 볼지 사적 영역으로 볼지의 문제가 되는 것이다. 이처럼 자궁은 대표적인 젠더 모델이라 할 수 있다. 자궁과 관련된 논의 가운데에는 집의 정주 조건과 관계된 것들도 있다. 크게 다섯 가지로 정리할 수 있다.

첫째, '도무스(domus)'라는 말의 탄생이다. 도무스는 보통 로마 시대 때 도시 안에 지어진 상류층의 대저택을 뜻한다. 이후 지금까지도 남유럽, 나아가 유럽 전체에서 집과 관련하여 애용되는 유형이자 단어다. 처음에는 원시 – 고대 시대에 주택 내의 저장 장소를 뜻하는 단어로 시작했다. 4장 1절에서 살펴본 풍년 및 식량저장과 관련된 경제모델과 연관성을 가진다. 이런 점에서 다산과 연관되면서 자궁의 기능과 자연스럽게 일치된다. 이 시대에 이런 이미지는 주택 내의 저장 장소로 좁혀진다. '도무스'라는 말은 여기에서 나온 것이다.

둘째, 당시에는 주택 내에서 영역 분리가 수반되었다. 분리는 두 단계로 일어났다. 첫 단계에서는 도무스가 여성 영역을 뜻하면서 안마당 중심의 남성 영역과 분리되었다. 다음 단계에서는 여성 영역이 사적 영역, 남성 영역이 공적 영역으로 대응되면서 한 번 더 분리가 일어났다. 여기에 수반되어 '주인 – 하인', '어른 – 자녀', '주인 – 손님' 등 여러 종류의 분리가 연쇄적으로 추가되었다.

셋째, 그리스어의 '오이코스(oikos)'라는 개념도 여기에서 나온 것이다. 이 말은 '생태(ecology)'의 어원이기도 한데, 처음에는 주택 내에서 '여성 – 사적' 영역을 뜻하는 말로 만들어졌다. 공적 영역이 남성의 사회 활동을 위한 공간인 것과 대비되면서 집 안의 살림살이를 총괄하는 공간이 정의된 것이다. 식량저장에 더해 식품을 가공하고 요리하는 부엌과 주방의 기능이 더해졌다. '생태'는 보통 '자연의 유기적 운영체계'라는 뜻인데, 그 이전에 '주택 내에서 살림살이를 총괄하면서 건강한 일상을 담당하는 영역'이라는 뜻으로 시작되었다.

넷째, '집 밖 도시의 외부공간'이라는 뜻의 그리스어인 '아그리오스 (agrios)'가 탄생했다. 주택 내의 영역 분리가 한 번 더 확장되면서 집 안 실내와 집 밖 도시 외부가 분리되었다. 도무스가 '집 안 - 사적 공간'을 대표하면서 '집 밖 - 도시 공적 공간'이 분리되었고 이를 아그리오스라 부르게 되었다. 이렇게 되면서 '집 안'을 뜻하는 '오이코스'라는 단어는 살림실이를 전적으로 책임지는 말이 되었다. 이 과정에서 집의 자궁 이미지는 더욱 강화되었다. '집 안'의 중요한 기능이 '양육'인데 이는 그대로 자궁이 하는 일 및 자궁의 이미지와 같기 때문이다. 집 밖은 치열한 경쟁과 충돌이 일어나는 거친 사냥터로, 집 안은 '모태 - 저장 - 포옹' 등의 기능을 가진 문명화된 곳이자 인간을 살리는 품으로 각각 대별되었다. 이런 이분법은 지금까지 이어지고 있다.

다섯째, 최종적으로 정신적 외상을 입기 쉬운 외부에서 자식을 보호하는 '어머니 품'이다. 자궁의 본래 뜻으로 돌아왔다. 젠더 모델에서 파생된 개념이 '어머니 품'이라는 것이다. 물론 요즘에는 이런 개념을 여성성을 단정 짓는 것이라며 반대하는 주장도 많다. 이는 여성에게 육아의 책임을 강요하기 위한 억압 장치일 수도 있다. 하지만 어머니 품이 아버지 품과는 다른 특유의 정감이 있다는 사실 자체는 부정하기 어려울 것이다. 특히 가부장제 시대에 교육을 받은 나이 든 세대에게는 더욱 그렇다.

이 주제와 관련해서 보자면 건축 자체, 즉 건물은 양면성을 띤다고 할 수 있다. 건물은 인간에게 정신적 외상을 주는 외부 위험요소가 될 수도 있고 외상을 막아주고 외부에서 받은 상처를 치유해 주는 어머니 품이 될 수도 있다. 위험요소는 주로 건물이 자본과 기술에 종속되었을 때 발생한다. 자본에 종속되어 물화(物化)에 의한 소외를 불러일으키거나 기술에 종속되어 인간의 본성을 퇴화시키는 분리불안이 구체적인 원인이다. 반면 정주 조건을 확보해서 인간에게 따스한 보금자리를 제공할 수 있다면 이와 반대의 기능을 가질 수 있다. '자궁으로서의 집'이 그것이다.

자궁형 공간

골목길과 다락방

그렇다면 '자궁으로서의 집'은 어떤 것일까. 아늑하고 아기자기하면 유리하겠지만 그렇다고 특별한 형태가 있는 것은 아니다. 집을 대하는 태도, 집의 의미를 정의하는 가치관, 집에서 생활하는 방식 등은 오로지 나의 몫이다. 자궁에서 나와 탯줄까지 끊고 성인으로 성장한 바로 나의 몫인 것이다. 일상이 힘들고 어머니 자궁이 그리울 때 자궁을 대신해 줄 수 있는 것은 집밖에 없다. 집을 이렇게 만드는 것은 나의 몫이다. 주변을 잘 찾아보면 자궁의 이미지 혹은 자궁형 공간은 생각보다 많다. 대표적인 것으로 다음 네 가지를 들 수 있다.

첫째, 골목길이다. 지금은 사라져가고 있지만 한국전쟁 이후 21세기 이전까지 우리가 터를 일구고 살았던 한국 땅에는 골목길이 많았다. 골목길의 사전적 정의는 '큰길에서 들어가 동네 안을 이리저리 통하는 좁은 길'이다. 부자동네에도 골목길은 있지만 보통은 서민층 동네에 있는 구불구불하고 좁은 길을 말한다. 전통시대에서 현대로 넘어오는 중간 단계에 근대적 도시계획 없이 중산 서민들이 자발적으로 형성한 동네에 골목길이 많다.

자동차가 다니지 않는다는 점도 골목길을 포근하게 만드는 중요한 요소다. 길이 좁고 구불구불한 데다 경사까지 급하니 보통은 자동차가 다니지 않는다. 현대도시에서 자동차는 편리함의 대명사이지만 골칫거리이기도 하다. 집 밖 도시 공간 속에서 보행자로 생활하다 보면 늘 자동차의 위협에 시달린다. 자동차가 안 다니는 곳에 가면 곧바로 마음이 편해진다. 이 원리는 골목길에도 적용된다. 자동차 소음과 매연으로 번잡하고 정신없는 간선도로에서 갈라져 들어오면 길은 좁아지고 차분해진다. 이면도로까지는 아직 차가 다니지만 한 번 더 갈라져 들어오면 차가 안 다니는 아늑하고 포근한 길이 시작된다. 이 길에 들어서면 마음으로는 이미 집에 도착하게 된다. 찬바람이라도 불면 어느새 아랫목이 그리워진다.

골목길의 공간 구조는 미로형이 많다. 미로는 자궁의 이미지 가운데 하나다. 자궁 공간 자체는 큰 주머니 형태이지만 태아를 은밀하게 감추고 입구가 봉쇄되어 있어 보통 미로형으로 분류한다. 골목길 미로는 이런 이미지와 겹쳐지면서 자궁과 비슷한 정서적 기능을 갖는다. 골목길 미로로 들어가는 발걸음은 자궁 속으로 들어가는 것과 같은 느낌을 자아낸다. 큰길에서 버스를 내려 집으로 향하는 발걸음을 점점 좁아지는 길이 인도한다. 큰길에서 갈라져 들어오는 첫 번째 갈림길을 지나 조금 더 들어오면 동네 속에서 한 번 더 갈라진다. 입구에는 보통 작은 슈퍼마켓이 있다. 이쯤부터는 어머니 자궁으로 들어가는 느낌을 자아내기 시작한다. 보통은 여기에서 한 번 더 갈라진다. 마지막 갈림길인데 이곳의 입구는 정말 어머니 자궁으로 들어가는 느낌이다. 이런 식으로 우리가 만들고 살았던 골목길은 어머니 자궁 이미지에 가까웠다. 고향에 두고 온 노모를 그리워하는 마음이 발동했던 것일까.

둘째, 다락방이다. 골목길이 집 밖의 큰 스케일이라면 집 안의 작은 스케일의 공간 가운데에는 단연 다락방이 자궁 이미지에 근접한다. 아파트에서는 사라졌지만 오래된 개인주택에는 대부분 다락방이 있었다.

현대 건축가들도 다락방을 두어서 아늑한 공간을 집의 특징으로 적극
활용한다. 개인주택을 짓는 건축주들도 이런 다락방을 원하는 경우가
많다. 주택을 소개하는 건축 잡지에서 다락방 사진은 빠져서는 안 되는
매력적인 장소다.

다락방이 자궁처럼 느껴질 수 있는 것은 경사지붕 밑이라서 그렇다.
천장이 기울어져서 방의 절반 정도는 높이가 낮다. 안쪽 벽 앞에 서면
머리가 천장에 닿기도 한다. 공간도 삼각형 같은 기하학적 형태다. 주변
이 온통 사각형 공간인데 이런 형태는 우선 특이해서 특별한 느낌을 준
다. 천장 높이가 낮으니 자궁처럼 죄는 느낌을 받는다. 어머니 품 같은
느낌도 든다. 네 면의 벽과 천장과 바닥이 온통 나를 품에 안아주는 것
같다.

서양에서는 다락층이라는 명칭이 더 많이 사용된다. 다락층은 전통
시대 상류주택에서 하인들의 방으로, 지붕 밑 꼭대기 층이라 열악한 공
간이었다. 19세기에 8층 정도의 아파트가 등장했을 때에도 하인 계층은
남아 있었기 때문에 꼭대기 층이 하인용 다락층이었다. 20세기 이후 현
대 사회에서는 이런 다락방이 거꾸로 자궁 개념의 아늑한 공간으로 사
랑받는다. 유럽의 주황색 지붕 밑 다락층은 특별한 공간으로 소개된다.
파리의 다락층 장면은 한국에서까지 인기가 많다.

다락방보다 더 은밀하고 아늑한 것이 '방'자를 뺀 '다락'이다. 5~10개
의 짧은 계단을 타고 올라가야 되고 천장도 낮아서 정식 방으로 보기는
어렵지만 집 안 특수한 공간 가운데 하나다. 잘못 쓰면 좁고 천장도 낮
고 먼지가 쌓이는 등 열악한 공간이 된다. 잘해야 오랫동안 쓰지 않을
물건을 보관하는 창고 정도다. 그러나 공간적 위치 덕에 잘 활용하면 어
머니 자궁을 느낄 수 있게 해주는 잠재력이 큰 공간이다. 정식 방이 아
니라서 천장은 다락방보다 더 낮다. 기어 들어와서 서보지도 못하고 기

어 다니거나 누워야 되기도 한다.

이런 공간 특성 때문에 다락의 이미지는 보통 '나만의 우주'로 얘기된다. 나만의 독점 공간은 아니지만 다락에 보관되어 있는 특이한 물건들은 각자의 감성을 불러일으키고 이것이 쌓이면 특별한 기억의 장소가된다. 이런 '나만의 개별성'이 자궁과 겹쳐지는 특징이다. 쌍둥이가 아니라면 자궁이야말로 이 세상에서 가장 온전한 나만의 공간이다. 단순한 독점을 넘어서 자궁벽은 내 몸과 최대한 밀착한다. 타이트한 스케일이 자궁의 최대 매력인데 다락의 최대 장점도 이것과 같다.

옥탑방과 숨을 공간

셋째, 옥탑방이다. 다락방이 옥상에 별채로 떨어져 나온 곳이 옥탑방이다. 보통 저소득층의 힘든 주거환경의 대명사로 소시민 감성이 묻어난다. 서민 주택 가운데서도 옥상에 위치해서 추위와 더위에 그대로 노출된다. 경우에 따라서는 방범이 취약하기도 하다. 이런 불리한 요소를지니고 있는 것은 틀림없는 사실이나 순수하게 공간적으로만 보면 다락방의 한 형식으로 볼 수 있다. 공간 감성으로는 다락방과 비슷한 아늑함과 포근함을 준다.

주변의 옥상 공간을 사용할 수 있다는 것도 유리한 점이다. 막히지 않은 하늘을 볼 수 있고 밤에 별을 셀 수도 있다. 운동도 하고 빨래도 말린다. 실외 공간이어서 햇빛과 바람을 즐기며 쉴 수 있다. 큰 화분을 놓을수도 있고 화단을 꾸며 깻잎이나 토마토를 키워 먹을 수도 있다. 옥상으로 오르는 계단도 한몫한다. 보통 사다리 형태의 계단이다. 사다리는 제대로 된 계단이 아니어서 특별한 상징성을 갖는다. 출세나 하늘로 오르는 욕망이 대표적이다. 옥탑방 계단은 이와 반대다. 서민적 공간으로 오르는 다락방 모티브다.

다락방과 옥탑방이 공통적으로 갖는 자궁 이미지는 '들어가서 보고 싶은 곳'이다. 이 말에는 두 가지 감각이 들어 있다. '들어가다'와 '보다'다. '들어가다'는 내 몸이 직접 움직여서 온몸으로 느끼는 감각이다. '보다'는 시각이다. 몸 이론과 젠더 이론에서는 보통 시각을 남성적·가부장적 감각으로 얘기하고 온몸으로 느끼는 감각을 여성적·상대적 감각으로 얘기한다. 후자는 앞에서 보았던 현상학과 실존주의에 해당된다. 이런 점에서 두 가지 감각을 동시에 갖게 해주는 다락방과 옥탑방의 감각 작용은 정주 조건이 될 수 있다.

넷째, 다락방과 비슷한 기능을 하는 '감싸고 숨겨주는 공간'이다. '숨바꼭질'의 미학이다. 어린아이들은 어딘가에 숨는 것을 좋아한다. 집 안에 숨을 만한 공간을 찾아 숨은 뒤 자신을 찾아보라고 한다. 이불 속에도 숨고 장롱 속에도 숨고 문 뒤에도 숨는다. 내 몸 밖의 세상 공기에 온전히 노출되는 것이 불안하기 때문이다. 그래서 꽁꽁 숨는 걸 좋아한다. 부모가 일부러 못 찾는 시늉을 하면 좋아라 한다. 그러나 그 시간이 길면 안 된다. 숨어 있는 나를 부모가 찾아주면 소리를 지르며 좋아한다. 부모라는 절대자가 위기에 처한 자신을 찾아내 구해준다는 데서 안심을 느끼기도 한다.

내가 어릴 적 살던 집에도 이런 공간이 있었다. 집 안에는 다락이 있었고 마당에는 작은 연못 안쪽에 장미 넝쿨이 있었다. 넝쿨이 제법 수북했는데 한가운데는 구멍이 뚫려 동굴처럼 되었다. 나는 이 두 곳에 숨는 걸 유난히 좋아했다. 누가 찾아주기를 바랐다기보다는 그냥 타이트한 공간 속에 몸을 담그고 가만히 있는 것을 좋아했다.

어른이 되면 이런 불안은 표면적으로는 극복된다. 하지만 마음 한 구석에는 늘 어딘가에 숨고 싶은 마음이 똬리를 틀고 있다. 집이 이런 역할을 해주어야 한다. 세상에 지치고 스스로가 조그만 존재로 느껴질 때 이걸 받아주고 숨겨줄 공간이 필요하다. 안전한 장막을 치고 세상 공기를 완전히 차단한 뒤 마음을 위로해 줄 공간이 필요하다. 이것을 해줄 수 있는 것은 집밖에 없다. 그렇지 못할 경우 대개 술집이나 유흥업소에서 그런 위안을 찾는다.

가장 좋은 경우는 집 안에 아주 작고 포근한 공간을 갖추는 것이다. 어머니 품처럼 품고 위안을 해주는 공간이다. 몸을 크게 움직이지 않는 행동에 적합한 스케일의 공간을 마련하는 것이 도움이 된다. 이것이 힘들면 집 자체를 어머니 자궁처럼 인식하고 정의하고 사용하면 된다. 자궁이야말로 나를 감싸고 숨겨주는 최고의 공간이기 때문이다. 아기자기한 스케일은 필수다. 집 전체를 이렇게 하기가 어려우면 한두 곳이라도 이런 장소가 있으면 좋다.

사회적 격변을 겪던 19세기 영국 빅토리아 사회도 이런 예를 남기고 있다. '올드 잉글리시(Old English)'라는 양식이 대표적이다. 이름에서 알 수 있듯이 산업혁명 이전의 영국 전통으로 돌아가자는 건축운동이었다. 주로 주택을 중심으로 포근하고 편안한 일상생활을 담당하는 공간을 만드는 데 중점을 두었다. 가정의 가치를 중시하던 당시 사회 분위기를 반영한 현상이었다.

이런 경향은 이 운동을 이끌었던 리처드 쇼(Richard Shaw, 1831~1912)의 개인 성격에서도 잘 드러난다. 그는 몽상가였고 가정을 사랑했다. 친구들과 있을 때에는 활기가 넘쳤지만 기본적으로 수줍은 성격이었다. 개인적 열정에서만은 어린아이 같은 순수함을 유지했다. 이런 그의 성격은 자신의 집에 있던 '덴(den)'이라고 불리는 작은 방에 잘 나타나 있다. 그는 3미터×2.1미터의 작은 이 방에서 중요한 작품을 설계하곤 했다. 위치는 작업실의 한쪽 위에 끼워 넣듯이 배치했다. 특별히 만든 사다리를 타고 올라가야 들어갈 수 있는 곳이었다. 벽에는 둥근 창을 내서 채광도 하고 거리도 내려다볼 수 있게 만들었다. 다락이나 다락방 같은 성격으로, 이 곳에 있으면 중요한 작품을 설계할 때 엄습하는 무게감을 견뎌낼 수 있었다.

자궁과 연관된 주제: 칸막이, 배냇짓, 관음증

구체적인 자궁 이미지 외에 일상생활에서도 자궁과 연관된 주제를 찾아볼 수 있다. 칸막이, 배냇짓, 관음증 등이다. 셋은 하나의 이야기로 이어진다. 차례대로 살펴보자.

칸막이는 주로 사무실 자리를 배치할 때 사용된다. 크게 보면 공간 분위기를 어떻게 만들 것인가의 문제이지만 좁혀서 보면 작업 효율이나 감시 기능과 관계된 주제다. 상사들은 직원이 열심히 일하는지 감시의 눈을 번득인다. 일 분도 낭비하지 않고 일만 계속하기를 원한다. 최악의 감시형 배치는 부장 자리를 맨 뒤에 두고 그 앞쪽으로 '차장 – 과장 – 대리 – 평사원'의 순서로 배치하는 것이다. 평사원은 자신의 등 뒤에 여러 명의 감시 눈초리가 번득이고 있어서 하루 종일 몸 한 번 편하게 움직이기 힘든 채 긴장 속에서 일을 해야 한다.

하지만 인간은 기계가 아니다. 적당한 여유와 틈을 허용해야 한다. 작업 총량과 결과물, 즉 작업 효율이 중요한 것이지 단 일 분도 쉬지 않고 일만 해대는 것이 중요한 것은 아니다. 이 때문에 앞서가는 기업일수록 직원에게 휴식의 자유를 보장한다. 근무시간에 당구를 치고 게임을 하고 맥주를 마시는 등 완전한 자유를 허용하고 결과물만 평가하는 회사들이 늘어난다. 강제로 낮잠을 자게 하는 회사까지 등장했다.

20세기에는 이와 반대였다. 군대식 감시 문화가 사회를 지배하던 시절에 사무실의 자리 배치로 '오픈 플래닝(open planning)'이라는 방식이 유행한 적이 있었다. 당시에는 이 방식이 시대를 앞서가는 것으로 여겨졌다. 그 이전 시기에는 사무실에 두꺼운 벽으로 방을 나누었는데 이것을 일거에 걷어낸 배치였다. 답답하고 폐쇄적이던 공간이 시원하게 개방되면서 현대성을 상징하는 공간으로 평가받았다.

하지만 이런 배치가 위험하고 유해하다는 연구 결과가 이어지면서 이제 이런 배치는 거의 사라진 추세다. "칸막이 없는 개방 사무실, 직장인 병들게 한다"라는 제목의 한 기사에서는 칸막이 없는 개방된 구조의 사무실에서 일하는 직장인들은 개인 공간이 있는 이들에 비해 몸이 더 자주 아프게 된다는 연구 결과를 소개하고 있다. ≪인간공학(Ergonomics)≫이라는 저널에 실린 논문이다. 스웨덴의 스톡홀름대학 연구팀이 디자인 구조가 서로 다른 일곱 개의 사무실에서 일하는 2000명을 대상으로 관찰한 결과다. 사방으로 개방된 사무실 구조는 아파도 쉬지 못하는 등 상사나 고용주에게 잘 보이려는 무리한 근무행태를 낳기 때문에 결국은 근로자의 건강을 해칠 수 있다는 것이다. 장애물이 없기 때문에 세균이 대기를 통해 잘 전파되어 특히 호흡기 질병에 잘 걸릴 수도 있다.

이 내용을 집의 정주 조건에 적용하면 이 장의 주제인 자궁과 연관된다. 자궁의 기능 가운데 '배냇짓'이라는 것이다. 사람들은 각기 개성이 다르고 좋아하는 행동이 다르다. 업무 습관과 방식도 다 다르다. 혼자만의 공간 속에서 감시받지 않고 이런 본성과 개성을 자유롭게 표출해야 심리적 안정을 얻고 창의력이 발휘되어 업무 효율도 높아진다. '배냇짓' 이론이다. 어머니 뱃속에 있을 때 아무런 제재를 받지 않고 마음대로 행동하던 본능적인 습관이다. 자궁에서 나왔다고 끝이 아니다. 이런 행동은 어른이 되어서도 일정 부분 필요하다. 그래야 심리적 안정을 해치지 않는다. 앞의 연구 결과는 이 사실을 사무실 공간에서 확인해 준 것이다.

사무실의 칸막이 문제는 집에도 그대로 적용된다. 아니, 집에서 더 중요하게 지켜져야 한다. 집은 모든 것을 내려놓고 편히 쉬는 곳이기 때문이다. 집은 어른이 되어서도 가장 편한 상태에서 배냇짓을 할 수 있는 곳이어야 한다. 공간 배치로 보면 방해받지 않고 온전히 나 혼자 있을 수 있는 공간이 필요하다. 공간 구조로 보면 적당한 나누기와 꺾임이 필요하다. 앞에서 말한 숨바꼭질이 가능하면 좋다. 진짜 놀이로서의 숨바꼭질일 수도 있고 비유로서의 숨바꼭질일 수도 있다. 집에서 배냇짓을 할 수 있어야 한다.

칸막이와 배냇짓은 집 안에서의 시각 작용 문제와 연관된다. 식구들 사이에 서로 조금씩 보고 보이는 구조가 좋다. 지나치게 폐쇄적인 구조도 바람직하지 않지만 모든 행동이 노출되는 것도 피하는 것이 좋다. 두 경우 사이에 완급이 조절되는 것이 바람직하다. 반면 지금 우리가 사는 아파트는 이런 완급조절이 부족한 것으로 볼 수 있다. 20세기 공간의 대표적인 유형을 창출한 르코르뷔지에(Le Corbusier, 1887~1965)나 미스 반 데어 로에(Mies van der Rohe, 1886~1969)의 주택 모델을 받아들였기 때문이다. 두 모델은 실내의 모든 것이 한 눈에 보이도록 노출시켰다. 르코르뷔지에는 사진의 앵글을 잘 잡아 가장 보기 좋은 장면을 찍어 잡지에 싣는 등 언론 플레이로 자신의 작품을 선전했다. 하지만 집을 실제로 사용하는 주인의 불만을 자주 들어야 했다. 집을 뜯어 고친 경우도 여러 번 있었다. 미스 반 데어 로에는 더 심해서 집을 큰 공간 하나로 만들었다. 이는 옛날 건물의 두껍고 둔탁한 벽체를 다 털어낸 현대건축의 승리를 상징하는 기념비는 될 수 있을지언정 사람이 들어가서 일상생활을 영위하는 집으로는 부적절하다.

지금의 아파트는 두 사람의 공간 모델이 어느 정도 반영되어 있다. 한 가운데에 큰 거실이 있고 그 주위로 여러 개의 방이 배치되는 구조다. 아파트라서 이 이상으로 복잡하게 구성하는 것은 사실상 불가능하다. 여기서 문제가 발생한다. 과거 개인주택의 기억을 떠올려보면 집 안에 다양한 공간이 있었다. 식구들은 몸통의 절반만 보이기도 했고 발뒤꿈치만 보이기도 했다. 사람 체취는 느껴지는데 모습은 안 보이고 목소리만 들리기도 했다. 공간을 매개로 사람 사이의 육체 위상이 다양하게 구성되었던 것이다. 이것이 바람직하다. 적당히 보이고 숨겨야 한다. 반쯤 보이고 반쯤 숨겨야 좋다. 삼분의 일쯤 보였다 삼분의 이쯤 숨기는 것이 좋다. 그러면 집은 자신도 모르는 사이에 매우 매력적인 공간이 된다.

관음증을 대입해서 보자. 앞과 같은 공간을 관음적 공간이라 부르고자 한다. 관음증 자체는 물론 병리적 현상이다. 요즘 사회적 문제가 되고 있는 이른바 '몰카' 같은 성범죄를 심리학적으로 보면 결국 관음증이다. 그 이유는 여럿인데 심리적 문제가 가장 클 것이다. 지그문트 프로이트(Sigmund Freud)에 따르면 성장기 때 욕구가 충족되지 않을 경우 성인이 되어 관음증이 나타난다고도 했다.

공간의 관점에서 이 문제를 생각할 수도 있다. 집 안에 관음적 공간이 부족할 경우 집 밖에서 이성을 대상으로 대리 만족을 하게 된다. 집 안에 적절한 관음 요소와 관음적 공간이 필요한 이유다. 앞에 언급한 다락방 오르기도 훌륭한 예다. 나선형 계단도 또 다른 좋은 예다. 둘을 합하면 더 좋다. 다락방에 오르는 계단은 사다리가 통상적이지만 나선형 계단도 잘 어울린다. 나선형 계단 자체가 은밀하고 관음증적 특징을 갖기 때문에 다락방으로 오르는 느낌은 배가된다.

종착점의 상태가 명확하게 파악되지 않고 무엇인가에 가려 있거나다 보이지 않거나 막연하게 추측될 때 관음 욕구가 만족되는데 나선형 계단이 그렇다. 좁고 어둡고 '은밀하게' 보일 때 다락방 효과가 커지는데여기에도 나선형 계단이 어울린다. 위치도 중요한데 나선형 계단이 2층

바닥을 밑에서 수직으로 바로 파고들 때 이런 효과가 배가된다. 이때 위층은 가급적 나선형 계단의 폭만큼만 뚫어서 보이는 정도로 최소화해야 하며 어두컴컴할수록 더 좋다.

중세 성채 주거: 전쟁 불안을 달래주는 어머니 품

자궁이 갖는 심리적·정서적 보호처의 기능을 보여주는 좋은 예로 유럽의 중세 성채를 들 수 있다. 3장 2절에서는 방어형 보호처로서의 성채형 주거의 기능을 심리적·정서적 측면에서 살펴보았다. 여기에서는 방어적 구성의 구체적인 방식과 이것이 갖는 자궁의 기능에 대해서 살펴보자.

중세 성채는 한 시대를 풍미했던 중요한 건물이다. 개별 건물에 국한되지 않고 작은 마을, 심지어 도시를 이루기까지 했다. 성채는 보통 매우 두터운 벽체로 둘러싸인 폐쇄적인 방어시설이다. 이는 주로 전쟁을 수행하는 본부의 기능에서 비롯된 것이다. 여기에서 심리적·정서적 보호처의 기능도 자연스럽게 파생된다. 유럽 역사에서 중세는 전쟁이 많던 혼란기였다. 중앙이 강력한 힘이 없는 상태에서 모든 결정은 무력으로 판가름 났다.

영주들은 불안한 가운데 모든 역량을 전쟁에 집중했다. 성채는 전쟁역량의 총본산이었다. 언제 쳐들어올지 모르는 적으로부터 나를 안전하게 보호해 주는 가장 믿을 만한 보호처였다. 성채에 따라붙는 여러 군사시설과 두꺼운 벽체, 방어적 형태 등은 이런 특성의 산물이었다. 물리적 보호처는 곧 심리적 보호처로 이어졌다. 어머니 자궁처럼 외부인이 침입하기 힘든 구성이었다.

자궁의 이미지는 특히 두꺼운 벽체에서 파생된다. 중세 성채는 유난히 폐쇄적이라서 그 안에서 벌어지는 일을 밖에서는 전혀 알 수 없었다. 전쟁의 불안에 떠는 영주들은 성채 속에서 심리적·정서적 안정을 얻을 수 있었다. 대표적인 것이 영주가 거주하는 '본성(keep)'이었다. 본성은 시대와 지역에 따라 여러 형태였는데 공통점은 '꽁꽁 싸매는 구조'라는 것이었다. 외부로부터의 출입을 최소화하고 공격에 견디는 구조였다. 이는 곧 자궁의 이미지다. 전쟁 불안을 달래주는 어머니 품 같은 것이었다.

대표적인 구성을 보자. 본성은 보통 단독 건물인데 주거로 사용하는 경우가 가장 많았다. 때로는 그 자체가 성채가 되기도 했지만 성채 중심부의 일부분으로 포함되는 경우가 더 많았다. 그 주위로 여러 종류의 방어용 외부 시설들이 에워싸며 배치되었다. 심지어 세 겹의 방어막을 치기도 했다. 첫째 방어막은 가장 바깥의 외성과 그 영역 안의 헛간 구조물, 그 외 부속시설로 이루어졌다. 둘째 방어막은 수비대 영역으로 예배당과 창고가 이 안에 들어갔다. 셋째 방어막은 이른바 '슈미즈(chemise)' 영역으로 말 그대로 속옷에 해당되는 가장 깊은 곳이었으며, 본성을 방어하는 두터운 옹벽으로 이루어졌다.

부벽(扶壁, buttress)형 본성이라는 것도 있었다. 영국 전역과 프랑스 서부에서 유행했다. 창은 상층부에만 냈으며 출입문은 최소한 지면에서 5미터 이상 떨어져 1층이나 2층에 냈다. 각 층에는 방이 하나씩 들어갔다. 지면과 닿는 1층은 특히 튼튼하게 쌓았으며 창과 문을 내지 않았다. 위층으로의 출입은 천장 위에 낸 들창 혹은 뚜껑 문을 통해 이루어졌다. 영주도 예외 없이 이런 작은 들창으로 드나들었다. 이곳은 함부로 드나들 수 없는 곳으로 자궁에 비유할 수 있다. 어렵게 올라간 2층에는 리셉션 룸이 있었고 주거공간은 3층까지 올라가야 도달할 수 있었다.

중세 성채를 대표하는 나선형 계단도 마찬가지였다. 지름이 1미터도 채 되지 않는 좁은 원통형 속에 부드러운 곡선의 계단이 돌아 올라갔다. 이런 구도는 좁은 공간 속을 여러 근육이 겹겹이 싸고 있는 자궁의 해부학적 구조와 비슷하다. 영주의 방으로 들어가는 통로가 이런 폐쇄적 나선형 계단 하나뿐인 성채도 많았다.

일부 성채에 나타나는 미로 구성도 같은 개념이다. 미로의 이미지는 양면적이다. 복잡하고 어렵다는 뜻은 보통 부정적 이미지로 통한다. 반대로 은밀하고 아기자기한 구성을 상징하기도 하는데 이는 자궁의 이미지와 통한다. 중세 성채의 미로 구성은 후자에 가깝다. 의도적으로 복잡하게 계획한 것이 아니고 오랜 기간에 걸쳐 조금씩 증축하는 과정에서 물리적·심리적 보호처를 만들다 보니 그렇게 된 것이다. 크고 작은 방들이 한 층 내에서뿐만 아니라 위아래 층 사이로도 얽혀 구성되었다. 이런 여러 개의 방을 여러 개의 계단과 복도가 서로 연결하면서 미로를 형성했다. 하지만 얽히는 공간 켜의 겹이 많지 않아서 길을 잃을 정도는 아니었다. 영주의 불안감을 달래주는 쪽에 가까웠다.

2. 감각과 피부

감각 경험: 집과 친해지는 중요한 통로

한국인이라면 '아랫목에 등 지진다'라는 말을 많이 들어보았을 것이다. 주택 모델이 아파트로 완전히 교체되면서 아랫목이 사실상 사라진 지금도 이 말은 입에서 입으로 전해지고 있다. 아파트에서 태어나서 개인주택의 진짜 아랫목을 한 번도 경험하지 못한 젊은 세대들도 이 말은 알고 있다. 단순히 '진짜 아랫목' 이상의 한국적 감성을 담고 있는 말이다. 밖에 나가기 귀찮을 때, 집에 숨어 지내고 싶을 때, 힘든 일이 있을 때, 혼자 조용히 쉬고 싶을 때 등 심리적으로 어렵고 정서적 휴식이 필요할 때 쓰는 말이다.

왜 그럴까. 바로 한국적 감성인 '피부 감각'이 담겨 있는 말이기 때문이다. 방바닥에 내 등을 지진다는 뜻이다. 등은 가장 넓은 피부 면적이다. 이것과 방바닥이 하나가 된다. 집이 나의 피부가 되는 것이다. 스킨십의 하나로 한국적 감성을 대표한다. 한국인은 임계거리가 짧은 민족이다. 내 몸과 상대방의 몸을 접촉시키는 방식으로 친근감을 표현한다. 최근 젊은 세대들은 많이 서구화되어서 이런 경향이 사라지긴 했다. 특히 남녀 간에는 성추행 문제가 걸려 있어서 더욱 조심한다. 그러나 어느 정도 나이를 먹은 세대들은 친한 친구끼리 몸을 비벼대는 것이 친근감의 표시라는 것에 동의할 것이다. 여고생들은 화장실에 갈 때도 친한 친구가 손잡고 팔짱끼고 따라가 준다. 남자들 다섯 명이 모여서 술을 마시다 보면 술이 취해서 옆 친구 볼에 뽀뽀를 하려 드는 녀석이 한 명은 나오게 마련이다.

감각 경험을 중요하게 여기는 한국적 감성을 보여주는 예들이다. 이는 매우 중요한 정서적 기능인 동시에 정주 조건이다. 사람 사이의 관계와 같다. 내 집을 하나의 인격체로 보고 서로의 피부를 비벼대는 행위는 집에 마음을 붙이는 데 그만이다. 한국의 전통적인 인간관이나 생활문화는 대체로 이쪽 방향으로 형성되었다. 집의 정주 조건에서 유리한 전통을 가지고 있다는 뜻이다. 현대 한국인이 힘든 원인 가운데 하나가 이런 전통 경험을 이어받지 못했기 때문으로 볼 수 있다.

우리와 비슷하게 '경험'을 국가 전통으로 갖는 나라가 영국이다. 영국 경험주의 철학을 대표하는 데이비드 흄(David Hume, 1711~1776)의 주장을 보자. 흄은 로크와 버클리에 의해 시작되고 발전한 영국 경험주의를 계승해서 완성한 철학자다. 데카르트의 합리주의 인식론이 낳은 과학혁명을 인간 경험으로 전환시켜 계몽주의와 산업혁명의 정신적 바탕을 닦았다. 흄은 자신의 저서 『인간 본성론(A Treatise of Human Nature)』(1740)에서 인간의 지식은 타고난 재능을 바탕으로 실제로 경험한 것 위에 형성된다고 주장했다. 여기서 '실제로'는 '감각적으로'로 대체할 수 있다. 우리가 오감의 감각을 통해 경험까지 해야 지식이 된다는 뜻이다. 세계도 마찬가지다. 인간이 실제로 접해서 감각으로 경험하고 파악하고 느끼는 것까지가 세계다.

이런 주장을 대상과의 관계에 적용하면 전형적인 주관주의가 된다. 대상에는 주체와 객체 두 가지가 있다. 이들의 관계는 둘이 서로에 대해 갖는 각자의 경험에 의해 결정된다. 둘 자체만으로는 필연적 관계가 없다. 데카르트의 순수 이성은 객체로서의 사물 대상의 본성에 대해서 아무것도 파악할 수 없다. 사물의 물리적 작동을 정량적으로 정의할 수는 있어도 성질과 특징을 정성적으로 설명하지는 못한다. 사물의 본성은 우리가 감각으로 경험할 때 비로소 형성된다. 본성의 특징과 내용 또한 각자가 느끼고 경험하는 바에 따라 다르다. 감각 경험보다 선험적으로 형성되고 정의되고 존재하는 본성은 없다.

주체와 객체 양자가 서로에 대해서 느끼는 감각 경험 가운데 공유하는 요소가 많으면 친밀하다고 느낀다. 집과 사람 사이의 관계도 마찬가지다. 집을 하나의 인격체로 가정하고 친구처럼 연인처럼 함께 경험하는 공유 요소가 많으면 우리는 집을 친하다고 느끼게 된다. 느끼는 것은 본성이 되고 습관이 된다. 이것이 오래되면 개성이 되고 시각으로 굳어진다. 사물과 세계에 대한 우리의 가치와 태도도 이런 방식으로 형성되어 굳어진다. 쉽게 얘기해서 집과 친하다고 느끼는 시간이 길어지면 실제로 친해진다. 집에 마음을 붙이는 좋은 과정이다. 이렇게 인도되는 공유 요소 가운데 살을 맞대고 피부를 비벼대는 것이 최고다. 흄의 주장대로 감각이 수반되기 때문이다.

이런 흄의 경험주의는 집의 정서 기능을 정의해 주며 나아가 이것이 정주 조건이 될 수 있음을 설명해 준다. 그 근거 가운데 하나로 2장 2절에 언급한 후설의 현상학을 들 수 있다. 우리는 순수 이성이나 합리적 인식이 아닌 지각 의식에 따라 우리가 살아가는 세계를 정의하고 형성한다는 주장이다. 이는 그대로 하이데거의 실존주의로 이어졌다. 이런 연결고리가 감각 경험을 정주 조건으로 볼 수 있는 근거다.

일반론적으로 볼 때 인간의 몸이 존재하고 작동하는 양상은 세 단계로 구성된다. 첫째, 물리적 단계로 지구 중력 아래에서 물질을 섭취해서 생명을 유지하는 생리적 층위다. 둘째, 감각적 단계로 오감을 중심으로 주변 환경과 객체 대상을 경험하고 그 데이터를 모아 세상을 정의하고 그 속에서 살아가는 층위다. 셋째, 의지적 단계로 정신활동이 발동해서 세계와 객체에 의지가 개입하는 층위다. 이 층위에서는 특정한 가치를 설정하고 표현한다. 예술이 좋은 예이며, 사람과의 관계에 인격이라는 가치를 개입시키는 것도 좋은 예다.

셋 가운데 무엇을 중심에 두느냐에 따라 인간 문명 활동의 여러 가지 갈래가 결정된다. 경험주의는 감각 경험을 중심에 둔다. 경험주의에서는 감각 경험이 중심을 이루면서 앞뒤로 물리적 층위와 의지적 층위를 연결하는 것이 인간의 존재 양상이라고 보며 이를 사회문화가 형성되는 방향으로 본다. 집도 좋은 대상이다. 이 책의 순서가 이를 보여준다. 집과 나의 감각적 교류를 중심으로 앞에 나왔던 물질성과 정신성을 앞뒤로 연결한다. 이런 점에서 집의 정서 기능도 중요한 정주 조건이다.

감각으로 사랑하라: 집도 그렇다

집을 사람의 몸과 동격으로 대응시킬 수 있다면, 즉 동일화가 일어난다면 집에서도 몸과 같은 작용을 생각할 수 있다. 집에 대해서 감각을 중심에 두고 앞뒤로 물질성과 정신성을 연결한다는 것도 같은 뜻이다. 물질성과 정신성은 우리의 경험 밖에서 선험적으로 정해져서 강요되는 기준이다. 집이 가진 부동산 가치는 물질성의 좋은 예이고, 집을 지나치게 이상화해서 비현실적 상징으로 삼는 것은 정신성의 좋은 예다. 이런 것들은 우리가 집을 감각으로 경험하는 길을 차단할 뿐이다. 우리가 집에 마음 붙이는 것을 방해한다. 집을 향하는 우리의 발걸음을 돌려 집과 우리를 떼어놓는다. 이는 곧 정주 조건을 해치는 것이다.

집을 내 몸과 동격으로 대응시킨다는 것은 물질성과 정신성 모두를 벗어나서 내 몸이 느끼고 경험하는 것으로 집의 성격과 가치를 결정한다는 뜻이다. 우리가 감각으로 경험하는 것을 기준으로 삼아서 집이 갖는 물질성과 정신성을 정의한다는 뜻이다. 그래야만 정주 조건이 확보된다. 그래야 돈이 사람보다 우위에 서는 것을 막을 수 있다. 허상이 사람보다 우위에 서는 것을 막을 수 있다.

감각 경험이 갖는 힘과 가능성은 다양한 이론으로 확장될 수 있다. 독일의 철학자 루트비히 포이어바흐(Ludwig Feuerbach, 1804~1872)는 감각 경험이 배제된 순수 이성을 거부하며 사랑을 할 수 있는 원천적 힘을 감각 경험에서 찾았다. 모든 감각기관을 총동원해서 사람과 자연과 세상을 사랑할 때 본인의 인생은 물론이고 사회도 가장 활력이 넘치고 생생하게 살아있게 된다. 생명의 원천은 감각 경험을 매개로 한 끊임없는 소통과 교감이다. 이렇게 얻은 사랑은 곧 역사의 원동력이 될 수 있다. 갈등과 투쟁과 전쟁이 역사를 이끌어왔다는 전통적인 시각을 뒤집는 획기적인 발상이었다.

감각 경험을 통한 사랑의 관계는 다양하다. 이성 간의 육체적 사랑이 가장 기본적이다. 성을 통한 이성 간 사랑은 인간관계에서 가장 직접적이고 필연적일 수 있다. 주변 환경과 객체 대상에 대한 자연스러운 감정생활도 사랑의 관계다. 인간을 탄생시킨 자연은 물론이고 우리가 일상을 살아가면서 매일 마주치는 사람, 세계, 사물 등에 대해서 우리가 자연스럽게 경험하는 감정도 사랑의 관계가 될 수 있다.

집은 어떤 위치에 있을까. 집은 공간 환경의 한 종류로, 자연과 사람의 중간 단계로 볼 수 있다. 자연의 성격을 유지하면서 이를 사람이 사는 데 편리하도록 고친 것이다. 그렇기 때문에 집도 끊임없이 감각으로 사랑해야 할 대상이다. 또 하나의 피부이니 가능한 한 나와 밀착하는 것이 좋다. 나 자신과 같아지면 가장 좋다. 감각 경험으로 교감해서 정서적 기능을 얻어내야 할 대상이다. 피부 접촉 같은 몸을 통한 교감이 좋은 방법이다. 늘 쓰다듬고 만지면서 끊임없이 손길을 주어야 한다. 이와 함께 마음도 흠뻑 주어야 한다. 집을 아끼면서 온 몸으로 사랑해야 한다. 이렇게 살다 보면 자연이나 사람과는 다른, 집만이 주는 특유의 감성을 느낄 수 있다. 집은 생명체가 아니므로 집이 먼저 나를 사랑할 수는 없다. 내가 사랑을 주고 싶어야 집에서 사랑을 느낄 수 있다.

어린아이의 생육과정과 비슷하다. 어린아이 키우듯 집을 키운다는 생각을 가져도 좋다. 어린아이는 부모와 스킨십을 많이 해야 한다. 단, 의무적·기계적인 스킨십이 아니고 정말로 사랑하는 마음이 담겨 진심에서 우러나는 스킨십이어야 한다. 어린아이는 자신의 피부에 닿는 손길에서 이것을 본능적으로 알아차린다. 이렇게 사랑의 진심이 담긴 스킨십을 많이 받은 아이는 정서적으로 안정된다. 정신적 건강을 얻어 성인이 된 뒤에도 평생을 모범적 인격을 유지하면서 흔들림 없이 살 수 있다.

내가 아는 워킹맘은 퇴근하면 틈나는 대로 어린아이를 발가벗겨 놓고 온몸을 손바닥으로 쓰다듬어준다. 비슷한 비유로 난초를 키우는 것을 들 수 있다. 난초는 때맞춰 물을 주는 정도로는 말라죽기 쉽다. 늘 잎을 닦아주어야 하고 물도 기계적으로 주는 것이 아니라 정성을 다해 사랑하는 마음으로 주어야 한다. 집안에 난초가 건강하게 자라는 사람은 인격적으로 믿어도 된다는 옛말이 있을 정도다.

이런 사랑이 충분하지 않을 경우 사람들은 대체물을 찾게 된다. 보통 인간관계로 채우려 한다. 하지만 부족할 수 있다. 혈연관계, 아주 친한 친구, 사제지간, 형제애, 자매애 등 이익이 개입하지 않는 순수한 인간관계를 가정할 수는 있다. 하지만 이런 관계조차도 실제 현실에서는 이익이 개입하는 경우가 많다. 처음부터 이익 관계로 시작했다면 더 말할 필요도 없다.

집이 오히려 더 안전할 수 있다. '의식주'라는 말에서 알 수 있듯이 집은 인간이 존재하는 데 반드시 필요한 조건이다. 그렇기 때문에 어느 정도 인격적 요소를 가질 수 있다. 그러면서 인간관계에 따라붙는 이익을 개입시키지 않을 수도 있다. 자연과 인간의 중간 단계라는 말을 증명하는 것이기도 하다. 부모님과 오래 같이 산 집을 부모님의 인격을 갖는 것으로 인식하는 것이 좋은 예다. 어릴 때 살던 집을 찾아서 그때 함께 뛰어놀던 친구를 떠올리는 것도 또 다른 좋은 예다.

체성 감각의 중요성: 피부에서 내장까지, 시각을 거부하기

감각 경험의 중요성을 보여주는 것으로 체성 감각(somesthesis 혹은 sometic sense)을 들 수 있다. 사람의 감각은 보통 오감으로 정리된다. 간혹 육감을 얘기하기도 하지만 실체는 확인되지 않고 있다. 이것 말고 실체가 확인된 중요한 다른 감각이 하나 더 있는데 체성 감각이다. 척수신경 끝부분의 감각 신경 가지가 전신에 퍼져서 일어나는 감각 작용이다. 크게 피부와 몸속 기관(주로 내장)으로 나뉜다. 피부만 해당되면 촉감과 비슷하겠지만 체내 기관도 해당되므로 촉감과는 다른 감각이다. 줄여서 보통 체감이라고 한다.

체성 감각은 촉각, 온도, 고유 감각, 통증 등의 감각을 담당한다. 촉각은 피부에 닿아서 일어나는 감각인 촉감과 같은 뜻인데 미묘한 차이가 있다. 촉감이 피부만의 반응이라면 촉각은 '촉각을 곤두세운다'라는 말에서 알 수 있듯이 '온 신경을 써서 한 가지 일에 집중하는 기능'을 의미한다. 온도를 느끼는 기능은 일기예보에서 사용하는 '체감 온도'라는 말이 좋은 예다. 온도를 느끼는 감각이 피부와 몸속 전체에 넓게 포진되어 있다는 뜻이다. 고유 감각은 관절의 움직임을 알게 해주는 감각이다. 관절의 자세 감각이라고도 한다. 통증은 오감으로는 설명이 안 되는 또 다른 신경작용이다. 외부에서 가해지는 충격을 피부가 먼저 받고 그것이 몸속 기관까지 전달되어서 반응하는 자각의 정도다.

이처럼 체성 감각은 인간의 감각 가운데 몸의 가장 많은 부분과 연관되어 있다. 몸 전체에 해당된다고 할 수 있을 정도다. 이 때문에 가장 포괄적이고 예민하다. 일상에서는 육체가 겪는 고통을 '온몸이 욱신거린다'라는 말로 표현한다. 오랜 기간 사회적 문제가 되고 있는 층간소음은 체성 감각이 부정적으로 일어난 사례다. 윗집에서 사람이 뛰어서 구조물을 통해 전달되는 소음은 중저파가 들어 있기 때문에 청각의 범위를 넘어 피부와 내장까지 흔든다. 단순한 청각적 소음보다 사람에게 끼치는 불쾌감이 훨씬 크다. 사람들이 층간소음을 들으면 순간적으로 화가 나는 것도 이 때문이다. 피부와 내장까지 뒤흔드는 것은 존재 자체를 위협하는 근원적 공격으로 느껴진다. 체성 감각을 건드렸기 때문에 방어적 성격의 역습이 본능적으로 일어난다.

체성 감각은 감각의 종류와 관련해서 시각과 촉각을 구별하는 주제와 맞닿아 있다. 결론부터 말하면 시각을 거부하고 촉각과 연관되지만 궁극적으로 촉각마저 뛰어넘는 새로운 감각 문화를 이룬다. 차례대로 살펴보자.

몸 이론과 젠더 이론에서는 보통 시각을 남성의 감각, 촉각을 여성의 감각으로 분류한다. 이 분류에 따르면 시각은 이성, 합리, 사유, 객관, 추상, 원리, 공통, 통일, 규범, 계획, 판단, 미래중심, 일직선 발전, 근대성, 시간의 통제, 포괄적 거시 등과 연관된다. 이런 특성을 보통 남성성이라 부른다. 최근의 평등주의와 페미니즘은 이런 단정 자체를 차별의 잔재로 보지만 아직도 몸 이론과 젠더 이론에서는 남성성을 이런 특징으로 정의하고 있는 것 또한 사실이다.

시각과 남성성은 정확성을 바탕으로 문자 텍스트를 생산해서 20세기 까지의 문명을 이끌어 왔다. 지금까지 보편성의 근거이자 문명의 토대 였다고 볼 수 있다. 남성성에 기초하기 때문에 가부장제의 산물이기도 하다. 시각은 감각 가운데 권력을 생성해서 유지하며, 이를 바탕으로 질서와 이데올로그를 생산하기에 유리하다. 문자로 사고하고 텍스트를 읽으려는 지적 욕구를 유발해서 사유와 논리를 개발하기 때문이다. 이런 것들은 모두 질서 유지에 적합하다.

이런 긍정성의 이면에 부정적 측면도 있다. 사회 구조가 권력 중심으로 짜이면서 계급이 생기고 사회가 명령으로 움직이며 독단이 판을 칠 위험이 상존한다. 문자와 텍스트를 모를 경우 열등한 계층으로 전락한다. 모든 것이 우열 판단으로 귀결되면서 차별을 양산한다. 일차적으로 남성우월주의의 근거로 작용하면서 젠더 계층을 생산한다. 사회 계층과 인종 계층 등으로 확산되며 식민주의의 근거가 되기까지 한다. 이는 서구가 나머지 세계를 보던 관점이기도 했다.

시각 중심 문화는 몸을 억압할 위험성도 크다. 계층과 명령으로 돌아가는 사회에서 개인의 몸을 억압하는 구도를 뒷받침하는 근거가 된다. 사회의 집단 가치가 우선시되면서 개인의 억제가 미덕으로 통용된다. 전체가 개인보다 우선한다. 멸사봉공(滅私奉公)이나 선공후사(先公後私) 등의 도덕률이 좋은 예다. 이를 수행하기 위해서 필연적으로 건강한 몸과 젊은 몸을 이상적인 몸으로 가정한다. 반면 여성의 몸은 쾌락적 감상의 대상일 뿐이다. 집에서는 물질성을 과도하게 중요시하는 경향으로 나타난다. 집 안으로 기술이 들어와 집을 지배하며 집의 모든 가치는 집값으로 편집(偏執)된다.

시각 문화는 시간성도 통제 대상으로 삼는다. 보편적 사회 가치와 이데올로그를 구축해서 시간의 흐름에 따른 가변성을 통제하게 된다. 시각 문화가 갖는 시간성의 속성에서는 변동성과 즉흥성이 파생된다. 이 것은 사회 질서를 해치는 것으로 간주되어 통제 대상이 된다. 그런데 변동성과 즉흥성은 개성의 한 측면이며 개인의 몸에 반드시 필요한 감성 작용이다. 이것이 통제 당하게 되는 것이다.

집의 체성 감각: 촉각을 넘어 온몸으로 느끼기

이 반대편에 촉각이 있다. 여성성의 특징이라고 볼 때 대체로 앞의 '가부장제 – 시각' 문화와 반대로 보면 된다. 촉각은 감성, 감각, 불합리 (부정적인 의미의 비합리가 아니라 말 그대로 단순히 합리성을 강요하지 않는다는 의미다), 주관, 구상, 즉흥, 경험, 관계성, 개별, 차이, 직관, 디테일, 모태, 현재 중심, 탈근대성, 다선 진행, 다양성, 시간의 가변성, 구체적 미시 등과 연관 된다. 이런 특성은 보통 여성성으로 얘기되며 모계사회의 사회 질서다. 모계사회는 역사시대 이전의 까마득한 먼 옛날 일이며 따라서 비현실적 인 것으로 여겨진다. 이는 두 가지 점에서 잘못되었다.

하나는 전통사회와 근대사회의 문제점에 대한 해답을 일정 부분 모 계사회에서 구할 수 있다는 점이다. 모계사회의 의미와 가치는 존재했 던 연도로 봐서는 안 되며 내용 중심으로 봐야 한다. 다른 하나는 이것 의 연장선에서 21세기의 문화에 점차 모계사회의 특징이 나타나고 있다 는 점이다. 이는 자연스러운 문화의 흐름과 변화일 수도 있고 20세기까 지 지배적이던 남성 중심 문화를 개선하려는 의지적 현상일 수도 있다.

남성성과 반대된다고 가정할 경우 모계사회는 앞에서 말한 바와 같 은 가부장제의 위험을 대신할 수 있는 긍정적인 특성으로 작용한다. 모 계사회는 개별성을 옹호하고, 각자의 개성과 취향을 즐기고, 다른 사람의 개성과 취향을 존중한다. 쌍방향 관계를 바탕으로 삼는 진정한 타자 개념으로 발전할 가능성이 높다. 조직과 체계 중심의 절대주의와 억압 구도를 완화시켜 해방을 이룰 가능성이 있다. 21세기의 상대주의 문명이 진행하는 방향이다.

물론 위험성도 있다. 몸에 적용해 보면 촉각 중심의 몸도 그것대로 위험성이 있다. 감각에 치우치다 보면 또 다른 욕망이 유발된다. 정서적 중독에 빠져 자아를 상실할 위험도 있다. 부드러운 피부, 푹신한 근육, 따뜻한 체온과 포근한 품 등 자신의 촉감을 높여주는 상황만을 선호하다가 급기야 이런 타자적 상황에 가치관을 싣게 된다. 심지어 이런 상황을 자신 스스로와 동일시하기까지 한다. 하지만 이는 진정한 타자적 관계가 아니라 자신의 환상을 위한 전도현상일 뿐이다. 항상 자기를 쓰다듬어주는 손길을 갈구하게 되거나 반대로 자기가 언제라도 만질 수 있는 대상이 늘 옆에 있어야 한다.

그뿐만 아니라 시각 중심주의의 편견 가운데 하나인 외모 지상주의에 빠질 위험도 있다. 이 현상에서는 시각과 촉각이 하나가 되어 작동한다. 좋은 몸의 기준을 보기에도 좋고 만지기에도 좋은 하나의 유형으로 굳혀버린다. 결국 시각과 마찬가지로 동안, 흰 피부, 근육질, 건강한 몸, 젊은 몸 등이 이상적 몸의 표준형으로 자리 잡는다. 근육과 건강은 개인의 노력이 요구되기 때문에 포기하고, 의술과 시술에 의존할 수 있는 동안, 흰 피부, 젊은 몸, 정확히는 '젊어 보이는' 외모에 매달린다. 젊음을 돈으로 살 수 있다고 착각한다. 젊음에서 자아를 찾으려는 유행병이 돈다.

이처럼 몸의 감각 작용에는 늘 양면성이 존재한다. 21세기 문화의 흐름은 촉각의 긍정성이 주도하는 양상을 띠고 있다. 위험성도 나타나고 있지만 20세기까지의 '가부장제 – 시각' 문화를 수정하려는 당위가 더 큰 것 같다. 촉각은 시각이나 청각보다 덜 정확하긴 하지만 현대로 올수록 점점 부족해지는 관계성과 다양성을 살리는 데 유리하다. 환경심리학에서 중요하게 모색하는 친밀도를 증가시키는 데에도 유리하다.

이런 촉각은 체성 감각과 연관된다. 체성 감각은 촉각을 기반으로 관절과 내장까지 더한 '온몸'의 감각이다. 이런 특징은 '플라톤 - 데카르트 - 칸트 - 헤겔'로 이어지는 절대주의를 극복하려는 후설의 현상학 및 하이데거의 실존주의와 연관성이 높다. 후설은 환경과의 교감을 통한 나의 경험으로 세계를 정의했다. 하이데거는 내가 살아있다는 의식으로 실존의 출발과 근본을 삼았다. '교감', '경험', '내가 살아있다' 등은 모두 체성 감각이나 촉각 작용과 연관된다. 이런 작용은 '모계사회'의 원리이기도 하다. 이 속에 중요한 정주 조건인 '정서 기능'이 들어 있다.

집의 정서 기능을 기준으로 보면 체성 감각이 바람직한 대안이다. 시각보다는 촉감이 바람직하며 촉감보다는 체성 감각을 살리는 것이 최선의 방향이다. 여기서의 중간 매개는 자궁과의 연관성이다. 자궁의 정서 기능은 당연히 시각보다 '모계사회 - 촉각 - 체성 감각'의 연합군과 연관된다. 물론 집은 더 이상 낮에 어머니가 홀로 남아 지키는 곳이 아니다. 그럼에도 집이 주는 심리적·정서적 안정을 자궁에 비유하는 것은 여전히 유효하다. 이것은 차별적 일반화가 아니다. 여성에게만 자궁이 있다는 것은 의학적 사실이다. 태아는 자궁벽을 온몸으로 느낀다. 촉각을 넘어 체성 감각으로 자궁이라는 세계 및 우주와 소통하며 공존한다. '온몸으로 느끼기'는 집에 요구되는 중요한 기능이며 정주 조건이다.

제3피부: '옷'보다 큰 존재론적·환경론적 조건

피부는 집의 정서 기능과 체성 감각 모두와 연관된 중요한 기관이다.

의학에서는 피부도 폐나 심장과 같은 '기관'으로 분류한다. 피부의 중요한 기능 가운데 하나가 촉각과 체성 감각이다. 촉각은 거의 전적으로 피부에서 담당한다. 체성 감각은 전부는 아니지만 피부가 중요한 역할을 한다. 이런 점에서 정서 기능이라는 정주 조건은 피부와 연관이 깊다. 이와 관련한 대표적인 주제로 '제3피부'를 들 수 있다. 진짜 피부를 제1피부, 옷을 제2피부라 하며, 건물 혹은 건축 공간을 제3피부라 한다.

이 말은 원래 '건축이 무엇인가'라는 질문에 나오는 답 가운데 하나다. 건축이 진짜 피부와 옷만큼 인간과 밀접한 생활의 일부, 즉 일치되는 관계라는 뜻을 담고 있다. 이런 관계는 집의 정서 기능과 직결된다. 건물 가운데 이런 일치도가 가장 높아야 하는 것이 '집'이고 실제로 그런 것 또한 '집'이다. 이런 점에서 '제3피부'라는 개념은 단순한 건축의 정의를 넘어 정주 조건의 한 가지를 말하는 것이기도 하다.

생명체에게 피부란 무엇일까. 생명체가 외부 환경과 맞닿는 부분, 즉 둘 사이의 경계선이다. 그렇기 때문에 생명을 방어하는 일차적이고 직접적인 보호막이다. 작은 벌레 한 마리라도 죽음에 직면하면 살기 위해서 모든 방어 수단을 동원해서 저항한다. 이런 생명 작용에서 피부는 절대적인 역할을 한다. 피부가 우리 몸에서 면적이 가장 넓은 기관이라는 점도 이런 사실과 연관이 있다. 내 몸 전체를 감싸면서 외부와 접촉함과 동시에 내 몸의 어느 곳이라도 공격이 가해질 때 그것을 모두 막아준다.

생명체마다 피부의 상태는 다 다르다. 길을 잃고 풀밭에서 보도블록으로 나온 지렁이는 말라가는 몸이 바닥에 쓸려 헐어도 살기 위해 격렬하게 꿈틀거린다. 촉촉하고 연약한 피부이지만 이것이 있기 때문에 생명을 보호하는 모든 몸짓을 할 수 있다. 반대로 딱딱한 갑옷이나 껍데기를 두르는 것처럼 자기 몸이 곧 구조물인 경우도 있다. 많은 동물들은 두꺼운 털가죽 하나로 영하 수십 도의 추운 겨울을 나기도 한다. 모두 자신의 몸과 피부가 직접 보호처가 되고 방어 기능을 갖는 경우다.

동물 가운데 인간의 피부는 얇고 연약하다. 인간의 많은 신체적 기능이 여러 면에서 다른 동물들보다 떨어지는 이유 가운데 하나는 이 때문이다. 인간은 그 대신 지능을 가졌다. 그 지능으로 피부를 보강할 대체물을 만들었다. 일차적으로는 옷으로 보호하고 그다음으로는 튼튼한 건물을 지어서 자신을 보호한다. 옷과 건물은 피부의 보강물 또는 대체물이다. 오랜 기간 인간을 지켜주면서 이제 떼려야 뗄 수 없는 상태가 되었다. 일 년 내내 평생에 걸쳐 옷을 입고 다닌다. 옷을 벗는 경우는 목욕을 하는 등 특별한 상황뿐이다. 마찬가지로 사람은 건물 없이는 살 수 없다. 건물 속에서 태어나서 건물 속에서 살다가 건물 속에서 죽는다.

이런 건물을 대표하는 것은 집이다. 집이 없는 사람은 없다. 노숙자조차도 지하도에서 신문지를 깔고 담요를 덮고 잠을 청하는 곳이 자신의 집이다. 평균적인 사람은 더 말할 필요도 없다. 인간에게 옷과 집은 피부의 보강물이나 대체물을 넘어 피부와 동격이 되었다. 그래서 옷을 제2피부, 집을 제3피부라고 부를 수 있다. '의식주'라는 말도 같은 뜻이다. 인간의 생존을 위해서 없어서는 안 되는 세 가지를 칭하는 말이다. 맨 앞에 '옷'이 나오고 세 번째가 '집'이다.

숫자가 붙은 '제1 - 제2 - 제3'의 피부나 '의식주' 모두에서 '집'은 '옷'과 좋은 비교 대상이다. 숫자가 붙은 피부에서 가장 중요한 것은 당연히 진짜 피부다. 의식주에서는 '식'이 인간의 생명과 가장 직결된다. 이 둘을 빼면 양쪽 모두에서 옷과 집이 남는다. 어느 것이 더 중요할까. 중요성을 따지는 것은 무의미하다. 각자의 역할을 살펴보는 것이 좋을 것이다.

제3피부의 '제3'은 언뜻 중요도에 따라 붙은 것으로 보이지만 실은 다른 기준이 있다. 문명사에서의 발생순서와 피부와의 거리다. 이렇게 보면 옷이 집보다 더 근원적으로 보인다. 그렇다면 인간에게 미치는 영향에서는 어떨까. 집은 옷과는 비교할 수 없는 큰 상징성을 가지면서 강력한 영향력을 행사한다. 옷은 인간의 피부를 감싸며 자주 갈아입어야 하지만 건물은 인간의 몸 전체를 품고 온갖 일상을 담아낸다.

스케일도 비교할 수 없이 크다. 몸과의 동일화가 더 강하다. 옷은 사람에게 속하지만 건물은 사람을 포함한다. 옷은 접으면 사람보다 작아진다. 여러 벌을 소유하면서 날따라 철따라 바꿔 입다가 몇 년이 지나면 버릴 수도 있다. 건물은 이런 작은 스케일을 초월해서 존재론적 환경을 결정짓는다. 건물은 매우 큰 존재론적·환경론적 조건이며, 조물 가운데 사람과의 동일화가 가장 강한 '제3피부'로서의 집은 중요한 정주 조건이 될 수 있다. 2장 2절에서 살펴본 하이데거의 실존과 정주 개념에서 '건립하다'가 인간 실존의 중요한 조건 가운데 하나였던 점도 이런 사실을 말해준다.

집이 지닌 이런 큰 중요성을 '종합적 피부'라고 부를 수 있다. '제3피부'가 강화되고 발전한 개념이다. 인간의 존재를 통째로 담는 피부라는 뜻이다. 그만큼 집의 중요성을 말해준다. 이 배경에는 '전일론(全一論, holism)'이 있다. 자연과 유기 생명체는 수없이 많은 요소로 이루어지는데 이것들은 서로 긴밀하게 연결되어 있고 상호작용을 함으로써 크고 통일된 전체를 이룬다는 뜻이다. 개체와 전체 사이의 관계로 환산하면 둘이 같다는 뜻이다.

집도 그렇다. 자궁에 비유될 수 있는 점이 좋은 증거다. 4장 1절에 나왔던 몸과 집의 동일화와도 일맥상통한다. 자궁 속에서 내 몸이 구성된다. 생명이 형성되고 몸의 형태와 상태가 구성된다. 집도 마찬가지다. 집에서 생명을 유지하면서 오랜 기간 살다 보면 집에 따라 내 몸의 형태와 상태가 영향을 받는다. 자궁이 생명을 내었다면 집은 생명을 성장시키면서 형태와 상태를 결정한다. 우리는 이렇게 형성된 몸을 가지고 주변 환경이나 다른 사람과 관계를 설정한다.

인커네이션: 집은 나를 건강하게 키워 세상과 연결해 준다

이 관계들을 합하면 세상 속에 나를 자리매김하는 것이 된다. 피부를 경계선으로 삼아 내 몸과 바깥세상이 안과 밖에 포진한다. 이런 기능을 'incarnation(인커네이션)'이라 부를 수 있다. 일상과 기독교에서 사용하는 단어다. 일반어의 사전적 정의는 '생애, 화신'이고 기독교의 사전적 정의는 '성육신(成肉身)'이다. 모두 '몸을 통해 무엇인가 이루어진다'라는 뜻을 갖는다. '생애'는 '내 몸이 살아가는 일생'이고 '화신'은 '몸을 통해 명확하게 드러나는 특별한 성격'이다. '성육신'은 '말씀으로 주어진 하나님의 언약을 육신으로 실현한다'라는 뜻으로, 보통 이를 대표하는 '예수의 몸' 혹은 이를 상징하는 '빵과 포도주'를 가리킨다. '빵과 포도주'를 먹는 성체식(聖體式)도 여기에서 나온 것이다. 레오나르도 다빈치(Leonardo da Vinci)의 유명한 「최후의 만찬」은 예수가 열두 제자에게 직접 베푼 마지막 성체식이다.

인커네이션은 몸 이론에서도 사용하는 단어다. '살이 된다 → 내 몸을 구축한다 → 형상을 이룬다 → 세상에 소속되면서 그 일부를 점한다 → 현실이 된다'라는 여러 단계의 뜻을 총괄한다. 압축하면 '살이 내 몸을 이루어 세상 속에서 존재를 점한다'는 뜻이다. 하이데거가 정의한 실존의 형성 과정과 비슷한 점이 많다. 이 단계는 실존주의 철학을 '내 몸의 살'을 기준으로 풀어 쓴 것이다.

피부의 인커네이션 기능은 집에 비유될 수 있다. 집은 나의 존재와 세상 환경을 가름과 동시에 둘을 이어주는 경계선이다. 세상을 접하고 대

하는 경계선이다. 이런 기능을 피부를 기준으로 정의하면 '종합적 피부'
라 부를 수 있다. 앞의 인커네이션을 정의한 단계에 대입하면 '내 몸이 구
축된다 → 집을 짓는다 → 둘이 동일화된다 → 나는 집 속에서 일차적 존
재를 확보한다 → 집은 세상 속에서 나의 존재를 확보해 준다'가 된다.

　몸은 '한 인간이 세상에서 점하는 모든 존재의 합'으로 정의된 뒤 집
과 동일화된다. 이를 위해서는 일차적으로 나의 몸이 성립되어야 한다.
몸은 세상을 향해하기도 하고 닻을 내려 정박하기도 하면서 세상과 다
양한 관계를 맺는다. 이런 관계의 총합이 내 몸과 동의어로서 나의 존재
다. 압축하면 '내 몸과 동일화된 집을 통해 세상 속에 존재를 확보하는
것'이다. 이 과정에서 내 몸 가운데 가장 중요한 역할을 하는 기관이 피
부다. 피부는 집과 동일화되면서 집을 '종합적 피부'로 정의해 준다. 이
는 그대로 정서 기능이라는 정주 조건이 된다.

　인커네이션에 비유된 집의 정서 기능은 존재론적으로 작동하면서 실
존을 확보해 준다. 이 과정은 피부를 기준으로 내 몸이 안팎 모두에 속
한 것에 비유될 수 있다. 처음에는 안팎을 가르는 데서 출발한다. 피부
는 일차적으로 안과 밖을 가른다. 피부는 내 몸의 안과 나 밖의 세상이
만나는 경계다. 피부는 곧 내 몸의 윤곽이므로 이것을 경계로 안과 밖이
구분된다. 구분은 일차적인 단계로 몸의 윤곽을 기준으로 한 것일 뿐이
다. 정작 내 몸 자체는 안과 밖 어디에 속할까. 언뜻 피부 안쪽의 살과
뼈만 내 몸으로 생각하기 쉽다. 이렇게 되면 피부 안쪽에 있는 것만 내
몸이 된다.

　'존재'까지 더하면 얘기가 달라진다. '피부를 경계로 나의 존재가 몸
안에 있는가 몸 밖에 있는가'라는 질문을 던질 수 있다. 답은 '둘 모두에
있다'다. 피부의 존재론적 작동이 완성해서 실존을 확보하는 단계다. 피
부를 중간 경계로 나는 내 안에 있으면서 동시에 내 밖인 세상에 있게

된다. 피부 안에 있는 살과 뼈도 내 존재요 밖에 있는 나라는 인격체도 내 존재다. 살과 뼈는 내 몸을 만드는 물질이라는 초기 조건이다. 나라는 인격체는 피부 밖 세상에서 영양분을 흡수해서 내 몸의 생명을 유지한다. 나아가 세상과 교류함으로써 세상 속에 나라는 존재를 인격체로 자리매김한다.

나라는 존재는 이 둘을 합한 것이다. 이것은 결국 '물질 vs. 정신'이라는 인류의 영원한 이분법의 한 종류다. 살과 뼈는 물질성이고 세상 속에서 살아가는 인격체는 정신성이다. 둘 모두 나의 존재다. 둘이 합해졌을 때 나의 존재는 완성되고 실존이 확보된다. 이 역할을 해주는 것이 피부다. 이질적일 수 있는 둘을 중간에서 봉합하고 연결해서 통합해 준다.

피부의 이런 작동은 집에 대응된다. 앞에 나온 '종합적 피부'로서의 집이 그것이다. 집은 물리적 구조물을 지어 내 몸을 담는다. 집의 물질성은 내 몸의 물질성이 된다. 동시에 세상 속에 나만의 장소를 확보함으로써 나의 존재를 정의해 주는 조건으로 발전한다. 집의 정신성이 나의 정신성이 된다. 나는 집에서 건강한 일상을 구축하고 이를 바탕으로 나의 존재를 바르고 확실하게 잡는다. 이런 나는 객체 대상을 자신 있게 정면으로 응시할 수 있고 세상과 당당하게 교류할 수 있다.

집에서 형성되는 나의 물리적·심리적 상태가 세상 속 인격체로서의 나의 존재에 대한 출발점이다. 이것은 결국 나의 생명 상태다. '나'라는 존재는 이런 생명 상태를 기반으로 객체 대상과 세상을 향해 '우호 - 적대', '자신감 - 자신 없음', '포함 - 대립', '협동 - 위계' 등 수많은 사회적 관계를 형성하며 살아간다. 이런 것들을 다 합하면 세상 속에서 내가 점하는 장소가 된다. 이런 장소는 나의 사유재산인 집에서 시민에게 할당된 가로와 광장의 공공영역까지 그 영역이 다양하다. 버스에서 내가 서 있는 지점부터 사무실 속 내 책상까지 그 공간도 다양하다.

공간과 영역만 있는 것이 아니다. 내 한 몸의 물리적 형태, 떨어져서 보는 전체적 품새, 여기에서 풍겨져 나오는 분위기 등 세상 속에 투영되는 인격 형태도 있다. 대상 객체와 나누는 수많은 소통이나 주변 환경과 맺는 수많은 관계 같은 사회적 자산도 있다. 이것이 모여 나의 개성이 되고 인격이 되며 존재가 된다. 집은 그 출발점이다. 건강한 집 안에서 건강한 인격을 구축한 사람은 집 밖 세상에서 공정한 방식으로 공적 가치를 갖는 장소를 확보한다. 집은 서로 다를 수 있는 이 둘의 경계에서 둘을 하나로 봉합하고 연결해서 통합해 준다.

집 안에서 몸을 최대한 움직여라: 체성 감각을 살리는 방법

그렇다면 체성 감각과 피부를 통한 정서 기능이 어떻게 집에서 구현될 수 있을까. 가장 좋은 방법은 피부와 집의 접촉을 최대화하는 것이다. 우리의 전통적인 좌식문화가 좋은 예다. 신발을 벗어서 발바닥으로 집과 접촉한다. 양반다리로 앉아서 엉덩이와 허벅지로 바닥을 접촉한다. 아랫목에 뒹굴면서 등과 배로 방바닥을 접촉한다. 한옥의 천장이 낮은 것도 이 때문이다. 아파트에는 좌식문화가 남아 있지만 현대 한국인의 생활 전반에서는 좌식문화가 점점 사라져 간다. 입식문화가 되면서 집과 나 사이에는 의자라는 거대한 간극이 생겼다. 천장은 조금씩 높아진다.

어떻게 해야 할까. 일부러 발가벗고 '낮은 포복' 자세로 집 안을 뒹굴며 돌아다닐 수도 없다. 입식문화가 되었다는 것은 이미 집의 구조가 피부와의 접촉에 부적합하게 되었다는 뜻이다. 이런 상황에 적합한 방법은 집 안에서 가능한 한 내 몸을 많이 움직이는 것이다. 이리저리 걸어

다니는 것에서부터 여러 동작을 취하는 것까지 다양하다. 이 주제와 관련해서 몇 해 전에 휴먼 스케일에 관한 짧은 글을 한 잡지에 썼는데, 내 글을 담당했던 팀장에게 메일이 왔다. 다음과 같은 내용이었다.

제목: 어떤 휴먼 스케일

안녕하세요. 문득 오늘 아침에, 아, 참, 저에게는 여섯 살, 세 살 두 딸이 있는데요, 애네들이 항상 작은 콘솔 아래나 문과 장식장 틈바구니 — 엉덩이 하나가 겨우 들어갈 것같이 좁은 — 혹은 침대와 책상 사이에 난 작은 공간에 작은 이불을 깔고 둘이 어깨를 나란히 앉아 노는 걸 좋아하거든요. 오늘 아침 그 장면을 보다가, 아, 저게 바로 저 아이들의 휴먼 스케일인가 보다 하는 생각을 하게 된 것이지요. ㅎㅎ

나는 다음과 같은 답장을 보냈다.

네, 맞습니다. 그런 게 바로 휴먼 스케일이지요. 누가 가르쳐주지 않아도 어린아이들은 본능적으로 주변의 공간환경 속에서 휴먼 스케일을 만들어서 놀게 되지요. 몸을 쓰는 게 사람의 중요한 본능인데 그중에는 주변 환경을 자신 몸의 일부분 치수에 맞춰서 대보고 비교하고 이용하고 어울려 같이 놀려는 게 중요한 항목으로 들어 있어요. 사람마다 공간환경을 이용해서 심리적 만족을 얻으려는 욕구가 다 있어요. 그 종류는 여러 가지지요. 몸을 숨기고 싶은 욕구, 가리고 싶은 욕구, 둘러싸이고 싶은 욕구, 훔쳐보고 싶은 욕구, 기어오르고 싶은 욕구, 오르락내리락 하고 싶은 욕구 등등. 공간환경이 이런 걸 만족시켜 주지 못하면 생육과정에서 욕구불만이 생기고 그게 어른이 된 다음에 이상행동이나 이상심리로 자라게 되지요. 지금 아파트가 그런 꼴이에요.

저는 어렸을 적 집 마당에 아주 작은 연못이 하나 있었고 그 연못 건너 속 담 아래 장미넝쿨이 있었어요. 아, 참 저는 부잣집 막내아들이어서 그 옛날에 집에 연못도 있고 그랬어요. 그 연못을 건너 장미넝쿨 속에 몸을 숨기고 노는 걸 좋아했었어요. 아예 우산으로 입구를 가리면 더 아늑해지고 나를 완전히 숨겼다고 생각했지요. 그러니까 저는 자신을 숨기고 싶은 심리적 욕구가 있었던 거고 다행히 그걸 마당에 있는 조경요소가 해결해 준 거지요. 팀장님 경우는 집 자체에 휴먼 스케일 요소가 없으니까 애들이 가구를 가지고 그런 틈새 치수를 만들어내는 거겠지요. 제 딸들 역시 아파트에 사니까 자기네들이 틈새 치수를 만들어내는데 이불 속에 숨는 걸 좋아했어요. 그러면서 맨날 저더러 자기들을 찾아보라 그랬지요. 그럼 저는 일부러 못 찾는 척 장롱도 열어보고 거실에서 찾아 헤매는 척했지요.

집에는 몸을 가지고 집과 재미있게 놀 수 있는 그런 자잘한 휴먼 스케일이 많아야 돼요. 그래야 사는 사람이 건강해지고 집과 사람이 몸으로 ― 그야말로 육적으로 ― 질퍽한 교감을 하면서 정도 들고, 그게 사람들한테 심리적으로 큰 위로와 안정을 주지요. 육체적으로도 매일 그렇게 몸을 쓰다 보면 건강에도 좋고요. 집이 이러면 사람들은 저녁에 얼른 집에 들어가고 싶어져요. 이런 집에서 크면 애들도 정서적으로 안정이 되고 집에 정이 붙지요. 그러다 보면 가족들끼리 자연스럽게 모여서 얘기도 많이 하고 재밌게 놀게도 되구요. 이런 게 건강한 집이에요. 건강한 가정이라는 콘텐츠는 건강한 집이라는 하드웨어와 함께 가는 거지요. 하드웨어가 병들어 있으면 소프트웨어도 당연히 함께 병들어요. 집이 이렇게 건강하고 가족들이 집에 정 붙이고 나면 밖에서 술잔 기울이고 편의점에서 컵라면으로 저녁 때우고 놀이터에서 본드 맡고 피시방에서 밤새고 이런 일들을 안 하게 된단 말이지요. 아파트라는 지금 우리나라의 집 구조는 이게 불가능하게 되어 있어요.

사람들은 집에서 적어도 10가지 이상의 몸동작을 할 수 있어야 해요. 집은 적어도 바닥에 네 단 이상의 높이 차이가 있어야 하고 벽은 다섯 번 이상 꺾여야 하며 이 방에서 저 방으로 가는 길은 세 가지 이상이 되어야 해요. 꼬마들이랑 술래잡기를 할 때 장롱이나 냉장고 속 같은 가구의 도움 없이 건물만 가지고 숨을 곳이 일곱 곳 이상은 나와야 해요. 물론 이런 숫자는 상징적인 겁니다. 꼭 그렇다기보다 집에서 이런 여러 가지 행동을 할 수 있어야 한다는 점을 강조한 거예요. 이러면 집 나간 애들이 돌아옵니다. 회사 끝나고 뒷골목 유흥업소나 전전하는 아버지도 돌아와요. 집이 재밌고 친절하고 집에서 다양한 생활을 할 수 있으면 사람들은 집으로 기어들어오게 되어 있어요. 결국 상대적인 건데, 집 혹은 집 안에서 일어나는 일이 집 밖 놀이거리보다 더 재미있으면 사람들은 집으로 모이게 되어 있어요.

문제는 지금 아파트라는 집 구조가 집 밖의 여러 유흥놀이보다 재미가 없으니까 사람들이 집에 안 들어오고 집 밖에서 놀이거리를 찾는 거고, 이게 경제수요로 나타나니까 이걸 흡수하기 위해 별의별 유흥거리를 생각해 내는 거고 그러다 보니 지구 어느 나라에도 없는 우리나라만의 기상천외한 퇴폐업소가 연차적으로 시리즈로 탄생하게 되는 거지요.

3. 친밀함과 보살핌

17세기 바로크 오텔

'편의성'의 등장

지금까지 집의 정서 기능에 대한 이론적 내용을 살펴보았다. 이제 구체적인 예를 볼 차례다. 첫째로 '인티머시(intimacy)'를 들 수 있다. 중세 성채에서 형성된 주거의 심리적 보호처 기능이 현대로 넘어오는 길목인 17~18세기에 변형·발전한 개념이다. 일반 명사로는 '친밀함'이라는 뜻인데 주택사에서는 특별한 배경을 가지면서 다양한 논의를 함유한다. 여기에서는 편의상 '친밀함'으로 번역하겠다. 그 뜻은 두 가지다.

하나는 '정교(情交)' 혹은 '아주 은밀한 곳'이라는 뜻으로 현대 자본주의 시대에 사적 영역을 수익의 대상으로 삼아 공적 영역으로 끌어내어 드러내는 현상이다. 가장 대표적인 것이 여성 혹은 여성 몸의 성 상품화다. 지극히 사적 영역인 여성 몸의 은밀한 부위를 공적 이미지로 포장해서 상품화하고 그것으로 돈을 버는 것이다. 요즘 포르노산업과 미디어 등에서 극에 달하긴 했지만 이미 19세기 서구 사회에서도 여성 나체화가 큰 수입을 올리고 있었다. 이상의 의미는 정주 조건과는 상관없다.

다른 하나는 프랑스의 17~18세기 오텔에서 나타났던 특별한 변화 현상을 지칭한다. 이 내용은 정주 조건인 심리 기능에 해당된다. 17세기 들어 오텔의 배치 구성에 변화가 나타나면서 '편의성'을 추구하는 경향이 함께 나타났다. 오텔은 중세부터 있던 귀족의 대저택으로 주로 도시

내의 본거지 역할을 했다. 여러 개의 방이 일렬로 줄지어 선 구성이다. 16세기까지는 홑겹 배열(appartement simple)을 기본 구성으로 삼아 병렬배치(enfilade)를 했다. 여기서 'appartement'는 우리가 지금 사는 아파트라는 단어의 출처인데 중세 오텔에서 사용하던 원래 뜻은 많이 달라서 개별 방이나 이 방들의 배열을 뜻했다.

문제는 이런 홑겹 배열에서 발생했다. 복도가 없이 방만 병렬로 배치되어서 각 방 진입은 옆방을 통해서만 가능했다. 지금 보면 생뚱맞지만 중세 오텔에서 이런 구성이 등장한 이후 16세기까지 프랑스 상류층의 전통적인 주거 형식으로 자리잡았다. 이 구성은 복도가 없어서 공간을 절약하고 평면을 짜기 쉽다는 장점이 있었지만 동선에 제약이 많고 사생활이 침해당하는 문제가 있었다. 내 방이 다른 방으로 가는 통로를 겸하기 때문이었다. 르네상스가 시작된 16세기까지도 오텔에서는 이런 구성이 주를 이루었다. 이탈리아의 르네상스 팔라초 양식이 들어왔지만 아직 자리 잡기 전이었다.

이런 불편을 없애고자 17세기 바로크 시대에 들어와서 복도가 등장하기 시작했다. 처음에는 복도가 한쪽에만 있는 편복도 형식이 등장했다. 이를 '유사 두 겹 배치(appartement semi-double)'라 불렀다. 이는 이탈리아에서 건너온 구성이었다. 그러다 '두 겹 배치(appartement double)'로 한 번 더 발전했다. 구성은 크게 두 가지 구성이었다. 하나는 '중복도'라고 부르는 것으로 복도를 중간에 두고 양쪽에 방을 배치하는 구성이다. 다른 하나는 두 켜의 방을 가운데로 몰고 각 방이 외부를 향해서 복도를 갖는 구성이다. 복도 없이 방을 두 켜로만 배열해도 두 겹 배치라고 불렀다.

두 겹 배치 구성은 홑겹 배열의 단점인 사생활 침해를 보완한 것이었다. 각 방은 다른 방을 통하지 않고 직접 들어갈 수 있게 되었고 동선도 자유로워졌다. 이것도 하나의 편의성이어서 주택사에서는 이것을 프랑스어로 'commodité'나 'convenance'라고 부른다. 모두 '편의성'이라는 뜻을 갖는다. 중앙 계단실 외에 2차 계단실을 더해서 실내 활동의 실용성을 높이기도 했다. 현대 기능주의의 전형인 일직선 복도의 전신 중 하나로 볼 수 있다.

두 겹 배치와 편의성의 등장은 17세기 프랑스 주택에서 여자들의 입김이 세어지던 현상을 반영한다. 주택의 곳곳을 가장 오랜 시간 사용하는 안주인인 여자들이 기능과 편리함을 요구하게 된 것이다. 건축가들에게 직접 주택 구성을 짜서 주는 경우도 적지 않았다. 여류작가였던 스퀴데리의 마드므와젤(Mademoiselle de Scudery, 1607~1701)의 푸념은 당시 상황을 잘 보여준다. "이런 대형 주택들은 진저리나게 불편한 경우가 허다하다. 건축가들은 건물의 외관에만 신경을 써서 이를테면 외국인들에게 칭찬받는 데에만 집착한다. 이렇게 아름답기만 한 집이 실제로 이 집을 소유하고 사용하는 당사자에게도 편리하면 얼마나 좋을까!"라고 불평했다.

'친밀함'의 등장

이런 변화와 함께 나타난 새로운 현상이 방의 종류가 늘어난 것이었다. '편의성'에 대한 바람은 동선에서 불편함을 제거하는 효율성에 머물지 않고 실내 공간을 다원화하는 단계로 나아갔다. 방의 형태를 다양화하고 기능도 세분화하는 방향이었다. 초기 근대로 들어오면서 오텔 자체가 커진 데 따른 결과이기도 했고 반대로 전체 크기는 그대로인데 방이 자잘해진 데 따른 현상이기도 했다. 어쨌든 방이 기능과 형태 등 여러 측면에서 다양해졌다. 전체 구성에서도 새로운 형식이 등장했다. 홑겹 배치가 사라진 것은 당연했는데 두 겹 배치마저 사용하지 않은 오텔도 등장했다. 여러 종류로 다양해진 많은 방을 소그룹으로 묶어서 실내에 작은 영역을 형성하는 구성이었다. 이 과정에서 '친밀함'이 형성되었다. 크게 세 가지 방향이었다.

첫째, 집 전체의 공간 배치가 여러 겹이 되면서 가장 안쪽의 사적 영역에서 사생활이 강화되었다. 사적 영역이 몇 개의 방으로 소그룹화되면서 그 구성원들 사이의 연대감이 강화되었다. 집 안에 자기들끼리 작은 왕국을 하나 가진 셈이었다. 둘째, 이런 사적 영역에 하인이 포함되었다. 사적 영역에 들어오는 대상이 가족에 머물지 않고 확장된 것이다. 자신들의 사생활을 해치지 않으면서 친밀함에 도움이 되는 사람까지 포함하게 되었다. 셋째, 이런 확장은 집 밖 사람들까지도 대상으로 삼았다. 외부인 가운데에도 친한 친구, 정치적 동지, 비즈니스 파트너 등 중요한 이익과 생활을 공유하는 사람들을 사적 영역에 들였다.

오텔 내에는 이렇게 확장된 하인과 외부인들을 위한 공간들이 새로 생겨났다. 기존의 공간이 세분화되기도 했다. 손님을 맞는 리셉션 공간을 출입구, 전실, 리셉션 룸, 대기실, 손님용 식당 등으로 다원화했다. 주인 침실 옆에는 손님용 방을 따로 두었는데 보통 '침실'이라는 뜻의 일반명사인 'chambre a coucher'라고 불렀다. 권력자들의 오텔에서 좀 더 크고 화려하게 꾸민 손님용 방은 '퍼레이드의 방(chambre de parade)'이라고 불렀다. 프랑스에서는 중요한 손님을 침실에서 맞는 관습이 있었는데 웬만한 손님은 침실이나 퍼레이드 방에서 맞았고 아주 친밀한 사이는 자신의 침실 안까지 안내했다. 비즈니스 성격이 강한 만남은 '카비네(cabinet)'라는 방에서 가졌다. 카비네는 '서재', '작은 방' 등의 뜻인데 매우 사적이고 은밀해서 돈 얘기를 하기에 적합했다. 하녀와 하인은 드레싱 룸이나 창고 등의 기능을 갖던 '가르데로브(garderobe)'라는 방을 침실을 겸해서 사용했다. 오텔이 대형일 경우에는 살롱과 갤러리 등 문화시설까지 갖추었고 식당도 여러 개를 두었다.

이런 변화는 17세기 후반 후기 바로크 시대로 가면서 두드러졌다. 오텔 내부는 여러 작은 유닛 공간으로 세분화되었다. 17세기 전반부 전성기 바로크 때의 웅장함이 사라진 대신 아기자기한 매력과 의외의 공간이 그 자리를 메웠다. 크고 작은 여러 영역이 오밀조밀하게 모이면서 방과 복도가 작아지고 사람들 사이의 거리도 짧아졌다. 이런 변화는 그대로 '친밀함'을 특징으로 만들어냈다. 실내는 '친밀함'의 분위기가 지배했다. 이런 변화의 배경으로 당시 사회 분위기를 들 수 있다. 크게 세 가지로 요약할 수 있다.

첫째, 강력한 왕으로 전성기 바로크를 이끌었던 루이 14세의 시대가 서서히 저물어가면서 사회 문화의 분위기가 바뀐 것이 가장 큰 이유였다. 17세기 전반 전성기 바로크 시대 당시 귀족의 오텔은 시대 분위기에 맞게 절대왕정을 상징하던 소수의 큰 방으로 채워졌으며 여기에 적합한 강력한 대칭 구성이 선호되었다. 이런 경향은 17세기 후반 루이 14세의 힘이 약해지면서 점차 사라졌다. 루이 14세는 1715년에 사망하지만 이미 1682~1683년을 기점으로 그의 전성기는 내리막길을 걷고 있었고 사회 분위기도 따라서 바뀌기 시작했다. 루이 15세가 즉위한 1715년부터는 사회 분위기가 급변했는데, 1682년경은 그 전주가 시작된 해였다. 이런 변화는 '친밀함'을 생산하는 거시적인 시대 배경으로 작용했다.

둘째, 경제력을 무기로 삼은 신흥 부르주아가 권력층으로 진입하기 시작한 것도 중요한 이유였다. 이들은 권력기반을 정치력이나 군사력에 두었던 전통 귀족과 달리 권력기반을 상업 경제력에 두었다. 오텔에서도 전통 귀족이 대외적으로 물리력을 과시하던 것과 달리 내적 은밀함을 추구하는 취향이 생겨났다. 이들의 직업 활동과 사회 활동은 권력투쟁보다는 비즈니스 모델에 기반을 두었다. 중요한 비즈니스 파트너와 사적 영역을 공유하면서 연대감을 높였다. 오텔 내에는 사적 친밀감의 등급에 따라 비즈니스 파트너를 받아들이는 여러 켜의 공간 구도가 형성되었다.

셋째, 인구가 늘고 개인주의 성향이 확대된 것도 또 다른 중요한 배경이었다. 집 안의 구성원이 늘고 이들 개인의 권리를 존중하면서 생활방식이 복잡해졌다. 앞에 나왔던 '편의성'의 둘째 현상인 실내 공간의 다원화는 이런 상황에 맞춰서 전문화된 다양한 방의 종류를 새로 만들어내고 이것들을 기능적으로 잘 연결하려는 움직임으로 정의될 수 있다. 이런 현상은 자연스럽게 '친밀함'으로 이어졌다. 그 결과 오텔에는 숨을 장소, 스크린, 비밀스러운 계단 등 다양한 공간이 나타났다. 이런 공간 속에서는 발걸음을 옮길 때마다 계속해서 의외의 장면이 나타났다가 사라지면서 무언가에 속는 것 같은 착각이 일어났다. 공간 경험은 다양하고 풍부해졌다. 이는 모두 주거에 '친밀함'을 구현하기 위해 공간을 가능한 한 최소 단위로 나누면서 나타난 현상이었다.

18세기 로코코 오텔: 살롱 문화와 '친밀함'의 절정

18세기에 들어와 '친밀함'의 특징은 더욱 강화되면서 절정에 이르렀다. 이것을 이끈 것은 살롱 문화였으며 18세기 부르주아의 아파트로 이어졌다. 두 공간의 구성 및 이들 공간에서 진행된 생활을 통해 파리 상류층이 추구하고 누렸던 '친밀함'의 내용을 살펴볼 수 있다.

파리를 대표하는 문화 상징 가운데 하나가 살롱 혹은 살롱 문화다. 겉치레, 자기 자랑, 사치, 퇴폐 등 부정적인 이미지를 갖기는 하지만 원래 살롱 문화는 귀족들이 향유하던 예술 활동 가운데 하나였다. 건축 양식으로 보면 대체로 1720~1800년에 프랑스에서 유행했던 로코코 양식에 대응된다. 중심지는 파리였다. 실제로 로코코 양식은 살롱의 실내 장식에서 대부분의 작품이 나왔다. 뮌헨 등에 수출되었는데 이때도 군주의 대저택 실내 양식으로 유행했다.

살롱 문화의 대표적인 특징은 정주 조건의 관점에서 보면 '친밀함'이다. 풀어 쓰면 '실내 공간에서 개별 그룹 사이에 행해지는 사적 담화'다. '살롱'이라는 단어가 '은밀함'의 이미지를 갖는 것도 여기에서 기인한다. 건축사나 주택사에서 정서적인 공간을 대표하는 것도 같은 맥락이다. 살롱 문화가 유행했던 시기와 주요 살롱이 오텔 실내에 차려진 점도 '친밀함'과의 연관성을 보여준다.

살롱 문화는 철권통치를 상징하는 루이 14세의 시대였던 1643~1715년이 끝나고 그에 대한 반작용으로 시작되었다. 루이 14세 시기는 남성다운 양식을 대표하는 바로크의 시대였다. 루이 14세는 그 자신이 괄괄한 야심가이자 권력의 화신이었으나, 뒤를 이은 루이 15세는 여성적이고 섬세했다. 건축 양식도 화려한 장식이 주도하는 로코코 양식으로 바뀌었다. 루이 14세는 귀족 세력을 제압하기 위해 파리를 떠나 베르사유를 크게 확장해서 그곳에서 통치했다. 이곳을 바로크 예술의 본산으로 키웠다. 귀족들은 베르사유로 이주해서 루이 14세에게 꼼짝없이 잡혀 살았다.

루이 15세는 파리 루브르로 환궁했다. 귀족들의 시대가 열렸다. 그 가운데 하나가 살롱 문화의 등장이었다. 루이 14세에 데었던 귀족들이 그 반작용으로 취한 것이 아늑한 실내 공간에서의 은밀한 사적 담화였다. 오텔이 중심지였다. 귀족들은 로코코 오텔을 지어 그 실내에 살롱을 차리고 심리적 위안을 찾았다. 살롱은 공공건물에 설치되기도 했으나 많은 수는 귀족들의 대저택인 오텔로 들어갔다. 비록 화려한 귀족 주택이긴 하나 이것도 집이 줄 수 있는 정서적 기능으로서의 정주 조건임에 틀림없었다.

이상의 배경 아래 로코코 오텔은 건축사나 주택사에서는 '친밀함'이라는 주제를 대표하는 건물 유형으로 얘기된다. 공간 구성도 '친밀함'을 유발하도록 짜였다. 정사각형 윤곽을 유지하면서 45도 틀어진 각도로 방들을 배치했다. 이런 구성에서는 복도가 짧거나 거의 필요 없다. 결과적으로 여러 방이 좌우 양방향으로 다닥다닥 등을 맞대고 밀집한 구성이 되었다.

방의 크기는 바로크 오텔에 비해서 조금씩 작아졌다. 건물 전체의 면적에 비해 방의 개수가 많아지면서 작은 방들로 잘게 나눈 형국이 되었다. 방의 형태도 한 집 안에 같은 모양이 거의 없을 정도로 서로 달랐다. 45도로 틀어서 배치하다 보니 마름모꼴의 방들이 많이 나왔는데 모서리를 둥글려 원형이나 타원형으로 만드는 경우도 종종 있었다. 심지어 T자형 방도 있었다. 기하학의 향연이라고 부를 정도였다. 전체 구성도 갑자기 미로 같은 복도가 나오다 바로 끊기면서 대칭이나 축 같은 고전적 질서가 사라졌다. 그 대신 갈림길이 자주 나왔다. 간혹 긴 복도가 나기도 했는데 이럴 경우 매우 좁은 상태로 여러 번 꺾여 여러 방을 이어주면서 미로를 형성했다.

방의 개수가 늘어나면서 계단실도 늘어났다. 넓지 않은 한 건물에 보통 계단이 세 개나 네 개씩 나왔다. 모두 사각 회전계단이어서 돌아서 올라가야 했는데 이는 다양한 시선을 만들어냈다. 계단 옆의 공간을 넓게 개방해서 실내에서 곡선 계단의 조각성과 장식을 감상하기에 충분한 거리를 확보했다. 출입구도 특이하게 건물의 측면에 냈다. 진입부터 의외성과 은밀함을 느끼게 했는데 이는 집의 정중앙에서 진입하면서 건물 전체를 장악하던 바로크 오텔의 느낌과 반대였다. 출입구, 복도, 계단 모두 순수한 이동 기능 이외에 집을 아기자기하고 은밀하게 꾸미려는 추가적인 목적을 가졌다. 이는 친밀함을 돕는 구성이었다.

살롱은 이런 방 가운데 하나를 잡아 꾸몄다. 실내의 화려한 로코코 장식은 친밀함을 도왔다. 바로크 장식이 주로 큰 방을 채우면서 웅장함을 만들어낸 것과 반대되는 특성이었다. 장식의 예술성도 마찬가지였다. 바로크 장식은 신화, 성경, 역사 등 웅장한 장르화가 주요 내용이었다. 벽화 화풍과 건축 부재 모두 웅장하고 과시적으로 처리했다. 로코코는 부드러운 곡선의 식물 문양이 대표적인 특징이었다. 여성적이라는 특징도 여기에서 나왔다. 방의 성격과 기능, 전체 배치 등과 어울려 '친밀함'을 도왔다.

오텔에서 형성된 '친밀함'은 19세기 파리 아파트에서 '사실'이라는 공간으로 이어졌다. 부유한 계층의 아파트에는 '사적 대화를 위한 사실'이라는 뜻을 지닌 '부드와르(boudoir)'라는 공간이 있었다. 이 방은 후기 바로크와 로코코의 오텔에 있던 카비네나 퍼레이드의 방을 가져온 것이다. 19세기 파리 부르주아는 자신들만의 문화 모델을 귀족에서 찾았다. 이들의 대저택인 아파트도 마찬가지여서 귀족의 오텔을 모방했다. 2~3층의 열린 중정형 혹은 'ㄇ'자형인 오텔에서 가운데 마당을 빼고 실내 구성을 '일(一)'자로 펴서 수직으로 올린 구성이었다. 부르주아의 아내들은 귀족의 오텔에서 가장 깊숙한 곳에 있던 은밀한 사적 공간을 무척 가지고 싶어 했다. 부드와르가 이렇게 생긴 방이었다.

19세기 아파트에서는 여자 주인의 침실이 중요해졌다. 이전의 오텔이 그랜드 살롱 등 남자주인의 사회적 영역에 집중한 것과 달라진 점으로, 19세기에 들어와서 여성의 지위가 향상된 데 따른 결과였다. 여자 주인은 하루 중 최소한 몇 시간씩 침실에서 시간을 보냈기 때문에 이들에게 침실은 '가정 속의 가정(the home of the home)'이었다. 따라서 자신의 취향에 맞춰 실내를 장식하고 꾸몄다.

부속실의 역할부터 중요했다. 드레싱 룸과 화장용 방(cabinet de toilette)

은 침실의 산뜻한 느낌을 강조하는 분위기로 꾸몄다. 사적 대화를 위한 부드와르는 침실 앞이나 옆에 붙어서 전실 겸 리셉션 룸을 겸했다. 여자 주인이 마음속 얘기를 나누는 가장 사적이고 은밀한 장소로, 이곳까지 들어올 수 있는 손님은 여자 주인과 가장 절친한 1등급 친구로 인정받은 것으로 볼 수 있었다. 이보다 좀 덜 친한 2등급 친구는 소형 살롱에서 맞았다. 여자 주인도 그랜드 살롱을 사용할 수 있었다. 19세기에 들어와서 부르주아의 아내들도 자신들만의 사회생활이나 사교생활을 활발히 했는데 이에 필요한 모임과 연회를 그랜드 살롱에서 가졌다. 1~2등급 친구들 이외에 여자주인에게 중요한 사교모임의 인사들까지 포함한 큰 규모의 모임이 자주 벌어졌다.

사랑과 보살핌: 집을 친구처럼

파리의 상류층 주택을 통해 '친밀함'을 살펴보았다. 우리 현실과 거리가 먼 얘기일 수 있다. 하지만 지금까지 살펴본 '친밀함'을 일반화하면 자궁의 정주 조건으로 볼 수 있다. 시대와 나라와 계층이 지금의 우리와 거리가 있을 뿐, 사는 모습으로 환원해 보면 기본 뜻은 같은 얘기를 하고 있다. 권력과 경제력을 쥐고 수준 높은 문화생활을 유지하던 선진국가의 권력층도 자신들의 집에서는 어머니 자궁에 들 듯 편안하고 은밀한 사적 공간을 간절히 바랐던 것이다. 유럽 문화의 특징이자 장점 가운데 하나가 정신적·예술적 가치관을 일상생활에 반영하는 힘이 크다는 것이다. 오텔을 통해 나타났던 앞과 같은 변화는 특정한 가치관을 추구한 데 따른 결과로 해석할 수 있다. 그 가치관은 자궁의 정주 조건으로 해석할 수 있다.

여기에서 '친밀함'을 중요한 정주 개념과 연계시킬 수 있다. 앞에서 하이데거의 실존 철학에서 보았던 '보살핌'이다. 보살핌으로는 보호, 정성, 생육 등의 뜻이 제시되었다. 건물이 갖는 정주 기능이 '건립하다'이고 이것이 사람을 대상으로 옮겨가면 '보살핌'이 된다고 언급했다. 이런 내용들은 모두 자궁의 기능과 같다. 자궁은 태아를 보호할 안전한 구조물을 '건립'해서 태아를 들인다. 어머니의 온몸에서 영양분을 빼서 공급하며 정성들여 생육한다. 정서를 교감하고 정신을 심어준다.

물리적 구조물인 집에 사람이 들어와 생명을 일구고 유지하는 개념이다. 일상을 영위하면서 감성을 순화하고 정서를 안정시키면서 정신적 가치를 확립해 가는 과정에 비유할 수 있다. 이 과정은 그대로 '보살핌'이 되며 그 속에 '친밀함'을 포함한다. 친밀하지 않으면 보살필 이유가 없으며 보살핌을 효과적으로 수행할 수도 없다. 진심으로 보살피면 친밀함은 자연스럽게 생겨난다.

집의 정서 기능은 이렇게 정의되는 '친밀함'과 '보살핌'을 구현할 수 있는 중요한 환경 주체다. 집은 늘 인간과 함께하며 일상을 담기 때문이다. 이런 가운데 집은 인간과 감각과 정서를 나눌 수 있어야 한다. 이것이 집의 정서 기능이다. 좋은 방법 가운데 하나가 '스킨십'이다. 피부를 맞대고 상대방의 감촉을 느끼는 행동이다. 스킨십은 사람 사이에서 친밀함을 높여주는 기능을 하는데 집에 대해서도 마찬가지다.

한국 사람은 원래 스킨십을 좋아하는 국민성을 가졌다. 한국인은 인간관계에서 주관성이 강한 민족인데 이것이 스킨십의 문화로 나타난다. 사람 사이의 임계거리가 가까운 편인 것도 같은 현상이다. 객관성이 강하고 임계거리가 먼 서양은 이것을 보완하기 위해 볼을 비비면서 일부러 '쪽' 소리를 내는 '비주'라는 인사법을 개발했다. 이들도 스킨십의 중요성을 알지만 일상에서 스킨십이 부족하기 때문에 별도의 인사법을 개발한 것이다. 이처럼 스킨십은 친밀함을 높여주는 좋은 방법이다. 그 본질은 사랑과 보살핌이다. 상대방의 손을 잡고 포옹을 하는 것은 상대방을 사랑한다는 뜻이고 상대방을 보살펴주겠다는 의도다. 부모 자식 사이에, 친구 사이에, 연인 사이에서 가능한 일이다.

보살핌과 친밀함은 사람 사이에 필요한 일만은 아니다. 집과 사람 사이에도 필요하다. 집과 사람은 서로 보살피는 관계다. 집을 어루만지고 집에 정을 주고 마음을 붙이며 보살피면 집도 우리를 보살펴준다. 나는 집을 보살피고 집은 나를 보살핀다. 나는 집과 친밀해지고 집도 나와 친밀해진다. 집은 분명 사랑해야 할 중요한 대상이다. 집을 사랑하는 일은 집에 마음을 붙이느냐 마느냐의 갈림길에서 마주치게 되는 중요한 선택 사항이다. 사랑의 종류는 모정, 부정, 효, 연대의식, 형제애, 자매애, 인류애 등 여러 종류인데 모두 사람을 대상으로 한다. 집도 사랑할 대상이다. 어떤 사랑이 좋을까.

친구 관계가 좋다. 집을 친한 친구처럼 대하면 된다. 친구에 따라붙는 가장 좋은 단어는 '친하다', 즉 '친밀함'이다. '친구(親舊)'라는 한자어 자체가 '오래되어서 친하다'라는 뜻이다. 집과 친해져라. 친구가 줄 수 있는 긍정적인 정서 기능은 '공감', '동년배 의식', '거울 이론' 등이다. 모두 친밀함과 직접적으로 연관된다.

'공감'은 오랜만에 만난 죽마고우에게서 느낄 수 있다. 초등학교 동창이나 어릴 적 동네에서 오래 같이 산 친구는 수십 년 만에 만나더라도 시간의 공백을 느끼지 못한다. 긴 설명 없이 함께 놀았던 추억만 한두 개 얘기해도 금방 친한 감정이 생겨난다. 사회에서 만나 하루 종일 같이 지내며 방금 전까지 함께 있던 직장 동료에게서는 느끼지 못하는 밀도 있는 친밀함이 금방 되살아난다. 공감은 인간관계에서 매우 중요한 요소인데 이것이 기본적으로 확보되어 있는 관계가 죽마고우다.

'동년배 의식'은 '나와 같다는 사실'에서 오는 친밀함이다. 동갑인 사람은 나이 먹어 사회에서 처음 만나더라도 친근감이 간다. 바로 말을 놓는 경우도 많다. 같은 시대를 살아왔다는 것이 동갑 나이의 힘이다. 경험과 정서가 같아서 얘기가 잘 통하고 그러다 보면 속마음도 털어놓을 수 있다. 하물며 오랜 기간 같이 해온 진짜 친구라면 더 말할 필요도 없다. '거울 이론'도 비슷한 뜻이다. 상대방에게서 나의 모습을 볼 수 있다는 것으로 '동질감'을 가질 수 있는 관계를 의미한다. 이것도 정서적 교감의 좋은 조건이다.

친구의 세 가지 덕목은 그대로 집에 적용될 수 있다. '공감'은 한 집에 오래 살면서 다양한 추억을 쌓았을 때 생길 수 있다. 집을 죽마고우처럼 만드는 것이다. 회사나 학교에서 힘든 일이 있을 때면 오래된 친구를 불러내 술잔을 기울이거나 밥을 같이 먹으면서 고충을 토로한다. 이런 기대를 집에서 할 수 있으면 된다. 퇴근길이나 하굣길에 가장 먼저 떠오르고 가장 가고 싶은 곳이 집이면 된다.

'동년배 의식'은 집과 내가 동격화, 즉 동일화되었을 때 생길 수 있다. 집에서 사는 기간을 집과 분리시키지 말고 다양한 경험과 감성으로 환원해서 집에 차곡차곡 쌓으면 된다. 집으로 향할 때 또 하나의 나를 만나러 간다는 생각이 들면 된다. '거울 이론'은 집에서 나의 모습을 발견하고 나의 감성을 느낄 수 있으면 된다. 내 집에 찾아온 누군가가 집을 보고 '너답다'라거나 '너를 보는 것 같다'라고 하면 성공적이다.

이래서일까. 친구의 친밀함을 집에 적용한 격언들이 있다. 18세기 말 영국의 낭만주의 시인 겸 화가였던 윌리엄 블레이크(William Blake, 1757~1827)는 집과 친구 사이의 비유적 관계에 대한 말을 남겼다. "새는 둥지에서, 거미는 거미줄에서, 사람은 우정에서"라며 우정을 노래했다. 생명체마다 각자 쉬는 안식처가 있는데 사람에게는 그것이 집이 아니라 우정이라고 한 것이다. 집은 반드시 있어야 하는 것이니 이 말은 집을 우정을 가지고 대할 때 새의 둥지나 거미의 거미줄 같은 곳이 될 수 있다는 뜻으로 해석할 수 있다. 고해의 인생길에서 우정은 진정한 집의 역할을 대신할 때가 있다. 독일의 유명한 소설가 헤르만 헤세(Herman Hesse, 1877~1962)도 비슷한 말을 했다. "친구들의 뜻이 함께할 때면 전 세계가 한 순간은 집처럼 보일 것이다"라고 했다.

낭만적 이상주의가 되어버린 집에 대한 추억

집의 정서적 기능을 여러 방향으로 살펴보았다. 자궁, 감각, 친밀함 등 언뜻 집과 직접적 연관이 없는 개념들을 사용했다. 하지만 그 내용은 우리의 정주 조건에 꼭 필요한 것들이다. 예로 든 내용이 주로 남의 나라 얘기라서 이번에는 우리 얘기를 해보자. 어릴 적 개인주택에 살던 나의 추억을 적은 글이다. 50세 이상인 세대는 대부분 공감하는 내용일 테지만, 지금의 한국 주거 현실에서 보면 비현실적으로 보이기도 한다. 낯설 수도 있고 낭만적인 과거를 회상한 것처럼 보일 수도 있다. 개인주택 생활을 불편하고 재래적인 것으로 느끼는 감정이 보편화되어 있기 때문이다.

하지만 집이 심리적 보호처가 되어야 한다는 전제에서 보면 개인주택은 어떤 면에서는 이상적인 형태일 수도 있다. 본격적인 현대화와 아파트 문화가 시작되기 전인 1970년대를 모델로 삼았다. 물론 완벽하지는 않다. 1970년대라고 하면 가까운 과거일 수도 있고 먼 과거일 수도 있다. 어쨌든 물질적으로 가난했고 기술 발전도 열악했던 이 시절에 오히려 집이 더 포근했다고 그리워하는 사람들이 많다. 춥고 가난해서 힘들기도 했던 시절에서 좋은 점만 빼서 낭만적 이상주의로 간단히 살펴보자. 이를 위해 문학풍의 에세이로 써보았다.

집은 무엇으로 이루어지는가. 건물이라는 물리적 그릇이 있어야 할 것이다. 그 속에 사람이 사는 사람살이가 있어야 할 것이다. 가족과 집이 합쳐지면 가정이 될 것이다. 이것이 끝이 아니다. 세월이라는 것이 있어야 한다. 시간이 지나면서 더 편안해지고 내 몸의 일부처럼 느껴질 수 있는 그런 세월이다. 집과 내 몸의 동일화다. 미운 정 고운 정이 담기고 사람살이의 희로애락이 고스란히 배어 있는 세월이다. 하루, 일주일, 한 달, 일 년, 십 년. 그 수많은 얘깃거리를 간직하고 기억해 줄 수 있는 것은 사람의 마음 빼고는 집밖에 없다.

우리는 집을 기억하기 위해 애쓰고 집을 기억하자며 떠들지만 정작 집이 우리를 기억해 준다. 말 못하는 집이라지만 집은 다 기억하고 있다. 우리가 그 속에서 얼마나 사랑했고 얼마나 미워했으며 얼마나 기뻐하고 슬퍼했는지를. 그런 집을 부수고 지운 것은 바로 우리 자신이다. 그건 우리의 기억을 우리 스스로가 지운 것 아닌가. 페인트 냄새가 채 가시지 않은 새 집을 최고로 치는 우리 사회의 정신연령은 과연 몇 살인가.

태평성대일 때 집은 평수가 아니라 편안함으로 평가된다. 아니, 평가 자체가 부질없는 짓이다. 그저 누구 집은 이렇고 또 누구 집은 저렇더라 식의 즐김만 있을 뿐, 누구 집이 누구 집보다 어떻더라 식의 비교 우열은 감히 발붙이지 못한다. 집은 그저 사람 사는 살이일 뿐인데, 집은 살이 그 자체일 뿐인데, 어떻게 집을 가지고 이 집 살이와 저 집 살이를 비교한단 말인가.

사회가 힘들고 각박할 때 집은 평수로 계산된다. 집은 즐김의 대상이 아니라 비교와 평가의 대상이 된다. 비교와 평가 뒤에는 돈 셈이라는 지상 최대의 미션이 버티고 있다. 순진한 어린이들 사이에서조차 집 평수에 따라 패가 갈리고 계급이 나뉜다. 집 때문에 십 년을 함께 산 이웃사촌에게 칼을 휘두른다. 깡패가 동원되고 사기가 춤을 춘다. 이 세상에서 믿을 거라곤 내 집 평수밖에 없어진다. 사람도 아니고 사랑도 아니고 정도 아니고 마음도 아니고 집 평수만이 내가 믿고 편히 잠 잘 수 있는 유일 선이 된다.

집이란 원래 이런 것은 아니었으리라. 우리네 사람살이가 이런 것이 아니었듯이. 그러나 아직 우리의 기억은 아스라하게라도 남아 있다. 실험을 해보자. 일단 따사로운 햇빛에 몸을 맡겨보자. 집 평수 말고라도 나를 포근하게 감싸주고 편안하게 안심시킬 수 있는 것이 또 있다는 것을, 그리고 그것이 지랄발광을 하지 않아도 그저 내 마음먹기 나름이라는 깨달음을 갖는다면 이번 실험은 확실하게 성공할 수 있으리라.

그다음에는 향기로운 차 한 잔이 있으면 더 좋을 터이고 잔잔한 음악이라도 흐르면 더더욱 좋을 터다. 이때 마시는 차는 자신의 인생에서 가장 순수한 사랑을 하던 때에 습관처럼 마시던 차이면 더 좋을 터이고 이때 듣는 음악은 어릴 적 동요나 사춘기 때 클래식 같은 것이면 더더욱 좋을 터다. 그리고 어릴 적 집을 떠올려보자.

온 나라가 아파트에 미치기 시작한 때가 일이십 년쯤 되니까 지금 20대 중반을 넘긴 사람이라면 누구나 개인주택에 살던 기억을 가지고 있으리라. 그걸 끄집어내 보자. 마당이 있었을 것이다. 그렇다. 그리고 그 마당에서 엄마 아빠랑 놀던 기억이 떠오를 것이다. 언니랑 오빠랑 누나랑 동생이랑 동네 친구랑 소꿉놀이를 하던 기억도 떠오를 것이다. 그때는 아마 지금처럼 과외도 없었을 것이다. 그다음에는… 음… 그래, 흙이란 것이 있었고 꽃밭이란 것이 있었을 것이다.

꽃잎을 따서 밥을 짓고 반찬도 만든다. 서로 엄마 아빠 하며 헤~ 하고 즐거워한다. 집마다 꽃이 달랐다. 라일락, 채송화, 백일홍, 장미……. 쪽 빨면 꿀이 나오는 꽃도 있었다. 포도나무를 키우는 집도 있었고 호박을 길러 먹는 집도 있다. 좀 잘사는 집은 자그마한 연못을 파기도 했고 그네가 있기도 했다. 연못에 개구리라도 떴다 치면 그날 저녁 밥상머리에서 꼬마 녀석은 개구리 본 무용담을 늘어놓는다. 더 잘사는 집은 마주보고 네 사람이 함께 탈 수 있는 근사한 그네가 있었다. 집에서 기르던 개가 죽으면 뜨락 라일락 나무 밑에 묻었다.

꽃이 있고 나무가 있으면 삽도 있었다. 무엇보다도 흙이란 것이 있었다. 삽으로 흙을 파다가 만질 수도 있었다. 보드라운 흙, 먼지 나는 흙, 젖은 흙, 지렁이가 기어 나오는 흙. 흙에도 종류가 있고 느낌이 있다는 것을 배웠다. 물 주는 물통이 있었고 비료도 있었다. 아기가 태어나면 나무를 심기도 했다. 나무는 아기랑 함께 자랐다. 꽃밭에 핀 장미를 보며 일곱 살 꼬마가 "인생은 나그네 길"이라며 최희준의 「하숙생」을 불러서 어른들을 웃기기도 했다.

마당이 좀 넓은 집에서는 땅에 금을 그어놓고 하는 놀이들이 있었다. 사방치기라는 표준어가 있기는 하지만 '돌까기' 정도로 불렸던 것 같다. 발 위에 얹고 어깨 위에 두르고 조심조심 땅을 밟으며 다가가서 표적을 맞췄다. 네모반듯하고 잘 생긴 돌을 골라 늘 그놈만 썼다. 놀이가 끝나면 집 안까지 가지고 들어와 곱게 보관했다. 엄마는 왜 밖의 것을 안으로 가지고 들어오느냐며 한마디 하시지만 그때만은 내가 이겼다. 땅따먹기도 했었다. 땅하고 손톱만 한 돌조각 하나만 있으면 반나절은 거뜬히 놀 수 있었다. 땅을 많이 차지한 녀석은 배를 앞으로 내밀며 무슨 대왕 같은 흉내를 내곤 했다.

화장실이 집 밖 마당 구석진 곳에 있었다. 그래서 뒷간이었다. 동생이랑 싸우면 그곳에서 벌을 받았다. 그러나 10분도 안 되어 어머니는 따뜻한 품으로 안으며 데리고 들어가 주셨다. 벨이 울리면 신발을 꺾어 신고 마당을 가로질러 문 열러 뛰어나갔다. 추운 겨울밤이면 서로 나가기 싫어서 가위바위보를 했다. 그래도 아빠가 들어오시면 이불 속에 숨고 장롱 속에 숨어서 숨죽이며 아빠가 찾아주길 기다렸다.

다락방이라는 것도 있었다. 아슬아슬한 계단을 오르고 작은 문을 열면 참으로 묘한 공간이 펼쳐졌다. 쾌쾌한 먼지 냄새가 잡동사니 사이에 섞여 있는 곳, 냄새도 집 안 살이의 하나가 될 수 있는 곳, 술래잡기라도 할라치면 가장 먼저 찾는 숨을 곳, 숨고 찾기가 일어나던 곳. 집 속에 작은 산이 하나 더 있는 셈이었다. 창이 있는 경우도 있었다. 그 창을 통해서 내다보는 바깥 풍경은 또 달랐다. 산에 오른 느낌이었다.

지붕이 평평한 집에서 옥상은 더없는 놀이터였다. 빨래도 널고 고추도 말리지만 그런 것들이 바로 놀이기구였다. 쪼그리고 앉아서 빨갛게 변해가는 고추를 보다가 이불 뒤에 숨기도 했다. 한 아이가 옥상에 올라가서 신호를 보낸 다음 물 내려가는 통 속에 공을 집어넣으면 그 공은 신기하게도 구불구불한 통을 지나 밑에서 기다리는 아이 손에 쏙 들어갔다. 그 통 속에 작은 고양이가 갇히면 꺼내느라고 온 집 안이 떠들썩하기도 했다.

비온 뒤에는 빗자루를 들고 옥상에 올라갔다. 아직 여기저기 고여 있는 빗물을 쓸면 정말로 '스윽 슥' 하는 소리가 났다. 비 쓸기는 이내 꼬마들 사이에 물 튀기기 장난으로 번졌다. 꼭 한 놈이 울고야 만다. 엄마가 아래에서 화난 목소리로 부른다. 꼬마들은 패잔병처럼 풀죽은 모습으로 일렬로 줄 맞춰 계단을 조심조심 내려왔다. 엄마는 고구마를 삶아놓고 저거 먹으면서 싸우지 말고 놀라며 다시 부엌으로 들어갔다.

겨울밤에는 손전등을 들고 입김을 내뿜으며 지붕으로 올라갔다. 겨울밤에는 별이 쏟아질 듯 보였다. 손전등을 직각으로 세워 하늘을 향해

쏘아올렸다. 신기하게도 손전등 빛은 하늘 끝까지 닿는 것 같았다. 별하고 나는 그렇게 인사를 주고받았다. 밑에서 엄마가 감기 든다며 내려오라고 채근하셨다. 동생하고 나는 손전등으로 귀신놀이를 하면서 꺅꺅거리며 뛰어 내려갔다.

손전등은 지하실로 보물놀이를 갈 때도 꼭 들고 갔다. 광이라고 부르는 지하실이 있었다. 연탄과 오래된 책꽂이가 뒤섞여 있었다. 가마니도 있었고 죽은 화분도 있었다. 오래된 그림 한 점과 못 쓰게 된 쇠난로도 있었다. 꼬마들 여러 명은 앞서거니 뒤서거니 줄지어 조심조심 한 발 한 발 지하실로 내려갔다. 한 아이가 꺅 소리를 지르며 뒤돌아 내지르면 대형은 무너지고 모두들 따라 뛰었다. 손전등을 던져버리지 않고 꼭 쥐고 돌아오면 정말 다행이었다.

겨울이 오면 밖에 있던 화분들을 집 안으로 날랐다. 작은 놈은 내 몫이었다. 콕콕 찌르는 놈은 기억했다가 그다음 해에는 피하고 이모한테 미뤘다. 이모는 찔리지도 않고 용하게 거뜬히 날랐다. 겨울 내내 화분하고 같이 살았다. 마루와 방은 확 달라졌다. 아침에 일어나 창문에 김이 서려 있으면 화분이 숨을 쉬어서 그렇게 되는 줄 알았다. 화분 중에는 꼭 무서운 게 하나 끼어 있었다. 집 안에는 그 화분을 피해서 다니는 나만의 루트가 만들어졌다.

엄마가 놀러온다는 친구한테 집 찾아오는 길을 일러준다. "그래, 응… 응. 그 약국 골목에서 오른쪽으로 돌아. 얘 글쎄, 그 약국 영감이 젊은 년하고 바람이 났대지 뭐냐. 그래도 그 집 약이 잘 듣긴 해. 응… 응. 암튼 그 약국 돌아서 쭉 올라오면 세탁소가 있어. 근데 얘, 그 집 총각 잘생겼더라. 좋은 사람 있으면 중신 서. 그래 가지고 세탁소에서 꺾어지면 바로 세 번째 파란 대문 집이 우리 집이야. 좀 오래되긴 했는데, 그래도 우리 시아버지가 20년 적금 들어서 겨우 장만해서 남편한테 물려준 거야. 문패 있잖니, 그것도 시아버지가 직접 만드신 거야. 학교 선생님이셨는데도 대패 좀 만지셨거든."

약국 골목이 있었고 세탁소 모퉁이가 있었다. 대문이라는 것도 있었다. 문패라는 것이 있었고 거기에는 이름이라는 것도 있었다. 몇 동 몇 호라는 숫자가 아닌 사람의 이름이라는 것 말이다. 대패라는 것도 있었고 그걸 만질 줄 아는 사람의 재주라는 것이 있었고 그걸로 집도 고치고 문패도 만들어 다는 사람살이가 있었다. 돈 놓고 돈 먹는 야바위판이 아니라 20년 알뜰살뜰 모아서 집을 사는 정성이 있었다. 무엇보다도 사람 사는 얘기가 있었다. 세월의 때 위에 또 때가 앉고, 그게 당연한 것인 줄 알고, 그걸 돈으로 바꿀 생각 같은 건 아예 하지도 않던 순진함이 있었다.

동네에는 이상하게 무서워서 피하고 싶은 집이 하나씩 있었다. 줄지어 서 있는 대문들을 지나다가 그 집 앞에서는 후닥닥 뛰어서 건넜다. 그 집에 사는 할아버지가 무서워서 그런 적도 있었고 컹컹 짖어대는 개 소리에 머리털이 쭈뼛 솟아서 그러기도 했다. 단지 집이 무섭게 생겨서 그렇기도 했다. 애들끼리 모여서 무서운 이유를 만들어내기도 했다. '전설 따라 삼천리' 같은 귀신 얘기들이 지어졌다.

꼬맹이들을 앉혀놓고 기분 좋게 취하신 아빠가 한 말씀하신다. "이 집이 이래봬도 사연이 있는 집이야. 니들 할아버지께서 초등학교 선생님 20년 만에 알뜰살뜰 모아서 장만한 집이야. 니들도 이 집에서 다 낳고 컸어. 저 문짝은 할아버지가 직접 만들어 갈아 끼운 거야. 대문에 문패 있지? 그것도 할아버지가 손수 만드신 거야. 이놈들아, 이 애비는 니들 크는 재미로 산다." 이때 아빠가 웃으셨는지 우셨는지는 중요하지 않았다. 그 순간만은 웃음과 울음이 동의어였을 테니까. 어쨌든 집이라는 것이 있었고 그 집에서는 이런 일들이 일어났던 것이다.

아빠가 힘든 일이 있으셨단다. 큰길에서 버스를 내리셔서 골목길 어귀에서 호떡을 한 봉지 사신다. 아빠는 힘든 일이 있을 때일수록 호떡을 사고 싶어 하시는 것 같았다. 골목길을 올라와서 약국 앞에서 꺾어진다. 뿌연 가로등이 가장 먼저 아빠를 맞는다. '세멘'으로 아무렇게나 척척 발라 만든 담벼락에 기대서 담배 한 개비를 피워 문다. 가끔 개 짖는 소리가 들린다. 담배 연기를 내뿜으면서 얼굴을 들어 가로등을 쳐다본다. "저 놈은 십 년을 꼼짝 않고 저기 저렇게 서 있네……." 그날따라 돌아가신 할아버지 얼굴하고 지금쯤 자고 있을 꼬맹이 얼굴이 이상하게 닮았다는 생각이 든다. 집은 이런 것이었다.

정말 그렇다. 집은 이런 것이었다. 집은 이렇게 많은 것, 이렇게 소중한 많은 것을 가지고 있었다. 아니, 이것들 자체가 집이었다. 그런데 이런 집이 없어져가고 있다. "두껍아 두껍아 헌 집 줄게 새 집 다오"라며 열심히 집을 없앴다. 그리고 손에 몇 푼의, 아니 무척 큰돈을 쥐었다. 어느 것이 더 소중한 걸까. 이런 것들을 이제 어디 가서 찾는담. 사람살이라는 게 이런 것들 없이는 안 되는 것일 텐데. 그걸 깨달았을 때 집은 사라지고 없을 텐데. 집을 없앤 건 바로 우리들인데…….

제6장

정체성

상징, 몸의 집, 인상

'집'과 정체성: 세상 속에 나의 존재를 확보해서 세우기

정체성은 한 인간의 실존에 중요한 요소다. 단, 건강한 정체성만 그렇다. 건강한 정체성은 자아를 굳건하게 세워서 세상과 당당하게 마주하도록 해준다. 삐뚤어진 정체성은 실존을 해친다. 교만과 욕심을 낳아 세상과의 건강한 관계를 가로막는다. '집'은 한 개인의 정체성을 형성하는 중요한 요소다. 집이 만드는 정체성은 건강할 수도 있고 위험할 수도 있다. 집을 통해서 건강한 정체성을 확보하는 일은 이 땅의 삶에서 실존과 정주 조건을 확보하는 데 꼭 필요하다. 왜 그런지 차례대로 살펴보자.

'정체성'이라는 단어는 다양한 뜻이 있다. 정신분석학, 사회학, 교육학, 상담학, 문화비평 등 다양한 분야에서 중요한 자리를 차지한다. 분야에 따라 정의하는 내용도 차이가 있다. 핵심적인 공통 요소를 요약하면 다음과 같다. 자신의 실체를 자각하고 경험한다, 사회와의 관계 속에서 개인으로 존재한다는 자각을 한다, 사고 체계와 외모, 가치관 등에서 자신만의 특징을 자각한다, 타자와 자신을 구별해 주는 차이를 형성하고 인식한다, 앞으로 어떤 방향으로 살아갈지에 대한 확신을 갖는다, 이런 여러 가지 자각과 인식과 확신 등을 상당 기간 유지함으로써 자신만의 일관된 동일성을 확보한다 등으로 설명할 수 있다. 한마디로 '자신이 세상 속에서 스스로를 어떻게 정의하느냐'의 문제다.

이런 내용은 모두 실존과 연관이 깊다. 정체성은 실존을 확보해 주는

중요한 기준이다. 거꾸로 실존이 확보되면 정체성은 흔들리지 않고 건강한 상태를 안정적으로 유지한다. 이런 점에서 정체성은 2장 2절에서 언급한 실존 요소의 삼종 세트인 '현존재–존재자–존재'로 환산해서 한 번 더 요약할 수 있다. 스스로의 '현존재(현재 살아있다는 사실)'를 확인하고 이것을 유지 강화함으로써 세상 속에 유일한 '존재자(세상에 앞서 스스로 존재한다는 사실의 소중함)'의 지위를 획득한다. 이것을 통해 '존재'의 일반적 의미까지 확장해서 실존의 안정권에 드는 것이다.

정체성은 '주체'와 '세상'이라는 이항요소 사이의 관계 문제로 좁혀볼 수 있다. 주체의 실존을 확고하게 형성하고 이를 통해 세상과 원만하고 안정적인 관계를 이루는 상태가 정체성인 것이다. '주체'는 나의 존재 실체다. '세계'는 타자, 사물, 공간 환경, 사회 환경 등으로 구성된다. 정체성을 갖는다는 것은 일차적으로 '세상'이라는 대지 위에 나의 주체를 단단히 뿌리박는 것이다. 나아가 이것을 바탕으로 자신이 속한 사회의 본질을 잘 파악하고 사회에 긍정적으로 적응하는 능력이다. 한마디로 나를 굳건히 세우되 이것으로 세상과 싸워 이기려 들지 말고 세상과 잘 지낸다는 것이다.

정체성에는 여러 가지가 있다. 크게 개인적 기준과 집단적 기준으로 나눌 수 있다. 개인적 기준에는 성, 나이, 외모, 성격, 계급, 지위 등이 있다. 집단적 기준은 사회 조직에 따라 매우 다양하다. 가족, 친척, 학급, 학년, 학교, 군대, 회사, 공동체, 행정구역, 동창 등 정하기 나름이며 정점에 국가와 민족이 있다. 기타 개인이 속한 여러 모임과 커뮤니티가 모두 집단의 대상이다.

이처럼 정체성은 개인의 존재와 직결되는 문제다. 정체성이 건강하고 긍정적이며 안정되면 일상생활에서 평생의 삶까지 모두 편안하고 안정되게 유지되고 세상과도 융화한다. 행복감도 여기에서 기인한다. 그 반대면 각종 불안 심리를 겪으며 불행 속에 살고 세상과 불화한다. 정체성은 인생을 행복하게 사는 비밀을 쥐고 있는 중요한 열쇠 가운데 하나다. 정체성에 도움이 되는 상황을 많이 만들고 접해야 하며, 건강한 정체성을 세우고 유지하려는 노력이 필요하다.

'집'도 그중 하나다. 집은 건강한 정체성을 만드는 데 중요한 역할을 한다. 집 자체가 그런 정체성의 요소가 될 수 있다. 정체성의 두 가지 기준 모두에 해당된다. 개인적 기준에서 가장 큰 근거는 집이 나와 동격이 될 수 있다는 사실이다. 집은 인간의 몸, 나아가 인격과 동일화가 가능하기 때문이다. 물질로 구성되지만 정신적 가치관을 가지며 오랜 기간 나의 몸을 품으면서 생활을 담아내는 그릇이기 때문이다. 집의 물리적 구조를 보면서 내 몸의 물질성을 생각할 수 있다. 또한 나의 정신적 가치를 집에 실어내게 된다. 집에 따라붙은 '가장'과 '유일한'이라는 최상의 수식어가 이를 증명한다. 집은 내가 직접 취하는 공간 중에서 '가장' 큰돈이 들어가고 '가장' 오랜 기간 함께하며 온 가족이 늘 함께하는 '유일한' 공간이다. 자궁, 동년배, 제3피부 등 앞에 나왔던 개념들이 이런 사실을 설명한다.

사회적 기준도 마찬가지다. 내가 사는 동네는 곧 내가 속한 계층이 된다. 나의 계층을 대표하고 집단의식을 표현한다. 상류층이 몰려 사는 동네가 대표적이다. 이는 인류 역사 전체에 걸쳐 어느 시대 어느 나라에서나 있던 현상이다. 한국에도 이런 예가 많다. 서울 종로구 팔판동은 조선시대에 판서가 여덟 명이나 배출되어서 붙은 이름으로 이 동네에 사는 것이 자랑이었다. 현대로 오면서 기준이 바뀌어 부자 동네가 선망의 대상이 되었다.

동네 이름에 상류층을 대표하는 주거 형식을 더하면 그것이 성공을 상징하는 계급의 표상이 된다. 20세기에는 성북동, 동빙고, 이태원 등 강북의 2층 양옥이 성공의 상징이었다면 20세기 후반부터는 강남구와 서초구의 고급주상복합이나 유명 브랜드의 아파트단지가 성공의 상징이 되었다. 이런 고급 주상복합은 집값 시세가 떨어져도 어느 선 이하로는 내리지 않는데 돈 문제를 넘어 체면과 자존심이 더 크게 작용하기 때문이다. 이때 체면과 자존심이 바로 '집'을 통해 나타나는 계급 정체성이다.

이처럼 집을 통해 형성되고 표현되는 정체성은 다양하다. 그러나 밖으로 드러나는 현상이 전부 바람직하고 타당한 것은 아니다. 앞에서 밝혔듯이 실존과 정주 조건을 확보하기 위해서는 건강한 정체성이 필수적이다. 집을 통해 앞에서 정의한 정체성의 요소를 만족시켜야 한다. 그러기 위해서 내 집에 대한 사랑과 자긍심이 필요하다. 집에 마음을 붙여서 나와 동일화해야 한다. 내가 스스로를 소중하고 자랑스럽게 여기듯 집도 그래야 한다.

단, 이런 여러 조건이 올바른 정신적 가치관을 통해서 확보되어야 한다. 고급 동네나 주상복합에 사는 것 같은 물질적인 것이나 과시적인 것이 되어서는 안 된다. 이런 것은 정체성이 될 수는 있을지언정 건강한 정체성은 될 수 없다. 허영과 욕심이므로 오히려 해가 된다. 집이 건강한 정체성을 갖기 위해서는 집에 대한 정신적 가치관을 바로 세우고 집에서 정서적 기능을 확보해야 한다. 부자가 돈 자랑 하는 것을 앞에서는 맞장구를 쳐도 속으로 손가락질하는 것과 같은 이치다. 물질만 좇다가 욕심의 덫에 걸려 늘 결핍에 시달리며 정신적으로 불안해지는 것과 같은 이치다. 성직자가 인생의 정신적 가치에 대해서 얘기하면 존경하고 본받아 생활에 적용해 보려 노력하는 것과 같은 이치다. 정신적 가치를 세워서 정서가 안정되고 생활이 편해지는 것과 같은 이치다.

집은 내가 하기 나름이다. 기본적인 물질성이 확보된 다음부터 집이 나에게 어떤 대상인지를 만드는 것은 나의 몫이다. 집에 대한 올바른 가치관을 세우고 집을 사고 꾸밀 때도 최대한 올바른 가치관을 돕는 쪽으로 결정을 해야 한다. 그리고 일상생활도 이것을 즐기면서 정서적 안정을 느끼는 쪽으로 해야 한다. 이런 시간이 오래 지속되면 집에 마음을 붙일 수 있다. 집을 획득해서 그 속에서 살아간다는 것은 단순히 등기소에 등기부등본을 확보하는 것 이상이다. 세계 속에 나를 세우는 실존적 일이다. 집을 통해 나 스스로의 건강한 정체성을 세울 수 있고 이를 통해 계층과 사회의 집단 가치도 건강한 쪽으로 확보할 수 있다. 세상 가치가 옳고 그른지 구별하지 못하는 상태에서 세상 가치에 휩쓸려 실존을 해치고 정주 조건이 깨지는 데에서 벗어날 수 있다.

상징의 몸 이론

'육체적 – 정서적 – 정신적' 종합 감각의 문제

집이 정체성을 형성하는 데 중요한 역할을 한다는 사실은 상징 작용을 통해서도 확인할 수 있다. 상징의 뜻은 매우 다양하고 범위도 넓은데, 이를 요약하면 '추상적 개념이나 가치처럼 인간이 직접 지각할 수 없는 인식 대상에 대해 구체적 사물로 구상화, 즉 비유하고 유추하는 것'을 말한다. 이때 대상과 사물 사이에는 직접적 유사성이 있을 수도 있고 없을 수도 있다. 검이 무력을 상징할 경우에는 직접적 유사성이 있지만 비둘기가 평화를 상징할 경우에는 직접적 유사성이 없다.

상징이 형성되는 과정도 여러 가지다. 인위적 의도로 탄생할 수도 있고 오랜 기간에 걸쳐 자연스럽게 만들어질 수도 한다. 상징의 형성에는 육체적·정신적 경험이나 추상적 개념 모두 중요한 역할을 한다. 특별한 사건이나 충격에 의해 만들어지기도 한다. 부모, 가문, 사회, 국가 등 상위 구조에 의해 학습되거나 강요되기도 하고, 세대, 성, 계층 등 소속 집단에 의해 관습적으로 축적되기도 한다. 자신이 중요하게 여기는 가치관을 따라 자발적으로 만들기도 한다. 이런 여러 과정은 크게 네 단계로 정리할 수 있다. '대상화 – 동일화 – 의인화 – 공감'이다.

'대상화'는 상징의 내용과 종류를 설정한 뒤 이것을 구상화할 구체적인 사물을 정하는 것이다. 주로 주체와의 관계를 모색해서 설정한 상징에 합당한지 일차적으로 판단하는 과정이다. '동일화'는 대상을 좁혀 주체와 가장 가까운 것을 선정하고 자신 스스로 대상과 공감대를 형성하는 것이다. '의인화'는 동일화된 대상에 인격적 성질을 입히는 것이다. 한 번 형성된 상징이 시간을 거치면서 주체와 친숙해져 상징으로 완전히 자리 잡는 단계다. '공감'은 주체의 감정 상태에 주파수를 맞춰 함께 정서와 감성을 교감하는 단계다. 상징은 하나의 취향으로 굳어져 생활에서 항시적으로 작동한다.

이상의 네 단계 가운데 상징의 형성은 두 번째 단계인 동일화에서 사실상 완료된다고 할 수 있다. 그다음 단계인 의인화와 공감은 상징이 실제로 작동해서 여러 효과를 발휘하는 단계다. 의미를 생산해서 가치로 치환되고 생활 속에서 확인되면서 작동하는 수준으로 확장이 일어나는 단계다.

집이 형성하는 정체성도 상징의 좋은 예다. 정체성은 인식으로 정의되는 추상적 개념인데 집은 이 추상적 개념을 구체적 사물로 구상화해주기 때문이다. 집의 상징 기능은 상징의 여러 탄생 과정 가운데 '육체적 – 감성적 – 정신적' 경험이 합해진 종합 감각의 결과로 볼 수 있다. 이 과정을 설명하는 데에는 몸 이론이 유효하다. 인간이 생애 전 주기에 걸쳐 형성하는 상징 과정 또한 좋은 비유가 될 수 있는데, 이 과정 역시 집의 상징 기능과 마찬가지로 종합 감각의 결과이며 몸 이론으로 설명할 수 있다. 여기서는 인간이 몸을 통해 상징과 정체성을 형성하는 과정을 살펴본 뒤 이를 집의 상징 기능에 대응시켜 보자.

인간은 자신의 몸을 통해 경험한 내용을 상징의 기본으로 삼는다. 어머니의 몸이 특히 중요하다. 잉태에서 영유아기를 거쳐 어린아이가 되기까지의 기간에 생명을 유지하고 성장하면서 존재를 형성하는 데 직접적으로 연관되고 큰 영향을 끼치기 때문이다. 이런 영향은 청소년기와 성인으로 이어져 한 인간의 상징체계를 이루고 정체성을 형성한다. 프로이트의 정신분석학에서는 어머니 젖가슴의 경험을 대표적인 예로 든다. 몸 이론에서는 어머니의 품을 더할 수 있다. 인간이 성장하면서 상징과 정체성을 형성해가는 과정을 어머니의 젖가슴과 품을 경험하는 것과 연계해서 해석할 수 있다. 네 단계로 구별된다.

첫째 단계는 신생아기, 즉 영아기로 생후 2년까지다. 이때는 스스로를 부모를 비롯한 주변 환경과 구분하지 못하는 공생적 단계다. 오로지 육체를 통한 동물적 감각과 본능, 즉 자연주의 몸으로만 존재한다. 영아기 때는 자신이 육체로 경험하는 것이 세상의 전부이면서 자신 존재의 출발점을 이룬다. 수유와 배설, 자신을 안아주는 사람의 팔뚝, 이들과의 피부 접촉, 이들의 체취와 소리 등이다. 어머니 젖가슴은 이런 세상 가운데 가장 중요하고 큰 부분을 차지한다. 어머니 젖가슴은 세상에서 가장 포근한 품이자 영양분을 공급하는 생명의 젖줄이다. 갓난아기는 어머니 젖가슴과 육체적 본능으로 교감한다.

둘째 단계는 유아기로 영아기 이후 6~7세까지다. 자신의 육체를 주변 환경과 구분해 처음으로 자연스럽게 자신의 정체성을 형성해 나가는 단계다. 자신의 상징에 대해 아직 인식까지 이르지는 못하며 자연적 정체성(natural identity)을 형성하는 과정이다. 자연주의 몸을 완전히 벗어나지 못했다. 어머니의 몸을 완전히 벗어나지 못했다는 뜻이다. 영유아기를 합하면 어머니 젖가슴과 품에서 6~7년 정도를 보낸다. 이때 '어머니'라는 환경에 대해서 다양한 육체적·본능적 경험을 한다. 이것을 바탕으로 자신의 기초적 존재를 확립한다. 유아기를 벗어날 때쯤 되면 정서적 경험이라는 다음 단계로 올라선다. 어머니 몸과 접촉하면서 발생했던 생리적·감각적 작용이 기억에 남아 개인적 감성을 형성하고 정서로 작동하는 단계다.

정체성으로 성숙해서 성인에 이르다

셋째 단계는 청소년기다. 가정과 사회에서 규범을 배우면서 자녀와 학생이라는 사회 속의 보편적인 역할 정체성(role identity)을 획득한다. 아직 나이가 어리고 경제적·사회적으로 독립이 안 된 상태여서 이런 역할은 수동적이기 쉽다. 교육과 관습 등 경제적·사회적 가치의 지배를 받으며 억압구도에 종속된 몸으로 귀결된다. 어머니 젖가슴과 품속에 대한 기억은 성장 과정에서 긍정적으로 작용하면서 본능과 억압 사이의 투쟁을 조절한다. 나아가 언어를 배우고 사고 작용을 하면서 성인으로 성장하는 과정에 투영된다. 언어와 사고 같은 정신적 경험과 합해지면서 각자의 상징으로 발전한다.

넷째 단계는 성인이다. 이런 관습적 규범에 무조건 따르지 않고 비판적 시각으로 독자적으로 판단한다. 이를 바탕으로 스스로를 규정하는 자아 정체성(I-identity)을 형성한다. 어머니 젖가슴과 품에서 성장하면서 형성된 이전의 기억들은 든든한 자아 정체성을 만드는 데 중요한 역할을 한다. 영아기를 어머니 젖가슴 속에서, 유아기를 어머니 품속에서 건강하게 지낸 아이는 세상 앞에 당당하게 설 수 있고 세상과 공감으로 소통하고 교류하는 법을 배우게 된다. 어린아이로 성장한 뒤에는 육체의 여러 부위를 감각으로 인식하며 이를 언어 행위와 놀이로 연결시켜 자신만의 상징적 질서를 세우게 된다.

어린아이는 성인으로 자라고 상징은 정체성으로 성숙한다. 상징은 주인의 몸과 함께 성장하면서 굳어져 정체성의 바탕을 이루고 세계관으로 발전한다. 건강한 정체성을 갖춘 자아는 세상을 올바로 이해하고 세상과 자신의 관계를 건강하게 확립한다. 자아는 세상 속에서 완전한 가치를 갖는 인격체로 활동한다. 자아 정체성을 확립한 몸은 현상학적 몸이 되고 존재론적 몸이 된다. 세상의 억압구도에서 해방된다.

이상이 인간의 상징체계와 정체성이 몸을 통해 형성되는 과정이다. 상징체계는 몸이 느끼고 감상하며 받아들이는 것을 바탕으로 삼아 몸과 함께 성장해서 몸 주인의 정체성을 이룬다. 어머니 젖가슴과 품속에서 자란 기억은 여기에서 중요한 역할을 한다. 인간은 상징화 이전의 원초적 기억으로 돌아가고 싶어 하는 욕망을 담고 산다. 성인으로 진입한 현실에서는 상징화를 통해 정체성을 갖고 정신적 안정을 누리고 싶어 한다. 이 둘이 조화를 이루면 생활이 안정되고 충돌하면 불안하다.

어머니 젖가슴과 품속에서 형성된 기억은 이런 상징화 작용에 중요한 역할을 한다. 영유아기 때 가졌던 원초적 욕망과 세상과의 소통이라는 양면성이 함께 들어 있기 때문이다. 성인이 되어서도 남아 있는 원초적 욕망과 정신적 안정의 양면성이 만나는 지점이다. 세상과 소통하던 기억을 키워서 원초적 욕망을 적절하게 조절하면 정체성을 갖는 건강한 성인이 된다. 원초적 욕망은 건강한 상징화 과정을 거칠 경우 문화적으로 길들여지고 세련된 형식으로 다듬어지는데 어머니 젖가슴과 품은 이런 작용이 일어나는 장소다. 개인은 이 지점을 타고 앉아 앞뒤로 오가면서 탐색을 벌이거나 시소타기를 즐긴다.

앞에 나왔던 자궁은 이런 상징 작용에서 더 원초적인 지점일 수 있다. 모든 것이 최초인 점에서 그렇다. 수정란이라는 최초의 생명이 탄생한 곳이고 최초의 성장이 이루어진 곳이다. 모태라는 타자와 최초로 교감한 곳이고 몸을 공간에 담는 경험을 최초로 한 곳이다. 이런 경험은 세상 밖으로 나와 젖가슴으로 이어진다. 자궁과 젖가슴이 합해져 형성되는 '어머니'나 '모성'은 인간의 상징 작용에서 다시 한 번 중요한 역할을 한다. 이런 경험은 성인이 되었을 때 정체성으로 나타난다. 건강한 상징이 형성되면 건강한 정체성을 갖게 되고 그렇지 못하면 부정적이고 병든 정체성을 갖게 된다.

집의 상징작용: 동일화, 본능적 심리, 주술성

집의 상징작용도 몸을 통한 상징작용과 비슷한 과정을 거친다. 집을 사서 입주하면 첫 접촉의 경험이 시작된다. 모든 것이 낯선 가운데 집을 가장 먼저 받아들이는 것은 온몸의 감각이다. 실내 공간의 크기와 형태 윤곽, 여러 방의 배치, 냄새와 색, 아파트 단지와 동네의 분위기, 주변 풍경과 외부 조망 등 모든 것이 새롭고 낯설다. 이것을 감각으로 받아들이는 경험은 원초적이고 본능이다. 생활이 계속되고 감각 경험이 쌓이면서 집은 점차 지각과 인식의 대상으로 성장한다. 집의 이곳저곳에 대해서 머리로 생각하기 시작하면서 다양한 평가를 하고 정의를 내리게 된다. 특별히 좋아하는 부분을 파악하게 되면서 구체적인 대상으로 구상화한다. 개인 성향과 자연스럽게 포개지면서 집은 가치관을 갖는 단계에까지 이른다. 이런 모든 경험이 종합되어 집은 나의 상징체계를 이루고 나의 정체성이 된다.

가정이 해체되고 일인 가구와 현대 유목주의가 늘어나는 요즘 집에서 상징작용을 찾는 것은 무의미해 보일 수도 있다. 그러나 여전히 많은 사람들이 의식적으로든 무의식적으로든 집에서 이런 가치와 역할을 원한다. 농업 시대에 만들어진 명절, 기념일, 세시, 축제 등 전통적인 제식들이 산업화된 유목주의 시대에도 사라지지 않고 이어지는 현상이 좋은 예다. 이런 현상은 상징을 필요로 하는 인간의 본성으로 설명될 수 있다. 세상이 바뀌고 기계화되는 것과 별도로 인간은 상징을 중요하게 여기며 상징에서 위안을 얻고 상징을 즐기며 사는 것이다.

집도 마찬가지다. 지금까지 여러 예에서 보았듯이 처음 탄생한 이래 20세기 이전까지는 집도 다양한 기능을 지니고 있었다. 직접적 상징성 외에 5장까지 살펴본 정신적·심리적 기능도 상징성과 일정한 연관성을 갖는다. 인간은 세상 속에서 자신의 존재를 확인하고 실존을 확보하려는 본능을 가지고 있다.

본능은 여러 방향으로 추구되는데 공간 환경도 중요한 부분을 차지한다. 공간 환경이 갖는 상징 기능은 땅에 뿌리 내리기, 나의 영역과 영토 만들기, 나의 내적 세계와 일치시키기, 나의 가치관을 물리적 구조물로 구체화하기 등이다. 이런 기능은 다분히 사적이므로 공간 환경 가운데 유일하게 '집'이 이 기능들을 만족시킬 수 있다. 집은 나의 정체성이 세상과 마주하는 전위대다. 자신 또는 가족의 상태와 동격으로 형성되고 표현되는 거울이다. 나아가 이것을 더 좋게 포장하고 향상시켜서 세상에 내보이는 얼굴이다.

서양에서 정체성은 주택 작품의 예술성을 결정하는 중요한 원동력이었다. 자아의 주체성이 강한 서양인에게 집은 자신의 정체성을 표현하는 중요한 매개였다. 이를 위해 건축가에게 완결성과 개성이 강한 작품성을 요구했다. 이런 주택 작품들은 이런저런 환경 속에서 자기 존재를 확보하고 영역을 구축해서 건축주의 정체성을 표현한다. 자연 환경, 고즈넉한 마을, 오래된 도시, 현대 대도시, 교외 신도시 등 어떤 환경에 놓이건 간에 인간은 자기 존재를 확보해 줄 영역을 구축해야 건강한 정체성을 얻어 세계 속에서 자립할 수 있다. 이런 조건을 만족시키는 일은 서양 주택사에서 명작의 중요한 기준이다. 이름 있는 건축가들이 설계하는 주택 작품의 예술성은 이런 기준을 통과하는 데 맞춰진다. 건축주의 개성을 표현하다 보면 작품성이 저절로 확보되었다.

집의 상징작용은 몸 이론으로도 설명이 가능하다. 나의 몸과 집의 동일화 이론이다. 동일화는 상징이 형성되는 네 단계인 '대상화 – 동일화 – 의인화 – 공감'에서 둘째 단계에 일어난다. 상징작용이 원활하게 이루어지려면 네 단계가 모두 중요하겠지만 가장 중요한 것은 동일화다. 상징 형성이 처음으로 완성되는 단계이기 때문이다. 상징이란 추상적 개념을 구체적 사물로 구상화하는 것이다. 추상과 구상이 하나로 포개져야 가능한데 이것이 완성되는 단계가 동일화다.

앞의 4장 1절과 2절을 비롯해서 5장 2절과 3절 등 여러 곳에서 이런 '동일화'에 대해 다각도로 살펴보았다. 동일화는 집의 상징작용에서도 중요한 부분을 차지한다. 상징 형성의 네 단계 가운데 앞 두 단계에 유추해서 보자. 첫째, '대상화'는 집이라는 추상적 개념을 상징의 대상으로 선정해가는 과정이다. 구조물이라는 구체적인 사물이어서 구상화가 가능하다. 둘째, '동일화'는 나의 집을 선정해서 나의 집이 나의 존재와 같아지게 하는 과정이다. 몸은 육체와 정신이 일체된 존재 형식이므로 상징 형성의 좋은 조건과 기준이 될 수 있다. 구조물이 집이 되는 순간 단순한 무생물이 아니고 제3피부가 되고 정신성을 띠게 된다. 집은 나 또는 식구와 점점 가까워지다 드디어 동일한 실체가 된다.

프로이트의 중요한 제자였던 헝가리의 샨도르 페렌치(Sándor Ferenczi, 1873-1933)는 상징의 필수 조건으로 동일화를 들었다. 그에 따르면, 모든 사물은 인간의 몸과 기능을 흉내 낼 수 있다. 사물을 그런 시각에서 보고 그런 가치를 부여하면서 그렇게 정의하는 노력을 꾸준히 하면 생명이 없는 사물도 생명과 동일화 과정을 겪을 수 있다. 이 과정을 거쳐 '사물 - 행위 - 관심'은 상징적 동치(symbolic equation)를 겪으면서 하나로 합해져 상징체계를 이룬다. 여기서 상징의 또 다른 중요한 기능이 추가된다. '기능'을 흉내 내는 것이어서 재능의 기본이 된다. 사물에 대해서 상징체계를 잘 부여하는 사람이 재능이 뛰어나다는 뜻이다.

집도 이상과 같은 '동일화 → 상징 → 정체성'의 좋은 예다. 아무리 과학과 기술이 발전하고 합리적 이성이 지배하는 근대화된 세계라 해도 인간은 도구와 논리로 설명되지 않는 가치에 매달린다. 이런 시대일수록 오히려 정신, 정서, 감성 등 눈에 안 보이는 심리적 가치가 더 중요할 수 있다. 이것이 부정적으로 흐르면 불합리가 판치는 미신이 되지만 이런 심리 자체는 긍정적 방식으로 수용하고 보듬어주어야 한다.

집을 통해 상징과 정체성을 확보하는 것은 훌륭한 방식이며 중요한 정주 조건을 이룬다. 사람들은 과학 기술이 발전하는 것과 상관없이 내가 중요하다고 생각하는 가치를 선별해서 구체화하고 나와 동일화하려 한다. 이것을 담아줄 공간이 꼭 필요하다. 이를 통해 나의 존재를 세상과 나눌 수 있다. 이런 공간은 나의 마음을 거는 고리 같은 것이고 기댈 수 있는 담벼락 같은 것이다. 가치를 기반으로 형성되는 정신세계다. 이것은 인간이 존재하는 한 영원히 사라지지 않는 본능적 심리다.

이런 본능적 심리를 '주술성'이라는 개념으로 정의할 수 있다. 여기서 주술은 토템이나 무속 같은 미신과 구별되는 정주 조건으로서의 심리다. 주술성은 집의 중요한 상징작용 가운데 하나다. 근대화 이전 전통적 공간에서 많이 나타났다. 반면 지금 우리가 사는 근대적 공간은 주술성을 지운 탈주술적 공간이라 할 수 있다. 이 주제는 '주관 vs. 객관'의 짝 개념과 연관지을 수 있으며, '주관 - 전통 - 주술' vs. '객관 - 근대 - 탈주술'의 복합 이분법으로 발전한다.

　복합 이분법은 다음과 같이 해석할 수 있다. 전통적 주술은 주관적 상
징이다. 발달한 과학 기술을 기준으로 보면 미신일 수 있지만, 집과 나
의 친밀함을 기준으로 보면 주관성을 확보하면서 집과 나의 동일화를
도왔다. 근대적 공간은 과학 기술의 합리주의에 기반을 두면서 객관성
이 전제되어야 했다. 주관성을 지워야 했기에 집에서 주술성을 몰아냈
다. 미신 같은 비합리적 재래 요소를 타파한다는 것이 명분이었다. 주택
이 대형 시행사와 건설사가 주도하는 대규모 개발 사업으로 바뀌면서
집주인의 주관성은 이들의 이익을 가로막는 방해 요소가 되었고, 대량
생산이 가능한 표준 모델이 강요되었다. 이것을 합리화하기 위해서 '주
관 – 전통 – 주술'을 공격했고 이것이 제공하던 상징을 지웠다.

　상징이 사라진 집은 나와 동일화되기 어렵고 정체성도 확보할 수 없
다. 이런 집에는 마음을 붙이기가 쉽지 않다. 탈주술을 완성한 근대적
공간이 주술적 공간보다 더 낫다는 근거는 찾기 힘들다. 집과의 동일화
를 더 악화시킨 측면도 크다. 집이 인간의 본능인 주술과 상징을 담당했
는데 이것을 박탈한 것이기 때문이다. 합리적이고 과학적인 근대 교육
을 받은 현대인들이 점집을 더 많이 찾는 현상이 좋은 증거다. 종교적으
로도 점보는 일을 금기시하는 기독교인들까지 점집을 찾는 현상도 마찬
가지다. 과학의 발전과 상관없이 주술과 상징은 인간의 종교적 본능인
것이다. 집은 이것을 담당하는 중요한 역할을 수행한다.

본유적 정체성을 지키고 문명적 정체성을 조절하기

　세상은 집을 돈으로 보라고 끊임없이 유혹하고 부추긴다. 토건산업

은 한국의 20세기 압축 근대화 당시 고속성장의 핵심 분야였다. 이런 경제 사회 구조는 지금까지 이어지고 있다. 시행사, 건설사, 정부, 언론, 미디어, 부동산 기획회사, 대기업, 개인 건물주, 전문 투기세력, 정치인 등 부동산에서 막대한 이익을 챙기는 거대한 카르텔이 한국을 지배한다. 이들은 가능한 한 많은 국민을 부동산 투기에 끌어들이려 발버둥을 친다. 집을 돈으로 보는 것이 세상 가치로 공고히 굳어진다. 여기에 편승해 한 몫 챙겨야 잘 산다는 소리를 듣게 되어버렸다.

　세상 가치를 완전히 피해 살 수는 없는 법이다. 그러나 세상 가치가 늘 옳은 것도 아니다. 자신이 먼저 확고한 가치관을 세워서 판단한 뒤 엄밀하게 선택하고 버텨야 한다. 무엇을 얻고 무엇을 잃는지에 대해 냉철하게 손익계산을 따져야 한다. 집으로 몇 억의 돈을 벌기 위해 뛰어다니는 동안 나의 정신과 영이 병드는 것을 정확히 볼 수 있어야 한다. 신약성경의 마태복음 7장 13~14절을 보자. "좁은 문으로 들어가라. 멸망으로 인도하는 문은 크고 그 길이 넓어 그리로 들어가는 자가 많고 생명으로 인도하는 문은 좁고 길이 협착하여 찾는 자가 적음이라"라고 했다. 세상 가치에 휩쓸려 사는 것이 멸망의 문일 뿐이며 이것을 피해 예외자로 살라는 교훈을 전한다. 세상 가치란 물질적인 것이 되기 쉽다. 물질의 구체적인 내용은 개인마다 다르지만 현대 한국 사회 전체를 보면 부동산 투기가 물질을 이끌고 있다.

　여기에 빠지지 않는 길은 나의 건강한 정체성과 집을 동일화하는 것이다. 아파트가 피할 수 없는 현실이라면 그 속에서 최선의 길을 찾아야 한다. 우선 내가 집에서 원하는 것이 무엇인지 정확히 알아야 한다. 집에 대한 가치관을 올바로 세우는 것도 필요하다. 그다음 가능한 한 선택의 대상을 다원화한 뒤 나의 취향과 가치관에 근접한 상품을 골라야 한다. 앞에 나온 '몸의 집' 개념이 좋은 가이드가 될 수 있다. 집은 '나의 몸'

이자 내 얼굴이다. 집에서 내 모습을 본다. 집에서 재산가치보다 우선시
되어야 하는 것은 나의 상징과 정체성이다. 아파트가 이것을 불리하게
만들지만 우리는 그 한복판에서 나의 상징과 정체성을 최대한 찾고 지
켜야 한다.

이런 시도를 '본유적 존재성 vs. 문명적 존재성'의 짝 개념으로 설명
할 수 있다. 본유적 존재성은 모든 인간이 본능을 통해 처음부터 갖는
존재 의식이다. '가치관'이 핵심이다. 누구나 가치 있는 인간으로 평가
받고 싶어 하고 존중받고 싶어 한다. 보편적이고 평등하게 초기조건으
로 주어지는 본능적 가치관이다. 이것이 적절하게 확보되어야 안정적
인 존재감을 느낄 수 있다.

인류 문명이 시작되면서 '문명적 존재성'이 시작된다. '문명적 존재성'
이란 인간의 존재를 문명이 주도하고 정의하는 현상이자 인간의 가치가
문명의 가치에 따라 정의되는 현상이다. 도구적 편의성이 제공되면서
본유적 존재성은 개선되고 발전한 것으로 생각하기 쉽다. 이런 측면이
있는 것은 사실이며 인간의 역사와 세상 가치는 본유적 존재가 도구에
의해 발전하는 것으로 단정한다. 하지만 본유적 존재성이 훼손되고 지
워지는 반대적 현상도 분명히 발생한다. 본유적 존재성은 문명에 이익
이 되는 방향으로 변질되어 다시 정해진다. 이 기준에 따라 인간의 가치
에 서열이 매겨진다. 인간의 존재는 선택적 차별의 대상이 된다. 본능적
가치는 '보편성 – 평등성 – 초기조건'을 잃고 피동적 대상이 되어 억압받
고 재편된다.

두 존재성 사이에는 불일치가 생기게 마련이다. 흔히 말하는 승자와
패자가 갈린다. 일차적으로는 긍정적 평가와 부정적 평가의 문제다. 사
회에 필요 없는 인간으로 낙인찍히는 것은 존재가 뿌리째 뽑히는 큰 충
격이다. 문명의 이익에 도움이 되어 승자가 되더라도 위험하기는 마찬

가지다. 패자가 불행한 것은 누구나 쉽게 인지하지만 사실은 승자도 행복하지 못하다. 본유성과의 모든 '불일치'는 궁극적으로 문제가 된다. 본래보다 필요 이상으로 높게 평가되어 불일치가 생기면 이것도 문제가 된다. 교만에 빠지고 더 많은 것을 원하면서 욕심을 부리게 된다. 본유성을 잃었기 때문에 결국 파열음이 나고 정신적 불안으로 흐른다.

이처럼 인간의 본유성과 문명 사이의 불일치가 클수록 인간의 본유적 존재는 위협을 받고 훼손된다. 문명적 존재성이 앞으로 치고 나갈수록 문명이 발달한 것이고 인간의 삶은 나아진 것으로 얘기된다. 도구적 편의성에서는 맞는 말이다. 그러나 상징성과 정신성을 기준으로 하면 인간의 본유성과 존재적 가치는 상처받고 훼손된다. 그렇다고 문명의 발전이 늘 인간의 본유를 해친다고 단정 지을 수도 없다. 문제는 불일치다. 두 존재성 사이의 불일치를 없애고 둘을 하나로 잘 일치시켜야 인간의 실존을 지킬 수 있다.

'가축화'를 보자. 가축을 길들여 노동력과 식량을 확보한 것은 문명의 발전이자 도구적 편의성의 출발점이었다. 실제로 인류 문명은 가축화에 성공하면서 발전의 속도가 가팔라졌다. 하지만 부작용도 컸다. 인간이 자연에서 떨어져 나오면서 '분리불안'이 생겼다. 인간은 자연에서 분리되는 정도에 비례해서 본유적 존재성을 상실한다. 상실은 불안을 낳는데 이는 삶의 행복과 안정을 해친다. 인류 역사는 상실의 불안을 문명적 존재성으로 대체해가는 과정으로 볼 수 있다. 긍정적인 면도 있었다. 노동의 수고를 덜면서 사유와 창의라는 정신활동을 할 수 있게 되었다. 그러나 부작용도 컸다. 인간이 인간을 '가축화'시키는 단계로 진입하면서 계급과 차별이 고착되었다.

공간 환경, 좁게 보자면 '집'이 이 과정에 간여하면서 중요한 역할을 했다. 가축화와 집은 함께 탄생하면서 긍정적인 영향을 주고받았다. 가축화가 성공적으로 정착하는 과정과 집이 기본 유형을 갖춰가는 과정은 궤를 같이했다. 집은 처음에는 가혹한 기후와 자연환경에서 인간을 보호하는 순기능을 가졌다. 주거환경이 개선되면서 인간은 한곳에 안정적으로 정착했고 일상의 흔적과 생활습관 등을 쌓아 가정이 탄생했다. 반면 집은 계급을 고착화하는 부정적인 역할도 했다. 지배 계층은 가장 먼저 집을 화려하게 꾸며서 자신들의 권력을 과시하고 이것으로 지배체계를 굳히려 했다.

문명화된 집 자체는 아직 부정적인 것으로 볼 수 없다. 선별과 조절의 대상이라는 것이 가장 정확할 것이다. 도구적 편의성과 물질적 안정은 오히려 본유적 존재성을 지켜줄 잠재력을 갖는다. 집을 바라보고 정의하는 시각에 따라 안정된 가정생활을 도울 수도 있다. 집주인이 '하기 나름'이다. 문명적 존재성이 본유적 존재성을 잘 대체하면 성공적인 정주성이 확보된다. 그렇지 못하면 문명화될수록 집이 인간의 존재성을 흔들고 붕괴시킨다. 문명적 정체성을 맹신하고 추종하면 삶은 붕괴된다.

문명이 존재를 확보하기 위한 과정인지 아니면 인간의 참된 존재의 의미를 왜곡하고 억압하는 과정인지 명확히 구별해야 한다. 집은 전자의 일부가 되어야 한다. 그래야만 인간에게 안정된 삶과 실존을 확보해주고 정주 조건이 될 수 있다. 본유적 존재성을 적절히 대체하는 문명의 일부로 남아야 한다. 이럴 경우 집은 건강한 개성과 차이를 생산하고 건강한 정체성을 만든다. 인간은 자신만의 개성을 통해 세상과 스스로를 구별 짓는 차이를 만들어간다. 차이는 정체성을 만든다. 건강한 가치관 위에서 서로의 차이를 존중할 수 있을 때 그 차이는 건강한 정체성을 제공한다. 개성이 온전히 자신의 실존을 향할 때 정주 조건이 확보된다. 이래야만 세상에 의해 흔들리지 않고 자신감 위에서 중심을 잡을 수 있다. 집이 늘 비교의 대상이 되고 집에서 늘 무언가 결핍을 느낄 때 나의 정체성은 함께 무너진다.

인상과 얼굴: 집을 통해 세상과 인격적으로 교류하다

집이 가진 정체성 표현의 기능이 중요한 이유는 이것이 인상을 형성하고 결정하기 때문이다. 집 자체의 인상이며 나아가 집주인의 인상이다. 우리는 가능한 한 웃는 얼굴로 상대방을 대하고 기본예절을 지키려노력한다. 이것 자체가 소중한 가치를 갖기 때문이다. 확장하면 이런 모습이 상대방에게 좋은 인상을 주기 때문이다. 내 쪽에서 상대방을 볼 때도 마찬가지다. 인상이 나쁜 사람은 자꾸 피하게 된다. 사람들의 인상이모이면 그 도시와 사회의 인상이 된다. 도시민들이 찡그린 얼굴로 화가나 있으면 그 도시의 삶은 피곤하고 힘들어진다.

집도 마찬가지다. 사람의 인상은 그 사람의 정체성이 밖으로 드러나는 가장 기본적인 외적 형식이다. 집이 정체성을 형성한다면 집의 인상은 중요할 수밖에 없다. 집은 어머니 자궁과 내 피부와 내가 골라 입는옷을 모두 합한 것이다. 궁극적으로는 이것을 다시 가족에 따라 한 번더 합한 것이다. 집은 가족의 인상이요 인격이다. 집주인이 평온한 마음으로 좋은 인상을 가지면 신기하게 집도 그렇게 된다. 집의 좋은 인상은주변 사람들의 마음을 순화시켜 준다. 사람들은 좋은 집의 인상을 보면서 자신도 그런 인상을 가지려 하고 친절해진다. 이런 집들이 모이면 그동네와 도시는 공간적으로나 인적으로나 평온함과 친절함이 넘쳐난다. 어느 도시를 가면 그 도시를 구성하는 건물과 집의 인상이 도시의 인상을 좌우한다. 집이 사납게 생겼으면 사람이 사나운 것이고 집이 친절하게 생겼으면 사람이 친절한 것이다.

집의 인상은 아무래도 아파트보다는 개인주택에 해당되는 얘기일 것이다. 그래서일까, 전통시대에는 '집 예절'이라는 것이 있었다. 집을 너무 드러내면 안 되었으며 반대로 꽁꽁 숨기는 것도 조심했다. 담 높이는 집 밖에서 보았을 때 처마 조금 아래까지 오는 것이 좋았다. 집과 세상이 만나는 출입구가 특히 중요했다. 솟을대문으로 내 집의 품위를 드러냈는데 위압을 주는 선은 넘지 않으려 했다. 집 밖 세계를 향한 예절로 느껴지는 선을 지켰다. 방범이 필요하면 굳게 닫았지만 많은 경우 문을 열어 집 밖과 소통하려 했다.

출입구의 이런 기능을 사회적 형식미라 할 수 있다. 이는 세상을 향한 예절 형식으로서의 인상을 만들어낸다. 20세기 현대 사회에 들어와서 개인주택이 계속되는 동안 집의 이런 기능은 중요하게 여겨졌다. 한옥이 사라지면서 '솟을'은 빠졌지만 '대문'은 여전히 세상을 대면하는 곳으로 중요하게 여겨졌다. 가장은 대문이 자신의 얼굴이라며 신경을 썼다. 넉넉지 않은 살림에서도 집의 대문만은 색과 모양을 달리해서 다른 집과 구별하려 했다. 과시는 아니었고 나의 정체성을 표시하는 선을 지켰다. 골목 속 동네의 전체적인 분위기에 맞추는 배려도 잊지 않았다.

또 한 가지 신경을 쓴 것이 '문패(門牌)'였다. 철문 위나 철문을 지지하는 콘크리트 기둥 위에 집주인의 이름을 새겨 다는 명패였다. 재료는 보통 나무였고 대리석을 쓰는 집도 있었다. 문패까지 달고 나면 대문, 나아가 집 전체는 정말로 주인과 식구의 얼굴이 되었다. 자기 이름을 내걸었으니 집의 인상은 집안의 체면이 걸린 문제가 되었다. 집안에 대패와 정과 끌을 쓸 줄 아는 사람이 한 명쯤 있으면 나무로 문패를 직접 만들기도 했다. 식구의 손맛이 담겨 있으니 더 애착이 갔다. 문패는 사람이 개입된 정성적 요소로 중요한 상징물이었다. 문패 하나를 달았을 뿐인데 집의 상징 기능은 훌쩍 커졌다.

얼굴 역할을 하는 문패는 집의 의인화에 도움이 되었다. 사람은 외부 대상을 대할 때 가장 먼저 사람인지 아닌지를 판별한다. 그 기준은 얼굴이다. 가장 먼저 얼굴이 있는지를 파악하고 얼굴이 있으면 사람으로 인식한다. 처음 사람을 만날 때에도 가장 먼저 얼굴을 본다. 상대방이 어떤 사람인지 파악하는 첫 번째 통로가 얼굴인 것이다. 얼굴은 주체가 세상과 인격적으로 교류하는 중요한 매개다. 집이 주인의 얼굴을 표현할수 있다면 집도 이런 역할을 할 수 있다. 늘 그 자리에 있으면서 집 앞을 오가는 많은 사람들과 얼굴 인사를 주고받을 수 있다.

사물도 사람 얼굴처럼 생기면 사람으로 의인화하려 든다. 사물에 얼굴 모습을 붙여놓고 의도적으로 의인화하기도 한다. 음식점에 주인의 얼굴을 거는 것도 같은 이치다. 이름을 새긴 문패도 얼굴보다 약하지만 비슷한 역할을 한다. 문패가 달린 집을 보면 단순한 건물이 아닌 하나의 인격체를 대하는 것 같은 기분이 든다. 눈길이 한 번 더 가고 집의 전체적인 분위기를 살피게 된다. 집에서 인상을 찾게 된다.

아파트로 바뀌면서 집이 주인의 얼굴을 대신하고 인상을 표현하는 일은 사실상 불가능해졌다. 한 단지 내에서 모든 집은 같은 모습을 하고 있다. 문패는 사라지고 숫자가 대신한다. 집과 주인 사이에 정성적 관계는 찾기 힘들다. 집은 철저하게 익명화·중성화된다. 퇴근길에 내 집이 어떻게 생겼나 보고 싶은 마음에 눈을 들어 보지만 별 소득이 없다. 온통 똑같은 집이 고층건물에 주렁주렁 매달려 있을 뿐이다. 층수를 세다가 헷갈려 포기해 버린다. 내 자신이 상실된 것같이 마음이 무겁게 가라앉는다.

사람이 나이 들면 자신의 얼굴에 책임을 져야 하듯 집도 더하면 더했지 덜하지 않다. 사람마다 가족마다 각자의 분위기와 개성과 정체성이라는 것이 있다. 중요한 것은 정성과 진정성이다. 창 하나 문고리 하나에도 삶과 생활에 대한 절절한 애착이 있다면 그 집은 우아한 얼굴로 빛나고 이 세상에서 가장 아름다운 집이 될 것이다. 사람들은 거울을 보며 주름을 센다. 사나와진 자기 인상을 보고 반성도 하고 한숨도 쉰다. 억지로 웃어도 본다. 집이 사람과 같다면, 우리는 나의 집이 어떻게 생겼는지 알아야 한다. 자신의 얼굴과 인상을 보듯 말이다. 집을 보면서 내가 진실하게 살아왔는지 알 수 있어야 한다.

그러나 한국 현대사회에서 우리는 나의 집이 어떻게 생겼는지 알 수 없으며, 더 근본적으로 볼 수도 없다. 몇십 층에 매달린 집은 고가 사다리라도 부르지 않고서야 볼 재주가 없으며 설사 본다 한들 전부 똑같이 생겨서 구별이 안 간다. 나이가 들어가면서 전부 화나고 무표정한 얼굴로 통일되어가는 것과 동일한 현상이다. 하물며 조폭도 문신을 새기면서 자신들의 정체성을 드러내고 싶어 한다. 우리 모두는 집이라는 훌륭한 선물을 가지고 있는데도 이걸 애써 내던져버리고 사는 것이다.

집의 모습은 내 의사와 상관없이 건설사가 결정한다. 더 이상 내 집의 인상에 대해서 관심도 가지지 않는다. 잘해야 수십 층짜리 한 동 전체의 외관 정도만 신경 쓴다. 부동산 시세표만이 내 집의 가치를 말해준다. 똑같은 유리 발코니가 나란히 있고 동호수의 숫자만이 내 집을 구별해주는 유일한 차이다. 베란다에 걸린 빨래 정도만 내 집임을 말해준다. 모든 사람이 다르듯 집도 사람 수만큼 다르다. 이렇게 다양한 것이 정상이다. 지금 우리의 집 현실은 동일성의 극을 치닫고 있다.

동일성이 강요되는 '제복'은 비상한 경우에 필요한 옷이다. 제복이 필요한 경우는 제한되어 있다. 성장 과정에서 사회의 질서에 길들여질 필요성이 있을 때 교복을 입힌다. 어른이 되어서도 제복을 입는 경우는 극단적인 업무를 수행하거나 특수한 상황에 처했을 때뿐이다. 군복과 경찰복이 대표적인 경우이며 신부나 승려처럼 종교적 목적이 수반될 때 그러하다. 교도소에서도 수의를 입는다. 지금 우리는 집에 아파트라는 교복이나 군복만 허용되는 비상한 사회에 살고 있다. 아직 성장하는 과정이거나 아니면 전쟁을 수행하는 과정이라는 의미다. 집을 통한 세상과의 인격적 교류가 봉쇄되어 있다. 그래서 사람들이 정신적으로 힘든 것은 아닐까.

제7장

고향

1. 땅과 뿌리

'집=고향': 뿌리를 공유하는 위대한 공식

예나 지금이나 고향을 떠나는 사람들이 많다. 일자리를 찾아서, 더 나은 삶을 위해, 직장 때문에, 결혼으로 배우자를 따라서 등 이유도 여러 가지다. 1950~1980년대의 산업화 시대에는 '무작정 상경'이 전국을 휩쓸었다. 농업사회에서 산업사회로 빠르게 진입하면서 농촌이 붕괴되자 공장의 일자리를 찾아 농촌의 젊은 인력이 대도시로 몰려든 것이다. 일자리를 정해놓고 온 것이 아니고 일단 서울로 올라가고 보자며 몰려들어서 '무작정 상경'이라고 했다.

그래서인지 이 시대에는 대중가요 제목이나 가사에 '고향'이 들어간 곡이 많았다. 나훈아의 「머나먼 고향」이나 김상진의 「고향이 좋아」가 이때 고향을 소재로 유행했던 노래다. 조금 더 거슬러 올라가면 1966년에 발표된 오기택의 「고향 무정」도 고향을 그리는 노래였다. 산업화가 시작되고 전통시대가 붕괴되면서 고향을 떠난 사람들은 두고 온 고향을 그리며 힘든 타향살이 설움을 견디곤 했다.

옛날 노래 가사를 잠시 보자. 모두 제목에 가사에 대한 암시가 어느 정도 담겨 있다. 「머나먼 고향」은 고향과 고향에서 나를 기다리는 가족을 그리워하는 노래로, 고향 노래의 표준형이라 할 수 있다. "한잔 술에 설움을 타서 마셔도 마음은 고향 하늘을 달려갑니다"라고 노래했다. 「고향이 좋아」의 가사는 좀 특이하다. 고향을 그리워하는 것은 같은데 타향과의 강한 대비를 통해 이런 마음을 강조한다. "타향도 정이 들면 고향이라고 그 누가 말했던가. 타향은 싫어 고향이 좋아"라고 노래했다. 「고향 무정」은 좀 다른 톤이다. 제목에서 알 수 있듯이 사람들이 모두 떠나 적막해진 고향을 쓸쓸한 가사로 노래했다. "산골짝엔 물이 마르고 기름진 문전옥답 잡초에 묻혀 있네"라고 했다.

이미 50~60년 전 얘기다. 나 개인적으로는 이 정도 시간은 현재에 속해야 된다고 생각하지만 세상은 그렇게 한가하지 않나 보다. 한국에서는 이 시간이면 까마득한 옛날이다. 그 이후 한국 사회는 급변했고 여전히 급변하고 있다. 산업화, 서구화, 근대화 등이 완료되었다고 봐도 좋을 정도다. 이 말은 전통문화나 조선시대의 유교 문화는 막을 내렸다는 것과 같은 뜻이다. 지금은 '세계화'에 온 나라가 명운을 걸고 있다. '고향'이라는 개념은 어떨까. 고향은 보통 문중이나 가문의 산물로 얘기된다. 문중과 가문은 전통시대의 대표적인 유물이니 지금 우리 사회라면 이것도 사라졌다고 해야 할 것이다.

정말 그럴까. 나는 아니라고 본다. 다른 전통문화는 대부분 사라졌지만 '고향'만은 아니라고 본다. 명절날 기차표를 사려는 경쟁과 고속도로를 가득 메운 귀성행렬이 그 답이다. 더 근본적으로 '고향'이라는 개념이 반드시 산업화 이전의 전통문화에 국한되는 것인지 따져볼 일이다. 원론적으로 볼 때 고향의 뜻은 '일정 기간 이상의 시간을 보내서 자신이 뿌리라고 느끼는 곳'이다. 태어나서 자란 곳이면 가장 좋을 것이다. 관건은 '뿌리'다. 반드시 태어나서 자란 곳이 아니더라도 자신의 '뿌리'라고 느끼는 곳은 모두 고향이 될 수 있을 것이다.

다른 각도에서 보면 고향은 인구 이동의 산물일 수 있다. 모든 인류가 태어난 곳을 떠나지 않고 산다면 고향이라는 개념이 생기지 않았을 수 있다. 인류가 끊임없이 이동하다 보니 떠나온 곳이 고향이 되는 것이다.

반대로 자신의 터전에 낯선 사람이 들어오면 그 사람이 어디에서 왔는지 궁금해지는데 이것도 고향의 기본 개념에 포함시킬 수 있다. 지금 이 시점에도 사람은 이동을 한다. 많은 국민들이 일자리를 찾아 수도권으로 이동하고 학업을 위해 외국으로 이동한다. 고향은 여전히 유효하며 많은 사람들에게서 계속 발생하고 있다.

결국 '두고 떠나온 내 집'이 '고향'이다. 고향을 한마디로 정의하라면 '집'인 것이다. 영어에서도 'home'이라는 단어가 '집'과 '고향'이라는 두 가지 뜻을 겸한다. 공통의 고리는 '뿌리'다. '태어나서 자란 곳'과 '두고 떠나온 내 집'은 모두 '뿌리'로 같다는 뜻이다. 'home'에 담긴 이 두 가지 뜻과 관련해서 우리나라와 서양 사이에 문화 차이도 보인다.

우리는 '집'과 '고향'을 다른 말로 쓴다. 오랜 기간 '농업 - 정착' 문명이 유지되어서 그런 것으로 보인다. 전통시대에는 고향을 떠나는 사람이 많지 않은 반면 가문이 중요했기 때문에 상대적으로 '집'에 비중이 더 실리면서 단어도 달라진 것으로 보인다. 하지만 '집=고향'이라는 등식 자체를 반대하는 사람은 없을 것이다. 우리는 아예 두 단어를 붙여서 '고향집'으로 쓴다. 반면 서양은 한 단어로 통합해서 쓴다. 이들은 유목 문화라서 전통시대부터 고향을 떠나는 일이 빈번했고 이 과정에서 어릴 때 살던 '집'이 결국 '고향'과 같은 뜻을 가졌기 때문으로 보인다.

세월이 흐르고 시대가 변하면서 더 많은 사람들이 고향을 떠난다. 이제 고향은 옛날 사람이나 따지는 것으로 보인다. 그러나 이는 겉으로 드러난 사회 현상일 뿐 인간의 본능 깊은 곳에는 여전히 고향을 그리워하는 마음이 있다. 수구초심(首丘初心)이라는 사자성어나 본향이라는 말이 좋은 증거다. 사람의 본성은 변하지 않아서 서울로 올라온 요즘 젊은이들도 헤어져 사는 어머니와 어릴 적 친구를 그리워한다. 하지만 '고향'이라는 말은 잘 쓰지 않는 것 같다. 서울에서의 텃세와 차별도 여전히 남아 있지만 '타향살이'라는 말도 쓰지 않는다. 대중가요 가사에도 '고향'은 등장하지 않는다. 그 대신 '집'이라는 말을 쓴다. '이번 추석에 집에 가니', '집이 그리워', '집에 남은 엄마' 하는 식이다.

정주 조건으로서의 고향의 가치: 땅과 뿌리

'집=고향'이라는 등식 자체가 이미 고향이 정주 조건임을 말하고 있다. 두 단어가 합해진 '고향집'이라는 단어에서 푸근함이 배가된다는 사실은 더 좋은 증거다. 지친 몸을 이끌고 하숙집에 돌아왔을 때 집과 어머니가 떠오르며 마음이 푸근해지는 것이 단적인 증거다. 이 한 몸 누울 하숙집이라도 있는 것을 고마워해야 하지만, 어찌 고향집만 하랴. 지금 사는 집은 고향과 분리되었고 그래서 늘 무언가 부족하게 느껴진다. 임시 거처라는 생각이 박혀 있고 언젠가 떠나야 한다는 생각에 마음은 편치 않다. 타향살이는 결국 집의 불안정과 동의어이고 이것은 그대로 타향살이가 힘든 이유가 된다. 정주 조건이 확보되지 않았다는 뜻이기도 하다. 이것을 버티게 해주는 것은 '고향'이다. 고향을 떠올리는 것만으로도 정주 조건은 일부 회복된다.

지금까지 나온 얘기를 종합해 보자. '고향으로서의 집'이 정주 조건으로 작동하는 원리를 정리할 수 있다. 가장 좋은 것은 고향을 떠나지 않고 태어나고 자란 집에서 계속 사는 것이다. 가족, 친구, 친척들과 같이 사는 전통적인 고향 문화나 문중 문화는 여전히 유효하다. 단, 즐거운 마음으로 살아야 한다. 고향을 떠났다면 지금 사는 집에 최대한 고향의 가치를 실어내는 것이 차선책이다. 타향에서 정착할 때에는 신중하게 집을 골라 이사를 줄이는 것이 좋다. 지금 살게 된 집에 고향의 가치를 실어내고 사는 동안 고향집과 같은 느낌을 최대한 느끼려고 노력한다. 이렇게 한두 해 쌓이다 보면 지금 사는 집이 고향에 근접한 안정감을 줄 수 있다.

요즘 같이 실질적인 고향이 사라진 시대에는 가장 오래 산 동네나 살면서 특별한 의미를 갖게 된 동네가 고향 아닌 고향이 된다. 따라서 어디에 살든 나 하기에 따라 고향의 가치는 충분히 만들어낼 수 있다. 그렇다면 고향이 정주 조건이 될 수 있으려면 어떻게 해야 할까. 그 방법으로 다음 세 가지를 들 수 있다.

첫째, 고향이 '땅과 뿌리'라는 가치를 갖고 있어야 한다. '땅'은 실존 조건의 기본을 형성하는 물질 바탕이다. 실존에 필수불가결인 '세계'라는 공간 조건은 '땅' 위에 형성된다. '땅'이 있어야 '세계'가 있다. '땅'은 또한 생명을 내는 점에서 중요한 실존 조건이다. 인간의 형성에서부터 땅은 중요한 실존 조건이다. 인간의 몸을 형성하는 가장 많은 원소는 탄소(원소기호 C)인데 이는 지구 표면이 탄소로 이루어졌기 때문이다. 나아가 땅은 생명을 유지하는 데 필요한 자양분을 품고 공급하며 식량을 내준다. 생명을 보호해 주고 키워서 유지해 주다가 때가 되면 거두어간다.

이런 '땅'의 역할은 인간의 '모태'를 이루는데 '모태'의 다른 말이 '뿌리'다. 어머니 몸이 '모태'이고 땅의 몸이 '뿌리'다. 땅의 뜻을 몸으로 받아 건강한 일상을 영위하며 충분한 시간을 기거하면 생명이 양육되는 경험을 느낀다. 그러면 그 곳은 나의 '뿌리'가 될 수 있다. 우리는 '뿌리'라고 하면 보통 민족, 족보, 가계 등의 인종 요소나 가족 요소만 생각하기 쉽다. '땅'도 '뿌리'를 이루는 또 다른 중요한 조건이다. 태어난 곳을 기본으로 앞에서 말한 바와 같은 생명 양육이 일어나는 곳이다.

이처럼 땅과 뿌리는 함께 간다. 성경에서도 땅과 뿌리를 합한 내용을 전하는 부분이 있다. 요한복음 15장 1~8절로 유명한 포도나무의 비유부분이다. 예수가 제자들에게 하는 말인데 요약하면 다음과 같다. "내 아버지는 농부시고 나는 포도나무이고 너희는 가지에 열린 포도열매이니라. 내 안에 거하면 열매를 많이 맺고 내 아버지께서 영광을 받으실 것이다." 여기서 '나'는 예수이고 '아버지'는 하나님이다. 농부는 땅의 생명을 상징한다. 포도나무와 열매는 땅에서 정주 조건을 얻어 생명을 누리는 상태를 상징한다. 단순한 물리적 생명이 아니다. 이런 상태로부터 '아버지께서 영광을 받는다'라고 한 것은 영적 생명까지 뜻하는 것이다. 하나님께서는 영이어서 인간이 단순히 육체적으로 건강한 것만으로는 영광을 받지 않으신다. 영이 건강해야 영광을 받으신다.

둘째, '땅과 뿌리'의 의미와 가치를 집에 심어야 하는데, 그 좋은 방법으로 앞에서 본 어머니와 친구의 비유를 들 수 있다. 고향에는 분명히 두 가지 이미지가 겹쳐지기 때문이다. 고향은 자궁이라는 모태를 공간이라는 존재환경과 연계한 개념이다. 고향은 내가 태어난 곳이기 때문에 그곳에 어머니의 자궁이 있었을 것이다. 태어나는 순간 그 공간은 어머니의 자궁과 동의어가 된다. 자라면서 어머니 젖가슴을 통한 상징작용과 동의어가 된다. 그 과정에서 함께 자란 친구의 가치가 더해진다. 어머니와 친구의 이미지를 합하면 땅과 뿌리가 된다. 이는 고향이 갖는 가장 소중한 가치이자 의미다.

셋째, 집에서 고향의 가치를 확보하려면 집 바깥의 세상 가치를 개입시키지 않아야 한다. 고향을 떠나 타향에 정착한 경우를 보자. 이 방법을 지금 사는 집에 적용하면 '내 집 바깥에 더 큰 가치가 있다'라는 기준을 집에 들이지 않아야 한다. 내 집이 부자동네이거나 고급주상복합이거나 좋은 학군이어서 집 자체의 가치보다 투자 가치가 더 크다는 것을 거부해야 가능해진다.

심지어 고향에 남는 경우도 마찬가지다. 고향에 남았다고 무조건 행복한 것은 아니다. 몸만 고향에 남고 마음은 고향 밖을 기웃거려서는 안 된다. 고향 친구들이 모두 서울로 떠났다. 시간이 좀 지나자 누구누구가 출세했다는 소식도 들린다. 나만 고향에 남아 낙오된 것 같다. 이러면 안 된다. 고향이 정주 조건을 충족시키지 못하고 고향에 사는 것이 고통이 된다. '고향을 떠나 큰 세상에 나가는 것이 출세'라는 기준 자체를 들이지 않아야 한다.

사람인 이상 욕심이 있을 것이다. '큰 바위 얼굴'의 일화가 교훈이 될 수 있다. 어느 마을의 뒷산에 사람 얼굴처럼 생긴 큰 바위가 있었다. 이 마을에서 큰 인물이 나올 것이고 그 사람의 얼굴이 저 바위와 같을 것이라는 전설이 내려오고 있었다. 고향을 떠나 중앙무대로 진출해서 성공한 사람이 고향에 내려오곤 했다. 그때마다 고향 사람들은 기대를 하고 그 사람의 얼굴을 바위와 비교하곤 했다. 모두 아니었다. 성공한 정치인은 그럴듯한 연설을 했지만 거짓으로 가득 찼을 뿐이다.

세월이 흘러 마을을 지키며 성실하게 살던 주인공이 중년을 넘겨 잘 늙어가고 있었다. 어느 날 문득, 이 주인공의 얼굴이 바위와 같다는 것을 알게 되었다는 얘기다. 불교에서는 '내 집에 보물이 있는데 집 밖에서 보물을 찾는다'라는 깨우침을 가르친다. 고향에 남은 사람에게만 해당되는 것은 아니다. 타향에 살더라도 앞에서 말한 집 밖의 가치를 들이지 않는 것이 여기에 비유될 수 있다.

터와 제식: 땅에 상징을 부여해 뿌리를 내리다

땅과 뿌리를 확보한 장소는 '터'가 되고 보금자리가 된다. '터'의 뜻은 '인간이 생업을 영위하면서 무언가를 이루기 위해 정착한 장소'다. 터는 내가 사는 '지금 여기(here and now)'에 집중할 수 있게 해주며 이것이 쌓여 실존의 뿌리를 이룬다. 자기 영토를 확보하고 그 속에서 스스로를 확인해서 자아를 우뚝 세울 수 있는 곳이다. 나의 생에서 영토 및 내적 세계와 일치하는 곳이다. 이런 과정을 거쳐 마음의 뿌리를 내린 곳이다. 터는 인간의 근본과 관련된 중요한 가치를 갖는다. 생활의 가치로 환원하면 세파에 시달리는 힘든 삶에서 나를 흔들리지 않게 잡아주는 부두의 정박 같은 것이다. 이런 가치를 지금 내가 사는 곳에서 확보할 때 중요한 정주 조건이 완성된다.

'터'가 될 수 있는 곳은 여럿이지만 '땅'이 최고다. '땅'에서 '뿌리'를 확보하면 '터'가 된다. 너무 하늘에만 매달리지 말아야 한다. 이 땅의 삶은 소중한 것이다. 생이 진행되는 동안 종교적 노숙을 극복할 책임이 주어진다. 종교적 노숙은 하늘의 이상성과 땅의 불완전성을 극단화한 개념이다. 천국(기독교)이나 초세간(불교)의 완벽성을 기준으로 정한 개념이다. 사는 동안 극복해야 할 대상이다. 하늘에만 매달리면 이 땅의 중요성을 놓치게 된다. 하늘은 본 적도 없고 추상적으로만 정의되기 때문이다. 현실의 불완전함을 개선하려는 노력은 늘 필요하지만 땅의 열등함을 단정 짓고 패배주의로 갈 이유는 없다.

땅의 중요성은 뿌리를 확보해서 터를 잡아주는 데 있다. 기독교적으로 해석하면 죄의 강박관념에서 벗어나는 길이기도 하다. 기독교에서는 인간의 생이 죄로 물들어서 안착하지 못하고 떠도는 통과 과정에 불과한 것으로 본다. 이런 종교적 노숙은 유목주의를 낳는다. 현대에 들어와서 더 심해졌다. 현대인들은 원죄의 불안감을 잠시 잊고 싶은 것인지 한곳에 머물지 못하고 떠돌기 때문에 현대판 유목주의가 판을 친다. 기본적으로 외롭고 소외에 노출될 수밖에 없다. 여기에서 벗어나는 길은 두 가지다. 기독교적으로는 '회개 – 부활 – 긍휼 – 은혜 – 용서'의 단계를 거쳐 하나님이 구원해 주는 것이다. 세속적으로는 땅에 터를 잡고 뿌리를 내려 사는 동안 정신적 안정을 찾는 것이다.

땅이 갖는 뿌리와 터는 의미 있는 정주 조건이 될 수 있다. 그 근거는 제식(ritual)이다. 자연 상태의 땅은 상징성을 가지면서 인간에게 실존 공간이 되기 시작한다. 땅에 상징성을 부여하는 것은 여러 가지인데 제식도 중요한 역할을 한다. 여러 격식 행위를 반복함으로써 정신적 의미를 가하는 것이다. 제식은 인간에게 집단의식을 고취하고 동질감 같은 사회성을 제공하며 상징적 가치를 형성해 주는 행사다. 춤, 축제, 정치 집회, 스포츠 행사, 종교 의식 등 제식의 종류는 다양하다.

스코틀랜드의 계몽주의 철학자 조지 캠벨(George Campbell, 1719-1796)은 모든 제식은 세 가지 목적 가운데 하나를 갖는다고 했다. 첫째, 쾌락이다. 식량을 확보하고 거처의 안정을 구하며 성욕을 해소하고 자손의 번성을 빈다. 둘째, 권력이다. 정복 전쟁을 성공적으로 수행해서 내 가족과 부족의 확장을 꾀한다. 셋째, 의무다. 약자인 인간이 능력자 신과 맺은 약속에 대한 의무를 지키려는 것이다. 부족과 사회의 규범과 가치를 공고하게 하려는 것도 마찬가지다.

셋을 합하면 제식은 물질적 안정, 일상의 행복, 가족과 종족의 존속, 특권 유지, 적에 대한 방어, 개인과 사회의 통합, 초자연적 힘의 선한 의지 등을 구하고 비는 형식적 행사로 정의할 수 있다. 한마디로 요약하면 가혹한 이 땅의 자연환경 속에서 살아가는 불안한 삶을 안정적인 것으로 바꾸려는 노력이다. 이 가운데 많은 내용이 집의 정주 조건에 해당된다. 집을 짓고 일상을 영위하며 살아가는 것 자체가 존재를 구하고 확보하려는 본능적인 행위다. 그렇기 때문에 안정을 구하는 제식과 맞닿아 있다. 부동산 가치에 집착하는 현대 한국인은 돈을 통해 이런 목적을 달성할 수 있다고 믿는다. 하지만 철학, 종교학, 인류학 등 많은 정신 학문에서는 집을 짓는 행위가 이 땅에 상징을 가해 뿌리를 내려야만 집에서 안정을 구하는 이런 목적이 달성된다고 가르친다. 제식은 여기에 큰 도움이 된다.

집에 나만의 제식을 실어 정신적 가치로 승격시키면 정주가 안정된다. 이때 중요한 것은 거주 기간이다. 땅에 가하는 제식이 정신적 가치를 획득해서 인간에게 실존의 안정을 주기 위해서는 일정 시간 이상의 거주 기간이 필요하다. 잦은 이사가 정신적 안정에 좋지 않은 것은 분명하다. 낯선 곳에 자리를 잡는 일은 적지 않은 스트레스를 유발한다. 이민을 갔을 때의 스트레스 지수는 상상 이상으로 높다. 지금 한국은 전 세계적으로도 스트레스가 높은 사회가 되어버려 한국에서 느끼는 스트레스 지수는 이민을 갔을 때와 비슷한 수준이다.

세대, 경제, 계층, 젠더, 지역, 이념 등 여러 갈등이 주요 원인인데 잦은 이사도 빠질 수 없다. 직장 따라, 학군 따라, 투자 가치 따라, 새 집 따라 이리저리 옮겨 다닌다. 습관적으로 새로 분양하는 신도시로 옮겨 다니는 사람도 있다. 이사를 가는 당사자에게는 모두 중요한 이유이겠지만, 그러는 동안 정주 조건은 붕괴되고 행복은 사라진다. 지금 한국 사회에 필요한 것은 투자 가치를 좇아 이리저리 이사를 다니는 것이 아니다. 땅에 뿌리를 내리고 터를 확보해 정신적인 안정을 찾는 것이다. 집을 고르는 기준도 투자 가치가 아닌 정신적 안정이 되어야 한다.

'내 몸의 터'라 할 수 있는 조상과 부모가 물려준 'DNA'도 중요한 요소다. 나의 DNA에 감사하며 그것의 범위 내에서 나의 살 길을 구축하는 삶은 집의 고향 가치에 대응될 수 있다. DNA는 내 몸이라는 땅에 새긴 나의 뿌리이자 삶을 영위하는 바탕으로서 또 하나의 '터'다. 물려받은 외모에 만족하지 못하고 성형을 일삼는 일은 터의 뿌리를 걷어차는 것이다. 아무 상관이 없어 보이는 외모 지상주의와 잦은 이사가 실은 같은 목적에서 비롯된 같은 현상일 수 있다. 내 몸의 터는 감사한 마음으로 받아 그 위에 건강한 생을 영위할 대상이다. 성형으로 바꾼 얼굴은 나의 터가 아닌 가짜 터라서 나에게 실존을 주지 못한다.

한때 유행했던 김연자의 「아모르파티(amor fati)」라는 노래 제목도 같은 의미다. '너의 운명(fati)을 사랑하라(amor)'라는 니체의 말을 노래로 사용한 것이다. 그 운명 속에는 '내 몸의 터'도 들어 있다. 어떤 면에서 내 몸이라는 터는 가장 강력하면서 현실적인 운명이다. 땅으로서의 터는 이사를 갈 수 있지만 내 몸이라는 터는 옴짝달싹할 수 없다. 성형은 운명을 거부하는 위험한 짓이다. 부모를 닮는다는 것은 고맙고 즐거운 일이다. 나의 DNA 밖에서 정해지는 세상 가치를 건너뛰어야 한다. 미디어가 정한 미의 기준은 돈벌이를 위한 허구다. 허구는 실존을 해친다.

실존 조건으로서 고향: 애정을 쏟은 주관적 경험 세계

'고향집'이라는 말에 담긴 '집=고향'이라는 등식의 의미는 하이데거의 실존주의 철학으로 설명할 수 있다. 인간인 주체를 기준으로 보면 집은 객체 대상이다. 고향은 객체이면서 동시에 주체일 수 있다. 인간을 둘러싼 주변 환경의 하나이기 때문에 일단 객체다. 그러나 인간의 모태이자 뿌리여서 인간과 동격이 될 수 있고 따라서 주체가 될 수 있다. 그런데 '집=고향'이므로 '집' 또한 주체인 동시에 객체가 될 수 있다.

이 말은 집이 존재 환경과 일체가 된다는 뜻이며 이는 하이데거의 실존주의 철학에서 정의하는 정주 조건에 해당된다. 출발점은 후설의 현상학이다. 집이 객체로 존재할 때에는 환경을 구성하는 요소가 되며 이것은 현상학의 대상이다. 현상학은 주변 환경을 경험으로 인식하는 '세계 인식'의 대표적인 예다. 하이데거는 후설의 현상학을 받아들여 주체와 객체 사이의 존재론적 차이를 지워 존재 환경과 일체가 될 때 정주를 얻는다고 했다. '세계 내의 존재'라는 의미다. 이 개념을 통해 집은 사람과 동격이 된다. '고향집', 아니면 적어도 '고향으로서의 집'은 이런 동격화 과정의 대표적인 예다. '땅 – 뿌리 – 터'의 의미와 가치를 가지면서 사람에게 모태적 평온을 확보해 주기 때문이다. 나와 하나가 된 존재 환경에 대해서는 따뜻한 눈길을 보내게 되고 손길이 한 번이라도 더 간다. 애착이 생기고 마음을 붙이게 된다. 이런 일련의 행동 양식 자체가 이미 실존이다. 이렇게 산다면 이미 실존을 얻은 것이다. 집에 대해서 세상 가치로부터 영향을 받지 않고 자율적으로 주체성을 확보한다. 이는 정체성의 바탕이 된다. 인간을 고정시켜 놓고 선험적 형이상학이나 외물을 강요하지 않는다. 존재론적 차이를 좁혀주는 것이다.

집이 주체가 될 수 있다는 사실에서 집의 중요한 역할을 발견할 수 있다. 사회에 끼치는 영향력이다. 집이 주체라는 사실은 사회와 가치를 주고받으면서 그 가치를 확대 재생산할 수 있다는 뜻이다. 가치에는 여러 가지가 있다. 부동산이라는 물질 가치도 그중 하나다. 실제로 우리 사회는 부동산이 나라 경제 전체에서 차지하는 비중이 매우 크다. 단순히 국가 경제를 좌지우지하는 것을 넘어서 사회를 주도하는 가치관까지 결정한다. 물질 가치를 최우선에 두는 우리 사회의 위험한 분위기는 부동산 투기에서 기인한 바가 크다.

국가 경제에 끼치는 영향을 따지기 이전에 집의 가치는 이미 개개인의 마음속에서 오로지 '돈'이라는 인식으로 굳게 자리 잡았다. 집이 이러니 다른 것에 대해서는 더 말할 필요가 없다. '돈'이 모든 가치의 꼭대기에 올라앉게 된 출발점을 이루는 것이다. 이는 개인과 사회 모두 불행해지는 주요 원인이다. 집을 돈으로 환산하기 시작하면 그 사회는 모든 것을 돈으로 환산하게 된다. 집이 수익 실적의 대상이 되고 초조함에 쫓기게 되며 스트레스가 높아진다. 집으로 인한 초조함은 사회의 불친절과 반목으로 악화된다.

집이 원래 이런 것은 아니다. 집은 생명의 정신 작용을 수행하는 주체가 될 수도 있다. 우리가 지향해야 할 방향이고 정주 조건이 나올 수 있는 가치관이다. 건물이 죽은 물리적 구조물이 아니고 정신 작용을 하는 정신체일 수 있는데, 집이 대표적이다. 집의 가치는 사회의 가치가 된다. 집이 건강한 가치를 가지면 사회가 건강하다. 집이 건강하니 일상생활이 안정되고 사회가 화목하다. 집의 화목이 사회의 화목으로 확장된다.

산다는 것은 결국 나라는 주체와 주변 세상의 객체 사이에 끊임없이 관계를 설정해 가는 과정이다. 이 관계가 화목하고 안정될 때 인간은 실존 조건을 확보하게 된다. 집이 이것을 가능하게 해줄 때 그것을 정주 조건이라 부른다. 고향집은 처음부터 이런 화목하고 안정된 관계를 가정할 수 있다는 점에서 정주 조건에서 유리하다. 타향의 집이더라도 고향집의 가치를 실어낼 수 있다면 실존 조건을 확보할 수 있다.

주체의 삶에서 중요한 것은 애정을 쏟은 주관적 경험세계다. 고향은 처음부터 이런 주관적 경험이 주어진 경우다. 어디에 살든 조건을 근접시키면 고향집과 비슷한 정주 조건을 얻을 수 있다. 고향은 처음부터 마음의 뿌리가 주어지고 그것이 나의 생으로 자라난 경우다. 마음의 뿌리를 내리는 것은 타향에서도 가능하다. 마음의 뿌리가 조건이라는 것은 가치관의 문제이며 '어떻게 사느냐'의 문제로 귀결된다. 고향이라도 세상 가치를 좇아 부동산 투기에 집착하고 상대적 비교에 빠져 서울을 그리워한다면 정주 조건은 깨진다. 이런 고향은 진정한 고향이 될 수 없다. 영과 혼, 정신까지 보듬어야 진정한 고향이다. 이것이 마음의 뿌리라는 뜻이다.

타향, 대도시, 서울: 모두 고향이 될 수 있다

자연스럽게 '타향'의 주제로 넘어간다. 현대 사회는 다수가 타향살이를 하기 때문에 타향은 고향을 얘기할 때 함께 생각해 볼 주제다. 이동이 당연시되는 현대 사회에서 타향은 고향의 다른 얼굴이다. 요즘 세상에 태어난 고향에 눌러 앉아 사는 사람이 얼마나 되는가. 산업혁명 이후 산업자본주의 시대가 도래하면서 대도시 집중 현상은 전 세계에서 공통적으로 나타나고 있다.

시골은 텅텅 비어간다. 이는 곧 고향이 빈다는 뜻이다. 시간이 조금 더 지나면 시골에서 태어나는 사람 자체가 없을 것이다. 이미 10여 년 전부터 '소멸 도시'라는 말이 사용되기 시작했고 지방 도시에 대해 완전 소멸 시점을 예견하는 지표가 생산되고 있다. 그 한편에는 타향을 고향으로 만들어야 하는 신기한 능력이 요구되는 시대가 진행 중이다. 고향이 사라진다고 슬퍼만 하고 있을 일은 아니다. 대도시의 타향살이에서 조금이라도 마음의 안정을 원한다면 이런 능력을 키워야 한다. 이것도 중요한 정주 조건 가운데 하나다.

앞에 나왔던 김상진의 「고향이 좋아」를 좀 더 살펴보자. "타향도 정이 들면 고향이라고 그 누가 말했던가 바보처럼. 아니야 그것은 거짓말. 향수를 달래려고 술이 취해 하는 말이야. 님 생각 고향 생각 달래려고 하는 말이야. 아아아아 타향은 싫어 고향이 좋아"라고 애절하게 노래했다. 타향도 정이 들면 고향이라는 것은 거짓말이라는 것이다. 당연히 맞는 말이다. 성인이 되어 자리 잡는 곳이 어릴 적 태어나 자란 곳보다 좋기는 쉽지 않다.

현대인들에게는 점점 고향이 없어져 간다. 이사가 잦다 보니 태어나 자란 곳마저 고향의 조건을 만족시키기가 어렵기 때문이다. 그렇다면 영원히 고향 없이 살아야 할까. 진짜 고향보다 정이 덜 가긴 하지만 '친숙해진 타향'은 고향을 대신할 수 있다. 마음 붙이고 오래 살면 그곳이 고향인 것이다. 젊어서 상경해서 한곳에 오래 산 노인이 병원에서 눈을 감기 전에 "집에 데려다줘"라고 한다면, 이때 '집'은 고향보다는 오래 산 타향의 '서울 집'을 뜻하는 것이다.

실존은 사람이 숨을 쉬고 살아있는 한 어차피 일어나고 진행된다. 지금 살고 있는 타향에서도 실존 조건을 찾을 수 있다. 중요한 것은 '실존 가치의 총합'이다. 어릴 적 기억과 경험이 빠진 불완전한 형태이긴 하지만 하기에 따라서 고향을 대체할 수 있다. '집'이 그 중심에 있다. 지금 사는 집을 고향처럼 느끼게 할 수 있다면 가능하다.

'타향'의 주제는 자연스럽게 '대도시'의 주제로 이어진다. '고향=시골'의 등식도 깨진 지 오래다. 그 자리에 '고향=대도시'의 공식이 자리 잡아 가고 있다. 대도시가 고향이 되는 시대로 진입한 것이다. 시골에서 태어나 서울에서 타향살이를 하건 아예 처음부터 서울에서 태어나건 간에 정취 있고 푸근한 시골 고향의 의미는 희미해지고 있다. 클래식 가수와 대중 가수가 함께 불러서 화제가 되었던 정지용의 「향수」에서 시골 이미지를 노래한 가사는 이제 사전을 펴놓고 따로 공부해야 하는 외국어가 되었다. 그렇다고 고향 자체가 사라진 것은 아니다. 대도시라도 태어나서 자란 곳은 모두 고향이다.

'타향-대도시'의 주제는 마지막으로 '제1도시 수도 서울'로 귀결된다. 그냥 대도시와 '제1도시 수도 서울'은 다르다. 상대적 비교라는 것이 있기 때문이다. '부산'을 예로 보자. 그 자체로 인구 350여만 명의 대도시이지만 서울에 와 있는 부산 사람들은 늘 고향을 그리워한다. 대도시 부산에 '고향=시골'의 등식이 남아 있다는 뜻인데, 이는 부산보다 더 강력한 '제1도시 수도 서울'과의 상대적 비교 때문이다. 결국 '고향=서울'

의 문제로 귀결된다.

현대 한국인에게 '서울'이라는 곳은 '고향 – 타향' 관계에서 애매한 위치에 있다. 한마디로 서울도 고향이 될 수 있느냐의 문제다. 흔히 고향이 어디냐고 물을 때에는 고향이 시골이나 최소한 지방일 것으로 가정한다. "서울이 무슨 고향이냐"라거나 "서울 생은 고향이 없다"라는 말도 있었다. 하지만 이것은 사람들이 일자리를 찾아 서울로 몰려든다는 가정 아래 고향을 서울과 대비되는 개념으로 본 것이다. 고향을 순수하게 '태어난 곳'이라고 보면 서울도 엄연히 고향이 될 수 있다. 어려서 자란 시간의 추억과 그곳만의 특별한 모습 등을 중요하게 보면 더욱 그렇다.

결론은 '타향 – 대도시 – 서울' 모두 내가 하기에 따라 고향이 될 수 있다는 것이다. '공간'이 문제가 되지 않는다는 뜻이다. 더 중요한 것은 '시간'이다. 한곳에 눌러 앉아 산 기간은 중요한 기준이다. 고향이라는 느낌이 명확히 들 정도로 한곳에 오래 살았으면 얘기는 쉬워진다. 이사를 자주 다녔을 경우가 문제다. 이처럼 어디를 고향으로 잡을지에 대한 기준은 여러 가지다. 우선 태어난 곳이 유력하다. 하지만 너무 어려서 떠나버려 기억이 없다면 태어난 곳은 '본적'이 될 수는 있지만 고향이 되기는 어렵다. 가장 오래 산 곳도 하나의 조건이 될 수 있지만 성인이 되어서 오래 살았다면 고향 정서는 생기지 않을 수도 있다. 이렇게 볼 때 바람직한 고향의 조건은 '태어나서 대체로 10살, 조금 넓게 잡으면 15살 정도까지 어느 정도 오래 살던 곳'이 될 것이다.

나의 '이사 인생': 마음의 고향을 찾아 안착하다

이런 조건을 만족시키면 서울도 충분히 고향이 될 수 있다. 내가 그런 경우다. 나는 서울시 은평구에서 태어나 불광동과 녹번동에서 자랐다. 북한산의 끝자락이라 산세가 강한 지역이다. 1960년대의 이 일대는 요즘의 웬만한 시골 산동네 같은 분위기였다. 복개하기 전이라 동네 곳곳에 산 사이로 개천이 흐르고 있었다. 미신처럼 들릴지 모르겠으나 나는 가끔 어릴 적 살던 동네를 떠올리며 북한산의 기운을 받아서 오늘의 내가 있다고 생각하곤 한다. 이런 생각이 미신인지 아닌지를 떠나 이런 생각을 하는 것만으로 가슴이 푸근해지고 입가에 미소가 살며시 번진다.

나도 이사를 제법 다닌 편이다. 초등학교 3학년 때인 1970년까지 은평구에 살다 동부이촌동으로 가서 1975년까지 살았고 압구정동으로 가서 2000년까지 살았다. 이때까지는 부모 손에 이끌려 다닌 이사였다. 그 이후는 자의로 옮겨 다녔다. 이사 갈 동네를 결정할 때마다 투자 가치는 당연히 생각하지 않았다. 가장 먼저 직장에서 가까운 북아현동으로 이사해서 3년 동안 걸어서 출퇴근했다. 다시 공기 좋은 곳을 찾아 경기도 광주의 산 아래의 아파트로 가서 5년을 살았다.

이상하게 옮겨가는 곳마다 집에 마음이 붙지 않았다. 남들은 부동산 투기 따라 이사를 다니는데 나는 집에 마음이 안 붙어서 이사를 다녔던 것이다. 어느 순간부터 정주 조건이라는 것을 생각하기 시작했다. 내 전공의 일부이기도 해서 이 문제에 좀 더 체계적이고 학문적으로 접근하게 되었다. 공부도 해보고 공부한 것을 적용하면서 조금씩 나에게 맞는 집을 찾아갈 수 있게 되었다. 그러면서 지금 사는 동네에 안정적으로 정착해서 10년째 살고 있다.

여기에서 중요하게 적용한 기준은 '어릴 적 동네의 분위기를 가진 동네'였다. 나이가 들면서 어릴 적 동네가 그리워졌고 이것이 나에게는 중요한 정주 조건이라는 것을 알게 된 것이다. 처음에는 은평구로 가려고 했다. 그런데 정작 나의 개인 체질은 산보다 평야가 잘 맞는다. 경기도 광주의 산 사이에서 5년을 살았는데 산 기운에 눌려 시름시름 앓다가 그곳을 떴다. 은평 뉴타운으로 이사를 갈까 생각도 해보았지만 이런 이유로 엄두가 나질 않았다.

절묘한 접점을 찾았다. 고양시 행신동이 해답이었다. 지형은 평지인데 저 멀리 북한산의 위용 있으면서도 아름다운 자태가 보이는 곳을 찾은 것이다. 내 집은 아파트 꼭대기 층인데 옥상이 다른 아파트와 달리 내 집 개인 소유어서 옥상에 올라가면 병풍처럼 펼쳐진 북한산 전경이 한 눈에 들어온다. 북한산은 동네 곳곳에서도 잘 보인다. 게다가 햇볕까지 따스하게 잘 드는 집이다. 서울시에서 밀려난 경기도 주민이 되었고 집값은 몇 년째 오르지 않지만 아무 상관없다. 이제 이 집을 팔아 서울로 돌아가는 것은 경제적으로 불가능해졌다. 하지만 상관없다. 이런 것은 집 밖의 요소일 뿐이다. 이런 것에 가치를 두지 않으면 그저 남의 문제로 남을 뿐이다. 그 대신 나는 지금 사는 집에서 정주 조건이라는 소중한 것을 얻었다. 집에 마음을 붙인다는 위대하고도 성스러운 일을 해낸 것이다. 잦은 이사를 종료하고 아주 행복하게 잘 살고 있다.

나의 적지 않은 '이사 인생'에서 고향 후보는 크게 세 군데였다. 모두 장점과 단점이 있다. 첫째는 태어나서 자란 은평구 북한산 끝자락 동네다. 친구들은 한 명도 안 남아 있지만 동네에 대한 기억이 크게 자리 잡고 있다. 젊었던 부모님에 대한 추억과 산과 개천을 뛰어다니며 놀던 추억이 소중하다. 그런데 너무 일찍 떠나서 기억이 많이 남아 있지 않다. 이름이나 얼굴이 기억나는 친구가 한 명도 없다. 둘째는 동부이촌동이다. 친구에 대한 추억이 가장 많이 남아 있는 동네다. 초등학교도 이곳에서 졸업했고 가장 예민한 시기인 중 2 때까지 살았다. 가장 활발하게 뛰어놀았던 곳이며 친구들에 대해서도 또렷이 기억하고 있다. 그런데 산 기간이 5년으로 너무 짧다. 셋째는 지금 사는 고양시 행신동이다. 이미 10년째 살고 있고 지금 봐서는 오랫동안 더 살 것 같다. 지금까지 살아온 동네 가운데 만족도가 가장 높다. 가정도 화목하고 안정된 생활을 하고 있다. 다만 인생의 후반전이 시작되면서부터 살아서 어렸을 때의 애틋한 기억이 없는 것이 단점이다.

압구정동은 25년을 살았으니 가장 오래 산 동네이지만 이상하게 고향이라는 느낌이 안 든다. 이곳에 살면서 대학입시, 결혼, 취직 등 인생의 중요한 큰일을 성공적으로 치렀는데도 그렇다. 아버지도 이곳에서 직장생활을 성공적으로 하시면서 세 자녀를 키워냈고 명예롭게 은퇴도 하셨다. 그런데도 고향이라는 느낌은 없다. 어릴 적 살던 은평구의 골목길이나 동부이촌동의 아파트촌은 추억을 되새기며 가끔 나들이를 가곤 하는데 압구정동은 한 번도 발걸음이 내킨 적이 없다.

이유를 생각해 보았다. 우선 동네 친구가 없는 점이 가장 큰 것 같다. 중학교는 용산구로, 고등학교는 종로구로, 대학교는 관악구로 뿔뿔이 흩어져 다닌 것도 중요한 요인 같다. 학창시절과 동네가 연계되지 않기 때문이다. 온통 아파트 숲뿐이라는 공간 환경도 큰 요인일 것이다. 마음의 고리를 걸 만한 공간 특징 없이 누런색의 고층 아파트 사이에 갇혀 살다 보니 정서적 교감이 일어나지 않는 것이다. 앞에서 언급한 여러 가지 인생의 큰일도 객관화된 직무로만 진행되었을 뿐 주관성이 작동해서 나의 감성 체계 안으로 들어오지는 못했다.

큰 이변이 없으면 지금 사는 곳이 고향으로 귀결될 가능성이 크다. 여기에는 진짜 고향인 은평구의 북한산이 저 멀리 보인다는 점이 크게 작용했다. 이런 점에서 나는 행운아다. 지금 사는 곳이 타향이긴 하지만 고향과 전혀 상관없는 것이 아니고 고향의 건너편 동네쯤 되기 때문이다. 진짜 고향의 도움을 받아 '마음의 고향'을 찾은 것이다. 아내와 은퇴 후에 어디서 살지 이런저런 의논을 하고 실제로 여러 동네에 답사도 가

보았다. 매번 '지금 사는 곳에서 계속 살 확률이 99%'라고 결론 내리며 파안대소하곤 한다. 어쨌든 수십 년 동안 고향과 같은 정서적 안정을 찾아 헤맨 나의 '엑소더스'는 해피엔딩으로 끝난 셈이다.

밝고 따스한 햇빛이 드는 아름다운 산책길이 있고 여러 종류의 물새가 사는 개천도 있다. 10분을 걸어 나가면 큰 상가 동네가 있어서 편의 시설도 부족하지 않다. 아파트 단지는 예쁘게 꾸며졌고 정성들여 관리하는 관리사무소 직원들이 있다. 직장과 가까운 데다 대중교통이 잘 갖춰져서 출퇴근길이 즐겁다. 서울 어느 곳에서 집값이 얼마 올랐다는 얘기가 전혀 부럽지 않다. 정주 조건이 안정되었기 때문이다. 서울로 안 들어가고 이곳에 뼈를 묻으면 되기 때문이다.

고향의 마지막 단계

죽음을 직시하는 문제

고향과 타향의 문제가 최종적으로 향하는 곳은 인간의 근원적 운명인 죽음의 문제다. 고향이 정주 조건이 된다는 말은 고향이 집과 관련된 죽음의 문제를 해결할 잠재력을 가졌다는 뜻이기도 하다. 물론 죽고 나면 어디 묻히는가는 큰 문제가 아닐 수도 있다. 그러나 남아 있는 식구들에게는 중요한 문제일 수 있다. 사후 세계를 믿는 사람이라면 망자 본인에게도 죽고 난 뒤까지 중요한 문제로 남는다. 따라서 살아있는 동안 '죽을 만한 곳'이나 '죽어서 뼈를 묻을 곳'을 찾는 일은 중요하다. 삶에도 영향을 끼칠 수 있으며 이런 점에서 정주 조건이 될 수 있다. 4장 1절의 정신적 가치에서 보았던 '뼈의 집'이라는 주제와도 맞닿아 있다.

뼈를 묻는 일은 모태의 반대편에 있다. '뼈의 집'과 '뼈를 묻는 일', 즉 탄생과 죽음이라는 두 가지 주제는 분리되지 않고 생이라는 하나의 긴 끈으로 이어져 있다. 그 중간에 고향이 있고 그 바깥을 여러 겹의 타향이 동심원처럼 에워싸고 있다. 고향은 누구에게나 주어지는 것이지만, 인생을 사는 동안 긴 시간의 타향살이가 개입한다. 고향이 모태의 기능을 가지면서 자연스럽게 뼈를 묻는 곳을 겸하는 경우가 최선일 것이다. 이처럼 뼈를 묻을 곳을 정한다는 것은 생명이 잉태되고 태어나는 모태와 동일한 중요성을 갖는다.

왜 그럴까. 모태는 한 사람의 일생을 예약하는 일이니 당연히 중요하다. 그러나 뼈를 묻으면 모든 것이 끝나는데 왜 이 문제가 모태만큼 중요한 것일까. '죽음'이라는 주제에 해당되기 때문이다. 죽음은 단순히 모든 것이 끝나는 것이 아니다. 죽음은 종교를 탄생시킨 배경 가운데 하나이고 철학에서도 중요한 주제인 데서 알 수 있듯 생과 동전의 앞뒷면처럼 붙어 있다. 죽음은 살아있는 동안의 삶에 지대한 영향을 끼친다. 죽음을 인식하면 더 말할 것도 없고 그렇지 않더라도 인간의 무의식 속에 강력하게 자리 잡아 생의 모든 순간에 영향을 끼친다.

죽음을 인식하는 것은 인간의 본능에 해당된다. 늘 의식하고 사는 것은 아니지만 인간의 무의식 속에 본능적 인식으로 늘 자리 잡고 있다. 모든 사람이 가지고 있으며 누구도 피할 수 없다. 적절히 대처하지 못할 경우 인간에게 근원적인 불안을 주는 요인으로 작용한다. 명확한 이유를 알 수 없는, 막연하면서도 근원적인 불안은 한 번은 죽어야 한다는 사실을 인식하는 데서 비롯된다. 이런 불안을 극복하기 위해 현실 속에서 차선의 돌파구를 찾게 되는데 이것이 바로 내가 뼈를 묻을 만한 곳이 어디인지를 찾아 헤매는 과정이다. 이것을 확보하면 마음이 편해지지만 그렇지 못하면 마지막 순간까지 불안에 떨다가 눈을 감게 된다.

죽음은 철저하게 주관적이면서 동시에 철저하게 객관적인 묘한 사건이다. 나라는 한 개인이 죽는 것이므로 철저하게 주관적인 사건이다. 그러나 그런 나는 정작 나의 사망 사실을 알 수 없다. 즉, 나의 사망 기사를 읽을 수 없으므로 철저하게 객관적인 사건이 된다. 묘한 양면성이다. 철저한 주관성은 살아있는 동안 근원적인 불안을 야기하는 요인이다. 오직 나 혼자서 온몸으로 맞아야 한다는 사실이 본능적 불안을 야기한다. 반면 철저한 객관성은 이런 불안에서 분리될 수 있는 가능성을 말해준다. 찰나 같은 죽음의 순간을 기점으로 나의 죽음은 나와 아무 상관없는 철저한 객관적 사건이 되어버리기 때문이다.

살아있는 동안 죽음의 문제를 극복할 수 있으면 최상이다. 양면성을 직시하면 된다. 철저한 주관성은 죽음에 대한 인식의 문제를 오직 나만 돌파할 수 있다는 독립성을 준다. 죽음의 문제는 나의 가장 깊은 내면성에 자리하는 실존의 구조다. 이것에서 단순히 달아나려는 순간 피할 수 없는 운명임을 깨닫게 된다. 지금 이 순간의 삶이 죽음을 향해 달려가는 과정이라는 사실에서 누구도 자유로울 수 없는 것이다. 누구에게도 털어놓을 수 없고 누구에게서도 위안을 받을 수 없는 오로지 나의 운명적 문제다. 이것을 깨닫는 순간 '지금 여기'의 삶에 충실하게 된다. 죽음의 불안에서 벗어나는 길은 현재의 삶을 열심히 사는 것이므로 죽음은 삶을 이끄는 원동력이 된다. 죽음의 철학은 삶의 철학으로 발전한다.

철저한 객관성은 세상 가치가 덧없음을 말해준다. 내가 죽는 순간 세상의 의미는 함께 사라진다. 내가 나의 사망 기사를 읽지 못한다는 사실은 세상의 객관성이 나의 주관성에 강하게 매어 있음을 말해준다. 살아있는 동안 세상 가치의 중요성을 결정하는 것은 철저히 나의 몫이라는 뜻이다. 죽음의 문제에 대해서도 같은 결론을 내릴 수 있다. 오직 나만이 명확한 실존 의식을 가지고 돌파할 수 있다. 획일화된 세상 가치로 죽음을 대체할 수 없으며 도구적·물질적·기계적 가치로 죽음을 막거나 위안하지 못한다.

불안의 원인인 죽음의 의미를 올바로 인식하는 것은 좋은 경험일 수 있다. 죽음의 본질은 아무도 대신해 줄 수 없고 그 누구도 생물학적으로 피할 수 없다는 인식을 가져야 한다. 이런 사실을 정확히 알고 정면으로 응시할 수 있다면 세상의 톱니바퀴에서 잠시 벗어나 삶의 의미를 공고하게 다질 수 있다. 마음 편하게 뼈를 묻을 곳을 찾는 일은 여기에 도움이 된다. 이런 불안을 극복하려는 시도로서 중요한 정주 조건이다. 이런 시도는 사는 동안의 불안과 평안을 가르기 때문이다. 죽음에 굴복당하지 않고 이런 곳을 적극적으로 찾아 안착한 삶은 불안에서 벗어나 평안을 확보한다.

뼈를 묻을 곳(뼈의 집)을 찾다

죽음과 관련된 이상의 여러 내용은 뼈를 묻을 곳을 찾는 문제와 닿아 있다. 집에서 고향의 가치를 찾는 것이 좋은 방법이다. 근원적 불안이기 때문에 근원적 해결책이 필요하다. 집의 정주 조건 가운데에는 고향이 가장 근원적이다. 여기에 모태를 더하면 금상첨화일 것이다. 태생의 근원을 확보하는 일은 죽음의 본질을 직시하는 일과 나란히 가야 한다. 죽음은 누구도 피할 수 없다는 사실을 알면서도 불안이 가시지 않는다면 '뼈를 묻을 곳'을 찾지 못한 것이 원인일 수 있다.

이를 위해 금해야 할 일이 있다. 근원적 불안을 은폐하면서 세상 가치를 붙들고 일시적인 위안을 받으려 해서는 안 된다. 세상의 입방아에서 벗어날 수 있어야 한다. 이런 입방아도 알고 보면 근원적 불안을 해결할 가능성을 포기한 세상 사람들이 모여서 서로 말로 허무한 위안을 주고받는 것일 뿐이다. 자신이 죽음의 불안을 극복할 잠재력을 가진 실존적 존재라는 사실을 너무 쉽게 망각한 사람들이다. 자신을 가능성의 자유인으로 정의하지 못하고 현실 가치에 고정시키는 사람들이다. 어느 철학자는 이런 세상 사람을 '기만적 겁쟁이'라는 극단적인 말로 표현하기도 했다. 나도 여기에 편입될지 여부는 오로지 나의 선택에 달려 있다.

죽음의 불안과 관련해서 세상 가치보다 더 좋은 것을 찾으면 된다. '뼈를 묻을 곳'을 찾는 것이 중요한 이유다. 이런 장소로 고향이 가장 좋은 후보다. 사람들은 고향을 태어나서 자란 곳으로만 생각하지만 이것으로는 부족하다. 뼈를 묻기에 가상 좋은 후보도 고향이다. 죽은 뒤에 고향에 묻히겠다는 사람은 많지 않다. 하지만 고향에 묻힌다는 상상을 해보자. 즉각 마음이 편해지는 것을 느낄 것이다. '묫자리'를 봐둔다거나 장례식장에서 "장지는 어디로 정했느냐?"라는 질문이 빠지지 않는 것도 같은 이유다.

이는 뿌리의 다른 얼굴이기도 하다. '뼈를 묻을 곳'으로서의 고향은 뿌리의 의미를 갖기 때문에 정주 조건이 될 수 있다. 뿌리는 두 가지 의미를 갖는다. 하나는 생명을 내서 키우는 것이다. 다른 하나는 생명이 끝났을 때의 상황을 대비하는 것이다. 자식을 남기는 것과 뼈를 묻는 것이 대표적이다. 뼈를 묻을 만한 집을 찾는 것도 여기에 속한다. 고향에 살면서 푸근한 마음의 뿌리를 확보한 사람이라면 뼈를 묻을 곳도 확보했을 가능성이 높다. '고향 뒷산' 같은 것이다. 타향살이하는 집에서 고향의 의미를 찾는 것도 뼈를 묻을 곳을 찾으려는 본능적 행위다. 지금 사는 집에 뼈를 묻을 만하다고 느꼈다면 그것은 정주 조건을 확보했다는 뜻일 수 있다. 반대로 뼈를 묻을 곳을 찾지 못하고 병원 중환자실에서 죽을 생각을 한다면 불안은 사라지지 않을 것이고 이것은 정주 조건을 확보하지 못했다는 뜻이 된다.

나이 예순을 바라보니 식구들이 모이면 장례가 화제가 되곤 한다. 아직은 주로 부모님에 해당되지만 얘기 끝에 우리 세대의 장례에 대해서도 각자의 의견을 개진하곤 한다. 요즘은 장례 문화가 바뀌는 추세여서 대화 주제가 묘지의 선택보다는 뼈를 묻는 방식으로 모아진다. 화장, 납골당, 강에 뿌리기, 수목장, 토장 등 각자 선호하는 방식을 얘기한다. 이는 단순한 문제가 아니다. 죽음에 대한 가치관이 수반된 큰 주제다. 살아 있을 때 이 중 하나를 선택할 경우 자신의 정신적 가치관이 총동원된다. 종교 교리까지 배경으로 하는 주제다. 육체를 통한 부활을 믿는 기독교에서는 원래 매장을 장려했다. 반대로 인간의 육신이 공하다고 보는 불교에서는 화장을 장려한다.

의지해야 할 것은 세상 가치가 아닌 집의 정주 조건이다. 세상 사람들은 집이 가진 실존 가치를 보지 못하고 부동산 가치에만 매달린다. 최근에는 집에 기계를 들이는 추세가 강화되고 있다. 하지만 물질과 기계는 인간에게 최소한의 편의성은 줄 수 있어도 근원적인 문제는 해결하지 못한다. 여기에 집착할 경우 공간 환경에서 찾을 수 있는 정신적·심리적 안정의 기회를 놓친다는 점에서 위험할 수 있다. 불안감과 소외감은 더욱 커진다. 실존의 가능성을 놓치기 때문에 더욱 그렇다.

이를 일시적으로 잊기 위해 더욱 부동산 투기에 매달린다. 기업이 상품을 팔기 위해 환상적인 분위기로 제작한 광고에 몰입하고 여기에서 위안을 찾는다. 물질과 기계가 불안을 해소해 줄 것이라 믿는다. 하지만 이는 물화와 도구화에 따른 소외를 증폭시킬 뿐이다. 사람들은 모이기만 하면 부동산 얘기를 한다. 이것이 세상 가치로 획일화된다. 여기에 함께해야 사회관계와 인간관계가 좋아지고 세상을 잘 사는 것이 된다. 이런 세상 가치 앞에 초연하는 것도 무척 어려운 일이다. 하지만 이것은 모태를 잃은 소외와 죽음의 공포 앞에 발가벗겨져 노출된 불안을 잠시 덮는 무기력한 몸부림일 뿐이다.

죽음의 문제까지 왔으면 인간의 근원적 한계를 인식해야 한다. 이 문제는 결국 종교적 노숙과 맞닿아 있다. 이 세상은 영원히 살 수 없고 언젠가는 반드시 떠나야 하기 때문에 근본적으로 종교적 노숙의 여정이다. 죽음을 기준으로 하면 고향조차도 타향이 될 수밖에 없다. 종교적 노숙과 타향은 죽음을 세상 속에 위치시켜 치환한 다른 개념이다. 이 세상에 본향은 영원히 없다. 이것은 운명이고 누구도 피할 수 없기 때문에 이런 사실을 깨닫는 것 자체가 존재와 실존의 의미를 아는 것이 된다. 현실의 범위 내에서 최선의 내안을 찾아야 한다. 뼈를 묻을 곳으로서의 고향을 확보하는 것이 그 대안이 될 수 있다.

2. 시간과 기억

시간: 고향을 만드는 일차적 요소

시간은 고향이 성립되는 데 필요한 조건이다. 태어난 장소만으로는 부족하고 일정 기간 거주해야 한다. 정해진 답은 없지만 '기억'이 중요한 기준이 될 수 있다. 어렸을 때의 기억이 남아 있어야 고향이라 할 만하다. 그러려면 최소한 10살 정도까지는 살아야 한다. 타향을 고향으로 만드는 데에도 시간은 꼭 필요하다. 여기서도 기억이 중요한데, 타향은 태어난 곳이 아니기 때문에 10살 같은 정량적 기준보다는 정서적으로 동화되었는가 같은 정성적 기준이 더 유효할 것이다. 친한 친구 같은 사람 요소가 중요하며 공간 환경이나 삶의 상태도 중요하다. '행복한 기억'이 쌓이면 타향도 고향이 될 수 있다. 그럼에도 일정 기간 동안 한곳에 눌러앉아 사는 것은 꼭 필요하다.

지금 우리의 집에서 시간은 생략의 대상이 되고 있다. 새 집을 선호하는 추세는 뚜렷하다. 동네 주민과 아파트 단지 주민은 빨리 재개발이나 재건축을 하고 싶은데 정부에서 늦추는 상황이다. 집만 그런 것이 아니고 한국의 현대 건축 전반이 그렇다. 집과 건축을 돈으로만 보려는 시각에 최신 유행에 대한 강박관념이 더해져 생긴 현상일 것이다. 시간이 쌓이는 것은 미덕이 아니고 재산 가치를 갉아먹는 일이며 최신 유행에 뒤떨어진 촌스러운 일이 되었다. 문화재도 아닌데 내 집과 내 건물에서 시간을 중요하게 여길 의무는 없다는 것이 세상 가치가 되었다.

그러나 시간은 집의 정주 조건에서 중요한 요소다. 떠나지 않고 가능한 한 오랜 기간 머물러야 집에 마음을 붙일 수 있다. 태어나서 자란 곳이면 가장 좋다. 여러 노래 가사를 통해 살펴보자. 1장 1절에서 인생을 나그네 길에 비유한 「하숙생」과 「Any Place I Hang My Hat Is Home」이라는 노래를 보았다. 6장에서는 타향살이를 하면서 고향을 그리는 「머나먼 고향」과 「고향이 좋아」라는 노래를 살펴보았다.

처음부터 고향을 떠나지 않고 머물도록 권하는 노래도 있다. 「Call It Home」이라는 노래인데 직역하면 '그곳을 고향이라 불러라'라는 뜻이다. 여러 명의 가수가 불러서 대표 가수는 없는데 중요한 것은 가사다. "소나무 뒤 붉은 지붕, 우리는 그곳을 고향이라 부르네. 그곳을 절대 떠나지 않을 거니까. 왜냐하면 절대 떠날 수 없으니까. 아무리 애써도 결코 그곳을 떠날 수 없으리"라고 노래한다. '떠나지 않고 머무는 것'을 'home'의 가장 기본적인 조건으로 말한다. 오래 머물러야 고향이고 가정인 것이다.

우리의 오래된 가요에도 비슷한 노래가 있다. 「물레방아 도는 내력」이라는 노래다. 가사를 보면 "벼슬도 싫다만은 명예도 싫어 정든 땅 언덕 위에 초가집 짓고 (중략) 서울이 좋다지만 나는야 싫어 흐르는 시냇가에 다리를 놓고 고향을 잃은 길손 건너게 하며"라고 노래했다. 대비 구도가 뛰어나다. '벼슬 vs. 초가집', '고향 vs. 서울', '시냇가 vs. 길손' 등이다. 고향을 '정든 땅'이라 했다. 서울로 가지 않고 이곳에 초가집을 짓고 살면서 고향을 잃은 길손에게 도움을 준다고 했다.

시간을 길이가 아닌 서정성으로 표현한 노래도 있다. 정지용의 시에 노래를 붙인 「향수」다. '넓은 벌 동쪽 끝으로 옛 이야기 지줄대는 실개천이 휘돌아 나가고 얼룩배기 황소가 해설피 금빛 게으른 울음을 우는 곳'이라고 노래한다. 고향 동네의 기억을 노래하는데 자연 지형을 묘사한 가사로 시작해서 정서까지 실어냈다. '옛 이야기', '휘돌아', '해설피', '게으른 울음' 등은 단순한 서정성을 넘어 시간의 의미도 담고 있다. '느린 시간'이다. 이런 느낌을 가지려면 시간에 쫓기지 않고 느긋하게 오래 살아야 한다.

기준은 어쩌면 간단하다. '마음 붙이기'다. 아무리 좋은 집이라도 너무 자주 옮기면 마음 붙이기가 쉽지 않다. 영국 교외에 있는 으리으리한 귀족 성채를 방문했다고 치자. 처음에는 이국성과 화려한 실내에 감동하겠지만 그곳에 살 수는 없다. 길어야 며칠 있으면 질리기 시작한다. 차분하게 일상을 영위할 수 없다. 머무르는 것은 분명 집에 마음 붙이는 데 가장 기본적인 조건이다. 이처럼 고향과 관련된 시간 요소는 '정착'이다.

실존 조건으로서 시간성: '과거 – 현재 – 미래' 삼종 세트

시간 혹은 시간성(temporality)은 인간의 실존적 본질에서도 중요한 요소다. 영어의 'temporal'에는 '현세적인'과 '시간의 제약을 받는'이라는 두 가지 뜻이 있다. 인간의 존재는 '현세'라고 볼 수 있는데 시간을 기준으로 하면 '현재'가 된다. 현재는 과거가 지속되면서 미래로 연결된다. 따라서 인간의 존재를 시간의 관점에서 보면 '과거 – 현재 – 미래'의 합이 된다. 지금의 나는 뒤로는 과거의 나를 전제로 하며 앞으로는 미래의 나에 대한 전제가 된다.

'과거 – 현재 – 미래'의 시간 삼종 세트는 사실 매우 상식적인 것이다. 실존 같은 어려운 말을 사용하지 않더라도 일상에서 쓰는 쉬운 개념이다. 불교에서는 '삼세(三世)'라고 부른다. 삼종의 시간을 어떻게 정의하고 실생활에 어떻게 적용하는가에 따라 삶의 방향과 의미가 달라진다. 시

간이 실존에 간여하는 이유가 여기에 있다. 지금의 나라는 존재는 과거와 미래를 시간의 숫자로만 환산한 단순 합이 아니다. 과거와 미래를 실존적으로 정의하고 활용해야 한다.

과거는 실제로 존재했던 사실이기 때문에 실존에 구체적인 도움을 주어야 한다. 교훈과 기억이 대표적이다. 교훈은 똑같은 잘못을 반복하지 않는 데 유용하며, 기억은 좋은 것을 간직해서 현재의 생활을 다양하고 풍요롭게 만드는 데 유용하다. 과거와 현재 사이의 바람직한 시간성은 나쁜 것은 버리고 좋은 것은 취하는 것이다.

미래는 아직 일어나지 않은 일이기 때문에 가정하고 계획하는 마음가짐이 중요하다. 현재의 나를 존재의 초기 조건으로 삼아 미래를 설정하고 희망할 수 있어야 한다. 이런 희망이 없으면 현재의 실존도 영향을 받아 흔들린다. 인간은 가치 지향적 존재이기 때문이다. 단, 그 가치는 정신적 가치여야 한다. 인간은 그렇게 디자인되었다. 정신적 가치에 기반한 미래의 희망이 있을 때 현재의 실존이 건강해지고 굳건해진다. 물질의 노예가 되면 현재 아무리 돈이 많아도 실존적 불안에 시달린다. 자살의 표면적인 이유는 물질적 어려움이지만 그 내면에는 미래의 가치를 세울 수 없는 희망상실증이 자리 잡고 있다. 현재와 미래 사이의 바람직한 시간성은 가치를 세워 존재와 삶의 의미를 밝게 이어가는 것이다.

이로써 '과거－현재－미래'의 삼종 세트 사이에 바람직한 시간성을 정의할 수 있다. 우선 시간의 연속성을 이해해야 한다. 과거의 시간성에서 나를 끄집어내어 미래의 시간성 속으로 던져 넣는 것이다. 이런 이해의 바탕 위에 과거의 나쁜 것을 극복하고 좋은 것은 거울로 삼아 현재의 존재 기반을 탄탄하게 다진다. 다시 이것을 기반으로 밝고 건강한 미래의 가치를 기획하고 이에 대한 실천 의지를 세우는 것이다.

이런 시간성은 그대로 실존의 조건이 된다. 시간의 삼종 세트가 확보되어야 인간의 삶은 안정되고 참다운 존재, 즉 실존이 될 수 있다. 시간성이 인간의 본성으로 들어가 있기 때문이다. 인간은 끊임없이 과거와 미래를 생각하고 현재에 연결시키며 살아가는 시간적 존재다. 인간은 처음 만들어질 때부터 삼종 세트의 시간성이 시계처럼 내장되었다. 그래서 과거와 미래의 시간성을 부여해서 그것의 교차점으로 현재의 나를 정의하는 존재다.

이 과정에서 나의 생각과 가치관이 개입한다. 인간은 물질로 이루어졌지만 인간의 존재는 단순한 물질 덩어리가 아니다. 살아온 궤적은 객관적 사실로 기록될 수 있지만 인간의 존재는 단순히 이것의 합으로만 정의되지 않는다. 물질에 정신이 들어가고 객관적 사실에 주관적 가치를 덧입힐 때 존재라는 나무가 싹을 틔우고 성장할 수 있다. 세상에 대해 열매도 내고 그늘도 제공하며 씨를 뿌려 생명을 이어간다. 이 모든 것은 인간 존재의 가능성으로 작용한다. 현재의 존재란 과거의 이런 가능성을 받아 더 키워서 미래로 던져 넣는 것이다. 인간의 존재란 '가능성으로서의 나를 던져 넣는 것', 즉 '가능성의 투기(投企)'인 것이다.

존재의 가능성은 변화의 역동성으로 해석할 수 있다. 인간의 존재는 항상 변화하고 있다. 변화의 양상과 작동, 원인과 방향은 현상학적 의미로 정의될 수 있다. 인간은 세계 환경과 상호 교합하는 존재자다. 후설의 말처럼 "우리는 앞과 뒤를 돌아보고 현재의 것이 아닌 무언가를 그리워한다". 한 가지 상태에 머물러 있지 않는 것이 인간 존재의 본성이다. 변화는 시간성의 속성 중 하나다. 어떤 관점에서 보면 특히 더 그렇다.

가장 단순하고 기본적인 차원에서 보자. 생리적 차원에서 나의 몸은 일 초만 지나도 변한다. 불교에서는 좀 더 심오하게 말한다. 세상 만물이 '공(空)'하다는 것인데 '공'의 의미가 바로 '한 가지로 고정된 상태에 있지 않고 늘 변하는 중이다'라는 것이다. 지금까지 말한 실존의 기준에서 보면 현재의 실존은 무한대로 다양한 나의 과거 존재가 상호 교합하면서 칵테일 효과 개념으로 도달한 상태다. 건강한 실존은 과거의 좋은 점은 유지하면서 나쁜 점은 버리고 극복하는 적극적인 삶에서 온다.

미래 또한 한 가지로 고정되어 있지 않다. 계획을 세울 수는 있으나 의도한 대로 흘러가지만은 않는다. 과거와 현재의 다양한 요소가 상호 교합하면서 자의적·타의적 의사결정과 취사선택의 과정을 거쳐 도달되는 미지의 세계다. 이렇게 도달된 상태는 그 시점에서는 또 하나의 현재가 된다. 고정된 것이 아니고 현재에 이르는 이전의 과정이 시간의 끈을 늘려 무한 반복되며 형성된다.

시간이 가진 네 가지 일상적 가치

시간의 의미를 인간의 실존과 연관지어 철학적으로 정의해 보았다. 이 내용은 그대로 '고향'의 정주 조건에 적용될 수 있다. 고향은 기본적으로 시간성을 갖는다. 시간성은 인간의 실존에 간여한다. 따라서 고향도 인간의 실존에 간여하며 시간성은 정주 조건에 해당된다. 이어서 시간이 일상에서 갖는 의미, 즉 시간의 일상적 가치에 대해서 살펴보자. 시간의 일상적 가치는 다음 네 가지로 나누어 볼 수 있다.

일상의 탄생

시간의 첫째 가치는 '일상의 탄생'이다. '집 공간'이 형성되면 그다음 '집 시간'이 정착한다. 집을 짓거나 사서 이사를 간 뒤 낯선 하룻밤을 지내고 일상이 시작된다. 일상은 시간과 동의어일 수 있다. 삶의 희로애락이라는 일상이 축적되면서 '집 시간'이 쌓인다. 희로애락에서 일상은 중요한 분기를 맞는다. '로애'를 피하고 '희락'을 쌓으면 건강한 일상이 된다. 하루하루를 즐겁게 보내는 시간이 쌓이면 위대한 현실이 된다. '집 시간'이 갖는 일상의 힘이라는 것이다.

학생들과 나눴던 대화를 소개해 보자. 수업 시간에 '정주'라는 개념을 설명하면서 학생들에게 질문을 했다. "너는 어디 사니?" "저 하숙 하는데요." 다음 학생에게 같은 질문을 했다. "저도 하숙해요." "어? 왜 이렇게 하숙을 많이 하지? 그럼 너는?" "저도 하숙해요." 웃음이 터졌다. "왜들 이래, 엄마랑 싸우고 가출한 거지?" 다시 웃음이 터졌다. 이렇게 다섯 명까지 하숙한다는 답변이 나오다가 드디어 여섯째 학생이 "송파구 살아요"라고 답했다. 대화가 이어졌다. "너는 집에 가면 마음이 편안해지니?" "네." "거기 몇 년 살았지?" "15년쯤 돼요." "이사 가고 싶어?" (강한 어조로) 아니요. 정 들어서 뜨고 싶지 않아요." 학생들 전체를 보면서 말했다. "이런 게 정주야." 송파구에 산다는 이 학생의 답 속에 '일상으로서의 시간'이 들어 있다. 15년이라는 시간에 따라다니는 '정 들어서'가 답이다.

집의 나이

시간의 둘째 가치는 '집의 나이'다. 새 집, 헌 집, 낡은 집, 오래된 집, 고택 등 시간을 기준으로 부르는 집의 이름은 다양하다. 지금 우리의 집에 대한 가치는 새 집을 선호하는 경향이 강하다. 낡은 집이 많아서 어쩔 수 없는 측면이 있긴 하지만 그렇더라도 쏠림 현상이 심한 것이 사실이다. 1950~1980년대에는 '두껍아 두껍아 헌 집 줄게 새 집 다오'라는 짧은 노래 구절이 어린아이들 사이에 유행하던 때가 있었다. 한국전쟁 이후 많은 국민이 판자촌에 살던 때에 번듯한 새 집은 온 가족의 평생 꿈이었다. 판자촌에서 20년 고생해서 살다가 아파트에 처음 입주하던 날 온 가족이 방바닥에 주저앉아 부둥켜안고 밤새 울었다.

이때의 기억이 부동산 투기로 옮겨가서 새 집에 대한 열망은 지금도 계속되고 있다. 낡은 집을 바꾸는 것은 꼭 필요한 일이다. 1950~1970년 대에 허술하게 지은 개인주택이 주로 여기에 해당된다. 1980년대 이후에 지은 아파트는 선별해서 보는 것이 좋다. 관리를 잘해서 아직도 쓸 만한 곳, 관리를 잘 못해서 물리적 수명이 다한 곳, 물리적 수명은 괜찮은데 투기 목적으로 재건축을 하려고 들썩이는 곳 등 다양한 상황에 놓여 있다. 하지만 부동산 투기를 등에 업은 새집 선호가 대세를 이루는 형국이다. 이에 대한 반성과 반작용도 간간이 등장하지만 역부족으로 보인다.

그러나 이제 집의 나이를 생각할 때가 되었다. 집은 사람과 비슷하다. 사회가 안정되고 정주 단위의 공동체가 안정되려면 사회 구성원에서 여러 나이대의 사람이 균형과 조화를 이루어야 한다. 건물도 마찬가지다. 새 건물만으로 구성된 공간 환경은 사람을 불안하게 만들 수 있다. 낮에 잠시 들르는 카페나 번화가는 새 건물이 매력적일 수 있다. 그러나 하루라는 일상을 보내고 한 달, 일 년, 십 년이 쌓여 평생을 살아야되는 집과 동네는 다르다. 적당히 오래된 건물이 섞여 있어야 정서적·정신적 안정감을 준다.

이런 구성은 공동체가 형성되는 데 꼭 필요하다. 신도시가 좋은 예다. 처음 입주했을 때에는 무척 황량하다. 이것이 공동체로 자리 잡는 것은 번들거리던 새 아파트의 광채가 지워지고 알맞게 나이를 먹은 모습을 보여줄 때다. 건물이나 집의 나이를 보면 그 사회가 처한 사회적 상황을 알 수 있다. 나이 먹은 건물을 못 견뎌하며 지우는 것은 안정적인 공동체를 이루어서 긴 호흡으로 살아가는 사회를 기피하는 것이다. 사회 전체 차원에서 시간의 끈을 길게 가져가는 훈련이 안 되어 있다.

개인별로 집을 사고팔면서 돈 버는 데에만 관심이 있다.

고향의 기억

시간의 셋째 가치는 고향이나 어릴 적 살던 동네에 대한 '기억'이다. 공간에 적어놓은 개인의 일기장 같은 것이다. 개인 성향에 따라 차이가 있다. 공간 환경에 예민하고 공간 환경을 즐기는 사람은 고향이나 어릴 적 살던 동네에 자주 간다. 이때 대부분은 어릴 때의 기억을 즐거운 추억으로 되새긴다. 부모님에게 받았던 사랑, 화목했던 가정, 친구와의 놀이 등이 대표적이다. 힘들었던 점을 떠올리는 경우는 적다.

이런 점에서 공간에 대한 기억은 정주 조건에 도움이 될 수 있다. 고향이나 어릴 적 살던 동네를 다녀오면 마음이 훈훈해진다. 태어나고 자라면서 사람과 장소 사이에는 눈에 안 보이는 연결 끈이 형성된다. 육체가 성장하고 정신이 발달하고 인격이 형성되는 중요한 시기를 보낸 곳이어서 몸과 환경이 하나가 된다. 이런 경험과 기억은 현재 생활에 긍정적으로 작용한다. 이런 좋은 경험이 있기 때문에 고향이나 어릴 적 살던 동네는 다시 찾게 된다. 어른이 되어서 살게 된 동네는 상대적으로 즐거운 추억이 적다. 그래서 찾지 않게 된다.

귀향의 여유

시간의 넷째 가치는 '귀향'이다. 고향을 떠나 중앙 무대로 진출해서 열심히 산 뒤 태어난 곳으로 돌아오는 '귀환의 시간성'이다. '귀촌'도 비슷한 개념이다. 번잡한 도시를 떠나 시골의 자연 속으로 간다는 뜻이다. 굳이 구별을 하자면 귀향은 고향으로 돌아가는 것이고 귀촌은 자연으로 들어가는 것이다. '귀촌'은 '귀농'과 한 번 더 구별된다. 귀농은 농사를 짓기 위해 직업을 바꿔 시골로 가는 것이고 귀촌은 자연을 찾아 시골로

가는 것이다.

어쨌든 이 세 단어에는 모두 '귀(歸)'자가 들어가는 공통점이 있다. 여기에서 시간성이 나온다. 대도시에서 실패한 뒤의 도피나 새로운 도전을 위한 '귀'도 있겠지만 대부분은 '나이 먹은 뒤에 생기는 여유의 시간성'이다. 인생을 치열하게 살고 난 뒤 중년의 후반쯤부터 '귀'를 생각하게 된다. '귀'에 '향'이 합해진 '귀향'은 특별한 심리적 기능을 갖는다. 나이 오십을 넘고 은퇴가 다가오면 한 번쯤은 시골에 전원주택을 짓고 노년을 보내는 계획을 세워본다. 물론 실제로 실천하는 사람은 극히 적다. 실천을 했더라도 답답해서 못 살고 서울로 다시 돌아온다는 것이 정설로 통한다.

그럼에도 자연 속 전원주택 생활을 상상하는 것만으로도 여유의 시간성이 작동하고 마음의 안정이 생긴다. 상상의 중심에는 아늑한 가정이 있다. 대도시에서 치열하게 사회생활을 하는 30~50대는 인생의 중심에 아늑한 가정을 두기가 쉽지 않다. 은퇴 후에 대도시에 남는 경우도 마찬가지다. 아늑한 가정을 중심에 두는 경우는 '귀'자가 들어간 여유의 시간성이 작동할 때다. 대부분 자녀는 장성해서 떠난 뒤라 부부만 남지만 자녀가 손주를 데리고 놀러오는 상상은 정말 행복하다. 대가족이 붕괴된 요즘 삼대를 함께 생각할 수 있는 드문 기회 가운데 하나다. 이 모든 것은 시간이 줄 수 있는 정서적 안정 기능이다.

'귀환'의 개념을 활용한 좋은 예가 야구의 '홈'이다. 2장 1절에 나왔던 내용을 이 주제로 요약해 보자. 포수가 앉아서 공을 받는 곳을 홈이라 한다. 타자는 홈에서 공격을 시작한다. 홈을 못 벗어나면 아웃이고 홈에서 나가서 한 바퀴 돌고 무사히 귀환하면 점수를 얻는다. 이 과정은 인생의 여정에 비유될 수 있다. 홈런 한 방도 있고 진루타를 차곡차곡 쌓을 수도 있다. 중간에 지름길(도루)도 있다. 잔루로 끝나면 인생 중간에 불행한 일을 만나 낙마한 것에 비유된다. 공격을 끝내고 더그아웃으로 그냥 들어오는 것은 낙향에 비유된다.

'귀향'은 종교적 의미를 가질 수도 있다. 신약성경의 누가복음 15장 11~32절에 나오는 '탕아'의 비유다. '집 나간 탕아'라고도 하고 '돌아온 탕아'라고도 한다. 작은아들이 돈을 가지고 나가서 탕진하고 거지가 된다. 큰아들은 집에 남아서 착실하게 생활한다. 아버지는 집 나간 작은아들이 돌아오기만 학수고대한다. 작은아들은 돈이 떨어지자 집으로 돌아온다. 아버지는 너무 기쁜 나머지 제일 좋은 옷을 입히고 손에 가락지를 끼우고 살찐 송아지를 잡아서 잔치를 한다. 이를 안 큰아들은 착실하게 집을 지킨 자신에게는 한 번도 한 적 없는 환대를 집 나간 작은아들 탕아에게만 한다며 화를 내고 섭섭해 한다.

이 비유에는 여러 가지 기독교의 가르침이 들어 있는데 크게 두 가지로 요약할 수 있다. 하나는 상대적 비교를 하지 말라는 것이다. 작은아들을 용서하고 말고는 아버지와 작은아들 두 사람의 문제이지 큰아들이 개입할 일이 아니다. 다른 하나는 하나님의 용서를 상징한다. 여기에 '귀환'의 의미가 개입한다. 세속에서는 작은아들이 돌아오면 대부분 몽둥이찜질을 당할 것이지만 성경에서의 대응은 다르다. 언뜻 이해하기 힘든 용서를 하는데 이것은 인간의 죄를 향한 하나님의 용서를 상징한다.

용서는 '긍휼 - 은혜 - 구원'과 연관되면서 기독교 정신의 핵심을 이룬다. 이런 숭고한 하나님 정신이 '귀'자를 끼고 일어난다. 성경에서는 귀환이 용서의 정신을 갖는다. 이는 '분리(유리)'를 극복하는 뜻이기도 하다. 하나님과 성령으로 연결되어 있던 인간은 원죄로 인해 하나님과 분리되어 불안 속에서 고통받는다. 여기에서 벗어나는 길은 하나님의 품으로 '귀환'하는 것이다.

일상에 적용해 보자. 귀향을 생각할 때 가장 먼저 해야 할 일이 대도시에서 치열하게 살면서 다퉜던 사람을 용서하는 것이다. 분노의 마음을 가지고 귀향하면 그곳에서의 삶은 나아질 것이 없다. 용서의 마음으로 귀향할 때 여유의 시간성이 제대로 작동하고 마음의 평안을 얻을 수 있다.

기억의 인지 작용을 관찰한 철학자: 흄, 베르그송, 메를로퐁티

네 가지 시간의 가치 가운데 고향의 의미와 연관이 높은 것은 셋째 '기억'이다. 이는 그대로 고향의 정주 조건에 적용될 수 있다. 고향이 가진 긍정적 기능은 '좋은 기억'이다. 이것은 분명 현재에 좋은 영향을 준다. 우리는 고향에 대한 좋은 기억을 현재 내가 사는 집에 이식해서 받아야 하며 이것을 미래로까지 던져 넣어 잘 키워야 한다. 그러면 집은 평온해질 수 있으며 이런 평온이 시간이 쌓이면서 유지되면 좋은 기억은 더욱 탄탄해질 수 있다.

기억이 현재의 존재에 영향을 끼치는 이유는 기억이 존재 환경에 대한 인지 지도에 간여하기 때문이다. 존재 환경은 세 단계로 이루어진다. 첫째는 사물이라는 구성 요소가 확보되는 단계다. 둘째는 이 구성요소들이 상호작용하는 단계다. 셋째는 요소와 상호작용의 합으로 전체가 이루어지는 단계다. 인간의 지각과 인지 작용은 이 세 단계를 모두 파악할 수는 없다. 가장 보편적인 방식은 특정 요소 몇 개를 선정한 뒤 이것에 대해 시간의 끈을 늘려 다양한 상징성을 더해서 파악하는 것이다. 게슈탈트 심리학에서 밝힌 것처럼 요소가 배경과 상호관계를 갖는 것으로 파악하는 것도 이 범위에 들어간다.

인지 작용은 의미를 갖지 못하는 순수 인상이나 객관화된 보편 요소가 아니라 의미를 띤 대상에 대해서 일어난다. 이때 '의미'는 두 단계로 이루어진다. 첫째 단계는 사물에 내재된 본래 상태로서의 의미다. 사물마다 고유한 내재적 의미가 있고 관찰자는 이것을 출발점으로 삼아 인지 작용을 할 수 있다. 둘째 단계는 사물 사이의 연상 작용으로 상징성을 얻는 것이다. 사물의 본래 상태에 대해 관찰자마다 받아들이는 의미가 모두 다르며 이런 개별적 의미를 바탕으로 연관성 있는 사물을 연결해서 다양한 상징체계를 구축한다.

기억을 인지하는 과정도 마찬가지다. 기억 자체는 개인적인 것이지만 시간이 지나고 과거의 사실로 굳어지면 당사자에게도 사물처럼 작용하면서 인지의 대상이 된다. 공간 환경을 인지하듯 기억을 인지한다는 뜻이다. 기억은 굳어진 사실로서의 본래 상태를 가지며 개인이 이것을 끄집어낼 때에는 연상 작용을 거쳐 상징화하게 된다. 또한 개인의 경험과 가치관 등을 개입시켜 자신에게 최적화된 상징성을 부여한다. 기억의 인지 작용에 대해서는 여러 명의 철학자가 관찰했는데 세 명을 대표적인 예로 들 수 있다.

첫째, 영국 철학자 데이비드 흄의 복합 인상과 연상 작용 이론이다. 관찰자는 대상에서 여러 가지 인상을 동시에 인지한다. 이때 최초로 주어지는 것은 의미를 갖지 않는 순수 인상이다. 한 번 인지된 뒤에는 여러 가지로 분화되며 이것들이 서로 연상 작용을 일으켜 형성하는 전체 상황이 최종 인상이 된다. 기억에 대한 인지도 동일한 과정을 거친다. 우선 씨앗으로서의 순수 기억을 인지한다. 여기에 개인의 경험이 작용하면서 다양하게 분화한다. 분화된 여러 기억이 서로 관계를 맺으면서 최종 상황을 형성한다. 이는 순수 기억이라는 씨앗을 분화시켜 다양화한 점에서 요소주의 시각을 갖는다. 또한 개인의 경험을 토대로 한 연상 작용을 적용한 점에서 경험주의에 속한다.

둘째, 프랑스 철학자 앙리 베르그송(Henri Bergson, 1859-1941)의 내재적 의미론이다. 지각과 인지는 여러 기억에 수반되는 순수 인상을 체험하는 것이 아니라 내재적 의미가 솟아오르는 것을 잡아내어 나의 의미망으로 걸러내는 작용이다. 기억을 끄집어낸다는 것은 사물을 지각할 때 즉각적으로 떠오르는 단순한 과거의 그림을 가져오는 것이 아니다. 과거의 내재적 의미를 끄집어내는 작용이다. 이때 '끄집어낸다'는 것은 관찰자가 과거 속으로 들어가서 기억의 사건을 둘러싼 다양한 의미망을 이해하고 그것을 나의 의미망으로 가져와 해석해서 드러낸다는 뜻이다.

셋째, 프랑스 철학자 모리스 메를로퐁티(Maurice Merleau-Ponty, 1908-1961)의 현상학적 주관주의다. 그는 후설과 하이데거의 제자이자 스승의 현상학을 이어받아 몸 이론으로 발전시킨 철학자였다. 현상학은 환경과의 교류를 사물 형성의 기본 구도로 본다. 이런 점에서 흄의 순수 인상 개념은 받아들일 수 없었다. 순수 인상은 데카르트의 객관화된 순수 인식에 의해서만 그 존재를 추정할 수 있을 뿐이라고 보았다. 이것은 환경 속에 던져진 인간의 실존과 무관하다. 순수 지성 논리 속에서만 정의된다. 이런 지성주의는 사물의 본래적 의미를 인간의 인식으로 걸러내어 극단적으로 객관화시킨다. 반면 현상학은 "사물 자체의 상태와 주어진 것을 있는 그대로 받아들인다"라는 기본 명제를 갖는데 이는 지성주의와 반대되는 시각이다.

메를로퐁티는 기억의 인지 작용에 대해 베르그송의 주장에 현상학의 명제를 더해서 "지각되는 것(사물)은 제 스스로 과거의 지평을 끌고 들어와 종합화한다"라고 했다. 여기에서 '제 스스로 과거의 지평'은 베르그송의 '내재적 의미'에 해당된다. '종합화한다'는 것은 '지각 주체가 환경과 교류하면서 만들어내는 종합 상황'과 같은 말로 현상학적 시각에 해당된다.

이 명제는 전통적인 '객관주의 vs. 주관주의'의 이분법을 뛰어넘는 것이다. 지각 작용은 단순한 객관적 사건을 파악하는 것도 아니고 관찰자 개인의 주관적 경험만 나열하는 것도 아니다. 이런 점에서 객관주의와 주관주의 모두를 극복한 의미를 갖는다. 이 속에 현상학적 의미가 들어 있다. 나의 의미망은 내가 환경과 교류하면서 형성된 것이므로 이를 통해 사물의 내재적 의미를 해석한다는 것은 내가 들어 있고 경험하는 환경과 교류한다는 뜻이다. 이를 현상학적 주관주의라 부를 수 있다.

기억의 복합 의미: 고향을 정주 조건으로 만드는 힘

이상과 같은 기억의 인지 작용은 고향에서 정주 조건을 얻는 데 유용하다. 세 명의 철학자의 공통점은 기억이 '복합 의미'가 될 수 있다는 것이다. 고향의 기억에도 해당되며 이 점이 정주 조건을 형성하는 핵심이다. 고향의 행복한 기억에 복합 의미를 부여해서 종합 환경으로 만들어준다. 이것을 지금 사는 '집'에 적용해서 행복의 잠재력을 높여준다. 고향의 기억이 복합 의미를 갖는 종합 환경이라서 현재의 집에 적용될 수 있는 많은 요소를 갖추고 있기 때문이다. 앞에서 언급한 세 명의 철학자의 이론을 적용해 보자.

흄의 이론을 적용하면 다음과 같다. 고향에서 순수 기억을 추출한다. '화목했던 시절의 어린 나'가 좋은 예다. 아직 구체적인 사례가 나타나기 전의 객관화된 제목 같은 것으로, 순수 인상에 해당되는 기억 요소다. 이것이 정해지면 여기에 따른 여러 가지 구체적인 사례가 파생되며 떠오른다. 따뜻한 밥상에 둘러 앉아 저녁을 함께 먹으며 담소를 나누던 가족들의 추억, 골목길을 소리 지르며 함께 뛰어놀던 친구들의 추억, 어머니가 싸준 도시락을 받아 학교에 가던 추억, 3교시가 끝나고 쉬는 시간에 그 도시락을 친구들과 나누어 먹던 추억 등이다. 이런 구체적인 사례들은 서로 연상 작용을 거치면서 '고향의 기억'에 관한 종합적 상황이 만들어진다. 화석화된 사물로 굳어진 기억을 깨뜨려 현재에 연관지을 수 있는 살아있는 상태로 만드는 작업이다.

베르그송의 내재적 의미론을 적용하면 다음과 같다. 크게 보면 앞의 흄의 이론과 비슷하다. 순수 기억을 뛰어넘어 처음부터 구체적인 사례 중심으로 내재적 의미에 집중한다. 사람마다 고유한 고향의 기억이 이미 일어난 사건으로서의 고정된 의미를 갖는다. 이런 의미의 집합체를 '어린 날의 일기장'이라 부를 수 있다. 이것을 끄집어내서 지금 살고 있는 집의 경험에 연계해서 해석한다. 지금 집에서 행복의 씨앗을 보았다면 이 씨앗을 발아시키는 방향에 고향의 기억 가운데 비슷했던 상황을 접목시킨다. 지금 집이 불행하다면 불행을 극복하고 개선할 수 있는 지혜를 고향의 행복했던 기억에서 찾아 적용한다.

메를로퐁티의 현상학적 주관주의를 적용하면 다음과 같다. 현상학적 시각이 작동하려면 고향의 기억이 세상 가치 같은 객관적 요소에 의해 훼손되지 않아야 한다. 이런 기억은 현재 나의 삶에 제 스스로 지평을 형성한다. 이는 기억이 그 자체로서 중요한 환경 요소로 존재하며 현재의 집에 대한 인지 작용에 간여해서 실존 환경을 결정하는 데 간여한다는 뜻이다. 이렇게 발아한 고향의 기억은 하나의 종합 환경이 되고 지금 나의 주거 생활은 주체가 된다. 둘의 교류로 집에 대한 나의 인식이 형성된다.

서로 비슷하면서 조금씩 차이가 나기도 하는 세 명의 이론을 고향의 기억에 적용한 내용을 종합하면 다음과 같다. 고향은 그 자체로 훌륭한 존재 환경이다. 이미 태어난 곳이라는 사실만으로 존재의 스타트를 끊은 곳이다. 자라나면서 고향 땅으로부터 존재에 필요한 자양분을 흡수하고 햇빛을 받고 바람을 쐬면서 생명을 키워간다. 이 과정에서 식구, 친구, 친척, 동네 사람 등과 수없이 많은 삶의 사건을 만들고 쌓아간다. 이런 사건들은 그대로 존재의 의미로 굳어져 현상학적 존재 환경이 된다.

이런 고향의 기억 작용을 보여주는 표현으로 '살 때 묻은 집'이나 '생(生) 때 묻은 집'이라는 말을 생각해 볼 수 있다. '손때 묻은 물건'이라는 말이 있다. 집도 그 대상이 될 수 있다. '손때 묻은 집'이다. 그런데 집은 물건이 아니어서 단순히 손으로 만지기만 하는 대상이 아니다. 내 몸 전체를 담그고 온몸으로 비벼댄다. '살 때 묻은 집'이다. 매일을 살며 생을 함께 나눈다. '생 때 묻은 집'이다.

기억과의 연관성을 확보하면 집을 미래로 던져 넣어야 한다. 세상 가치가 덮칠 미래를 대비하면서 기억이 확보해 준 실존의 가치를 현재에 소중하게 키워내야 한다. 이것을 그대로 미래의 가치로 끌고 가는 절제와 노력이 필요하다. '예외자'의 각오까지도 가져야 한다. 세상 가치는 늘 현명한 것처럼 들리며 큰 문을 열어 사람들을 불러 모은다. 그렇기 때문에 미사여구를 붙이기도 쉽다.

하지만 이것은 실존을 해치는 날카로운 톱니를 감추고 있다. 애써 큰 문을 피하면서 나 혼자 손해 보는 것 같은 삶을 살기는 쉽지 않다. 세상 가치가 당장 가져다주는 달콤한 열매를 능가하는 더 좋은 것이 있어야 가능하다. 그것은 실존 가치가 되어야 한다. 실존을 단단하게 디뎠을 때 저 깊은 곳에서 밀려오는 정신적 즐거움은 표피에서 팔랑거리는 물질의 달콤함을 거뜬히 이길 수 있다. 고향의 푸근한 기억을 지금 내 집에 심으려는 노력은 아주 좋은 전략이다.

고향의 기억에 담긴 복합 의미를 지금 내 집의 관계망에 연관시켜 현상학적으로 교류해야 한다. 둘은 상호 교류를 하며 긍정적으로 상승한다. 내 집의 상황은 고향의 행복한 기억으로부터 좋은 영향을 받는다. 이것은 거꾸로 고향의 기억에서 행복 요소를 새로 발굴해 준다. 이런 식으로 주거니 받거니 하면서 집에 대한 행복의 인지 작용은 상승한다. 고향의 기억은 현재의 존재를 풍요롭게 해준다. 인지한다는 것은 지금의 현실적 생각들과 이전의 기억을 결합하는 작용이다. 둘은 자신을 주인으로 삼아 상호 교류하면서 현재의 실존을 형성한다. 내 생의 주인으로서의 나는 사회가 강요하는 세상 가치에 매이지 않는다. 스스로 인지하는 주체로서 나의 실존 가치를 튼튼하게 갖추고 세상에 우뚝 선다.

제8장

최적조화

건강한 일상과의 종합적인 균형

일상의 힘: 생활 요소 사이의 적절한 배분

지금까지 정주 조건을 구성하는 여러 요소에 대해서 살펴보았다. 진짜 중요한 것이 남아 있다. 이런 요소들을 실생활에 적용하는 것이다. 지금까지 살펴본 내용 중에서도 실생활에 적용한 사례가 많았지만 추상적인 개념도 많았다. 집의 문제에서 가장 중요한 최종 목적은 실제 생활이 변하는 것이다. 집에 마음을 못 붙이고 밖으로 떠돌던 생활이 바뀌어야 한다. 집으로 향하는 발걸음이 즐겁고 빨리 집에 가고 싶어져야 한다. 집에서 평온한 정신적 안정을 누릴 수 있어야 한다.

어느 시대 어느 사회나 가정의 가치를 중요하게 여긴다. 문제는 21세기 현대 사회다. 많은 문명권에서 이혼, 비혼, 1인 가구 등이 증가하면서 가족이 해체되고 있다. 이 와중에서 전통적인 가정을 그나마 지키는 곳 가운데 하나가 영미권이다. 물론 미국은 이혼의 첨병국가라 할 만큼 일찍부터 이혼이 성행하던 나라다. 그러나 이혼을 하지 않는 절반 정도는 가정의 가치를 잘 지킨다. 이런 가정이 건강한 중산층을 이루면서 수많은 사회 문제를 안고 있는 미국 사회를 아직까지 유지시키고 있다.

영국은 이런 미국 가정의 아버지뻘쯤 된다. 미국 문화의 뿌리가 영국이기 때문이다. 영국은 일찍부터 개인주택을 선호하며 개인주택을 성으로 삼아 그 속에서 안정된 가정생활을 사회적 전통으로 지켜왔다. 이것이 미국으로 건너가 미국 사회의 건강한 뿌리를 이루어 오늘에 이르고 있다. 두 나라가 가정 문화를 소중하게 지키는 데에는 다른 비결이 있는 것이 아니다. 한마디로 요약하면 '건강한 일상'이라 할 수 있다.

이들의 건강함은 단순함과 상식에서 비롯된다. 이들의 생활은 우리와 비교할 때 단순한 편이다. 건강함의 비결을 들여다보면 특별하거나 새로운 것은 없다. 우리 모두가 아는 상식적인 내용이다. 사회적으로 야근이 없는 편이어서 퇴근하면 바로 집으로 온다. 집에서는 가족과 저녁밥을 함께 먹고 남는 시간에는 대화를 하며 이런저런 집안일도 손수 한다. 주말에는 운동과 쇼핑으로 여가를 보낸다.

한국 사회는 이와 대비된다. 영미권 가정의 단순하고 건강한 가정을 보면 우리와 다른 세상에 사는 것 같다. 그 비결이 단순함과 상식이라면 언뜻 쉬워 보이는 것도 사실이다. 하지만 우리의 현실을 보면 그렇게 생활하기가 쉽지 않다. 단순함과 상식은 가장 위대한 것이다. 어떤 면에서는 무척 어려운 것일 수도 있다. 안정과 건강은 이 둘에서 나온다. 단순함과 상식을 지키는 것은 사회 분위기에 따라 양극화된다. 단순하고 상식적인 것이기 때문에 사회만 안정되면 지키기가 가장 쉽지만 사회가 불안정하면 지키기가 가장 어렵다. 한국 사회는 후자다. 나라가 가난하던 과거에는 오히려 단순함과 상식을 지키기가 쉬웠을 것이다. 사회 자체가 복잡하지 않았을뿐더러 '먹고 사는 일' 외에 다른 유혹거리가 거의 없었다. 안정과 건강이 당연한 일상으로 자리 잡으면서 특별한 노력을 기울이지 않아도 단순함과 상식이 유지되던 시절이었다. 이제는 이를 지키는 것이 말처럼 쉽지 않은 세상이 되었다. 한국의 상황이 그렇다. 다 알지만 실천하는 것이 점점 어려워져 간다. 집의 위기다.

위기를 극복하는 길로 '건강한 일상'을 들 수 있다. '일상의 힘'이라는 것이다. 간단한 말 같지만 많은 뜻이 담겨 있다. 영미권 가정에서는 일상의 힘이 단순함과 상식이었다. 나는 우리나라의 가정에 맞는 비결로

'최적조화'를 들고 싶다. 한국인의 일상생활은 영미권보다 복잡하다. 오랜 전통이기도 하고 문화적 특성이기도 하다. 영미권 가정이 모범이 될 수는 있어도 그들처럼 생활을 단순하게 만들 필요는 없다. 가능하지도 않다. 복잡함의 특징을 지키면서도 건강한 일상이 가능하다. 그 비결은 최적조화에 있다.

'최적조화'란 전체가 바람직한 상태를 유지할 수 있게 해주는 요소들 사이의 조화로운 배분을 뜻한다. 이때 바람직한 상태는 안정, 효율, 최대치 등 전체가 추구하는 가치와 목적에 따라 결정된다. 일상생활도 좋은 예다. 한 개인의 생활, 나아가 인생은 수많은 요소로 구성된다. 인생 요소의 특징은 두 가지다. 하나는 대부분의 요소가 지켜야 하는 최저선이 있다는 것이다. 이른바 '과목 낙제' 개념이다. 물질, 정서, 정신, 일, 휴식, 놀이, 취미 등 어느 하나라도 최저선 아래로 떨어지는 순간 생활은 불안해진다. 다른 하나는 이들 중 상당수는 서로 상쇄적 관계, 즉 제로섬 관계에 있다는 것이다. 특정 요소만 커지면 다른 요소는 줄어들고 최저선이 무너진다. 요소들 사이의 적절한 비율과 배분이 필수적인데 이것이 '최적조화'다. 우리의 일상을 돌아보자. 디테일을 기준으로 집 안과 집 밖의 문제로 나누어 볼 수 있다.

집 안의 문제를 보자. 먼저 집에서 보내는 시간의 총량이 중요하다. 하루 24시간 중에서 집에 할당되는 시간의 비율이다. 다음으로 집에서 무슨 일을 하면서 지내는가도 중요하다. 개인마다 상황이 모두 달라서 정확한 답이 있는 것은 아니다. 공통적인 필수 사항은 적절한 휴식과 심리적 안정이다. 그다음부터는 가족 구성원 각자의 성향에 맞는 생활을 해야 한다는 정도의 일반론을 제시할 수 있다. 개인의 정서적 안정을 전제로 집에서 얻는 생활의 이익이 보장되어야 한다. 잠을 자고 밥을 먹는 강제적 기본 생활을 만족시키는 것에 머물지 않고 가능한 한 다양한 일상생활을 하는 것이 좋다. 이를 바탕으로 상징적인 종합 기준을 하나 들자면 가족끼리 모여 저녁 식사를 함께 할 수 있어야 한다. 최적조화가 깨지면 하기 힘든 일이다.

집 밖의 문제를 보자. 먼저 사회적 요소 사이의 비율이 중요하다. 출퇴근, 직장, 사회적 관계망, 옥외활동, 유흥업소 등 집 밖에서 보내는 생활이 균형 잡히게 배분되어야 한다. 궁극적으로는 집 밖의 생활 전체가 가정의 가치와 어떤 관계를 갖느냐의 문제로 귀결된다. 대부분의 시간을 집 밖에서 보내고 집에서 잠만 자면 최적조화가 깨진 상태다. 집 안보다 집 밖에 과도하게 재미를 붙이는 것도 위험하다. 유흥업소가 더 재미있으면 발걸음은 집으로 향할 수 없다. 하루 일과가 끝나고 발걸음이 집으로 향하려면 집이 더 재미있어야 한다. 한국 사회는 이 둘 모두가 붕괴되었다. 집 안의 문제와 집 밖의 문제는 하나로 연결되어 있다. '달걀이 먼저냐 닭이 먼저냐'와 비슷하다. 어느 것이 먼저랄 것 없이 서로 상승작용을 일으키며 악순환의 고리를 만든다. 정주 조건은 산산이 깨진다.

집 안의 문제를 보자. 집 안의 일상은 시간과 내용 모두에서 기준 미달인 상태다. 가족 구성원은 뿔뿔이 흩어져 각자의 생활을 보내고 집은 잠만 자는 곳이 되었다. '가족의 붕괴'가 핵심이다. 현대 한국 사회에서 가족주의는 타파해야 할 구시대의 잔재로 여겨진다. 온전한 가족과 행복한 가정이 갖는 가치를 강박관념 같은 이데올로그로 여긴다. 조선 유교시대 가부장제의 불합리한 측면만 크게 부각시키면서 가족주의를 버려야 하는 대상으로 삼는다.

집 밖의 문제를 보자. 집 밖에서 각자 하는 생활을 집 안에서 가족이 모여 보내는 건강한 일상보다 더 중요하게 여긴다. 가치관의 전도가 일어난 것이다. 세상 가치와 쾌락의 노예가 되어 밤늦게까지 집 밖에서 떠돈다. 집이 가장 만만하다. 세상 가치와 쾌락을 위해 집이 가장 먼저 희생된 형국이다. 초중고 학생인 자녀는 학원에서 밤늦게까지 공부하는 일이 인생의 생명줄처럼 되었다. 부모는 그 학비를 대기 위해 일하는 것처럼 되었다. 그 사이사이로 유흥문화가 스며든다. 인생의 생명줄을 붙들고 있다는 명분이 커서 유흥문화의 위험성을 알지 못한다. 열심히 공부하고 일하는 중간에 꼭 필요한 쾌락을 누리는 것으로 합리화를 한다.

이런 생활이 당연하게 자리 잡다 보니 식구가 모여 저녁밥을 함께 먹으며 오순도순 얘기를 나누는 일은 불가능해졌다. 집 밖의 쾌락은 일시적 마취작용은 할 수 있어도 아무런 해결책이 될 수는 없다. 상황을 악화시킬 뿐이다. 식구들의 정서는 불안해진다. 가장 기본적이고도 소중한 것을 잃으면서 나타나는 현상이다. 집 밖에서 흩어져 보내는 생활의 명분이 너무 크기 때문에 불안증의 원인을 찾으려 들지도 않는다. 그 원인이 일상이 깨졌기 때문이라는 것을 알기도 힘들다.

건강한 집밥: 지상 최고의 만찬

모두 '건강한 일상'이 붕괴된 모습이다. 한국 사회가 겪고 있는 집의 위기, 확장하면 사회 전체의 위기를 낳은 원인이다. 위기의 진단은 분야별로 다양하게 내릴 수 있다. 집과 관련한 위기의 원인을 하나만 들라고 하면 나는 건강한 일상의 붕괴를 들고 싶다. 바꿔 얘기하면 위기를 극복하는 길이 건강한 일상을 회복하는 데 있다는 뜻이다. 실천적 관점에서 보면 더 그렇다. 집 안의 문제가 해결되면서 집 밖의 가치를 누리기 시작한다. 악순환의 고리는 선순환으로 바뀐다. 해답은 건강한 일상에 있다.

이제 건강한 일상을 회복하는 방법을 생각해 보자. 앞에서 건강한 일상의 비밀은 '최적조화'에 있다고 했다. 최적조화란 생활과 인생의 수많은 요소를 종합적으로 고려해서 이 요소들 사이의 최적 비율을 찾아내어 실천하는 것이다. 이 요소들을 한꺼번에 살펴보는 것도 좋은 방법이겠지만 너무 복잡할 수 있다. 씨앗이 되는 요소를 출발점으로 삼아보자. '밥'을 들고 싶다. 그냥 밥이 아니다. '집밥', 그것도 '건강한 집밥'이다. '밥 – 집밥 – 건강한 집밥'의 삼종 세트다.

집밥은 단언컨대 지상 최고의 만찬이다. 단, 건강한 밥이어야 한다. 최근 한 텔레비전 프로그램에서 외식업자가 제목에 '집밥'이라는 이름을 걸고 만들었던 그런 밥과 같아서는 안 된다. 자신의 업소에서 하듯 습관적으로 설탕을 컵으로 붓는 그런 집밥이 아니다. 그런 집밥은 안 먹느니만 못하다. 다시 쓰자. 건강한 집밥은 지상 최고의 만찬이다. '밥'이 중요한 이유는 매우 많지만 여기서는 세 가지로 요약해 보자.

첫째, 밥은 인간 존재의 가장 기본이 되는 물질이다. 일상에서 주고받는 말 중에 '밥'이 들어간 표현이 많다. 밥 먹어라, 밥 먹고 합시다, 밥이나 먹고 다니냐, 밥이나 근근이 먹을 정도다, 밥심으로 버틴다, 밥 먹고 살 정도면 된다, 밥이야 굶겠냐, 밥 굶을 정도면 때려 치워라 등 매우 많다. 밥이 정상적인 생활의 지표로 통용되는 것이다.

둘째, 밥에는 가정의 의미가 담겨 있다. 밥은 가정의 화목을 상징한다. 밥해 주는 식구의 정성을 상징한다. 전통적으로는 밥해 주는 사람이 어머니였지만 최근에는 누가 되든 상관없다. 중요한 것은 밥이 식구끼리 정성이 오가는 중요한 통로라는 것이다. '따뜻한 밥 한 끼'는 아무리 시대가 변해도 우리의 마음을 푸근하게 해주는 상징물이다. 하나의 지표가 될 수도 있다. 집 밖에서 지쳤을 때 집밥이 그립고 실제로 집에 돌아와 집밥을 먹는 것이 최고의 피로회복제라면 그 집은 아직 가정의 화목이 살아있다고 할 수 있다. 이런 건강한 집밥으로 세끼를 먹을 수 있는 집이라면 건강한 일상이 유지될 가능성이 높다.

셋째, 밥은 사회성으로 확장된다. "언제 밥이나 한번 먹자"라는 말이 대표적이다. 기본적인 인사를 대신하는 말에 '밥'이 들어가 있다. 친한 관계를 비공식적으로 상징하는 말이기도 한데 역시 '밥'으로 대신했다. 집 안에서의 정성의 통로이던 밥이 사회로 확장된 것이다. 내 주변에 개인 사업을 하다가 힘들어진 지인이 두 명 있었다. 내가 도와줄 것은 없고 마음으로 위로를 해주려고 일식집에서 다소 비싼 초밥을 사주며 힘내라고 했던 적이 있다. 오래 전 일인데 두 사람은 지금도 이 일을 고마워하며 기억하고 있다. '따뜻한 밥 한 끼'의 힘은 가족을 넘어 사회에서도 똑같다.

이처럼 '밥'은 가장 기본적인 것이자 가장 위대한 것이다. 가장 시시해서 가장 위대한 것이다. 많은 상징적 의미를 가지며 인간의 생존과 실존에서 막대한 힘을 발휘한다. 기독교와 불교에서도 '음식'은 중요한 대상이다. 성경 창세기에 나오는 이브가 저지른 원죄 가운데 하나가 '먹음직'이었다. 요즘 말로 하면 식탐인데 성경에서는 이것을 인간 죄의 출발점으로 본 것이다. 석가 유언집에서도 같은 말을 한다. 음식은 생명을 유지하는 목적으로만 먹고 쾌락의 대상으로 삼지 말라 했다.

두 종교에서 음식을 바라보는 시각은 같다. 생명을 유지하는 영양소를 섭취하는 선을 넘지 말라는 뜻이다. 생활 언어로 환원하면 '건강한 집밥'이 답이다. 이브의 원죄는 건강한 집밥을 먹었으면 벌어지지 않았을 일이다. 식탐을 부리면서 원죄가 시작된 것이다. 일상생활에서 석가모니의 유언을 지키는 길 중 하나도 건강한 집밥을 먹는 것이다. 왜 식탐을 경고할까. 음식은 우리의 생명을 유지하는 가장 기본적인 물질 조건인 동시에 하루 세 번을 평생 반복하는 것이어서 영향력이 크기 때문이다. 여기에서 쾌락을 찾기 시작하면 나머지 일상도 쾌락 중독에 빠질 가능성이 높아진다. 쾌락 욕망이 하루 내내 계속된다. 이 기준에서 보면 미식가나 식도락도 마음의 평온을 해치는 일이다.

'밥'에도 종류가 많은데 그중 최고는 '건강한 집밥'이다. 건강한 집밥을 먹기란 간단한 문제가 아니다. 이것을 먹을 수 있다는 사실 자체가 이미 많은 전제를 내포하고 있다. 우선 집에서 밥을 먹을 마음이 든다면 심리적 안정이 상당히 확보되었다는 뜻이다. 최소한 10~20분 걸리는 집밥 만들기를 실행할 수 있다면 육체적 건강도 괜찮은 것이다. 이것을 실천할 여건이 된다면 정주 조건이 상당히 확보되었다는 뜻이다. 배달 음식을 시켜 먹지 않고 내 손으로 의사들이 권하는 건강한 식단을 만들 수 있고 그 음식을 질리지 않고 먹으면서 평생의 일상으로 유지할 수 있다면 상당한 경지에 도달한 것이다. 다른 여러 정주 조건이 만족되어야 가능한 일이다.

집밥을 먹고 싶은 마음이 들고 집밥을 마련하는 일이 즐거움이 되고 즐거운 마음으로 집밥을 먹으려면 상당한 정서적 안정이 전제되어야 한다. '밥'은 단순히 열량과 영양소를 섭취하는 것 이상의 심오한 지표다. 하루에 세끼를 안정되게 먹을 수 있는 것은 절대 간단한 일이 아니다. 가장 기본적인 일이 가장 어려운 일이 된 것이 지금 우리의 현실이다. 이는 생활의 안정과 육체적 - 정신적 건강을 가늠하는 중요한 지표다. 건강한 집밥을 꾸준히 챙겨 먹는 일은 말처럼 쉽지 않다. 필요하다면 종교적 수행까지도 필요하다. 종교가 주거 문화에 개입할 수 있는 중요한 통로가 의외로 건강한 집밥 먹기일 수 있다. 집밥은 종교에서 가르치는 절제와 수행을 일상에서 실천하는 중요한 통로다. 내 생명의 가장 기본을 이루고 내 생명과 직결되는 일이 하루 세 번, 평생 반복되기 때문이다. 집밥에 맛 들이고 이것이 하나의 작은 즐거움이 된다면 집에 마음을 붙이는 데 큰 도움이 될 수 있다.

최근 들어 이른바 '먹방'이 크게 유행하고 있다. 푸드 포르노에 해당하는 무모한 먹기에서 유명 셰프들의 고급 음식까지 다양하다. 채널마다 먹는 프로그램을 하나씩 방영할 정도로 텔레비전만 틀면 여기도 '먹방', 저기도 '먹방', 온통 먹는 프로그램 천지다. 이제는 여행 프로그램에서도 먹는 장면이 중심이 되어버렸다. 문화 예술의 보고 베네치아에 가서 문화 예술 얘기는 3분만 하고 42분은 먹으러 다니는 내용으로 프로그램을 채운다. 속된 말로 온 국민이 '걸신들린' 것 같다. 방송만 이런 것이 아니다. 온 국민이 연인끼리, 가족끼리, 친구끼리 맛집을 찾아다니는 일이 일상의 큰 즐거움이 되었다. 배달음식까지 가세했다. 배달 앱 광고가 광고계의 큰 고객이 되었다. 배달 시장 자체가 꾸준히 성장하면서 경제에서 큰 부분을 차지하고 있다. 전국에 '먹방' 열풍이 불고 있는 것이다. 한반도 역사에서 처음으로 국민소득 3만 달러라는 큰돈을 손에 쥐게 된 우리 사회가 가장 먼저 하는 일이 '맛있는 것'을 찾아다니는 일이 되었다.

하지만 이런 현상이 정주 조건에는 불리하다. 적절하고 건강한 외식은 하나의 즐거움이요 가족의 화목을 돕는 요소일 수 있다. 하지만 일반적으로 음식점 음식이 해롭다는 사실은 잘 알려져 있다. 뒤집어 말하면 세상에서 가장 건강한 음식은 집밥이라는 얘기다. 잦은 외식은 건강에 위해 요소가 될 수 있다. 한국 사회는 외식 비중이 높다. 이런 현상은 정주 조건과 연관이 있다. 집이 정주 조건을 잃어 집에 들어오기 싫고 집 밖으로 돌다 보니 외식이 늘 수밖에 없는 것이다.

집밥을 먹는 횟수는 건강한 일상의 지표가 될 수 있다. 집밥 자체를 의무로 생각하면 힘들어서 못 하게 된다. 모든 일에는 순서라는 것이 있다. 먼저 해결해야 할 것이 집을 즐거운 마음으로 들어올 수 있는 곳으로 만드는 것이다. 집 밖에서 노는 것보다 집 안에서 노는 것이 더 즐겁고 좋으면 집으로 들어오게 되어 있다. 그다음은 집에서 정서적 안정을 느낄 수 있어야 한다. 그렇게 되면 자연스럽게 집밥을 먹게 되고 집밥 먹는 데 재미가 들리면 거꾸로 집에 들어오는 강력한 유인요소가 추가된다. 건강한 일상을 위한 선순환이 구축되는 것이다.

최적조화: 인생을 잘 살기 위한 다섯 가지 요소

최적조화를 이루는 씨앗이자 출발점으로서의 '건강한 집밥'에 대해 살펴보았다. 이제 최적조화라는 포괄적인 주제로 넘어가보자. 기본 개념은 이항요소 사이의 제로섬 관계다. 이항요소는 서로 대립이 되는 짝을 말한다. 인간사에서 이항요소는 상쇄 관계에 있기 쉬운데 이것을 제로섬 관계라 부른다. 하나가 커지면 다른 하나는 줄어드는 관계다. 휴식과 일이 좋은 예다. 문제는 둘 모두 없어서는 안 된다는 것이다. 관건은 둘 사이의 비율이다. 잘 사는 인생은 둘 사이에 적절한 비율을 찾아 지키는 것이다. 이것이 최적조화다. 균형감이라고 부를 수도 있다.

좀 더 확장해 보자. 집의 일상생활을 구성하는 다양한 요소가 중요하다. 이것들을 모두 만족시킬 수는 없다. 관건은 이 요소들 사이의 최적조화를 확보하는 것이다. 하루 24시간 동안 집에서 하는 다양한 일의 종류와 그 일들의 시간 비율이 일단 최적조화의 기본 개념을 담고 있다. 일상 요소들은 수많은 이항요소로 이루어진다. 이항요소의 종류만 많은 것이 아니고 제로섬 관계에 있는 요소가 둘을 넘어서 다자인 경우가 대부분이다. 요소들 사이의 지혜로운 비율을 지키지 않으면 생활은 평형과 균형을 잃고 삐걱거리기 시작한다.

건강한 일상이 어려운 이유다. 한 짝의 이항요소 사이에서도 최적조화를 지키기가 쉽지 않은데 요소가 여럿이 되면 더욱 어려워진다. 이런 최적조화에서 집의 정주 조건을 확보했는지 여부가 갈린다. 물질도 중요하지만 물질 쪽으로만 치우치면 다른 중요한 것들을 잃어 집에 마음을 붙이지 못하고 집 밖을 떠돌게 된다. 그렇다고 너무 정신적 가치만 붙들고 물질 부분을 소홀히 하는 것도 현명하지 못하다. 이상에서 최적조화의 의미를 정의하면 다음과 같다. 꼭 필요한 요소들이 부족하거나 넘치지 않게 종합적 균형을 이루어 최상의 결과를 내는 것이다. 집에서 낼 수 있는 최상의 결과는 정주 조건이다. 집에 마음을 붙여서 편안하고 안정된 일상을 보내는 일이다.

각자 처한 상황이 다르기 때문에 정답은 없다. 자신의 상황에서 확보 가능한 요소를 확보하되 그 방향을 최적조화로 잡아야 된다. 한 가지 예로 세 가지 기준을 제시할 수 있다. 첫째, 자신의 본성에 맞는 확실한 한두 가지 요소를 높게 잡는다. 둘째, 이 한두 가지 요소를 제외한 나머지 요소에 대해서는 종합 균형을 잡아야 한다. 셋째, 모든 요소에 상한선과 하한선을 적용한다. 어느 한 가지 요소만 너무 높으면 다른 것은 상대적으로 부족해진다. 반대로 어느 한 가지 요소가 심하게 열악해도 다른 좋은 상황에 악영향을 끼친다.

일상과 정주라는 것은 결국 사는 문제이니 인생을 대상으로 잠시 돌려서 생각해 보자. '인생을 잘 사는 데 필요한 조건'이라는 주제다. 나 개인적으로는 최소한 다섯 가지 요소가 필요하다고 본다. 순서는 중요하지 않다. 단지 종류만 나열한 것이다. 첫째, 영적 가치다. 인생은 물질로 이루어진 인간이 보이지 않는 가치를 추구하는 과정이다. 이것을 올바른 길로 인도하는 것이 영적 힘이다. 둘째, 육체적·정서적·정신적 건강이다. 인간은 '육체 – 정신 – 영'으로 이루어진다. 정신과 영은 다르다. 정신은 인간의 육체가 하는 일 가운데 눈에 보이지 않는 것이다. 생각,

의식, 감각 같은 것이 대표적이다. 영은 인간 밖의 초월적 힘과 소통하는 능력이다. 기독교의 성령이 대표적이다.

셋째, 반드시 가까워야 하는 인간관계다. 배우자, 자녀, 부모 등으로 이루어지는 직계 가족이 가장 가운데에 위치해야 한다. 그다음은 형제, 친척, 친한 친구, 직장 동료 등인데 중요도는 각자의 가치관에 따라 다를 수 있다. 넷째, 사회적 관계망이다. 셋째의 인간관계에 속하지 않는 다양한 사회적 인간관계가 대표적이다. 이 외에 내가 사회를 바라보는 기본 시각과 가치관, 사회가 나를 바라보는 시선과 평가, 사회에서 내가 차지하는 자리의 성격 등도 빠질 수 없는 요소다. 다섯째, 물질이다. 물질은 발생학적으로 보면 인간이 성립되기 위한 첫째 조건일 수 있지만 인생에서의 중요도를 기준으로 하면 다섯째 조건 정도면 안전하다는 것이 58년을 살아본 결론이다. 단, 반드시 필요한 요소에는 들어가야 한다.

다섯 가지 요소가 정해졌다. 그 순서를 정해야 한다. 순서에 따라 한 사람의 인생관이 정해진다. 반대로 한 개인을 둘러싼 여러 여건이 순서에 영향을 끼칠 수도 있다. 개인적으로는 이 순서가 그대로 중요도의 순서라고 생각한다. 개인적 요소가 1, 2위를 차지했기 때문에 나는 개인주의자라 할 수 있다. 셋째 요소를 중요하게 생각하면 가족주의자일 것이다. 넷째 요소를 중요하게 생각하면 사회적 인간형일 것이다. 다섯째 요소를 중요하게 생각하면 물질주의자가 된다.

이것들 사이의 배율 문제가 남아 있다. 이것도 개인의 여건과 가치관에 따라 결정할 문제다. 나 개인적으로는 다섯 가지 요소 사이의 차이를 어느 정도는 촘촘하게 하는 것이 좋다고 생각한다. 이런 문제를 숫자로 정하는 것은 좋은 방법이 아니지만 이해를 돕기 위해 숫자를 사용해서 사례를 들어보자. 다섯 요소 사이의 차이를 모두 2%씩 둔다고 가정하면 다섯 요소의 배율은 차례대로 '24-22-20-18-16'이다. 이 정도면 개인적

으로나 가족과 사회와의 관계에서나 바람직한 인생이 될 수 있다. 물질
도 너무 곤궁하지 않게 유지할 수 있다. 이것을 완벽하게 맞출 수는 없
지만 이를 목표로 삼아 노력하는 자세는 반드시 필요하다.

집의 최적조화

거시 차원의 다섯 가지 요소

집의 정주 조건에 대해서도 같은 내용을 생각해 볼 수 있다. 집의 문
제는 삶의 문제이며 집을 나와 동격으로 볼 수 있으므로 집에서도 여러
가지 가치관이 최적조화를 이루어야 정주 조건이 확보된다. 집은 사람
이 아니므로 최적조화를 이루는 구성 요소에 차이는 있겠지만 큰 방향
은 유사한 점이 많다. 거시 차원과 미시 차원으로 나누어 볼 수 있다.

거시 차원에서는 3장 1절에서 7장 2절까지 나온 내용이 곧 구성 요소
가 된다. 총 다섯 장이므로 물질성, 정신성과 종교성, 모태 – 감성 – 보살
핌, 정체성과 상징, 고향 – 뿌리 – 기억 등의 다섯 가지 요소다. 다음은
중요성의 순서다. 이 책에서는 집이 성립되기 위한 순서를 기준으로 잡
아서 물질성이 맨 앞에 나왔다. 집이 성립된 다음에 인생의 동반자로 오
랜 기간 사는 과정을 기준으로 하면 달라진다. 개인적으로는 앞에서 얘
기한 인생의 다섯 요소와 크게 다르지 않은 순서를 제시하고 싶다. 물질
성만 맨 뒤로 가고 나머지는 책의 순서 그대로 유지하면 된다. 요약하면
아래와 같다.

첫째, 정신성과 종교성이다. 이것은 집의 가치와 관련해서 큰 방향을
정하는 원론으로서의 중요성을 갖는다. 최초의 갈림길에서 어느 쪽으
로 방향을 잡는가의 문제이기 때문에 가장 중요하다. 둘째, '모태 – 감성

– 보살핌'이다. 나는 정서적으로 예민한 성격이어서 집에서 심리적 안정감을 느낄 수 있어야 한다. 셋째, 정체성과 상징이다. 집과 내가 협력해서 나의 인격적 가치를 함께 높여야 한다. 넷째, '고향 – 뿌리 – 기억'이다. 현대처럼 이동이 잦고 이사가 당연한 시대에는 고향의 가치가 처음부터 주어지지 않는다. 내가 만들어가야 한다. 앞의 세 가지가 확보되면 큰 도움이 된다. 다섯째, 물질성이다. 최소한의 물질성은 확보하되 그 범위를 엄격하게 잡아야 한다. 다섯 가지 요소는 제로섬 관계이므로 물질성은 앞의 네 가지에 비해 상대적으로 열세인 것이 좋다.

이번에도 다섯 요소 사이의 비율 문제가 남아 있다. 요즘 한국 사회의 부동산 투기 열풍을 생각할 때 첫째 요소를 강화할 필요가 있다. 그러나 여전히 다섯 요소 사이의 차이는 균등하게 유지하는 것이 좋다. 요즘처럼 사회가 불안정할 때에는 한쪽으로 쏠리는 것보다는 균형을 유지하는 것이 좋기 때문이다. 이번에는 차이를 3%로 조금 늘려보자. 그러면 다섯 요소의 비율은 '26-23-20-17-14'가 된다.

이 숫자를 해석하면 다음과 같다. 정신성과 종교성의 원론적 가치를 어느 정도 강하게 정해 놓고 집이 주는 심리적 기능과 인격적 가치를 안정되게 확보한다. 나는 서울에서 태어났으므로 고향의 가치가 크지는 않지만 시간과 기억의 관점에서 여기에도 최소한의 지분을 준다. 마지막으로 물질성에 대해서는 이상의 중요한 가치들을 먼저 확보한 뒤 남는 지분을 할당한다. 다섯 요소에 들었다는 사실만으로도 집에 필요한 최소한의 물질성은 확보했다고 할 수 있다.

이상은 '나'라는 사람에게 맞는 한 가지 사례다. 비슷한 방식으로 각 개인의 본성과 처한 상황에 따라 각자의 최적조화 조건을 생각할 수 있다. 진정한 최적조화는 각자에게 최적화된 생활공간을 확보하는 데 있다. 전통 한옥이 좋은 예다. 한옥에서는 남성과 여성이 사랑채와 안채를 따로 두면서 각자에게 최적화된 생활공간에서 살았다. 집을 지을 때는 집주인이 장인과 협동해서 직접 설계와 시공에 참여했다. 주관성이 확보된 유형이었다.

현대의 아파트는 반대다. 처음부터 표준화된 형식이 정해지고 입주자의 식구와 가정은 거기에 맞춰 살아야 한다. 객관성이 극단화된 유형이다. 객관성을 위해 주관성이 희생된 경우다. 객관성이란 압축 근대화라는 국가적 가치, 기업의 이익창출이라는 경제적 가치, 부동산 투자라는 물질적 가치 등으로 이루어진다. 이런 객관성이 원래부터 지금처럼 절대적이었는지 아니면 한국 사회에서 과도하게 부풀려진 것인지는 단정적으로 말하기 어렵다. 한 가지 확실한 것은 이 객관성을 위해 최적조화라는 정주 조건이 희생당했다는 사실이다.

현대 한국 사회에서 아파트는 피하기 쉽지 않은 초기조건이 되었다. 그렇더라도 포기하기는 이르다. 물리적 구조는 포기하더라도 생활 콘텐츠에서는 최적화된 환경 조건을 만들어야 한다. 부족하기는 해도 이것으로 정주 조건은 만족될 수 있다. 개인주택을 짓는 과정과 똑같이 생각하면 된다. 집에 대한 나만의 철학을 먼저 세우고 여기에 따른 나만의 이상적 세계를 정한다. 집은 이것을 실현하는 '터'로 삼아 이런 생각을 구현한다. 이런 행위는 내가 좋아하는 것이 무엇인지, 나에게 맞는 것이 무엇인지, 궁극적으로 내가 누구인지를 찾고 알아가는 과정이다.

미시 차원의 여섯 가지 요소

미시 차원은 '하루 24시간 동안 집에서 하는 일의 종류'다. 사적인 영역에 속하는 일이고 개인마다 차이가 커서 거시 조건처럼 법칙화하기 힘들다. 그 대신 생활을 꾸려나가는 구체적인 항목을 중심으로 생각해보자. 이것은 주거 형식의 대세가 된 아파트에도 적용 가능한 내용이다.

현재 아파트는 주거 형식으로는 불리한 조건이다. 편의성과 재산 가치에서는 유리하지만 정주 조건을 확보하는 데에는 불리하다. 하지만 물리적 구조는 못 바꾸더라도 우회 접근은 가능하다. 미시 차원의 항목을 실천하면 아파트에서도 마음 붙이고 살 수 있다. 앞에서 열거한 집의 이상적 의미에 최대한 가깝게 사는 것으로, 아파트를 행복한 집으로 만드는 전략이다. 미시 차원의 요소는 총 여섯 가지인데, 집 안 요소 네 가지와 집 밖 요소 두 가지로 나누어 생각할 수 있다.

집 안 요소는 네 가지다. 첫째, 인테리어 수리다. 집의 물리적 골격이 먼저 정해진 상황에서 물리적 환경을 바꾸기 위한 최소한의 장치일 수 있다. 아파트에서 집주인의 취향이 반영될 수 있는 최대 범위는 인테리어까지다. 실제로 인테리어를 잘해서 집에 재미를 붙이고 심리적으로 안정을 찾은 경우도 있다. 지나쳐서 사치로 흐르지 않는다면 적절한 인테리어 수리는 집을 내 감성과 정체성에 맞게 조절하는 점에서 긍정적 기능을 갖는다. 아래의 추가 내용과 함께 생각하는 것도 필요하다. 이런 추가 내용을 확보한 다음에 그것에 맞게 인테리어를 바꾼다면 더 효과가 좋을 것이다.

둘째, 생활 콘텐츠를 이용해서 최적조화를 실현하는 것이다. 판에 박은 듯한 실내 형태에서 벗어나자는 것이다. 예를 들어 거실에 반드시 소파가 있어야 할 이유는 없다. 소파를 두는 이유는 채우고 싶은 다른 것이 없기 때문이다. 집 안을 무엇으로 채울지는 중요한 문제다. 나만의 취미생활, 라이프 스타일, 철학, 세계관, 가치관 등과 연관된다. 판에 박은 듯한 스타일을 따라한다는 것은 나만의 세계를 꾸밀 내용도, 동기도, 의욕도 없기 때문이다. 이것은 결국 내가 누군지, 내가 좋아하는 것이 무엇인지, 나에게 맞는 것이 무엇인지를 모른다는 얘기다. 이렇게 되면 모든 시간을 집 밖에서 보내고 집은 그저 밤늦게 들어와서 잠만 보고 가끔 텔레비전이나 보는 하숙집이 된다. 집 밖에서 시간을 보내다 보면 결국 유흥문화로 빠지기 쉽다.

셋째, 텔레비전과 스마트폰 없애기다. 텔레비전을 아예 없애거나 최소한 골방으로 보내서 한일전 축구시합처럼 꼭 필요할 때만 보는 것이 좋다. 스마트폰도 손에서 놓아야 한다. 그 자리를 자신의 취미생활로 대체한다. 텔레비전 자리에 다른 것을 놓아야 한다. 거실은 나만의 취미생활을 하는 공간으로 탈바꿈한다. 공작 놀이, 책 읽기, 종교 생활, 음악 감상, 화초 가꾸기 등을 얘기하면 옛날 사람이라 하겠지만 이것은 유행의 문제가 아니다. 정서적 안정이라는 인간의 기본 사항에 관한 문제다.

넷째, 가능한 한 집에서 몸을 많이 움직이는 것이다. 집안일을 즐거운 일상으로 즐기면서 가벼운 수양으로 삼는 것이 그 방법이다. 과거에 식구가 많을 때 전업주부가 하던 일은 중노동에 가까워서 이런 말을 함부로 할 수 없었다. 그러나 이제 기계화가 많이 되고 식구 수도 줄어서 시간적 여유가 생겼다. 이는 주부뿐만 아니라 식구 전체에게 해당되는 상황이다. 현대인이 앓는 질병의 원인으로는 몸을 쓰지 않는 것도 중요한 부분을 차지한다. 격렬한 운동이라도 해야 될 것 같아 집에서 몸 쓰는 정도가 무슨 건강에 도움이 되겠는가 싶지만 그렇지 않다. 집에서 몸 쓰는 것이 건강에 유용한 출발점이 될 수 있다. 몸의 관성에 실마리 혹은 점화(ignition) 역할을 하기 때문이다. 몸은 관성으로부터 크게 영향을 받는다. 한 번 안 쓰기 시작하면 계속 안 쓰게 되고 몸을 조금만 움직이려 해도 귀찮고 여기저기 쑤시고 아픈 것처럼 느껴진다. 그러나 그 순간을 참고 견뎌서 한 3분만 움직이고 걸으면 몸이 가벼워지고 정신이 시원해지면서 상쾌해진다. 집에서 몸을 많이 사용하는 것은 이렇게 몸을 활성화시키는 데 실마리나 점화 역할을 할 수 있다. 늘 잔잔하게 몸의 활성 상태를 유지해 줌으로써 하루 종일 몸을 사용할 수 있게 하거나 본격적인 운동을 하는 데 도움을 준다. 실제 100살 이상 산 고승이나 촌로들의 공통점은 모두 부지런한 일상생활을 한다는 것이다.

일상의 즐거움과 마음의 수양을 결부시키면 그 효과는 훨씬 커진다. 나와 내 식구가 사는 터전의 먼지를 없앤다는 생각, 나와 내 식구의 생명을 유지하는 음식을 장만한다는 생각, 열심히 생활하면서 땀으로 젖은 옷을 깨끗하게 세탁한다는 생각 등은 그 자체만으로 집안일을 즐겁게 만들어준다. 집안일은 대체로 같은 일을 반복하는 것인데 종교에서는 반복 행위를 좋은 수양의 방법으로 권한다. 집안일에 대한 긍정적 생각에 수양을 더하면 일상생활에 활기가 더해지고 건강도 지킬 수 있다.

집 밖 요소는 두 가지다. 첫째, 아파트 단지의 외부 입지 조건이다. 어떤 면에서 가장 중요한 요소일 수 있다. 밝은 햇빛, 맑은 공기, 나무와 녹지 등 최소한의 자연 환경이 필요하다. 산책코스와 공원도 필수다. 집 밖에서 보내는 시간을 줄이고 집으로 돌아오게 해주는 훌륭한 유인요소다. 마당이 사라진 아파트에서 부족하지만 마당을 대신할 수 있다. 자신의 나이, 건강, 그날의 기분 등에 따라 걸음 속도와 거리 등을 적절하게 조절해 가면서 하는 산책은 정서적 안정에 필수다. 따뜻한 햇빛을 받을 수 있으면 최고다.

출퇴근 거리도 또 다른 중요한 요소다. 회사가 너무 멀면 일단 시간과 에너지를 많이 빼앗겨서 좋지 않다. 가까운 경우에는 두 가지 판단이 가능하다. 편리함만 생각하면 가까울수록 좋은 조건이며 이 기준으로는 직주겸용이 최고다. 그러나 출퇴근하면서 거리와 사람을 감상하고 생각할 시간을 가지려면 최소한의 시간은 걸리는 것이 좋다. 어쨌든 출퇴근 시간이 어느 선을 넘지 않는 것은 필요하다.

둘째, 공공영역을 즐기는 것이 좋다. 건강한 취미생활을 위해서 공공 인프라를 최대한 활용할 필요가 있다. 공공 인프라에는 도로나 상하수도 같은 물리적 시설만 있는 것이 아니다. 문화활동과 평생교육 등 건강한 취미생활과 다양한 정신활동을 지원하는 문화시설도 포함된다. 한국은 선진국보다는 부족하지만 생각보다 이런 시설이 잘 되어 있는 편이다. 지금까지는 공공영역의 시설이 주로 구청 단위로 지원되었지만 최근 들어 동 단위, 심지어 아파트 단지 단위로 좁혀지고 있다.

나는 고양시에 사는데 216세대밖에 되지 않는 우리 아파트 단지 내에 얼마 전 커뮤니티 센터가 개관했다. 비용은 시와 주민이 분담했다. 어느 아파트에나 있는 노인정 수준이 아니다. 여러 개의 방에 여섯 가지의 프로그램을 갖추고 외부에서 전문 강사까지 초빙해서 활발하게 운영되고 있다. 잘사는 동네라 돈이 많아서 하는 것이 아니다. 주민들은 한 달에 만 원을 운영비로 낸다.

우리 아파트 단지의 커뮤니티 센터 개관은 정주 조건이라는 주제와 연관해서 중요한 사건이다. 동네문화를 살리는 길이기 때문이다. 나는 산책 나갈 때마다 이곳이 잘 활용되는지 살펴보곤 한다. 그런 대로 이용자가 꾸준히 유지되는 것 같다. 한국 사회의 환경 켜는 집과 회사의 두 가지밖에 없다. 중간에 '동네'라는 중요한 덩어리가 실종된 상태다. 집에 마음을 못 붙이고 유흥가를 떠돌게 하는 중요한 원인이다. 앞으로는 공공영역의 범위를 좁히고 세분화해서 동네문화를 활성화하는 방향으로 문화의 흐름이 바뀌어야 한다. '동네에서 놀기'는 중요한 정주 조건이다.

본성, 제격, 지속가능성

처지와 분수: 본성, 제격과 박진성

이제 종점에 이르렀다. 정주 조건의 종류와 이것을 확보하기 위한 방법론까지 살펴보았다. 모두 한 집에 오래 살면서 집에 마음을 붙이자는 이야기를 한 것이다. 이래야만 집에서 실존을 확보할 수 있기 때문이다. 이 조건들을 모두 만족시킬 수는 없을 것이다. 만족에 대한 기준도 정해진 것은 없다. 한 가지 확실한 것은 실존을 확보할 정도의 정주 조건이 만족되었을 때 집에서 느끼는 공통적인 감정 상태가 있다는 것이다.

그렇다면 정주 조건을 확보한 삶은 어떤 것일까. 이 책을 관통하며 계속 거론된 '집에 마음 붙이기'가 궁극의 목적일 것이다. '지금 사는 곳에 만족하며 다른 곳으로 이사 가고 싶은 마음이 들지 않는 상태'는 이것을 풀어쓴 내용일 것이다. 집 밖에서 하루를 보낸 뒤 빨리 집에 가고 싶어지고, 집으로 향할 때 뇌에서 행복 물질이 나오면서 푸근한 마음이 드는 것이 구체적인 예일 것이다.

이런 상태에 이르기 위한 조건과 이런 상태에 이른 의미를 두 가지 개념적 주제로 제시하고 싶다. '본성'과 '지속가능성'이다. 우리 삶에서 가장 중요한 두 가지인데 모두 정주 조건이 만족되었을 때 얻게 되는 가치다. 둘은 동전의 앞뒷면처럼 함께 간다. 본성이 확보되어야 지속가능성을 유지할 수 있다. 지속가능성이 유지되어야 본성에 어긋나지 않을 수 있다. 차례대로 살펴보자.

지금까지 제안한 정주 조건은 집의 본성이다. 더 중요한 본성이 남았다. '나의 본성'이다. 좋은 집이란 이 두 본성이 자연스럽게 일치하는 것이다. 이럴 때 정주 조건이 확보된다. 집의 본성은 어느 정도 정해져 있다. 이 책에서 제시한 내용이 모범 답안은 아니지만 대체로 이런 범위에 든다. 문제는 '나의 본성'이다. 사람들은 자기 본성을 잘 모른다. 일단 이것을 찾아야 한다. 집에 마음을 붙이는 노력은 자기 본성을 찾아가는 과정이다.

'본성'은 여러 관점에서 정의할 수 있는데 집과 관련된 나의 본성은 '전반적인 생활방식의 문제'다. 크게 네 단계로 생각할 수 있다. 첫째, 본성을 안다는 것은 일차적으로 나의 개성과 성향을 아는 것이다. 작고 아늑한 방을 좋아하는지 아니면 크고 밝은 방을 좋아하는지, 인테리어는 따뜻한 나무가 좋은지 세련된 최신 대리석이 좋은지, 커튼과 벽지 색깔은 무엇으로 할지, 가전제품은 어느 회사 물건으로 할지, 가구는 클래식한 것으로 할지 모던한 것으로 할지 등을 결정한다.

둘째, 이를 위해서는 내가 어떤 사람인지를 알아야 하며, 그에 맞는 최적화된 주거환경을 나 스스로 만들어야 한다. 아파트는 처음부터 내가 원하는 대로 지은 집이 아니다. 기업이 상품으로 지은 곳에 나중에 들어가서 그곳에 나와 가족의 생활을 맞춰야 하는 집이다. 이는 정주 조건의 관점에서 보면 비극이지만 피할 수 없는 현실인 것도 사실이다. 이 비극을 극복하기 위해서는 주어진 여건 내에서 생활공간을 가능한 한 최적화된 주거환경으로 만들어야 한다. 이를 위해서는 나의 생활 전반에 걸친 최적조화 모델을 찾아야 한다.

셋째, 나의 취향이 무엇인지, 내가 어떤 사람인지, 이 두 가지가 결국 나의 본성이다. 이것을 찾은 다음에는 지금까지 제시한 집의 본성과 나의 본성이 일치하도록 정밀하게 조율해야 한다. 이를 위해서는 내 생활의 많은 부분이 변해야 한다. 필요하다면 완전히 새로운 생활습관을 가져야 한다. 그러려면 가치관부터 다시 살펴보아야 한다. 오랫동안 굳어진 생활습관을 바꾸는 것은 어려운 일이다. 이것을 가능하게 해주는 것은 가치관이므로 가치관부터 새로 정립해야 한다. 따라서 본성은 결국 가치관의 문제로 귀결된다.

넷째, 마지막으로 이것만큼 중요한 것이 내 처지와 분수를 아는 것이다. 여기에 개성과 성향을 더하면 '제격'이 된다. 각자에게 맞는 옷을 입는 것과 마찬가지다. 나의 개성과 성향을 찾는 노력에 지금 나의 처지를 가능한 한 냉정하고 정확하게 파악하는 노력을 함께해야 한다. '박진성 (迫眞性, verisimilitude)'이라는 단어가 비슷한 뜻을 갖는다. 주로 문학, 연극, 회화 등에서 사용하는 단어이며 '사실성'이라고도 한다. '박(迫)'은 '근접하다'라는 뜻이니 '박진'은 '사실에 근접하다'라는 뜻이다. '있는 그대로 표현한다'는 뜻의 '사실성'이 주로 외관에 한정된다면 '박진성'은 '특정 상황의 성질을 그것답게 표현한다'라는 뜻이다. 연극에서는 전쟁 상황이면 비참한 분위기가 흘러야 되고 축제 장면은 즐거운 흥분감이 느껴져야 하는 식이다. 개인의 가치관과 생활 태도에도 해당된다. 학생이면 열심히 배우려는 자세를 보여야 되고 선생이면 교육자로서의 책임 의식과 품격을 갖춰야 한다. 가식과 허영을 지우고 자신의 본업에 충실해야 한다는 뜻이다.

나와 집의 본성에 대입해 보자. 나의 성향과 분수에 맞는 개성을 집에 실어내야 한다. 집은 딱 맞는 옷을 입은 것처럼 자연스럽게 나의 '제격'

이 된다. 옷이 나에게 맞는다는 것은 크기는 물론이고 옷감의 질감, 색, 무늬, 가격, 브랜드 등 모든 것이 나의 처지와 분수에 맞는다는 뜻이다. 이런 옷을 사 입으면 일상이 편해지고 마음도 편해진다. 집도 마찬가지다. 나의 집은 나의 제격을 갖추어야 한다. 제격 이하이면 곤궁하게 보이니 이것도 좋은 것은 아니다. 제격 이상을 노리면 분수를 모르는 것이 되어 불행의 씨앗이 된다. 일상이 원인 모를 짜증과 불만족에 사로잡혀 있다면 한 번쯤 내가 사는 집이 나의 처지와 분수에 안 맞는 것은 아닌지 돌아볼 일이다.

이처럼 내 처지와 분수를 아는 것은 정주 조건에도 필수적인 사항이다. 나의 부족한 점을 보라는 것은 아니다. 이는 소극적인 단계다. 궁극적으로는 나의 자존감과 정체성을 나 스스로 확립하기 위한 적극적인 행위다. 집은 이것을 돕고 실천하는 장이다. 집과 내가 정밀하게 본성을 조율하는 과정에서 나의 실존이 확보된다. 집이 나의 '제격'에 맞는다는 것은 무척 행복한 일이다. 집은 강한 유인성을 갖는다. 집 밖에서 노는 것보다 집에서 노는 것이 더 즐겁고 재미있어진다. 집의 물리적 구조가 한옥처럼 놀이터이면 가장 좋을 것이다. 그렇지 못한 아파트에서는 놀이 기능보다 최적조화가 더 설득력 있고 현실성 있는 방향일 것이다.

제격에 맞는 집은 묵상의 공간이 된다. 나의 본성을 찾고 제격을 얻으면 사람은 군말이 없어지고 차분해진다. 간간이 깊이 있는 묵상을 하기 시작한다. 집 밖에서는 묵상하기 힘들다. 정신적 여백을 누릴 수 있는 공간이 필요하다. 이것을 해줄 수 있는 것은 종교 시설 외에는 집밖에 없다. 나의 본성과 정밀하게 조율된 제격에 맞는 집이 해답이다. 이는 자연스럽게 가치관이라는 도덕성으로 귀결된다. 전반적인 생활방식을 바꿔야 된다는 것도 같은 뜻이다. 가치관과 도덕성이란 결국 미디어 속

드라마와 건설 자본이 결합해서 만들어내는 물질 가치와 거짓 환상을 거부하는 실존의 철학을 실천하는 것이다.

나는 고양시의 아파트에 산다. 여러 요소를 종합적으로 고려했을 때 '나의 제격'이라 할 만하다. 현재 한국 사회의 상황과 나를 둘러싼 여러 가지 삶의 여건을 감안할 때 나름대로 최적조화를 찾아 헤맨 결과다. 지금까지 살펴본 여러 정주 조건을 지키려고 노력했으며 여러 번의 시행착오 끝에 지금 사는 곳에 정착했다. 이사도 적지 않게 다녔는데 이곳에 정착한 뒤 이사 생각은 사라졌다.

집 밖에서 노는 것보다 동네와 집에서 노는 것이 점점 즐거워지고 있다. 나이 탓일까 생각도 해보았지만 아직 그럴 나이는 아닌 것 같다. 집값은 안 오르지만 상관없다. 나는 현재 나의 집에 만족한다. 완벽하지는 않지만 최소한 '주거가 안정되었다'는 말 정도는 할 수 있다. 정주 조건을 어느 정도 확보한 삶을 살고 있다. 삶에서 큰 짐 하나를 던 느낌이다. 감사하다는 마음이 크게 든다. 지금 사는 곳에서 그냥 계속 살면 적어도 집 문제와 관련해서는 고민이 없을 것이라는 확신이 든다.

지속가능성: 집에 '지속가능'하게 마음 붙이기

다음으로 '지속가능성(sustainability)'을 보자. 이 말은 생태학에서 주로 사용한다. 원뜻은 '자연 환경이 스스로의 자정 능력을 유지함으로써 외부의 개입 없이 혼자서 건강한 상태를 유지하는 능력'이다. 자연 환경이 오염되면 지속가능성이 깨지며 생명체가 살 수 없게 된다. 핵심어는 '자정 능력'과 '건강한 상태 유지'다. 이 말은 확장해서 모든 조직에 적용할 수 있다. 한 개인의 삶도 작은 조직이기 때문에 이 개념을 적용할 수 있다. 가족, 학교, 기업 등 여러 조직으로 확장되며 궁극적으로 사회, 국가, 문명 등에도 적용된다.

'집'도 그중 하나다. '집'에도 지속가능성을 적용할 수 있다. 거꾸로 '집'은 일상생활과 인간 사회가 지속가능성을 얻는 데 빠질 수 없는 중요한 조건이다. 집의 지속가능성은 정주 조건의 최종 목적이자 정주 조건이 만족되면 확보되는 상태다. 지속가능성을 적용할 수 있는 모든 조직은 집의 지속가능성과 연관된다. 개인의 실존과 연관된 일상생활에서의 지속가능성은 그대로 정주 조건이 된다.

그 뜻은 사실 간단하다. 집에서 건강한 일상생활을 지속적으로 유지할 수 있다는 뜻이다. 조금 바꿔 보면 집에 지속적으로 마음을 붙이고 사는 것이 가능하다는 뜻이다. 이는 그대로 가족과 사회의 모든 조직과 연관된다. 개인이 집에서 자정 능력을 얻어서 건강한 상태를 유지하면 가족과 사회도 밝고 화목해진다. 개인이 불안에 빠져 짜증을 부리고 분노에 차 있으면 가족과 사회도 똑같아진다. 사람들끼리 충돌하면서 관계는 악화된다. 철 지난 가족주의 같지만 개인과 사회 모두의 행복은 안정된 가정과 집에서 출발한다. 요즘 이렇게 말하는 사람은 없다. 이런 말을 하면 촌스러운 옛날 사람으로 취급받는다. 하지만 이는 한국 사회가 집과 가정의 소중함을 논할 만한 정신적·심리적 여유가 없기 때문이 아닐까.

집의 지속가능성은 8장 1절에서 보았던 최적조화와 연관성이 크다. 인류 문명이 시작된 이래 집 짓고 사는 문제는 개인의 생존과 사회의 발전 모두에서 가장 기본적인 문제였다. 이것이 어려운 이유는 너무 많은 요소가 개입되며 정답도 없기 때문이다. 많은 요소가 복잡한 제로섬 관계에 있다. 어느 한 가지에 치중하면 개인의 생활과 사회 조직 모두 오래 갈 수 없다. 적절한 조화와 균형이 필요하다. 이동 본능을 절제하면서 정착의 행복을 이루어야 하지만 물질에 집착하면 정신적·심리적 안정이 깨져 붕괴된다.

현대로 오면서 개인과 사회 모두 다원성이 크게 증가하면서 최적조화에 의한 지속가능성이 더욱 중요해져 간다. 각자 처한 처지와 상황의 편차가 크기 때문에 표준 모델 같은 정답은 더욱 묘연해진다. 현대 사회는 인구구조, 가구구성, 개인의 생활방식, 정치경제의 외적 변수, 가치관과 세계관 등이 너무 다양해져서 어느 한 가지가 좋다고 말하기 어렵다. 포괄적인 개념이 필요한데 이것이 바로 '지속가능성'이다. 각자 지혜를 발휘해서 자신에게 맞는 최적화된 생활방식을 찾아야 지속가능성을 유지할 수 있다.

지속가능한 집에 사는 것은 각자가 처한 상황에서 가능한 한 최대 행복을, 아니면 최소한의 행복이라도, 한 조각의 행복이라도 얻을 수 있는 길이다. 집에서 너무 많은 것을 바라는 것은 불가능한 사회가 되었다. 한 조각의 행복이라도 얻을 수 있는 집이 좋은 집이 되었다. 결코 작지 않다. 한 조각의 행복이라도 있어야 생명의 풍요를 희망할 수 있다. 이것을 잘 키워 싹을 틔워야 생명이라는 열매를 맺을 수 있다. 이것이 실존 행위이며 이것을 가능하게 해주는 것이 집의 정주 조건이다.

행복을 외부 요소에서 찾는 시대가 되었다. 나라는 존재의 밖, 내 집이라는 실존 환경의 밖에서 행복이 정해져 강요된다. 돈으로 쾌락을 사거나 사람에게서 자극적인 즐거움을 구한다. 미디어 속의 허구가 많은 사람의 이상향이 되었다. 스마트폰이 모든 사람을 조종하는 시대가 되었다. 이런 일련의 현상은 모두 행복을 갈망해서 나타나는 것이다. 행복의 비밀은 나의 존재 안에 있고 내 집 안에 있지, 결코 집 밖에서 찾을 수 있는 것이 아니다. 불가에서 통용되는 '내 집에 보물이 있는데 집 밖에서 보물을 찾는다'라는 깨우침이 절실한 때다. 바닷물 속에 있으면서 또

물을 찾는 격이다. 행복은 정신과 가치관의 문제다. 행복을 애타게 찾는다는 건 정신이 불안하고 고갈되어서 병들었다는 뜻이다.

결국 정신의 문제와 '정주'의 문제로 귀결된다. 좋은 집이란 지속가능성을 통해서 행복을 확보해 준다. 이 땅 위에서 불안한 존재일 수밖에 없는 인간의 근원성에 대해서 최소한의 안식처를 마련해 준다. 종교적 노숙 개념에 대해서 정주의 확보로 맞설 수 있게 해준다. 육체와 정신이 건강을 유지하고 지속가능한 삶을 보장함으로써 행복의 토대가 될 수 있는 건강한 집이 좋은 집이다.

우리의 경제와 기술 수준은 물리적 토대의 기본을 만족시키고도 남을 정도로 풍족해졌고 발전했다. 그럼에도 우리는 불행하다고 난리이고 가난하다고 난리다. 경제력은 세계 7위인데 행복도는 하위권이다. 행복이 경제와 비례하지 않는다는 슬픈 사실을 확인해 주는 교과서 같은 나라가 되었다. 그 한복판에 집의 실종이 있다. 비정상적으로 높은 아파트의 비중은 작은 지표일 뿐이다. 근본적으로 집이 붕괴되고 실종된 것이 핵심이다.

1인 가구이건 2인 가구이건 4인 가구이건 간에, 저소득층이건 고소득층이건 간에, 개인주택에 살건 서민아파트에 살건 30억짜리 빌라에 살건 간에 모든 희로애락은 같다. 집이 불행하면 비싼 집값은 아무 도움이 되지 못한다. 집이 행복하면 최소한의 물질적 기반으로도 부족하지 않다. 사람들은 행복을 간절히 원하지만 집에서 행복이 시작된다는 것을 알지 못한다. 최적조화가 집의 행복에 이르는 길이라는 것도 알지 못한다. 지속가능성의 가치를 확보한 집에 사는 즐거움이 어떤 것인지 알지 못한다.

실존의 위기: 지속가능성의 실존적 중요성

예순 살을 바라보니 인생에 대해 생각하게 된다. 무엇이 잘 사는 인생일까. 여러 가지 생각이 떠오른다. 자기 자신과 본성을 파악할 것, 절제와 수양을 유지할 것 등 하고 싶은 말도 많아진다. 집에 마음을 붙인 안정된 생활이 최고인 것 같다. 그 안에 다른 조건들을 포함하는 포괄적인 조건이다. 물질적으로 궁핍하지 않아야 하고 정서도 안정되어야 한다. 가족이 화목해야 하고 정신적 가치를 붙들어야 한다.

'안정된 생활'이라는 말 속에는 이처럼 물질, 정서, 가족, 정신 등의 중요한 정주 조건이 포함된다. 지금 나의 인생이 불행하다면 생활방식을 바꾸는 것도 좋은 방법이다. 그냥 안 바꿔진다. 가치관을 세워야 바뀐다. 생활은 가치관이 이끈다. 물질이 가치관이면 물질적으로 살고, 쾌락이 가치관이면 쾌락적으로 산다. 하지만 물질과 쾌락이 이끄는 생활은 행복한 생활과는 모두 거리가 있다. 행복한 생활은 정신적 가치 위에서만 가능하다. 지금까지 살펴보았던 정주 조건들이 그런 정신적 가치다.

현대 문명의 치명적인 한계는 물질과 기술이 남긴 문제를 여전히 물질과 기술로 해결할 수 있다고 믿으며 실제로 그렇게 시도하고 있다는 점이다. 정신, 사상, 종교가 빠져서 생긴 문제인데, 이것을 채우려 하지 않고 문제의 주범으로 문제를 해결하겠다는 자기모순에 빠져 있다. 집도 마찬가지다. 집이 불행한 이유는 물질과 기술이 부족해서가 아니라 정신과 감성이 실종되었기 때문이다. 해결책은 정신과 감성을 찾는 것인데 여전히 물질과 기술이 부족해서 불행하다고 난리다.

문명 차원에서 생태 위기라고 한다. 오염된 자연을 이르는 말이지만 생태계로 치환될 수 있는 것 모두에 해당된다. 개인 생활과 집도 마찬가지이며 인간의 존재 자체까지도 해당된다. 생태 위기는 물리적·화학적 오염에 국한된 환경 위기를 넘어서 인간의 종합적인 실존 위기로 확장되고 악화되어 가고 있다. 물질과 기술에 오염되어 정주 조건을 상실한 개인 생활과 집이 그 한복판에 있다.

물질과 기술을 뛰어넘는 해결책이 필요하다. '정주 조건 - 최적조화 - 지속가능성'의 삼종 세트를 회복하는 것만이 유일한 해결책이다. 개인과 문명과 집 모두 정신과 감성이 이끌어가고 물질은 이를 뒷받침해 주는 방향이 이상적이다. 이는 그대로 실존의 문제가 된다. 지금은 이것과 반대 방향으로 가기 때문에 개인도 문명도 집도 모두 심각한 실존의 위기에 빠져 있다. 불안이 팽배하고 수시로 불행이 엄습한다. 개인 생활과 집 모두에서 지속가능성을 회복해야 한다. 개인 생활도 하나의 생태계인데 집은 더욱 그렇다. 생태학에서 사용하는 지속가능성이라는 개념은 개인 생활과 집에서 행복을 보장하는 전략이자 이를 확인하는 지표가 될 수 있다.

이는 결국 어떻게 사느냐의 문제로 귀결된다. 생활방식과 삶의 가치관의 문제다. 공자는 나이 오십을 '지천명(知天命)'이라고 했다. 하늘의 뜻을 안다는 의미인데, '하늘의 뜻'이 무슨 거창한 내용이지는 않을 것이다. 인생의 지혜면 족하지 않을까. 지혜에는 여러 가지가 있다. 자신의 본성을 잘 알고 분수를 지키는 절제된 삶, 원만한 대인 관계, 사회에 대한 책임 등 물질과 기술 이외의 가치에 눈을 돌릴 때다.

집에 대한 지혜도 그중 하나다. 인생 오십쯤 살다 보면 집 고르는 눈이 생긴다고 했다. 전통적인 기준은 보통 햇빛이 잘 들고 건강해 보이는 집이었다. 압축 근대화를 거치면서 '투자 가치'가 좋은 집의 기준으로 바뀌었다. 최근 들어 점점 스마트 장치가 많이 도입된 집이 늘어나고 있다. 거꾸로 가는 위험한 기준이다. 물질과 기술의 이런 기준이 강화되는 한 한국 사회의 불행은 계속될 것이다.

유교 전통시대의 가치가 사라지고 물질 기계문명의 새로운 가치가 들어섰다. 전통적인 가치는 비효율적인 것을 넘어 나쁜 것으로까지 몰린다. 나는 그 자리를 채운 새로운 가치에 대해 검증을 하고 싶다. 과연 진정한 우리 것인가, 인간의 정신에 대해서 무엇을 해줄 수 있는가, 우리만의 삶의 의미와 목표를 확립했는가라는 질문을 던지고 싶다. 답은 부정적이다. 새롭게 바뀐 현대 문명에 맞는 우리만의 삶의 방식과 모델을 세우지 못했다. 물질과 기술이 절대선의 자리를 차지하고 일상과 집을 지배하는 절대적 가치관이 되었다.

바꿔야 한다. '정주 조건 – 최적조화 – 지속가능성'의 삼종 세트가 좋은 집의 기준이 되어야 한다. 이 책에서 제시한 여러 주제가 구체적인 내용이다. 낯선 내용도 많고 복잡해 보일 수도 있다. 우선 자신에게 가장 잘 맞는 한 가지를 골라 꾸준히 실천한 뒤 생활이 바뀌는 것을 느끼기 시작하면 다른 주제로 조금씩 확장해 가는 것이 좋다. 한국 사회가 집의 올바른 가치를 되찾아 조금이라도 행복해지기를 간절히 바라는 마음으로 나의 긴 집 얘기를 맺고자 한다.

참고문헌

철학 주제

메를로-퐁티, 모리스(Maurice Merleau Ponty). 2017. 『지각의 현상학』. 류의근 옮김. 서울: 문학과 지성사.

베르그송, 앙리(Henri Bergson). 2010. 『웃음/창조적 진화/도덕과 종교의 두 원천』. 이희영 옮김. 서울: 동서문화사.

염재철. 2014. 「존재와 예술」. 『하이데거 예술 사상』. 서울: 서울대학교출판문화원.

하이데거, 마르틴(Martin Heidegger). 2016. 『존재와 시간』. 전양범 옮김. 서울: 동서문화사.

후설, 에드문트(Edmund Husserl). 2018. 『사물과 공간』. 김태희 옮김. 파주, 경기도: 아카넷.

Bell, David. 1995. *Husserl*. New York: Routledge.

Bergson, Henri. 2002. *Matter and Memory*. New York: Zone Books.

Bernasconi, Robert. 1993. *Heidegger in Question*. Atlantic Highlands, New Jersey: Humanities Press.

Cooper, David E. 1999. *Existentialism*. Oxford, England: Blackwell.

de Muralt, André. 1974. *The Idea of Phenomenology: Husserlian Exemplarism*. Evanston, Illinois: Northwestern University Press.

Dreyfus, Hubert(ed.). 1993. *Heidegger, A Critical Reader*. Cambridge, Massachusetts.

Gauthier, David. 2011. *Martin Heidegger, Emmanuel Levinas, and the Politics of Dwelling*. London, England: Lexington Books.

Hume, David. 1972. *Enquiries concerning the human understanding and concerning the principles of morals*. reprinted from the 1777 edition. Oxford, England: Clarendon Press.

_____. 1985. *A Treatise of Human Nature*. reprinted from the 1739 edition. London, England: Penguin Books.

Larrabee, Harold A.(ed.) 1949. *Selections from Bergson*. New York: Appleton-Century-Crofts.

Lee, Edward N.(ed.) 1967. *Phenomenology and Existentialism*. Baltimore, Maryland: The Johns Hopkins Press.

Macann, Christopher(ed). 1996. *Critical Heidegger*. New York: Routledge.

Macquarrie, John. 1972. *Existentialism*. London, England: Penguin Books.

Martinich, A. P. 1997. *Thomas Hobbes*. New York: St. Martin's Press.

Mulhall, Stephen. 1997. *Heidegger and Being and Time*. New York: Routledge.

Priest, Stephen. 1998. *Merleau-Ponty*. New York: Routledge.

Williams, Christopher. 1999. *A Cultivated Reason, an essay on Hume and Humeanism*.

University Park, Pennsylvania: The Pennsylvania State University Press.
Woodbridge, Frederick(ed.). 1958. *Hobbes Selections*. New York: Charles Scribner's Sons.

기독교, 불교 주제

강사문·강성열·허성군·최인기. 2000.『구약성서개론』. 서울: 한국 장로교 출판사.

경전연구모임 엮음. 2000.『아미타경 무량수경 관무량수경』. 서울: 불교시대사.

『교회 용어 사전』. 2016. 서울: 생명의 말씀사.

김기추. 2001.『유마경 대강론』. 서울: 불광출판부.

김성철. 2012.『중관사상』. 서울: 민족사.

_____. 2015.『중론』. 서울: 불교시대사.

남수영. 2015.『중관 사상의 이해』. 서울: 여래.

동국대 역경원 엮음. 2015.『아비달마구사론 1~4』. 권오민 역주. 서울: 동국역경원.

맥아더, 존(John MacArthur). 2005.『맥아더 성경 주석』. 서울: 아바서원.

무르띠(Murti). 1999.『불교 중심의 철학: 중관 체계에 대한 연구』. 김성철 옮김. 서울: 경서원.

무비. 2013.『유마경』. 서울: 민족사.

벌코프, 루이스(Louis Berkhof). 2010.『기독교 교리 요약』. 서울: 소망사.

서주태원. 2016.『정토삼부경 역해』. 서울: 운주사.

원욱. 2017.『원욱 스님의 나를 바꾸는 화엄경』. 서울: 민족사.

이기영. 2010.『유마경 강의 상·하』. 서울: 한국불교연구원.

이종철. 2016.『구사론, 계품 근품 파아품』. 경기도: 한국학중앙연구원출판부.

임석재. 2017.『광야와 도시』. 경기도: 태학사.

_____. 2019.『부석사, 무량에 이르는 돈오돈수』. 서울: 나녹.

『잡아함경 1~5』. 2015. 김월운 옮김. 서울: 동국역경원.

정공법사. 2016.『무량수경 심요』. 허만항 편역. 서울: 비움과소통.

정병준. 2011.『기독교 역사와 사상』. 서울: 한국 장로교 출판사.

『정토삼부경, 무량수경 관무량수경 아미타경』. 2012. 한보광 옮김. 서울: 민족사.

정화,『중론』. 2014. 서울: 법공양.

『증일아함경 1~4』. 2011. 김월운 옮김. 서울: 동국역경원.

최호 역해.『화엄경』. 2002. 서울: 홍신문화사.

큄멜, 베르너(Werner Kuemmel). 1988.『신약성경개론』. 박익수 옮김. 서울: 대한기독교출판사.

『화엄경, 무한의 세계관』. 2016. 김지연 옮김. 서울: 민족사.

해주. 2015.『화엄의 세계』. 서울: 민족사.

Cross, F. L. and E. A. Livingstone(ed.) 1997. *The Oxford Dictionary of the Christian Church*. Oxford, England: Oxford University Press.

Fahlbusch, Erwin et al.(ed.) 2001. *The Encyclopedia of Christianity*. vol. 1~3. William B. Eerdmans Publishing Company.

Hastings, Adrian et al.(ed.) 2000. *The Oxford Companion to Christian Thought*. Oxford, England: Oxford University Press.

LaSor, William. 1996. *Old Testament Survey: The Message, Form, and Background of the*

Old Testament. William B. Eerdmans Publishing Company.

Longman, Tremper. 2006. *An Introduction to the Old Testament*. Zondervan.

New Catholic Encyclopedia. 1967. vol. I~XVI. Publishers Guild, Inc.

Norman, Edward. 1990. *The House of God*. London, England: Thames and Hudson.

Zuck, Roy B. 1994. *A Biblical Theology of the New Testament*. Chicago, Illinois: The Moody Bible Institute of Chicago.

주택 주제

임석재. 2013. 『유럽의 주택』. 서울: 북하우스.

Alexander, Christopher. 1977. *A Pattern Language, Towns Buildings Construction*. New York: Oxford University Press.

Aslet, Clive. 1986. *English House*. Harmondsworth, England: Penguin Books.

Foy, Jessica H.(ed.) 1997. *American Home Life, 1880-1930*. Knoxville, Tennessee: The University of Tennessee Press.

Gardiner, Stephen. 2002. *The House, Its Origins and Evolution*. Chicago, Illinois: Ivan R. Dee.

Gebelin, François. 1962. *Les Chaâteaux de France*. Paris, France: Presses Universitaires de France.

Handlin, David. 1979. *The American Nome, Architecture and Society, 1815-1915*. Boston, Massachusetts: Little, Brown and Company.

Hislop, Malcolm. 2016. *How to Read Castles*. London, England: Bloomsbury.

Lane, Barbara Miller(ed.). *Housing and Dwelling, Perspectives on Modern Domestic Architecture*. London, England: Routledge, n.d.

Mairs, Nancy. 1989. *Remembering the Bone House*. New York: Harper and Row.

Marcus, Clare Cooper. 1997. *House as a Mirror of Self*. Berkeley, California: Conari Press.

Marcus, Sharon. 1999. *Apartment Stories, City and Home in 19th C. Paris and London*. Berkeley, California: University of California Press.

Muthesius, Stefan. 2009. *The Poetic Home*. London, England: Thames and Hudson.

Pawley, Martin. 1971. *Architecture versus Housing*. New York: Praeger Publishers.

Pile, John. 2009. *A History of Interior Design*. Hoboken, New Jersey: Wiley.

Rabbat, Nasser O.(ed.) 2010. *The Courtyard House*. Farnham, England: Ashgate.

Rowe, Peter G. 1995. *Modernity and Housing*. Cambridge, Massachusetts: The MIT Press.

Steele, James. 2009. *The Greenwood Encyclopedia of Homes through the World History*. Vol.1~3. Westport, Connecticut: Greenwood Press.

Toy, Sidney. 1985. *Castles, Their Construction and History*. New York: Dover.

Wright, Gwendolyn. 1980. *Moralism and the Model Home*. Chicago, Illinois: The University of Chicago Press.

기타 주제

네틀턴, 사라(Sarah Nettleton). 1997. 『건강과 질병의 사회학』. 조효제 옮김. 파주, 경기도: 한울.

노이만, 에리히(Erich Neumann). 1989. 『위대한 어머니 여신』. 박선화 옮김. 파주, 경기도: 살림출판사.

브룩스, 피터(Peter Brooks). 2007. 『육체와 예술』. 이봉지·한애경 옮김. 서울: 문학과 지성사.

아리에스(Philippe Aries)·뒤비(Georges Duby)·페로(Michelle Perrot). 2003. 『사생활의 역사 1~5』. 주명철·전수연 옮김. 서울: 새물결.

제임스, 윌리엄(William James). 2018. 『심리학의 원리』. 정명진 옮김. 서울: 부글.

톰슨, 라나(Lana Thompson). 2004. 『자궁의 역사』. 백영미 옮김. 서울: 아침이슬.

페로, 미셸(Michelle Perrot). 2013. 『방의 역사』. 이영림·이은주 옮김. 파주, 경기도: 글항아리.

푹스, 에두아르트(Eduard Fuchs). 2011. 『풍속의 역사 I~IV』. 이기웅·박종만 옮김. 서울: 까치.

Abel, Reuben. 1976. *Man is the Measure*. New York: The Free Press.

Burkitt, Ian. 1999. *Bodies of Thought, Embodiment, Identity & Modernity*. London, England: SAGE Publications.

Carl, Jung(ed.) 1990. *Man and his Symbols*. London, England: Penguin Books.

Coleman, Debra. 1996. *Architecture and Feminism*. New York: Princeton University Press.

Csikszentmihalyi, Mihaly. 1981. *The Meaning of things, Domestic symbols and the self*. Cambridge, England: Cambridge University Press.

Diefenbeck, James A. 1984. *A Celebration of Subjective Thought*. Carbondale, Illinois: Southern Illinois University Press.

Fraser, Mariam(ed.) 2005. *The Body, A Reader*. New York: Routledge.

Leder, Drew. 1990. *The Absent Body*. Chicago, Illinois: The University of Chicago Press.

Ronnberg, Ami(ed.) 2010. *The Book of Symbols, reflections on archetypal images*. Köln, Germany: Taschen.

Todes, Samuel. 1990. *The Human Body as Material Subject of the World*. New York: Garland Publishing.

Tresidder, Jack(ed.). 2005. *Complete Dictionary of Symbols*. San Francisco, California: Chronicle Books.

찾아보기

지은이 **임석재**

건축사학자이자 건축가로, 1961년 서울에서 태어났다. 서울대 건축학과를 졸업한 뒤 미국 미시간 대학교에서 석사학위를 받았으며 펜실베이니아대학교에서 프랑스 계몽주의 건축에 관한 연구로 건축학 박사학위를 받았다. 1994년에 이화여대 건축학과를 창설하며 1호 교수로 부임한 이래 현재에 이르고 있다.

건축을 소재로 동서고금을 넘나드는 폭넓고 깊이 있는 연구로 지금까지 모두 57권의 단독 저서를 출간했다. 탄탄한 종합화 능력과 날카로운 분석력, 그리고 자신만의 창의적인 시각으로 건축을 인문학과 예술 등과 연계, 융합시키며 독특한 학문세계를 일구었다. 주 전공인 건축역사와 건축이론을 주제로 시간과 공간을 넘나드는 폭넓은 주제를 다루어왔으며 현실 문제에 대한 문명 비판도 병행하고 있다. 연구와 집필에 머물지 않고 그동안 공부하면서 깨달은 내용과 떠오른 아이디어를 실제 설계 작품에 응용하는 작업도 병행하고 있다.

대표 저서로 『임석재의 서양건축사』(전 5권), 『'예(禮)'로 지은 경복궁』, 『한국 건축과 도덕 정신』, 『우리 건축 서양 건축 함께 읽기』, 『서울 골목길 풍경』, 『건축과 미술이 만나다』, 『서울, 건축의 도시를 걷다』, 『기계가 된 몸과 현대건축의 탄생』, 『유럽의 주택』, 『지혜롭고 행복한 집 한옥』, 『광야와 도시』, 『극장의 역사』 등이 있다.

한울아카데미 2194

집의 정신적 가치, 정주
집에서 실존을 확보하다
ⓒ 임석재, 2019

지은이 ı 임석재   펴낸이 ı 김종수
펴낸곳 ı 한울엠플러스(주)   편집 ı 신순남
초판 1쇄 인쇄 ı 2019년 10월 17일   초판 1쇄 발행 ı 2019년 10월 30일

주소 ı 10881 경기도 파주시 광인사길 153 한울시소빌딩 3층   전화 ı 031-955-0655
팩스 ı 031-955-0656   홈페이지 ı www.hanulmplus.kr   등록번호 ı 제406-2015-000143호

Printed in Korea.
ISBN 978-89-460-7194-0 03610(양장)
    978-89-460-6809-4 03610(무선)

* 책값은 겉표지에 표시되어 있습니다.